rowohlts deutsche enzyklopädie

Herausgegeben von Ernesto Grassi
Universität München

KARL VORLÄNDER

Philosophie des Mittelalters

Geschichte der Philosophie II

Bearbeitet von Erwin Metzke
Mit einem Schlußkapitel
von Ernst Hoffmann
und einem Anhang ‹Quellentexte›
ausgewählt von Ernesto Grassi
und Eckhard Kessler

ROWOHLT

Redaktion: Ursula Schwerin
Eginhard Hora / Ragni M. Gschwend
München

Umschlagentwurf Karl Gröning jr. / Gisela Pferdmenges
unter Verwendung eines Ausschnitts aus dem Gemälde
‹Kirchenschriftsteller›
(aus ‹Antonin Friedel, Theodorik›, Artia, Prag 1956)
Schriftgestaltung des Umschlags Werner Rebhuhn

1.–15. Tausend	März 1964
16.–20. Tausend	Januar 1966
21.–25. Tausend	August 1967
26.–30. Tausend	Juni 1969
31.–33. Tausend	März 1973
34.–36. Tausend	März 1975
37.–39. Tausend	Juni 1976
40.–42. Tausend	April 1978
43.–46. Tausend	März 1980

Veröffentlicht im Rowohlt Taschenbuch Verlag GmbH,
Reinbek bei Hamburg, März 1964
Copyright by Richard Meiner, Hamburg, 1949
Mit freundlicher Genehmigung des Richard Meiner Verlages, Hamburg,
der auch einen Teil der im Anhang
abgedruckten Quellentexte zur Verfügung stellte
Gekürzte Ausgabe
Alle Rechte vorbehalten
Gesetzt aus der Linotype-Aldus-Buchschrift
und der Palatino (D. Stempel AG)
Gesamtherstellung Clausen & Bosse, Leck
Printed in Germany
980-ISBN 3 499 55193 4

INHALTSVERZEICHNIS

EINLEITUNG:
DIE PHILOSOPHIE DES MITTELALTERS

In steigendem Maße wird heute, weit über die Zusammenhänge der kirchlichen Tradition hinaus, die Bedeutung des Mittelalters für das Werden und Wesen des gesamteuropäischen Lebens und Denkens in seinen Gegensätzen und in seiner Kontinuität erkannt. Freilich, um so mehr wird zugleich sowohl die Zersplitterung der Forschung wie die Einseitigkeit vieler traditioneller Gesichtspunkte empfunden. Wie sehr wir noch in den Anfängen wirklicher philosophischer Erkenntnis stecken, zeigt sich schon daran, daß das Hauptanliegen der wissenschaftlichen Arbeit hinsichtlich des mittelalterlichen Geisteslebens immer noch überwiegend in der philologisch-literarischen Erschließung der Quellen liegt, die die Voraussetzung der philosophischen Bearbeitung ist. — Literatur vgl. Ende der Einleitung. Zur Gesamtentwicklung der christlichen Philosophie auch Kap. VI, 1.

In die historische Frage greift heute in starkem Maße aber auch die systematische Frage nach Wesen und Möglichkeit eines spezifisch christlichen Denkens überhaupt ein. Die Diskussion ist insbesondere von Frankreich her (A. GRATRY, 1805–1872, OLLÉ-LAPRUNE, 1839–1890, M. BLONDEL, 1861–1949, MARITAIN, geb. 1882, GILSON, geb. 1884) in Gang gekommen, wo seit dem Mittelalter die innere Auseinandersetzung zwischen Wissen und Glauben, Vernunft und Tradition, Denken und Offenbarung in fruchtbarer Weise ein zentrales Anliegen ist.

Zu dem fragwürdig gewordenen Periodenbegriff des ‹Mittelalters› vgl. bereits K. HEUSSI, Altertum, Mittelalter, Neuzeit in der Kirchengesch. 1921; zuletzt E. R. CURTIUS, Europ. Literatur u. lat. Mittelalter. 1948, insbes. 28 ff.

Das Christentum hat in die philosophischen Problemstellungen umbildend hineingewirkt und dem Denken neue und gewichtige Aufgaben gestellt. Sie waren bereits mit der revolutionierenden Wandlung der Gesamtauffassung des menschlichen Lebens gegeben — eine Wandlung, die alle Grundbeziehungen betraf (zum Nächsten und zu Gott, zum Leid und zum Tod, zum Übel und zum Bösen, zur Zeit und zur Ewigkeit) und zugleich den Menschen selbst in seinen eigenen Möglichkeiten bis in den Grund in Frage stellte, aber gerade dadurch ein vertieftes Daseinsverständnis erschloß, das aus der Geschichte des abendländischen Geistes nicht mehr fortzudenken ist.

In der Urzeit des Christentums tritt ein deutlicher Gegensatz zur Philosophie hervor. Das ist begreiflich. Denn die Botschaft Christi richtet sich ohne Unterschied an alle Menschen. Sie bedarf zu ihrer Begründung keines methodischen Denkens, noch verlangt sie überhaupt eine besondere Bildung. Aber das wird anders, sobald das Christentum sich über weitere Kreise ausbreitet, insbesondere auch die Gebildeten ergreift. In diesem Augenblick wird ihm eine Auseinandersetzung mit der geistigen Welt des Hellenentums nicht nur zum Bedürfnis, sondern auch zur Notwendigkeit.[1] Diese Zeit der ersten christlichen Jahrhunderte nennt man die Zeit der ‹Väter›, ihre Philosophie die *Patristik*.

Nachdem diese neue, christliche Philosophie in AUGUSTIN einen großartigen Ausdruck und relativen Abschluß gefunden hat, sucht das Mittelalter sie in mannigfacher Weise noch genauer zu begründen und, im Anschluß vornehmlich an ARISTOTELES, im einzelnen schulmäßig auszugestalten und zu systematisieren (*Scholastik*). Neben der schulmäßigen, logischen Bearbeitung der christlichen Heilslehre geht überdies, anfangs leise, allmählich immer stärker werdend, eine dem Neuplatonismus verwandte, an das religiöse Fühlen und Schauen sich wendende Spekulation einher, die in der deutschen *Mystik* des 14. und 15. Jahrhunderts ihren Höhepunkt erreicht. Sie leitet dann auf dem religiösen Gebiet bereits zur neuen Zeit (Reformation) über, während zugleich auf dem intellektuellen die Rückkehr zu selbständigem, wissenschaftlichem Forschen und Erkennen (Renaissance) sich langsam vorbereitet.

---

1 Siehe JOH. GEFFCKEN, Das Christentum in Kampf und Ausgleich mit der griechisch-römischen Welt (Nat. u. Geisteswelt, Bd. 54). Leipz. 1920. DERS., Der Ausgang der Antike (Schule u. Leben, Heft 3). Berlin 1921. Insbesondere: E. HOFFMANN, Zur Begriffsbestimmung der christlichen Philosophie. Festschr. für F. Medicus, Zürich 1946. H. LEISEGANG, Grundbegriffe d. Christentums. Th. Lit. Ztg. 1948, 66 ff. Vgl. ferner Kap. I, 1. Zum Problem der christlichen Philosophie vgl. vor allem E. GILSON, Der Geist der mittelalterlichen Philosophie. 1950, 1 ff.

Die Ergänzung der Literaturangaben der Buchausgabe in den Bibliographien zu den einzelnen Abschnitten und in den Anmerkungen besorgte E. ARNOLD. Eine von E. ARNOLD neubearbeitete Literaturübersicht findet sich auf S. 149 ff.

ERSTER ABSCHNITT:
DIE ANFÄNGE DES CHRISTLICHEN DENKENS UND DIE PHILOSOPHIE DER KIRCHENVÄTER (PATRISTIK)

Bibliographische Hilfsmittel und Nachschlagewerke: Außer den S. 149 genannten Bibliographien speziell für die Patristik: O. PERLER, Patristische Philosophie (= Bibliogr. Einf. i. d Stud. d. Philos. hrsg. v. I. M. Bochenski 18). 1950. B. ALTANER, Patrologie. 6 1960 (der zuverlässigste Führer durch die patristische Literatur und ihre Probleme, mit umfassenden Bibliographien). Die umfassendste laufende Spezialbibliographie zur Patristik jetzt die Bibliographia patristica, hrsg. v. W. SCHNEEMELCHER 1959 ff (beginnend mit der Lit. von 1956), bis jetzt 5 Bde. Über die laufenden Neuerscheinungen orientiert zuverlässig J. MAROUZEAU, L'année philologique. 1927 ff. Weitere Zeitschriftenbibliographien bei ALTANER, (a. a. O.) S. 37.

Nachschlagewerke: PAULY-WISSOWA-KROLL, Realencyklopädie der class. Altertumswissenschaft (zit. RE) 1893 ff (fast vollendet). GUNKEL-ZSCHARNACK, Die Religion in Geschichte und Gegenwart. 2 1927/31; 3 1957 ff (zit. RGG). M. BUCHBERGER, Lexikon f. Theologie und Kirche. 1930–38. VILLER, Dictionnaire de spiritualité ascétique et mystique. 1932 ff (zit. DSp). G. KITTEL, Theol. Wörterbuch zum Neuen Testament. 1932 ff. Reallexikon f. Antike u. Christentum, hrsg. v. TH. KLAUSER, 1941 ff (bis jetzt bis E, Bd. V; zit. RAC); dazu Jahrb. f. Antike u. Christentum. 1958 ff.

Ausgaben und Sammlungen: Über die Sammlung von MIGNE vgl. S. 151 f; sie stützt sich in ihren besten Teilen auf die z. T. noch heute unübertroffenen Folioausgaben der Benediktiner aus der Kongregation des hl. Maurus (Mauriner) aus dem 17. u. 18. Jh. Wichtige Indices zu MIGNE: Zur Series Latina in den Bänden 218–221); zur Series Graeca Indices v. F. CAVALLERA, 1912 und Index locupletissimus von TH. HOPFNER, 2 Bde. 1928/45. Die wichtigsten Sammlungen kritisch edierter Texte, die den Migne nach und nach ersetzen sollen: Corpus scriptorum ecclesiasticorum latinorum, hrsg. v. der Wiener Akad. d. Wiss. 1866 ff (bis heute über 70 Bände, zit. CSEL). Corpus Christianorum, Series Latina 1953 ff (einige Bde. schon erschienen) hrsg. v. der St.-Peters-Abtei Steenbrugge unter Leitung von E. DEKKERS. Monumenta Germaniae historica, Auctores antiquissimi, 13 Bde. 1877–98 (wichtig für spätere lat. Väter). Die griechischen christlichen Schriftsteller der ersten drei Jahrhunderte hrsg. seit 1897 v. der Kirchenväterkomm. der Preuß. Ak. d. Wiss. (jetzt Komm. f. spätantike Rel. gesch. der Deu. Ak. d. Wiss. zu Berlin, die jetzt auch Schriftsteller des 4.–6. Jh. berücksichtigt). Neue Sammlungen bequemer Handtexte: Sources Chrétiennes, hrsg. v. H. DE LUBAC u. J. DANIÉLOU, 1941 ff. Stromata patristica et mediaevalia ed. CHR. MOHRMANN et J. QUASTEN, 1950 ff.

Übersetzungen fast sämtlicher Kirchenväter ins Deutsche in: Bibliothek der Kirchenväter (1869–1939 in 2 Reihen), im Folgenden zit. als BKV und BKV 2.

Anregungen und Anleitung zur Lektüre patristischer Texte J. DE GHELLINCK, Gregorianum. 1933, 303 ff, 414 ff, Nouvelle Rev. Théol. 1934 5 ff, 140 ff (auch in Patristique et Moyen Age III, 1948).

Gesamtdarstellungen: Außer den S. 149 genannten Werken u. außer AL-TANER (s. oben) kommen vor allem in Betracht: A. v. HARNACK, Gesch. d. altchristl. Lit. bis Eusebius. ²1958. H. JORDAN, Gesch. der altchristl. Lit. 1911 (vornehmlich Gesch. der literar. Formen). O. BARDENHEWER, Patrologie. ³1910. DERS., Gesch. der altkirchlichen Lit. 5 Bde. Freiburg i. B. 1913–32, Neudruck Darmstadt 1962 (vollständigstes Repertorium). M. DIBELIUS, Gesch. d. urchristl. Lit. (Göschen) 1926. B. STEIDLE, Patrologia. 1937. DERS., Die Kirchenväter, eine Einführung in ihr Leben u. ihr Werk. 1939. J. DE GHELLINCK, Patristique et Moyen Age. 2 Bde., 1946/47. J. QUASTEN, Patrology, bis jetzt Bd. I–III, Utrecht-Antw. 1950/53/60 (gutes Nachschlagewerk mit reicher Bibliographie). H. v. CAMPENHAUSEN, Griech. Kirchenväter. ²1956. DERS., Latein. Kirchenväter. 1960 (gute Einführungen). F. L. CROSS, The Early Christian Fathers. London 1960 (soll weitergeführt werden). M. GOUGH, The Early Christians. New York 1961. Im engeren Sinne die Philosophie der Kirchenväter stellen dar: UEBERWEG-GEYER (s. unten S. 149). H. EIBL, Augustin u. d. Patristik. 1923. DERS., Die Grundlegung der abendl. Philos., griech. u. christl.-griech. Philos. 1934. GILSON-BÖHNER (s. unten S. 150). H. A. WOLFSON, The Philosophy of the Church Fathers I. 1956. DERS., Religious Philosophy. 1961. J. DANIÉLOU, Histoire des doctrines chrétiennes avant Nicée. 2 Bde. 1958/61. Literaturgeschichten: M. SCHANZ, C. HOSIUS, G. KRÜGER, Gesch. d. röm. Lit. Teil 3 (³1922), 4, 1 (1914), 4, 2 (1920), bis zum 6. Jh.; für 7. Jh. ff M. MANITIUS (s. unten). – O. STÄHLIN, D. altchristl. griech. Lit. in: W. CHRIST-W. SCHMID, Gesch. d. griech. Lit. II, 2. ⁶1924, reicht bis zum 6. Jh. K. KRUMBACHER, Gesch. d. byzantin. Lit., ²1897 (darin d. theol. Lit. v. A. EHRHARD). Vgl. auch H.-G. BECK, Kirche u. theol. Lit. im byz. Reich. Mü. 1959. BROCKELMANN-FINCK-LEIPOLDT-LITTMANN, Gesch. d. christl. Lit. des Orients. Lpz. 1907. A. BAUMSTARK, D. christl. Literaturen des Orients. 2 Bde. (Göschen) 1911. DERS., Gesch. d. syr. Lit. 1922. J. M. HARDEN, An Introduction to Ethiopic Christian Literature. 1926. J. KARST, Gesch. d. armenischen Lit. 1930. O'LEARY, Littérature Copte, Dict. d'archéologie chrétienne et de liturgie 9. 1959 ff. G. GRAF, Gesch. d. christl. arab. Lit. 5 Bde. 1944–53.

Lit. zu Einzelbereichen u. Einzelthemen: Vgl. dazu vor allem die reichen Zusammenstellungen bei ALTANER, Patrologie. ⁶1960, 14 ff, u. für die ältere Lit. bei RAUSCHEN-ALTANER, Patrologie. 1931. – Zur Kultur- und allg. Geistesgeschichte: P. WENDLAND, Die hellenistisch-röm. Kultur in ihren Beziehungen zu Judentum u. Christentum (= Handb. z. NT I, 2). 2. u. 3. A., Tüb. 1912 (vorzügliche Einführung in die gesamten Kulturverhältnisse). H. FUCHS, Antike 5 (1929) 107 ff. E. K. RAND, Founders of the Middle Ages. 1928. CORBIÈRE, Le Christianisme et la fin de la philos. ant. 1921. W. LAIST-NER, Thought and Letters in Western Europe A. D. 500 to 900. 1931. E. M. PICKMAN, The Mind of Latin Christendom. 1937. J.-R. PALANQUE, H. Davenson u. a. Le Christianisme et la fin du monde ant. 1943. CH. N. COCHRANE, Christianity and Classical Culture. 1940 (besonders umfassend u. gründlich). H. I. MARROU, Histoire de l'éducation dans l'antiquité. 1948, 416 ff (deu. Ausgabe Freib. 1957 455 ff). DERS., Saint Augustin et la fin de la culture antique. ²1949. H. FUCHS, Art. ‹Bildung› RAC 2, 346 ff. G. L. ELLS-PERMAN, The Attitude of the Early Christ. Latin Writers toward Pagan Literature and Learning. 1949. R. STOB, Christianity and Classical Civilization.

1950. W. Laistner, Christianity and Pagan Culture in the Later Roman Empire. 1951. W. Hörmann, Zur Hellenisierung des Christentums. Saeculum 4, 1953, 247 ff. C. Schneider, Geistesgesch. des ant. Christentums. 2 Bde. 1954. F. Altheim, D. unbesiegte Gott, Heidentum u. Christentum. rde Bd. 35, 1957. H. Hagendahl, Latin Fathers and the Classics. 1958. W. Schneemelcher, Christent. u. Ant. Gymn. 67, 1960, 440 ff. W. Jaeger, Early Christianity and Greek Paideia. 1961 (deu. Ausg.: D. frühe Christent. u. d. griech. Bildung. 1963). — Philosophiegeschichtliches: Lit: bis ca. 1926 zu ‹Griech. Philosophie u. Christentum› bei Ueberweg-Prächter 30 f, Ueberweg-Geyer 647. M. Pohlenz, Vom Zorne Gottes, Eine Studie über den Einfluß der griech. Philos. auf d. alte Christentum. Gött. 1909. L. Stefanini, Il problema morale nello Stoicismo e nel Christianesimo. 1926. A. J. Festugière, L'idéal rel. des Grecs et l'Évangile. 1932. J. Stelzenberger, Die Beziehungen der frühchristl. Ethik zur Ethik der Stoa. 1933. F. Billicsich, Das Problem des Übels in d. Philos. d. Abendlandes. 3 Bde. 1952–59. R. Arnou, De ‹Platonismo› Patrum. 1935. G. Verbeke, L'évolution de la doctrine du pneuma, du Stoicisme à s. Augustin. 1945. P. Milburn, Early Christ. Interpretations of History. 1954. M. Spanneut, Le stoicisme des Pères de l'Église de Clément de Rome à Clément d'Alexandrie. 1957. J. H. Waszink, Der Platonismus u. d. altchr. Gedankenwelt. Fondation Hardt, Entretiens dans l'antiquité class. 3, 1955, 139 ff. J. Leipoldt, Griech. Philos. u. früchristl. Askese. Ber. d. Ak. Leipzig, ph.-hist. Kl. 1961, H. 4.

Religionsgeschichtliches: A. D. Nock, Conversion, The Old and the New in Religion from Alexander the Great to Augustin of Hippo. 1933. K. Prümm, Der christl. Glaube u. d. altheidnische Welt. 2 Bde. 1935. Ders., Christentum als Neuheitserlebnis. 1939. Vgl. auch zu der wichtigen Stellung Philos v. Alex. die Bd. I, S. 177 genannten Arbeiten von W. Völker und E. Bréhier; ferner H. W. Rüssel, Antike Welt und Christentum. 1941. H. Rahner, Griech. Mythen in christl. Deutung. 1945. H. A. Wolfson, Philo. 2 Bde. 1947. J. Giblet, L'homme image de dieu. 1949. G. Quispel, Theol. Z. 1949, 429 ff. Ders., Eranos-Jahrb. 21, 1952, 109 ff. E. Benz, D. gekreuzigte Gerechte b. Plato . . . u. in d. alten Kirche. 1950. Ders., Zeitschr. f. neutest. Wiss. 43, 1950, 194 ff (Sokrates u. d. alte Kirche). Ders., Indische Einflüsse auf die frühchristl. Theol. Ak. d. Wiss. Mainz 1950, Nr. 3. P. Le Cour, Héllenisme et Christianisme. 1951. R. M. Grant, Miracle and Natural Law in Graeco-Roman and Early Christ. Thought. 1952.

Zu Einzelfragen: G. L. Prestige, God in Patristic Thought. 2 1952. J. Lebreton, Histoire du dogme de la Trinité. 2 Bde. 1927/28. Th. Rüsch, Die Entstehung der Lehre vom hl. Geist . . . 1952. G. Kretschmar, Studien z. frühchristl. Trinitätstheol. 1955. Vgl. auch H. A. Wolfson, The Philos. of the Church Fathers I: Faith, Trinity, Incarnat. 1956. H. Karpp, Probleme altchristl. Anthropologie. 1950 (vor allem zur Seelenlehre). E. W. Turner, The Patristic Doctrine of Redemption. 1952. R. Hardy and C. Richardson, Christology of the Later Fathers. 1954. A. Gilg, Weg u. Bedeutung der altchristl. Christologie. 1955. F. Cumont, Lux perpetua. 1949 (Gesch. des Jenseitsglaubens). W. Bauer, RAC 2, 1073 ff (Chiliasmus). — Fr. Wagner, Der Sittlichkeitsbegriff in d. hl. Schrift u. in d. altchristl. Ethik. 1931. A. Heitmann, Imitatio Dei, d. ethische Nachahmung Gottes. 1940. G. della Volpe, La morale religiosa nell'età patristica e medievale. 1941. Th. Rüther,

D. sittl. Forderung der Apatheia in den beiden ersten christl. Jh. u. bei Klem. v. Alex. 1949. C. H. DODD, Gospel and Law . . . in Early Christ. 1951. Neuere Lit. zur patrist.-griech. Frömmigkeit bei J. LOOSEN, Logos u. Pneuma . . . b. Max. Confessor. 1941, XII ff. M. VILLER-K. RAHNER, Aszese u. Mystik in d. Väterzeit. 1939. P. POURRAT, La spiritualité chrét. I 1947. G. BARDY, La vie spirituelle d'après les Pères des trois premières s. 1935. K. RAHNER, Die Gottesgeburt, die Lehre der Kirchenväter von der Geburt Christi im Herzen der Gläubigen. Zeitschr. f. kath. Theol. 1935, 333 ff. H. v. CAMPENHAUSEN, Die Askese im Urchristentum. 1948.

Lit.berichte zur christl. Antike: Anz. f. Aw. 3, 1950, 5 ff; 7, 1954, 193 ff; 13, 1960, 193 ff.

I. DIE ANFÄNGE UND DIE ÄLTERE PATRISTIK

(bis zur Feststellung der Grunddogmen auf dem Konzil von Nicäa
325 n. Chr.)

1. URCHRISTENTUM UND PHILOSOPHIE

Die Forschung hat lange einseitig nur die allmählich sich vollziehende
Synthese von Christentum und griechischer Bildung und das Einwirken des
Hellenismus auf die Kirche verfolgt. Grundwerke dieser Forschung: E.
HATCH, Griechentum und Christentum. Dt. Übers. 1892. HARNACK, Lehrbuch der Dogmengeschichte. 1894 ff. Aus der neueren Lit. zu dem Problem
Antike-Christentum vgl. die oben S. 10 f genannten geistes- u. philosophiegeschichtlichen Arbeiten. Ferner: R. JOLIVET, Essai sur les rapports entre la
pensée grecque et la pensée chrétienne. 1931. Erst in neuerer Zeit ist (z. T.
im Zusammenhang mit der christlich-theologischen Kritik an Humanismus
und Idealismus) der Gegensatz zwischen christlicher und griechischer Denkweise und Lebensauffassung stärker herausgearbeitet worden. Knappe, aber
eindringliche Gegenüberstellung: R. BULTMANN, Das Verständnis von Welt
und Mensch im Neuen Testament u. im Griechentum. Theol. Bl. 1940, S.
1 ff. DERS.: Theologie des N. T. 1961. Das Urchrist. im Rahmen d. antiken
Religionen. 1954 u. rde Bd. 157/58, [2] 1963. STAUFFER, Theol. des N. T., 1947.
— Ferner: A. NYGREN, Eros und Agape. 1937. (Eros als begehrende Liebe
Zentralmotiv der hellenistischen Erlösungsreligion, Agape als hingebende
und erbarmende Liebe, originale Grundkonzeption des Christentums).
Auch: E. STAUFFER, Grundbegriffe einer Morphologie des christl. Denkens.
1929. R. LÖWE, Kosmos und Aion, ein Beitrag zur heilsgeschtl. Dialektik
des urchristl. Weltverständnisses. 1935. H. D. WENDLAND, Geschichtsan-
schauung und Geschichtsbewußtsein im N. T. 1938. Einen Strukturvergleich
der antiken und der biblischen Geisteswelt gibt J. HESSEN, Platonismus
und Prophetismus. [2] 1955. DERS., Griechische oder biblische Theologie? Das
Problem der Hellenisierung des Christentums in neuer Beleuchtung. [2] 1962.
Vgl. auch H. BLUMENBERG, Kritik und Rezeption antiker Philosophie in der
Patristik. Stud. Gen. 12, 1959, 485 ff. A. H. ARMSTRONG und R. A. MARKUS,
Christian Faith and Greek Philosophy. 1960. — Eine ausführliche Geschichte
der Gegenwehr antiken Denkens gegen die neue Religion bis zum 6. Jahrh.
gibt P. DE LABRIOLLE, La réaction païenne. 1934. Die Haupteinwände stellt
systematisch W. NESTLE heraus: Arch. f. Rel.-Wissensch. 37 (1941/42),
51 ff. Vgl. auch die S. 29, Anm. zitierte Arbeit von C. ANDRESEN. — Zu dem
Problem des Spannungsverhältnisses von Antike und Christentum und
eines christlichen Humanismus vgl. etwa W. KAMLAH, Die Theologie und
das griech. Denken. Stud. Gen. 3, 1950, 686 ff. W. JAEGER, Paideia Christi.
Zeitschr. f. nt. Wiss. 1959, 1 ff, Humanismus und Theologie, ib. 1960, 29 ff,
und als Gegenpol: K. BARTH, Humanismus. In: Theol. Studien, H. 28, 1950;
auch F. G. MAIER, Augustin und das antike Rom. 1955, bes. 206 ff. ‹D.
Romproblem als Problem des christl. Humanismus›.

JESUS hat nach dem uns überlieferten Jüngerglauben keine philosophischen Gedanken entwickelt, sondern das Reich Gottes verkündet.

Nicht auf Wissen zielte sein Ruf, sondern auf Umkehr und Wiedergeburt zu einem neuen Leben. Seine Verkündigung, sein Tod am Kreuz, seine Auferstehung sind σκάνδαλον, Ärgernis, unbeweisbar nicht nur, sondern menschlichem Meinen, Erwarten und Verstehen entgegenstehend und widerstreitend, nur dem Glauben sich erschließend. So hat das Christentum seinem Wesen nach nicht durch seinen philosophischen, sondern durch seinen rein religiösen Gehalt die Menschen ergriffen und das Abendland geprägt.

Aber als der Einbruch des Christentums in die antike Welt hinein erfolgte, wurde offenbar, daß es nicht nur einen neuen Glauben, sondern auch ein neues Daseinsverständnis in sich trug, das zur gedanklichen Auseinandersetzung zwang. Schon bei PAULUS als erstem christlichen Theologen, der bewußt und systematisch über das Christentum reflektierte, findet sich sowohl die Anknüpfung an hellenisches Denken, «den Griechen ein Grieche», wie die Distanzierung, «sintemalen die Griechen die Weisheit suchen». Auch das Johannesevangelium mit seiner Logoslehre öffnet für das christliche Denken neue Perspektiven. Trotz aller in den Grund gehender Unterschiede zwischen antikem und christlichem Wesen kommt es in der geschichtlichen Wirklichkeit nicht zu einer völligen Verneinung des antiken Denkens. Die polare und spannungsgeladene Verbindung von christlichem Lebensgehalt und antiker Formkraft wird vielmehr zu einem Urphänomen der abendländischen Geistesgeschichte. Eine Fülle von Problemen erwuchs daraus sowohl der Theologie wie der Philosophie.[1]

Eine besondere Stellung in der Entwicklung der christlichen Vorstellungswelt nimmt die Gnosis ein, die mit ihren stark ungriechischen Elementen nicht einfach in den Hellenisierungsprozeß des Christentums einzuordnen ist, gleichwohl aber in diesem Prozeß eine wesentliche Rolle spielt.

2. DER GNOSTIZISMUS

Bis vor kurzem fast ausschließlich durch das antignostische Schrifttum christlicher Autoren (insbesondere TERTULLIAN, IRENÄUS, HIPPOLYT, CLEMENS VON ALEXANDRIA, ORIGENES; vgl. dazu das unten genannte Werk von HILGENFELD) zugänglich, tritt heute die vielverzweigte Bewegung der sog. Gnosis durch zahlreiche Funde originaler Quellen in immer deutlicheres

---

1 Zu PAULUS: ältere Lit. bei UEBERWEG-GEYER 645 f. LEISEGANG, Der Ap. P. als Denker. 1923. R. BULTMANN, Theol. Rundschau 1929, 26 ff; 1934, 229 ff; 1936, 1 ff. M. POHLENZ, Paulus und die Stoa. Zeitschr. f. nt. Wiss. 42, 1949. — Zur sog. Areopagrede vgl. E. NORDEN, Agnostos Theos. 1913. M. DIBELIUS, S. B. Heidelb. Ak. 1932. WILH. SCHMID, Philol. 1943, 79 ff. B. GÄRTNER, The Areopagus Speech and Natural Revelation. Diss. Uppsala. 1955. — Zu Philosophie und Christentum siehe auch S. 8 Anmerkung, sowie S. 12.

Licht. Vor allem die koptisch-gnostischen Schriften, von denen immer wieder neue aufgefunden werden, stehen im Mittelpunkt des wissenschaftlichen Interesses. Über die stets anwachsende Literatur orientieren die jährlichen Zusammenstellungen der Année philologique unter dem Stichwort ‹Gnostica›. Gute Überblicke bei ALTANER, Patrologie [6] 1960, 110 ff, sowie die S 19 genannte ‹Religionsgeschichte des Orients i. d. Zeit d. Weltreligionen›. Hauptsächliche Quellenschriften: Koptisch-gnostische Schriften. I. Bd. (Die Pistis Sophia u. a.), hrsg. (in Übers.) v. C. SCHMIDT, 3. Aufl., bearb. v. W. TILL, Berlin 1959 (in den ‹Griechischen christl. Schriftst. d. ersten Jhh.›). E. HENNECKE, Neutestamentl. Apokryphen in dt. Übers. 3. A. bearb. v. W. SCHNEEMELCHER, 2 Bde. 1959 (dazu Gnomon 1960, 184 f). Vgl. auch den Bericht über Literatur z. Thomas-Evangelium von HAENCHEN, Theol. Rundschau 27, 1962, 306 ff. Aus der älteren Literatur vgl. A. HILGENFELD, Die Ketzergesch. des Urchristentums. 1884. W. BOUSSET, Hauptprobleme der Gnosis. 1907. EUGEN H. SCHMITT, Die Gnosis. 2 Bde., 1907. R. REITZENSTEIN, Hellenistische Mysterienreligionen. 1910. WOLFGANG SCHULTZ, Dokumente der Gnosis. 1910, [3] 1927. Zur Einführung: W. KÖHLER, Die Gnosis. 1911 (Religionsgesch. Volksbücher IV, 16). Neuere Grundwerke: E. DE FAYE, Gnostiques et Gnosticisme. 2. Aufl., Paris 1925. H. LEISEGANG, Gnosis. 1924, 2. Aufl. 1936, 3. Aufl. 1941. R. BULTMANN, Kommentar zum Joh.-Ev. 1941. S. PÉTREMENT, Le dualisme chez Platon, les Gnostiques et les Manichéens. 1947. L. TONDELLI, Gnostici. 1950. G. QUISPEL, Gnosis als Weltreligion. 1951. HAENCHEN, Zeitschr. f. Theol. u. Kirche. 1952, 316 ff (Vorchristl. Gnosis?). H. JONAS, Gnosis u. spätantiker Geist I [2], II 1. Gött. 1954. W. KINGSLAND, The Gnosis or Ancient Wisdom in the Christ. Scriptures . . . 1954. G. QUISPEL, Die Ursprünge der Gnosis. Stud. Gen. 11, 1958. R. M. WILSON, The Gnostic Problem, A Study of the Relations between Hellenistic Judaism and the Gnostic Heresy. 1958. DERS., VC 1957, 93 ff (Ursp. d. Gnosis). R. M. GRANT, Gnosticism and Early Christianity. 1959. W. C. VAN UNNINK, D. jüd. Komponente in der Entstehung der G. VC 15, 1961, 65 ff. K. RUDOLPH, Die Mandäer. 2 Bde. 1960/61.

Zur Nachwirkung d. Gnosis: I. v. DÖLLINGER, Beitr. z. Sektengesch. d. MA. 2 Bde. 1890, Nachdr. 1961. H. SÖDERBERG, La réligion des Cathares. 1949.

Schon an einigen Stellen des Neuen Testaments (Matth. 13, 11 und 1. Kor. 2, 10) wird gegenüber dem Glauben (πίστις) die Erkenntnis (γνῶσις) der göttlichen Weisheit als höhere Stufe des Christentums betrachtet, freilich auch — in den *Briefen* wie in der *Offenbarung* — vor ihr gewarnt, soweit sie sich in sektiererischen Geheimlehren vom kirchlichen Christentum absonderte. Doch erst im 2. Jahrhundert gewinnt die ‹Gnosis› größere Bedeutung. Sie ist keine einheitliche und keine eindeutige Größe.

Vorläufer

Die *Vorläufer* des Gnostizismus treten zu Anfang des 2. Jahrhunderts in den von jeher zum religiösen Synkretismus neigenden Ländern *Vorderasiens* auf. Lehrer wie CERINTH (um 115 in Kleinasien) gingen zunächst vom Judentum aus, das nur sittlich und spekulativ zu läutern sei. Der von den Juden verehrte Weltschöpfer und Gesetzgeber sei nur der Vorbereiter für den unnennbaren höchsten Gott, der sich als ‹Christus› oder heiliger Geist bei der Taufe auf den Menschen Jesus niedergelassen habe. Die Syrer SATORNIL und CERDO fügen noch eine Reihe Engel und Dämonen hinzu, um die Kluft zwischen der namenlosen und unerkennbaren höchsten Gottheit und der Materie, dem Reich des Satans, auszufüllen. Die *Ophiten* (‹Schlangenverehrer›) sahen in der Schlange des Paradieses, der ehernen Schlange des Moses und in Christus das gleiche, von dem neidischen Judengotte erlösende Prinzip wahrer Gotteserkenntnis. KARPOKRATES aus Alexandrien und seine Anhänger verbanden damit mehr hellenische, namentlich platonische und pythagoreische Elemente. Sie bekränzten in ihren Schulen das Bild Jesu zusammen mit denen des Pythagoras, Platon und Aristoteles. Von ihren kirchlichen Gegnern wurden sie eines weitgehenden Kommunismus beschuldigt.

Basilides und Valentinus

Der um 130 in Alexandrien lehrende BASILIDES bildete ein phantastisches System göttlicher Kräfte in 365 voneinander abgestuften himmlischen Sphären aus, von der obersten des unaussprechbaren, namenlosen Urgrunds, ‹der noch nicht Gott war› und den Samen des Alls erzeugte, in zahllosen ‹Sohnschaften› und ‹Samenergüssen› herab bis zu der von Jehova regierten, die wir erblicken. Das göttliche Erlösungswerk Jesu und zugleich die sittliche Aufgabe des Menschen besteht in der Trennung des Geistigen von der Mischung mit dem Materiellen. Wahre Weisheit und Erlösung bringt nur der Glaube an Christus als Geist. (Vgl. WASZINK, RAC 1, 1217 ff).

Das umfassendste und tiefsinnigste gnostische System war, nach den uns erhaltenen Nachrichten, das des um 135 von Alexandrien nach Rom gekommenen VALENTINUS, der, obwohl er als Ketzer aus der Gemeinde ausgeschlossen wurde, namentlich unter den Gebildeten zahlreiche Anhänger fand. Der Urgrund der Dinge ist die ewige und ungewordene Einheit, das Unnennbare, die Tiefe, der vollkommene Äon, auch Vater oder Vor-(Ur-)Vater genannt. Er erzeugte aus Bedürfnis nach Liebe, nach einigen mit der ‹Stille des Gedankens› als Gattin, den Geist (νοῦς) und die Wahrheit. Ihnen entsprossen Vernunft (λόγος) und Leben, aus diesen hinwiederum der ideale Mensch und die ideale Kirche, und so weitere *Paare*, darunter auch Christus und der Heilige Geist. Die Gesamtheit aller 30 Äonen (Geister) — die sich einmischende pythagoreische Zahlenmystik übergehen wir — heißt das *Pleroma*, d. i. die Fülle (der Geisterwelt).

Bedeutsam ist neben dieser an die alexandrinische Theosophie erinnernden Kosmogonie die in der Πίστις Σοφία romanhaft ausgeführte Leidensgeschichte des jüngsten der Äonen, der Σοφία oder menschlichen *Weisheit*. Sie strebte in sündiger Überhebung nach unmittelbarer Vereinigung mit dem Urvater, brachte aber nur ein unvollkommenes Wesen hervor. Sie wurde dann von dem ‹Grenz›-Äon über ihre Schranken und die Unerkennbarkeit des Urgrundes belehrt, ihr leidenschaftliches Sehnen von ihr abgelöst und als ihre Tochter oder niedere Weisheit, auch Achamoth genannt, in die der himmlischen ‹Fülle› entgegengesetzte ‹Leere› verbannt, wo sie den irdischen Weltbildner — nach Platon ‹Demiurgos› benannt — und die Welt des Stoffes gebar. Daher die heiße Sehnsucht nach dem Himmlischen in allen Wesen und Dingen dieser Erde (vgl. das biblische ‹Seufzen und Harren› der Kreatur).

Spätere Gnostiker

Spätere Gnostiker, wie BARDESANES,[2] d. i. Sohn des Daisan (geboren am Flusse Daisan bei Edessa, 154 bis 222), lenkten wieder einfacheren, der Kirchenlehre näherstehenden Anschauungen zu. Bardesanes legte namentlich auf die menschliche Willensfreiheit Gewicht. Im übrigen ist die gnostische Ethik in ihrer schroffen Entgegensetzung von Geist und Materie wesentlich asketisch gerichtet; nur bei wenigen scheint dieses Prinzip zu einer völligen Gleichgültigkeit gegenüber den ‹Fleischessünden› geführt zu haben.

Die *philosophischen* Grundgedanken, die hinter der nach Platons Muster mythisch gestalteten, zuweilen, besonders bei Valentin, wirklich geistvollen, häufiger aber phantastischen Einkleidung liegen, sind: 1. Der metaphysische Dualismus von Geist und Materie; 2. in Überwindung dieses Dualismus die Entwicklung des gesamten Universums aus dem Urgrund in unendlichen Abstufungen; 3. Erlösung der unvollkommenen, in Sünde und Verdammnis versunkenen Welt durch Wiedererhebung zu ihrem göttlichen Urquell. Daneben erwarben sich die Gnostiker auch noch andere Verdienste um die junge Kirche. Sie haben einen neuen Kanon christlicher Schriften aufgestellt und diesen nicht bloß durch allegorische Umdeutung, sondern auch mit den Mitteln philologischer Kritik und Auslegung bearbeitet. Sie sind so die Begründer der christlichen Dogmatik und Ethik, Geschichtsphilosophie und Exegese geworden, während ihre religionsphilosophische Tätigkeit zu eigentlicher Gemeindebildung und -organisation sich unfähig zeigte.

Trotzdem hat das Christentum des 2. Jahrhunderts Mühe gehabt,

---

2 Als vorläufiger Ersatz für eine Monographie: H. H. SCHAEDER, B. v. Edessa. ZKG 51, 1932, 21 ff. Vgl. auch RAC 1, 1180 f.

dieses Pfropfreises sich zu erwehren. Es mußte den Gnostizismus, obwohl dieser das wahre, ‹geistige› Christentum darzustellen behauptete und sich auf eine ‹Geheimlehre› der Apostel berief, ablehnen, denn in der Tat wurden durch ihn wesentliche Züge des ursprünglichen Wortes der Verkündigung umgestaltet und verzerrt. Die eine Gottheit war in eine Unzahl göttlicher Wesen aufgelöst, der einfache sittlich-religiöse Grundgedanke ins Philosophisch-Mysteriöse erhoben, die biblischen Heilstatsachen ins Symbolische umgedeutet, und vor allem die Erlösung nur auf die gnostischen Auserwählten beschränkt. In der Polemik mit dem Gnostizismus ist nicht nur eine kirchlich-theologische Literatur entstanden, sondern die Kirche selbst hat vieles von ihm in sich aufgenommen, wie namentlich HARNACK gezeigt hat.

Markion und Mani

Anhangsweise beschäftigen wir uns hier noch mit zwei Erscheinungen, von denen die eine mehr der Kirchengeschichte, die andere der vergleichenden Religionsgeschichte angehört: Markion und Mani.

MARKION[3], ein reicher Schiffsherr aus Sinope, der um 140 nach Rom kam, ist, im Unterschied zu den Gnostikern, vor allem von *praktisch*-religiösen Gesichtspunkten bewegt. Von der *paulinischen* Auffassung des Christentums aufs lebhafteste ergriffen, suchte er diese bis in ihre radikalsten Konsequenzen auszubilden, indem er die ganze alttestamentliche Grundlage völlig beseitigt wissen wollte, dem Judengott, als dem unvollkommenen, ja bösen Prinzip, Jesus als das gute Prinzip, dem starren Gesetz der Selbstgerechtigkeit die Freiheit und die erbarmende Liebe des Evangeliums entgegenstellte. Obwohl er kein philosophisches System für Eingeweihte geben wollte wie die Gnostiker, zeigen sich doch hier und da, namentlich in der Entgegensetzung des Geistig-Unendlichen und des Sinnlich-Beschränkten, gnostische Einflüsse. Von da gelangt er denn auch zu strenger Askese in der Ethik. Mit dem Alten Testament lehnte er auch dessen allegorische Auslegung gänzlich ab, von den Aposteln erkannte er allein Paulus an; sogar dessen Briefe seien vielfach mißverstanden und judaistisch verfälscht worden. Von der gesamten Bibel ließ er nur zehn Briefe des Paulus und das ‹paulinisch berichtigte› Evangelium nach Lucas gelten. Markions Versuch, die Kirche

---

3 Siehe A. HARNACK, Marcion. Das Evangelium v. fremden Gott. 2. Aufl. 1924. DERS., Neue Studien zu MARCION, 1923; beides zusammen jetzt in einem Neudruck der Wiss. Buchges. Darmstadt 1960. R. S. WILSON, Marcion. London 1933. A. HOLLARD, Deux hérétiques: Marcion et Montan. 1935. E. C. BLACKMAN, Marcion and his Influence. 1949.

in seinem Sinne zu reformieren, scheiterte. Er gewann zwar viele Anhänger, und von den zahlreichen markionitischen Gemeinden, die sich im 2. Jahrhundert bildeten, haben manche in Armenien und Syrien noch jahrhundertelang bestanden. Allein die Großkirche hat ihn wie das entgegengesetzte Extrem, die judaisierenden Ebioniten, von sich abgestoßen.

Gnostische Einflüsse verrät auch der um die Mitte des 3. Jahrhunderts im Morgenland wirkende Perser MANI (lateinisch Manes oder Manichaeus, 216—276) in seiner aus buddhistischen, persischen und gnostischen Elementen eigentümlich gemischten Lehre. Grundzug ist der strenge *Dualismus* der Lehre Zoroasters, der Kampf zwischen dem guten und bösen Prinzip (Licht — Finsternis) im Kosmos wie in der Seele des Menschen. Die Materie in ihrer Gesamtheit, also auch das, was am Menschen der Stofflichkeit angehört, gilt als schlechthin böse und ungöttlich. Aber der Mensch trägt einen göttlichen Funken in sich. Durch seine Hilfe vermag er die leidvolle Vermischung des göttlichen Lichts mit der teuflischen Materie aufzuheben. Daraus ergaben sich die Lebensideale. Strengste Enthaltung von allem Unreinen in Worten und Werken (daher Ehelosigkeit, Fasten u. a.) galten als Merkmal der Auserwählten, denen die minder Vollkommenen eine fast göttliche Verehrung zollten. Trotz mannigfacher Verfolgung (Kreuzigung seines Stifters durch die Magier) fand der Manichäismus in Vorderasien, ja im 4. und 5. Jahrhundert auch im Abendlande große Verbreitung. Neuerdings sind in Ostturkestan Bruchstücke manichäischer Schriften in mittelpersischer Sprache aufgefunden worden. Ältere Lit. zum Manichäismus bei UEBERWEG-GEYER 652 f. Über das seit der Entdeckung neuer original-manichäischer Quellen stark angewachsene Material orientieren am besten: P. ALFARIC, Écritures manichéennes, 2 Bde., 1918/19, sowie NYBERG, ZNW 1935, 70 ff und ALBERRY, The Journal of Theol. Studies 1938, 337 ff; über antimanichäische Schriften BARDY, DThC. 9, 1954/7. Guter Überblick bei POLOTSKY, RE Suppl. 6, 241 ff. A. BÖHLIG, D. Bibel b. den Manichäern. 1947. Vgl. die zusammenfassende Darstellung HARNACKS DG I, 737—751, und H. H. SCHAEDER, Urform und Fortbildungen des manichäischen Systems. Leipzig 1927. DERS., Der Manichäismus und sein Weg nach Osten. Gogarten-Festschrift 1947, 1 ff. FRANZ ALTHEIM, Der unbesiegte Gott. rde Bd. 35, 1957. J. RIES, Introd. aux études manichéennes. 1959. A. PUECH, Le Manichéisme, son fondateur, sa doctrine. 1949 (grundlegend). Texte zum Manichäismus hrsg. v. A. ADAM (Lietzmanns Kl. Texte 175) 1954. Vorzügl. Zusammenfassung (mit reichen Lit.angaben) durch G. WIDENGREN, Mani u. d. Manichäismus. Urban-Bücher Bd. 57 (1961). Zur neueren Manich.-forschung vgl. auch den Bericht von J. RIES, Ephemerides theologicae Lovanienses 1959, 362 ff. Weitere Forsch.-

berichte bei WIDENGREN 146. Gute Orientierung auch in ‹Rel.gesch.
des Orients in der Zeit der Weltreligionen› (= Handbuch d. Orientalistik hg. v. B. SPULER, 1. Abt. VIII, 2) 1961. Zur Nachwirkung vgl. ST. RUNCIMAN, The medieval manichee. 1955. D. ROCHAT, Études manichéennes et cathares. 1952.

3. DIE APOLOGETEN ODER ÄLTESTEN KIRCHENVÄTER

Texte und Untersuchungen zur Gesch. der altchristl. Literatur, Bd. I, Leipzig 1883 (von A. HARNACK). Gesamtausg.: E. J. GOODSPEED, Die ältesten Apologeten. 1914 (ohne Theophilos). — Lit.: A. PUECH, Les apologistes grecs du 2 e s. 1912. — A. HAUCK, Apologetik in der alten Kirche. 1918. A. PUECH, Histoire de la littérature grecque chrétienne. 3 Bde., 1928/30. J. GIORDANI, La prima polemica christiana. 2. Aufl., 1943. A. CASAMASSA, Gli apologisti greci. 1944. M. PELLEGRINO, Gli apologetici greci. 1947. DERS., Studi su 'antica apologetica. 1947. DERS., Il cristianesimo del 2. sec. di fronte alla cultura class. 1954.

   Zu Aristides: Übers. BKV ² 12, 1913. Rekonstruktionsversuche: R. SEEBERG, D. Apologie des A. 1893. DERS., D. Apologet A. 1894. E. HENNECKE, Die Apologie des A. 1893. GOODSPEED, (a. a. O., 2 ff). J. GEFFKEN, Zwei griech. Apologeten. 1907 (behandelt insbesondere Aristides und Athenagoras, aber auch die anderen).

   Zu Justin: Sonderausg. der Apologien v. G. KRÜGER. 4 1915. G. RAUSCHEN, Florilegium Patristicum 2. ² 1911, der Dialog v. G. ARCHAMBAULT, 2 Bde. 1909. Übers.: BKV ² 14, 1913. A. HARNACK, Judentum u. Judenchristentum in J.s Dialog mit dem Juden Tryphon. 1913. PFÄTTISCH, Der Einfluß Platons auf die Theologie Justins. 1910. B. SEEBERG, Die Geschichtstheologie Justins. Ztschr. f. Kg. 1939, 1–81. W. SCHMID, Frühe Apologetik u. Platonismus. In: Festschr. f. O. Regenbogen, 1952, 163 ff. C. ANDRESEN, Z. f. nt. Wiss. 44, 1952/53, 157 ff (J. u. d. mittlere Platonismus). DERS., ib. 1955, 312 ff. HOLTE, Stud. Theol. 1958, 109 ff (Christentum und Philosophie).

   Zu Athenagoras: Text außer in den obengen. Ges.ausg. bei GEFFCKEN, Zwei griech. Apologeten. 120 ff. Übers.: BKV ² 12, 1913. H. A. LUCKS, The Philos. of Athenagoras. Washington 1936.

   Zu Theophilos: Text mit frz. Übers. in den Sources Chrét. 20, 1948, v. BARDY-SENDER. Übers. BKV ² 14, 1913.

   Zu Tatian: Übers.: BKV ² 12, 1913. H. ELZE, Tatian u. s. Theologie. In: Forsch. z. Kirchen- u. Dogmengesch. 9, 1960.

   Zu Hermias: Text MIGNE PG 6, 1169 ff. H. DIELS, Doxographi Graeci. ² 1929, 651 ff. Übers.: BKV ² 14, 1913. A. DI PAILI, Die Irrisio des Hermias. 1907. L. ALFONSI, Ermia filosofo. 1947. S. GENNARO, Sullo ‹Scherno› di Ermia filosofo. 1950.

   Zu Irenäus: Ausg.: Adv. haereses v. W. HARVEY. 2 Bde. 1857 (Neudruck 1949), neue Ausg. des 3. Buches v. SAGNARD, Sources Chrét. 34, 1952; Die Ἐπίδειξις τοῦ ἀποστολικοῦ κηρύγματος in HARNACKS Texten u. Untersuchungen 31, 1 (1907, mit Übers.) sowie v. FROIDEVAUX, Sources Ch. 62, 1959. Übers. v. adv. haer. BKV ² 3–4, 1912. — Neuere Lit.: K. PRÜMM,

Göttl. Planung u. menschl. Entwicklung nach Irenäus Adv. haeres. Scholastik, 1938, 206 ff, 342 ff. DERS., Zur Terminologie u. zum Wesen der christl. Neuheit bei I. Antike u. Christentum, Erg.-Bd. 1939, 192 ff. E. SCHARL, Recapitulatio mundi. Der Rekap.begriff des hl. I. und seine Anwendung auf die Körperwelt. 1941. W. HUNGER, Die Weltplaneinheit und Adameinheit bei Irenäus. Scholastik, 1942, 161 ff; 1943, 175 ff. TH. RÜSCH, Die Entstehung der Lehre vom Hl. Geist. 1951. W. LEUTHOLD, Das Wesen der Häresie nach I. Diss. Zürich 1954. A. HOUSSIAU, La christologie de S. Irénée. 1955. A. BENOIT, S. Irénée, introd. à l'étude de sa théol. 1960. Speziell zur Rekapitulationstheorie vgl. E. SCHARL, Recapitulatio mundi. 1941, sowie N. F. MOHOLY, The Doctrine of Recapitulation in s. Ir. Diss. Laval-Univ. 1948.

Zu Tertullian: Neue Gesamtausg. im Corpus Christ. Lat. 2 Bde. 1953/54. — Übers. v. H. KELLNER, 2 Bde. 1882, Auswahl in BKV² 7 u. 24. Ältere Monographien von A. HAUCK (1878) u. E. NÖLDECHEN (1890). Die wichtigste neuere Lit. zusammengestellt bei QUASTEN, Patrologie 2. 1953, 248 ff u. in der großen Ausg. von De anima von WASZINK, 1947, 597 ff. Einzelausgaben der wichtigsten Schriften:

2. Buch ad nationes u. De testimonio animae v. M. HEIDENTHALLER. 1942 (Übers. u. Komm.). Apologeticum: WALTZING, 1931 (Übers. mit Komm.); mit Übers. hrsg. v. C. BECKER, 1952, 2. A. 1960. Vgl. dazu von dems. T.s Apol., Werden u. Leistung. 1954. De test. an. hg. v. G. QUISPEL, 1952. DERS., Übers., 1952. Übers. des Apol. u. anderer vormontanist. Schriften v. CHR. MOHRMANN, 1951. De anima mit Übers. u. Komm. hg. v. J. H. WASZINK, 1933, der Index dazu 1935, große Ausg. mit Komm. 1947. — Adv. Hermogenem, hg. WASZINK, 1956 in den Stromata patristica., De baptismo v. REFOULÉ mit Übers. u. Komm., Sources Chr. 35, 1952. Adv. Iudaeos, neue komment. Ausg. v. H. TRÄNKLE, 1964. — J. LORTZ, Tertullian als Apologet. 2 Bde., 1927/28. TH. BRANDT, T.s Ethik. 1929. C. DE L. SHORTT, The Influence of Philosophy on the Mind of T. 1933. L. CASTIGLIONI, Tertull. Milano 1937. G. ZIMMERMANN, Die hermeneutischen Prinzipien T. 1937. J. KLEIN, T., Christl. Bewußtsein u. sittl. Forderungen. 1940 (Kathol. theol. Diss. Bonn). — LABHARDT, Mus. Helv. 7, 1950, 159 ff (T. u. d. Philosophie), vgl. auch C. DE L. SHORTT, The Influence of Philos. on the Mind of Tert. 1933. B. NISTERS, T. 1950. A. J. FESTUGIÈRE, Jahresber. d. Görres-Ges. 1951, 53 ff. H. KARPP, Probleme altchristl. Anthropologie. 1950, 40 ff. DERS., Schrift und Geist bei T. 1955. REFOULÉ, Rev. des sciences réligieuses. 1956, 42 ff. H. FINÉ, Die Terminologie der Jenseitsvorstellungen bei T. Bonn 1958.

Zu Minucius Felix: Ausgabe des ‹Octavius› v. J. MARTIN, Florilegium Patristicum 8, 1930. G. QUISPEL, 1949. M. PELLEGRINO, 1950. Übers. BKV² 14, 1913. BEUTLER, Philos. u. Apol. bei M. F. 1935; tritt in dem viel erörterten Prioritätsproblem Tertullian-Minucius für M. ein. Für Priorität Tertullians: H. DILLER, Philol. 1935, 98 ff, 216 ff. B. AXELSON, Prioritätsproblem Tertullian-Minucius F. Lund 1941. S. auch die Übersicht bei ALTANER, Patrologie, 6. A. 1960, 130.

Zu Arnobius: CSEL 4, 1875 (REIFFERSCHEID). MARCHESI, 1934 (Ausg.). Übers. v. J. ALLEKER. 1858. F. GABARROU, A. son œuvre. 1921. E. RAPISARDA, Arnobio. 1945. SCHEIDWEILER, ZNW 1954, 42 ff (A. beeinflußt v. Marcionitismus).

Zu Lactanz: Gesamtausg. PL 6–7. Übers. BKV ² 36. Neuere Einzelausgaben: W. T. RADIUS, Select from Lact. div. inst. 1951. De mort. persec. ed. J. MOREAU, 2 Bde., Sources Ch. 39, 1954/55 (mit Komm.). De ira dei, mit Übers. hg. v. H. KRAFT, 1957. Übers. v. de mort. v. E. FAESSLER, 1946. – K. VILHELMSON, Lactanz u. die Kosmogonie des spätantiken Synkretismus. Tartu (Dorpat) 1940. A. WLOSOK, L. u. die philos. Gnosis, zur Gesch. der Terminologie der gnost. Erlösungsvorstellung. 1960. Zum histor. Hintergrund vgl. auch S. PRETE, Gymn. 63, 1956, 365 ff, 486 ff.

Gegen die mannigfachen Angriffe und Vorwürfe, die sich das im Laufe des 2. Jahrhunderts stärker werdende Christentum von seiten der heidnischen Schriftsteller (z. B. CELSUS, später PORPHYRIOS) und des heidnischen Staates zuzog, traten seitens der Kirche eine Reihe mehr oder minder philosophisch gebildeter Männer, zum Teil selbst erst Neubekehrte, mit Verteidigungsschriften auf: die sogenannten *Apologeten.* Im Gegensatz zu den Gnostikern vertreten die Apologeten das kirchliche Christentum und werden deshalb mit Recht als die *ersten Kirchenväter* bezeichnet; aber sie wollen zugleich die christliche Religion den philosophisch Gebildeten als die höchste und einzig wahre Philosophie darlegen, indem sie sie als *vernünftig,* als die Religion des Geistes, der Freiheit und der Sittlichkeit nachzuweisen suchen. Das Problem Vernunft und Offenbarung tritt in das Zentrum.

Justinus Martyr

Von dem ältesten unter ihnen, QUADRATUS aus Athen, ist nichts Sicheres bekannt. Über den ‹athenischen Philosophen› ARISTIDES sind wir durch seine 1878 aufgefundene, um 140 an Kaiser Antoninus Pius gerichtete Schutzschrift unterrichtet, die namentlich den Monotheismus hervorkehrt, übrigens keine besondere Selbständigkeit des Denkens zeigt. Weitaus der bedeutendste der älteren Apologeten ist JUSTINUS MARTYR (zwischen 165–167 zu Rom als Märtyrer gestorben) aus Sichem, von Stoa und Platonismus her zum Christentum gekommen, im Philosophengewande lehrend. Von den ihm zugeschriebenen griechisch verfaßten Schriften (hrsg. von Otto, 3. Aufl., 1876–1881) gehören ihm sicher zwei an Antoninus Pius bzw. Mark Aurel gerichtete Schutzschriften (ἀπολογίαι) und der Dialog mit dem Juden Tryphon. Das Christentum ist Justin Philosophie und Offenbarung zugleich: Philosophie, weil es über die philosophischen Probleme aller Zeiten Aufschluß gibt, und göttliche Offenbarung, die notwendig war, um die Menschheit aus der Macht der Dämonen, dem Polytheismus und der Unsittlichkeit zu erretten. Eine teilweise Offenbarung der göttlichen Vernunft (Logos) ist zwar auch vorzüglichen Heiden, wie Sokrates und Platon, und frommen Juden (Abraham, Elias), von denen jene manches übernommen, zuteil geworden;

denn der Same des göttlichen Logos (der stoische λόγος σπερματι-
κός) ist über die ganze Welt verstreut. Aber die *volle* Wahrheit hat
sich allein in dem neuen Sokrates, dem ‹Lehrer› Christus, als der
menschgewordenen Vernunft Gottes, offenbart. Gott, dessen Vorstellung jedem Menschen ebenso angeboren ist wie die der allgemeinsten sittlichen Begriffe, ist einheitlich, ewig, unerzeugt, ohne
Namen, unaussprechlich; er hat durch seine Vernunft (λόγος) seinen
göttlichen Sohn, der in Jesus Mensch geworden, in seiner Weisheit
(dem heiligen Geiste) die Welt erschaffen. Die menschliche Seele
besitzt Vernunft, Unsterblichkeit und (durch das göttliche Vorherwissen nicht aufgehobene) Willensfreiheit. Justins Einfluß auf die
späteren Kirchenväter ist sehr bedeutend gewesen.

Athenagoras, Theophilos, Tatian

Ihm verwandt ist der ‹christliche Philosoph von Athen›, ATHENAGO-
RAS, der in seiner uns erhaltenen, 177 verfaßten, in hellenisch-
philosophischem Stil gehaltenen Apologie namentlich den Monotheismus und dessen Vereinbarkeit mit der Dreieinigkeitslehre, sowie in einer besonderen Schrift die leibliche Auferstehung der Toten
nachzuweisen suchte.

Während Justin und Athenagoras mit ihren an die Kaiser gerichteten Schutzschriften zunächst die Abwehr der äußeren Gewalt von
ihren Religionsgenossen bezweckten, versucht THEOPHILOS († 186
als Bischof von Antiochien) mit theoretischen Gründen einen wissenschaftlichen Heiden von der Wahrheit des Christentums zu überzeugen; eigenartige Gedanken treten nicht hervor. Das Christentum wird
nicht mehr als ‹Philosophie›, sondern als ‹Weisheit Gottes› bezeichnet.

Für den Assyrer TATIAN dagegen ist das Christentum die einzig
wahre Philosophie. In seiner erhaltenen Schrift ‹Gegen die Griechen›
(um 160, deutsch von Harnack, 1884) ist ihm jedes Mittel der Ver-
drehung und Verleumdung recht, um die griechische Wissenschaft,
Kunst und Sitte herabzusetzen. Der Mensch besteht aus Leib, Seele
und Geist; nur der letztere ist unsterblich. Ebensowenig wissenschaftlichen Wert besitzt des später lebenden HERMIAS ‹Verspottung der
draußen stehenden Philosophen› — ‹draußen stehend›, denn das
Christentum gilt eben schon als *die* Philosophie.

Irenäus

Weniger gegen die heidnische Philosophie als vielmehr gegen den
inzwischen mächtig angewachsenen Gnostizismus wendet sich das in
einer lateinischen Übersetzung erhaltene Hauptwerk des IRENÄUS
(aus Kleinasien, später Bischof von Lyon, wo er um 202 als Märtyrer

gestorben sein soll): ‹Enthüllung und Widerlegung der fälschlich sogenannten Erkenntnis›, gewöhnlich als ‹Adversus haereses› zitiert (deutsch von Klebba, Kempten 1912). Im Gegensatz zu den durch die Spekulation weltlicher Weisheit verführten Gnostikern sucht Irenäus die kirchliche Lehre samt der durch die Bischöfe fortgesetzten apostolischen Tradition theoretisch zu begründen. Er hält an der Identität des Schöpfers und des Erlösers, des alttestamentlichen und des neutestamentlichen Gottes fest. Das Alte Testament gilt ihm, um mit Paulus zu reden, nur als Zuchtmeister auf das Neue, die ganze Geschichte als göttlicher *Erziehungsplan* zum Heile des Menschen, der Zweck und Ziel der Schöpfung ist. Alles, auch die Natur, ist auf die Erlösung des Menschen angelegt, die durch Christus erfolgt. Die Idee, die überhaupt alle Gedanken des Irenäus zusammenhält, ist die der Rekapitulation, der Wiederherstellung der ursprünglichen Ordnung durch Zurückbringung aller Dinge zu Gott.

Irenäus' Schüler HIPPOLYTOS (Presbyter in Rom, † um 236), berühmt als der gelehrte Verfasser eines großen Werkes ‹Gegen alle Ketzereien› wie als scharfsinniger Verteidiger einer christlichen Logoslehre, bringt nichts grundsätzlich Neues hinzu.

Tertullianus

Irenäus' Werk hat großen Einfluß auf die Kirchenväter des 3. und 4. Jahrhunderts geübt. In Nordafrika fanden seine Bestrebungen Fortsetzung durch den erst im Mannesalter Christ gewordenen karthagischen Zenturionensohn und Rechtsanwalt TERTULLIANUS (150 oder 160—220). Tertullian ist einer der frühesten Vertreter der *lateinisch*-christlichen Literatur. Den Apologeten gehört er durch seine 197 dem Kaiser SEPTIMIUS SEVERUS eingereichte Schutzschrift an; im übrigen machte ihn seine feurige Natur weit mehr zum Polemiker geeignet. Es gibt keine Versöhnung zwischen Athen und Jerusalem, Akademie und Kirche. Alle weltliche Wissenschaft und Bildung ist vor Gott Torheit. Der Christ hat sich unbedingt der biblischen, von Gott selbst inspirierten Offenbarung zu unterwerfen. Ein christlicher Handwerker steht höher in der Gotteserkenntnis als ein Platon.

Trotzdem ist Tertullian keineswegs ohne Philosophie. Namentlich haben ihn die Stoiker beeinflußt, so in seinem eigentümlichen Materialismus: Alles Wirkliche ist körperlich, selbst Gott und die menschliche Seele; die Seele des Kindes ist ein Schößling (*tradux*) der elterlichen. Damit verbindet er, wie jene, eine sensualistische Erkenntnistheorie, gründet aber gerade darauf sein orthodoxes System. Weil der Mensch aus eigener Kraft völlig unfähig ist, die Wahrheit, das Wesen Gottes und seine eigene über das Diesseits hinausreichende Bestimmung zu erkennen, bedarf er der göttlichen

Offenbarung. Diese steht in notwendigem Gegensatz zum menschlichen Erkennen, ist nicht bloß über-, sondern geradewegs *wider*vernünftig. Daher der ihm zugeschriebene, wenn auch im Wortlaut bei ihm nicht zu findende Satz: *Credo, quia absurdum est.* Christi Auferstehung z. B. ist gerade deshalb gewiß, weil sie für den menschlichen Verstand unmöglich ist. Andrerseits hat die Seele dennoch einen natürlichen Zug zum Christentum: *anima naturaliter christiana.*

Tertullians Ethik ist durch asketische Sinnenfeindschaft und zugleich schwärmerische Erwartung der baldigen Wiederkunft Christi charakterisiert.

Minucius Felix

Weit milder als sein karthagischer Kollege denkt der römische Anwalt MINUCIUS FELIX, dessen Dialog ‹Octavius› die Bekehrung eines heidnischen Philosophen (Caecilius) durch seinen christlichen Freund (Octavius) schildert. Von allen christlichen Apologeten steht Minucius der antiken Philosophie, und zwar der stoischen, durch seinen Rationalismus und seine moralisierende Richtung am nächsten. Seiner dogmatischen Form fast ganz entkleidet, erscheint das Christentum als sittlich geläuterter Monotheismus, dem auch Platon, Aristoteles u. a. schon gehuldigt haben.

Die letzten Apologeten

Des sachlichen Zusammenhanges wegen seien hier gleich die ihrer Lebenszeit nach erst an das Ende unseres Zeitraums gehörenden letzten (lateinisch schreibenden) Apologeten erwähnt: Arnobius und Lactantius. — Der afrikanische Rhetor ARNOBIUS verfaßte um 300 sieben Bücher ‹Gegen die Heiden (adversus gentes)›, in denen er die Einheit und Ewigkeit Gottes gegenüber dem Widersinn und der Unsittlichkeit des Polytheismus verteidigt. Die Gottheit Christi sucht er indes vorzugsweise aus seinen Wundertaten zu beweisen. Die menschliche Seele ist eng mit dem Leibe verbunden, ihre einzige Erkenntnisquelle die Wahrnehmung; daher ein von seiner Geburt an in völliger Einsamkeit lebender Mensch geistig leer bleiben würde (ein Gedanke, der von den Sensualisten des 18. Jahrhunderts wieder aufgenommen wird; vgl. La Mettrie, Condillac). Von Natur aus sterblich, erlangt sie die Unsterblichkeit nur durch die Gnade Gottes, der die Guten belohnen, die Bösen bestrafen will.

In ähnlichem Sinne schrieb bald nach ihm LACTANTIUS, anfangs gleichfalls (heidnischer) Lehrer der Redekunst in Afrika, später Prinzenerzieher am Hofe Konstantins. Seine stilistischen Vorzüge erwarben ihm den Beinamen eines ‹christlichen Cicero›. Sein Hauptwerk

‹Institutiones divinae› will eine philosophische Begründung der christlichen Lehren und zugleich eine Unterweisung in ihnen geben, der eine ‹Widerlegung› der falschen, heidnischen Religion und Philosophie voraufgeht. Einen Heiligen Geist als selbständige dritte Person der Gottheit kennt Lactantius noch nicht. Das höchste Gut ist die Unsterblichkeit; ohne die Aussicht auf diesen göttlichen Lohn wäre die Tugend das unnützeste und törichtste Ding auf der Welt! Philosophische Tiefe ist weder bei Arnobius noch bei Lactantius zu finden.

An eben dem Hofe, an dem Lactantius lehrte, gelangte das Christentum zum Siege und wurde Staatsreligion. Damit hörte das Bedürfnis nach ‹Apologeten› auf.

Über einen ‹Einbruch der antiken Logik u. Textkritik› in die altchrist. Theologie im Anfang des 3. Jh. s. H. SCHÖNE in: Antike u. Christentum, Erg.-Bd. I, 1939, 252 ff.

4. DIE RELIGIONSPHILOSOPHIE DER ALEXANDRINER
(CLEMENS, ORIGENES)

Die Gnostiker hatten ihre ‹Erkenntnis› hoch über den gering geschätzten Gemeindeglauben erhoben; von den kirchlichen Apologeten hatten die geistig bedeutendsten, Irenäus und Tertullian, nur notgedrungen und um sie zu widerlegen, sich der Philosophie bedient. Gegen Ende des 2. Jahrhunderts regt sich dagegen *inner*halb der kirchlichen Kreise der Trieb, Wissenschaft und Religion in Einklang miteinander zu bringen, an verschiedenen Stellen. Am stärksten in Alexandrien, dem alten Sitze der Wissenschaften und der Religionsphilosophie. Dort war zur Heranbildung von Lehrern für die Katechumenen eine sogenannte Katechetenschule entstanden, welche das Christentum mit hellenischer Bildung erfüllen und umgekehrt gebildeten Heiden die christlichen Wahrheiten verständlich machen wollte. An ihr lehrte von 189 bis zu seinem gegen 215 erfolgten Tode CLEMENS VON ALEXANDRIEN (so genannt zum Unterschiede von dem ein Jahrhundert früher lebenden Bischof CLEMENS VON ROM).

Clemens

Gesamtausgabe v. O. STÄHLIN, 3 Bde. 1905—09, ² 1936—39, Registerbände 1934—36. Sonderausgaben: A. BOATTI, Il pedagogo. 1937. Q. CATAUDELLA, Protrept. 1941. In SCh.: C. MONDÉSERT — A. PLASSART, Le Protréptique. ² 1949. TH. CAMELOT — C. MONDÉSERT, Stromata II. 1954. Übers. v. O. STÄHLIN BKV ² II 7, 8, 17, 19 (1934—37); II 7, 7—67 eine vorzügliche Einführung. — R. MARKGRAF, ZKG 22, 1901, 487 ff (Stellung zu den natür-

lichen Lebensgütern). E. DE FAYE, Clément d'Alexandrie. [2] 1906. W. SCHERER,
Kl. v. A. u. seine Erk.prinzipien. 1907. H. U. MEYBOOM, C. Alexandrinus.
1912. R. B. TOLLINTON, Cl. of A., A Study in Christ. liberalism, 2 Bde. 1914.
J. PATRICK, Cl. A. 1914. A. DE LA BARRE, D ThC 3, 137 ff. TH. RÜTHER, D.
Lehre v. d. Erbsünde. Cl. v. Al. 1922. J. HÉRING, Étude sur la doctrine de
la chute et de la préexistence des âmes chez Cl. v. Al. 1923. R. P. CASEY,
Cl. of Al. and the Beginning of Christian Platonism. Harv. Th. Rev. 18,
1925, 39–101. G. BARDY, C. d'A. 1926. J. MEIFORT, D. Platonismus bei Kl.
v. A. 1928. O. STÄHLIN, C. v. A. u. d. Gnosis (D. pädagog. Hochschule I
1929, 98 ff). DERS., Christentum und Antike (ebenda II 1930, 175 ff).
R. B. TOLLINTON, Alexandrine Teaching on the Universe. 1932. J. MUNCK,
Unters. über Cl. A. 1933. J. FRANGOULIS, Begriff d. Geistes b. Kl. v. A.
1936. E. MOLLAND, Cl. of Al. on the Origin of Greek Philosophy. Symb.
Osl. 15, 1936, 57 ff. DERS., The Conception of the Gospel in the Alexan-
drinian Theology. 1938. G. LAZZATI, Introd. allo studio di Cl. Al. 1939.
F. BURI, Cl. Al. u. d. paulinische Freiheitsbegriff. 1939. P. J. SCHMIDT, Cl.
Al. in s. Verhältnis z. griech. Rel. u. Philos. 1939. B. PADE, Logos Theos
b. Kl. Al. 1939. W. DEN BOER, De Allegorese in het werk van Cl. Al. 1940.
OUTLER, The Journal of Religion 1940, 217 ff (Platonismus). A. MAYER,
D. Gottesbild im Menschen nach Cl. v. Al. 1941. M. POHLENZ, Kl. v. Al. u.
sein hellen. Christentum. NGG 1943, 31 ff. DERS., D. Stoa I (1948) 414 ff;
II (1949) 200. C. MONDÉSERT, Cl. d. Al. 1944. TH. CAMELOT, Foi et gnose . . .
chez Cl. d. Al. 1945. F. QUATEMBER, D. christl. Lebenshaltung d. Cl. v. A.
1946. M. PUGLIESE, L'apologetica greca e Cl. Aless. 1947. W. VÖLKER, Th.
Z. 1947, 15 ff (Vollkommenheitslehre). TH. RUETHER, D. sittl. Forderung d.
Apatheia i. d. beiden ersten christl. Jhh. u. b. Cl. Al. 1949. F. VAN DER
GRINTEN, D. natürliche u. übernatürl. Begründung d. Tugendlebens b. Cl. A.
1949. MOINGT, Recherches de science religieuse. 1950, 195 ff, 381 ff, 537 ff;
1951, 82 ff (Verhältnis d. Gnosis z. Glauben u. z. Philos.). G. CATALFAMO,
Cl. Aless. 1951. W. VÖLKER, D. wahre Gnostiker nach Kl. v. Al. 1952
(grundlegend). L. FRÜCHTEL, RAC 3, 182 ff. WYTZES, VC 1955, 146 ff (Paideia u. pronoia). E. F. OSBORN, The Philosophy of Cl. of Al. 1957.

CLEMENS' drei Hauptwerke, die zusammen ein Ganzes bilden, sind:
1. ‹die Mahnrede an die Griechen› (Λόγος προτρεπτικός πρὸς
τοὺς ῞Ελληνας), die in der bekannten Tendenz der Apologeten
das Vernunftwidrige des Heidentums nachweisen will, bestimmt für
die ‹Draußenstehenden›, 2. der ‹Παιδαγωγός›, d. i. Erzieher zur
christlichen Sittlichkeit für die Gläubigen, und 3. das wichtigste: die
8 Bücher Στρωματεῖς für die ‹Wissenden› (γνωστικοί), die nicht
in streng systematischer Form, sondern mehr aphoristisch (daher ihr
Name στρωματεῖς = bunte Teppiche) die christliche Weltanschauung
als die wahre Erkenntnis, also eine Art kirchlicher Gnosis darstellen und
sie mittels platonischer und stoischer Gedanken zu vertiefen suchen.

Für Clemens als Heide — um 150, vielleicht in Athen — geboren,
ist nichts wertvoller als das aus dem Glauben kommende Wissen
von Gott. Genauer gesehen ist das Verhältnis dabei freilich ein
eigentümlich verschränktes. Denn einerseits erwächst jede Einsicht

27

schon jeweils aus ‹Vorausnahmen› des Glaubens, der der Wahrheitsgrund bleibt. Alles Lernen ist nichts anderes, als die ‹Vorausnahmen› (zu denen z. B. die der Existenz Gottes gehört) in das bewußte Begreifen zu erheben. Andrerseits hat die Vernunft die Aufgabe, dem Glauben den Weg zu bereiten. Wie für die Juden das Gesetz, so war für die Griechen die Philosophie, namentlich die des ‹von Gott getragenen› Platon, der Erzieher zu Christus. Auch in die Seelen der griechischen Philosophen war der Same des göttlichen Logos gestreut, wie Clemens mit Justin erklärt. Der Glaube aber bewirkt die ‹Veredlung› der philosophischen Vernunft. — Das Christentum ist so die Lehre von der Schöpfung, Erziehung und Vollendung des Menschengeschlechtes durch den in Christus sichtbar gewordenen Logos. Die Gottheit selbst ist namen- und gestaltlos, ihr Wesen nur negativ zu bestimmen. Der Sohn allein, der Mittler zwischen Gott und Menschen, ist den letzteren positiv erkennbar. Das Ineinander von christlichen und griechischen Elementen ist aber jedenfalls kennzeichnend für Clemens. Auch sonst zeigen sich neben den christlichen Zügen, die den Grundton bilden, hellenische, so vor allem das Lob der σφωροσύνη, des richtigen Maßes. Er mißachtet dabei weder die Ehe noch den Reichtum, sondern drängt nur auf die rechte Gesinnung.

Origenes

Gesamtausg. Migne, PG 11—17. In den ‹Griech. christl. Schriftst. d. ersten Jhh.› bis jetzt 12 Bde. (1899—1955) von Koetschau-Klostermann, Früchtel u. a. Einzelausg.: C. Celsum (1899) u. de princ. (1913) v. P. Koetschau. Fragm. der Hexapla hrsg. v. F. Field, 2 Bde. 1871—75. Über d. erst z. T. veröffentlichten Papyrusfund v. Tura (1941), der 2 bisher unbek. Schriften ans Licht brachte, vgl. d. Lit. b. Altaner, Patrol. [6] 1960, 180. Wichtig daraus vor allem J. Scherer, Entretiens d'Origène avec Héraclide. 1949. Die für die Persönlichkeit und Lehrmethode des Origenes aufschlußreiche Dankrede des Gregorios Thaumaturgos auf s. Lehrer O. hrsg. v. Koetschau 1894, Übers. BKV [2]. 1911. Übers.: Ausgew. Schriften in BKV [2] 48, 52, 53 v. Koetschau, 1926 f. H. U. v. Balthasar, O., Geist u. Feuer, [2] 1951 (Textauswahl). Aus d. älteren Lit. noch nützlich d. stoffreiche Darstellung v. E. R. Redepenning, 2 Bde. 1841—46. — E. de Faye, Origène, 3 Bde. 1923—28. Ders., Esquisse de la pensée d'O. 1925. A. Miura-Stange, Celsus u. O. 1926. G. Rossi, Saggi sulla metafisica di O. 1929. W. Völker, D. Vollkommenheitsideal d. O. 1931. Hal. Koch, Pronoia u. Paideusis, Studien üb. O. u. s. Verhältnis z. Platonismus. 1932. Ders., Art. Origenes in RE XVIII 1 (1939), 1036 ff (beste sachliche Orientierung). R. Cadiou, Introd. au système d'O. 1932. Ders., La jeunesse d'O. 1935. A. Lieske, Theologie d. Logosmystik b. O. 1938. H. Rahner, Eranos-Jb. 1947 (1948) 197 ff (Menschenbild). Chadwick, Harvard Theol. Rev. 1948, 83 ff (Or., Celsus and the resurrection of the body). J. Danielou, Origène. 1948 (engl. Übers. 1955). Jonas, Th. Z. 1948, 101 ff (De princ., ein System patrist. Gnosis).

DERS., D. origenistische Spekulation u. d. Mystik, Th. Z. 5, 1949, 24 ff;
dagegen LEBRETON, Analecta Bollandiana 1949, 35 ff. S. LÄUCHLI, Probleme
des Geschichtlichen b. O. 1950. DERS., Th. Z. 1954, 175 ff (Objektivität d.
Exegese d. O.). BURKE, ZKTh 1950, 1 ff (Lehre v. Urstand d. Menschen).
H. DE LUBAC, Histoire et esprit, l'intelligence et l'écriture d'après d'Origène.
1950. FR. BERTRAND, Mystique de Jésus chez Or. 1951. H. CROUZEL, RAM
1955, 354 ff (Anthropologie d. O.). DERS., Théologie de l'image de Dieu
chez Or. 1956. MÉHAT, VC 1956, 196 ff (zur ἀποκατάστασις). HARL, O. et
la fonction révélatr. du verbe incarné. 1958. R. P. C. HANSON, Allegory
and Event. 1959. H. CROUZEL, O. et la ‹connaissance mystique›. 1961.
DERS., O. et la Philosophie. 1962. — Zum Origenismus vgl. d. Art. in
DAp 3 1228 ff u. DThC II, 1561 ff sowie z. geistesgesch. Einordnung d.
Origenismus IVANKA, Byz. Z. 1951, 291 ff.

   Zu Dionysios v. Alexandrien, d. Große: Ausg. v. CH. L. FELTOE, 1904;
DERS., engl. Übers. 1918.

   Zu Paulus v. Samosata: Monographien v. F. LOOFS (1924) und G. BARDY
(² 1929).

Ein zusammenhängendes theologisches *System*, das erste und neben
demjenigen Augustins bedeutendste der gesamten Patristik, schuf
erst Clemens' größerer Schüler ORIGENES.

Leben und Bedeutung

ORIGENES, 185, wahrscheinlich zu Alexandrien, geboren, der erste
unter den hervorragenden Kirchenvätern, der schon von Geburt ein
Christ war, bei dem also die christliche Bildung der philosophischen
vorausging, wurde bereits mit 18 Jahren Lehrer an der Katechetenschule. 232 wegen seiner Abweichung von der orthodoxen Lehre aus
dem Priesterstande ausgeschlossen, mußte er Alexandria verlassen,
lehrte aber weiter in Cäsarea und starb in Tyrus 254. Durch seinen
ehernen Fleiß, nach anderen durch seine Unbezwinglichkeit im Wort-
kampf, hatte er sich den Beinamen ‹der Stählerne› erworben. Seine
asketischen Anschauungen sollen ihn zur Selbstentmannung getrieben haben. Seine zahlreichen theologischen Schriften betreffen vor
allem die Exegese des Alten und Neuen Testaments. Von den philosophischen sind erhalten: 1. die Verteidigung des Christentums gegen die scharfsinnigen Angriffe des Celsus (s. Bd. I, S. 176)*, 2. sein
systematisches Hauptwerk: ‹Von den Grundlehren, bzw. Grundprinzipien› (Περὶ ἀρχῶν) in vier Büchern, dessen Hauptmasse bloß
in einer abschwächenden lateinischen Bearbeitung (‹De principiis›)
erhalten ist (verfaßt um 220).
   Für Origenes bleiben zwar die biblischen Lehren der *Inhalt* des

---

* C. ANDRESEN, Logos u. Nomos, die Polemik des Kelos wider d. Christent. 1955.

Glaubens, aber nur in ihrer *spekulativen Erfassung* stellen sie das wahre Christentum dar. Bei diesem spekulativen Aufbau kam Origenes freilich, wie schon Clemens, zu der Unterscheidung einer mythischen Form der Religion für die Masse, die dem Kinde gleich die Wahrheit nur in Hüllen und Bildern zu schauen vermag, und einer vergeistigten für die Wissenden. Als Mittel, um von der Bibel zu systematischen Lehren zu gelangen, dient die allegorische Schriftauslegung. Sie öffnet den Weg vom ‹Buchstaben› zum ‹Geist› und zur philosophischen Spekulation (vgl. unten).

Das System des Origenes

An der Spitze steht die Lehre von *Gott* als dem ewigen Urgrund aller Dinge; auf ihn, den *Einen*, weist alles Geschaffene in seiner Ordnung, seiner Unselbständigkeit und seiner Sehnsucht zurück. Er ist ewig, unveränderlich, allmächtig, allwissend, allgütig und allgerecht. Entscheidendes Gewicht legt Origenes dabei auf die Befreiung der Gottesauffassung von allen materiellen Vorstellungen und Bildern. Gott ist reiner Geist. Kraft seiner Fülle erzeugt er beständig den Sohn (Logos), wie das Licht seinen eigenen Glanz. Dieser Logos, der in sich die Gesamtheit der Ideen birgt und die Idee der Ideen ist, ist zugleich das schöpferische Prinzip der Welt.

Der Logos, der, von Ewigkeit her bei dem Vater, in Christus sich verkörpert, ist zugleich das Urbild der *geschaffenen Geister*, die eine Hierarchie bilden. Der höchste geschaffene Geist ist die dritte Person der Gottheit, der heilige Geist. Es gehört nun zur Vollkommenheit der geschaffenen Geister, daß sie Freiheit besitzen. Und Origenes bemüht sich ausführlich, sie zu beweisen. Aber diese Freiheit ist zugleich der Anlaß, daß sie im Menschen durch Abfall von Gott infolge Trägheit und Verfehlungen die Vollkommenheit verlieren können und dann von Gott in den Leib und die Materie gebannt werden.

Aber über der gesamten Welt der Geister, Menschen wie Engel, waltet ein göttlicher Erziehungsplan (vgl. IRENÄUS), der schließlich *alle* — sogar den Teufel — *erlöst*, d. i. zu ihrer ursprünglichen Wesenseinheit mit Gott *zurückbringt* (ἀποκατάστασις = Wiederherstellung). Sie wird vollbracht durch den in Christus fleischgewordenen Logos, der jedem von uns soviel Anteil an seinem Wesen gibt, als wir bräutliche Liebe zu ihm empfinden. Die Erde ist für uns ein Ort der Züchtigung, aber auch der Besserung. Ehe, Kriegsdienst, Staatsämter passen für den wahren Christen nicht. Das ethisch-religiöse Ziel für den Einzelnen wie die Gesamtheit ist die gegen alle irdischen Übel unempfindliche Ruhe in Gott.

Wie verhält sich nun Origenes' spekulative Auffassung zu den biblischen Schriften? Sie gelten ihm als vom Heiligen Geiste inspiriert. Doch ist das Alte Testament nur Vorbereitung zu dem Neuen, wie dieses seinerseits die Vorstufe zu der vollkommenen Wahrheit (σοφία), die uns bei der Wiederkunft Christi zuteil werden wird. Origenes unterscheidet, ähnlich den Gnostikern, ein somatisches (körperliches), psychisches und pneumatisches Christentum; dem ersten entspricht die buchstäbliche, dem zweiten die moralische, dem dritten die höchste, geistige oder allegorische Auslegung der Schrift (vgl. PHILON). Der Tod Jesu ist in erster Linie vorbildlich, nicht genugtuend. Die sinnliche Ausmalung der chiliastischen Erwartungen, wie sie bei einem IRENÄUS und TERTULLIAN herrscht, wird von Origenes entschieden bekämpft, die Auferstehung der Leiber in eine solche der Geister verwandelt u. a. m.

Wirkung des Origenes

Das System des Origenes mit seiner platonisierenden Vergeistigung der Kirchenlehre war nicht dazu angetan, das Wohlgefallen der strengkirchlichen Kreise zu erringen. Wie er selbst unter solchen Einflüssen aus Alexandrien vertrieben wurde, so ist später (540) seine Lehre auch ausdrücklich verdammt worden. Bezeichnenderweise wurde diese Verdammung von demselben Kaiser JUSTINIAN ausgesprochen, der auch die letzte griechische Philosophenschule der dem Origenes geistesverwandten Neuplatoniker aufhob. Dennoch hat Origenes, namentlich im christlichen Orient, mächtig nachgewirkt. In unseren Zeitraum fällt noch des Origenes Nachfolger in der Leitung der alexandrinischen Schule, DIONYSIOS VON ALEXANDRIEN (auch der ‹Große› genannt, † um 265), der in einem nach der Weise der alten griechischen Naturphilosophen unter dem Titel περὶ φύσεως verfaßten Werke von einem anscheinend durch hellenische Philosophie (Platon, Pythagoras, Stoa, Heraklit) beeinflußten christlichen Standpunkte aus den Atomismus Demokrits und Epikurs bekämpfte.

Die Kämpfe zwischen diesen Origenisten und anderen kirchlichen Richtungen, insbesondere den die Ungeteiltheit Gottes kräftig hervorhebenden *Monarchianern* (SABELLIUS, PAUL VON SAMOSATA), gehören der Dogmen- und Kirchengeschichte an, desgleichen der *arianische* Streit, obgleich gerade im Ringen um die Klärung der Gottmenschheit Christi und der Schwierigkeiten im Verhältnis von Logos und kreatürlicher Menschwerdung Fragen in Bewegung kommen, die die Gesamtgeschichte des abendländisch-christlichen Daseinsverständnisses und damit auch die Philosophie mehr angehen, als man bisher gemeint hat. Aber wir stehen in dieser Erkenntnis noch ganz in den Anfängen.

II. JÜNGERE PATRISTIK

(vom Konzil von Nicäa 325 bis in das 8. Jahrhundert)

1. Allgemeines

Erst jetzt treten wir in das eigentliche Mittelalter ein. Die kräftigen Stämme des Nordens fluten von allen Seiten über die Grenzen des Imperiums herein und drohen dessen alte Kultur zu ersticken. Und sicherlich hätten die in der Auflösung begriffene griechisch-römische Philosophie, Kunst und Gesittung der noch rohen germanischen Kraft nicht widerstehen können, wäre nicht *eins* gewesen, vor dem auch die rauhen Barbaren sich beugten: die christliche Kirche. Diese hatte sich eben jetzt unter dem Schutze der weltlichen Macht gefestigt und begonnen, sich eine mächtige, rasch erstarkende äußere Organisation zu schaffen. Dies letztere aber konnte nur dadurch erreicht werden, daß man, wie das nun durch eine Reihe von Konzilien geschah, die *Grunddogmen* endgültig *fixierte* und die Vertreter abweichender Richtungen als Häretiker ausschloß. Gerade dadurch, daß sie eine einheitliche Formel bot, wurde die Kirche eine Macht, mit der auch die weltliche Politik rechnen konnte und rechnete. Für die Entwicklung der theologisch-philosophischen Spekulation aber, die sich bis dahin in freieren Formen vollzogen hatte, war die Folge die, daß sie nun nicht mehr die Glaubenslehre selbst umzubilden wagte. Das Dogma gilt immer mehr als unantastbar und wird als Bedingung der Seligkeit angesehen. Die Philosophie, soweit man von einer solchen noch reden kann, wird zur bloßen Dienerin der Theologie. Das Mönchtum, zunächst in der Form des Einsiedlertums (Antonius), dann in der des Klosterwesens (Pachomius), beginnt, die Beichte wird als kirchliche Einrichtung eingeführt. Die christliche Wissenschaft, d. h. die gelehrte Spekulation der Theologen, beschäftigt sich lange nur noch mit der Ausarbeitung der Einzelheiten oder mit einer *nachträglichen* ‹philosophischen› Begründung der von vornherein feststehenden Kirchenlehre.

2. Die Kappadozier

Allgemeines: Über d. Lehren d. drei großen Kappadozier gute Zus.fassung b. Gilson-Böhner, Gesch. d. christl. Philos. 1937, 71–108. Vgl. auch E. Ivanka, Hellenisches u. Christliches im frühbyzantinischen Geistesleben. 1948. Zur theol. Beurteilung immer noch wichtig: K. Holl, Amphilochius v. Ikonium in s. Verh. z. d. drei großen Kappadoziern, 1904.

Zu *Basilius d. Große:* Th. L. Shean, The Influence of Plato on St. Basilius. 1906. F. Nager, D. Trinitätslehre d. hl. Bas. 1912. Gesamtausg. nur Migne

PG 29–32. Einzelausg. d. Briefe: von DEFERRARI-MCGUIRE, 4 Bde. 1926 bis 34 ([2] 1952 f) u. v. Y. COURTONNE, 2 Bde. 1957–61 (mit frz. Übers.) Πρὸς νέους ed. BOULANGER [2] 1952. Deu. Übers. BKV [2] 46/47 (1925). – W. K. L. KLARKE, Bas. the Gr. 1913. L. V. JACKS, Bas. and Greek Literature. 1922. J. RIVIÈRE, S. Basile. 1925. B. HUMBERTCLAUDE, La doctrine ascétique de S. Bas. 1932. Y. COURTONNE, St. Basile et l'hellénisme. 1934. M. M. FOX, The Life and times of St. Bas. 1939. B. SCHEWE, B. d. Gr. als Theologe. 1943. F. REILBY, Imperium and Sacerdotium according to St. Bas. the Great. 1945 (zur Staatslehre). D. AMAND, L'ascèse monastique de S. Bas. 1949. W. M. ROGGISCH, Platons Spuren b. Bas. d. Gr. 1949. L. VISCHER, Bas. d. Gr. 1953 (gute Übersicht über den Stand der Forschung).

Zu Gregor v. Nazianz: MIGNE PG 35–38. Übers. BKV [2] 59 (1928). M. GUIGNET, St. Grég. de Naz. orateur et épistolier 1911. H. PINAULT, Le Platonisme de St. Grég. de Naz. 1926. E. FLEURY, Hellénisme et Christianisme, St. Grég. de Naz. et son temps. 1930. G. MISCH, Geschichte d. Autobiogr. I 2 [1], 3 1949, 612 ff. P. GALLAY, La vie de S. Grég. de Naz. 1943. B. WYSS, Mus. Helv. 6, 1949, 177 ff (Gr. v. Naz. als Dichter). J. PLAGNIEUX, S. Grég. de Naz. Théologien. 1951. Wichtig für G's Stellung zur antiken Lit. u. Kultur d. reich komment. Ausg. d. Σύγκρισις βίων von H. M. WERHAHN. 1953.

Zu Gregor v. Nyssa: MIGNE, PG 44–46 wird jetzt nach und nach ersetzt durch d. krit. Ausg. W. JAEGERS, Contra Eunomium, 2 Bde. 1921 f; W. JAEGER aliique, Greg. Nyss. opera. 1952 ff. Epistulae ed. G. PASQUALI, [2] 1959. Sonderausg. d. or. catechetica magna v. J. H. SRAWLEY. 1903. Übers. BKV 1870/80 BKV [2] 56, 1927. – K. HOLL, Amphilochius v. Ikonium. 1904. 196 ff. H. F. CHERNISS, The Platonism of G. of Nyssa. 1930. J. BAYER, G.s v. Nyssa Gottesbegriff. 1935 (mit reichem Lit.verz.). H. U. v. BALTHASAR, Gr. v. Nyssa, Der versiegelte Quell. (Auslegung des Hohen Liedes) Übers. m. philos. Einl. 1939 (vermittelt einen lebendigen Zugang zu Greg. v Nyssa). DERS., RSR 1939, 513 ff (la philos. relig.). DERS., Présence et pensée, philos. relig. de Grég. de Nysse. 1942. J. B. SCHOENEMANN, G.s v. Nyssa theol. Anthropologie als Bildtheologie. Scholastik 1943, 31 ff. J. MUCKLE, Med. Studies 7, 1945, 55 ff (doctrine on man as the image of God). TH. GOGGIN, The time of St. G. of Nyssa. 1947. A. LIESKE, Die Theologie der Christusmystik G.s v. Nyssa ZkTh 70, 1948, 49 ff, 129 ff, 315 ff. R. LEYS, L'image de Dieu chez S. Grég. de Nysse. 1951. A. A. WEISWURM, The nature of human knowledge according to St. Greg. of N. 1952. H. MERKI, Ὁμοίωσις Θεῷ. Von der platon. Angleichung an Gott zur Gottähnlichkeit b. Greg. v. Nyssa. 1952 (dazu W. JAEGER, Gnomon 1955, 573 ff). W. VÖLKER, Festschr. G. Biundo 4, 1952, 103 ff (Ontologie). DERS., VC 1955, 103 ff (Gotteslehre). DERS., Greg. v. Nyssa als Mystiker. 1955. J. GAITH, La conception de la liberté chez Grég. de Nysse. 1953. J. DANIÉLOU, Platonisme et théologie mystique. [2] 1954. DERS., La resurrection des corps chez Grég. de Nysse, VC 7, 1953, 154 ff.

Zu Theodor v. Mopsvestia: MIGNE, PG 66. L. PATTERSON, Theod. of M. and modern Thought. 1926. R. DEVREESSE, Essai sur Théod. de M., in: Studi e testi 141, 1948. GROSS, ZKg 65, 1953/54, 1 ff (Theod. ein Gegner der Erbsündenlehre). F. A. SULLIVAN, The Christology of Theod. of M. 1956.

Zu Johannes Chrysostomus: MIGNE PG 47–64. Übers. BKV 1869/83, BKV [2] 23, 25/7, 39, 42, II 15 (1915–36). De inani gloria dt. v. S. HAIDACHER. 1907. B. K. EXARCHOS, Joh. Chrys., Über Hoffart u. Kindererziehung. 1955.

Ältere Monographie von A. Puech. 5 1905. Chr. Baur, D. Hl. Joh. Chrys. u. s. Zeit. 2 Bde. 1929/30. A. Moulard, J. Chrys., sa vie, son œuvre. 1949. M. Constanza, D. Hl. Joh. Chrys. 1952. St. Verosta, Joh. Chrys., Staatsphilosoph u. Geschichtstheologe. 1960.

Zu Ambrosius: De off. ministrorum Migne PL 16, col. 25 ff. Übers. BKV 2 14, 17, 21. E. K. Rand, Founders of the Middle Ages. 1928, 69 ff. F. H. Dudden, The Life and Times of St. Ambrose. 2 Bde. 1935. S. auch Altaner, Patrologie, 6 1960, 339 ff.

Basilius, Gregor von Nyssa und Gregor von Nazianz

Spekulativer Eifer erhielt sich zunächst noch in der Schule des Origenes.

Die bedeutendsten Kirchenväter dieser Richtung sind die sogenannten drei ‹großen Kappadozier›: die Bischöfe Basilius von Cäsarea († 379), sein Bruder Gregor von Nyssa († 394) und Gregor von Nazianz († 390). Der erste hat sich als Kirchenfürst und Mitbegründer des Mönchtums, der letzte als Theologe und Kanzelredner Berühmtheit erworben. Mit ihrer praktischen Wirksamkeit verband sich in ursprünglicher Weise eine bestimmte Lebensauffassung, die in ihrem Verhältnis zu den Armen zum Ausdruck kam, wie denn überhaupt scharfe Angriffe gegen ‹kapitalistische› Gesinnung für die Mehrzahl der Kirchenväter charakteristisch sind.

Philosophisch ist Gregor von Nazianz (etwa 329—390), der freilich mehr Rhetor als Philosoph, aber doch wieder mehr als nur Rhetor war, Platoniker gewesen, jedoch auch vom Kynismus beeinflußt worden. Basilius (etwa 330—379) verknüpft grundlegend Theologie und Kosmologie und führt die Tradition antiker Naturphilosophie (peripatetisches Gedankengut, aber auch solches des Poseidonios) in die Erklärung der Schöpfungsgeschichte, die zur Fundamentalphilosophie wird, ein. Wesentlich ist die völlige Ausschaltung der Materie als eines eigenen Realfaktors in dieser Erschließung der Natur als Gegenstand christlicher Spekulation.

Philosophisch am bedeutendsten ist der jüngere Bruder des Basilius: Gregor von Nyssa († 394). Er hat die Philosophie als Freundin und Gefährtin der Theologie betrachtet und in seiner ‹Großen katechetischen Rede› eine Art Vernunftbeweis für die kirchliche Lehre versucht. Die vollkommene Gottesschau ist freilich nur in der mystischen Erhebung auf dem Höhepunkt der Ekstase möglich, die ein Geschenk des heiligen Geistes ist und in der das Sehen letztlich in einem Nichtsehen besteht. — Gregors besondere Aufmerksamkeit galt dem Wesen des Menschen (so vor allem in der Schrift ‹Von der Erschaffung des Menschen› und in dem Gespräch ‹Über Seele und Auferstehung›). Der Mensch ist die höchste Stufe der sichtbaren

Welt und enthält als solche die niederen Stufen in sich. Er ist aber zugleich das Verbindungsglied zur unsichtbaren, rein geistigen Welt. Als unsichtbare, unräumliche Realität ist die Seele gerade — entgegen allem dualistischen Trennungsdenken — die im Sichtbaren wirkende Kraft, die auch nach dem Tode und der Auflösung des Körpers in die Elemente mit diesen verbunden bleibt. Charakteristisch ist auch das Wechselverhältnis des Denkens und der Sinne in Gregors Erkenntnislehre. Das Denken ist leer ohne das, was von außen in unendlicher Fülle durch die Sinne einströmt, aber es ist zugleich die ordnende Kraft der einströmenden Unendlichkeit. — Zum Wesen des Menschen als eines wandelbaren Geschöpfes gehört die Freiheit, auch die Freiheit, sich Gott nicht zuzuwenden und so die Gottesbeziehung und Gottes Ebenbildlichkeit zu verlieren. Aus diesem Verlust ergibt sich die Sterblichkeit, aus ihr wiederum die Geschlechtlichkeit, die dem Urmenschen gefehlt hat. Geschlechtlichkeit und Ehe sind infolge der Sterblichkeit des einzelnen Menschen nötig geworden, damit die Menschheit nicht ausstirbt. Aus Gottes Güte jedoch folgt die schließliche Rettung aller Wesen und ihre Wiedervereinigung mit ihm.

Gegenüber den hochfliegenden Spekulationen der Origenisten und der von ihnen eifrig geübten allegorischen Methode drang die Schule von *Antiochien* auf nüchternes Denken und historisch-philologische Schriftauslegung, indes ohne sich damit durchzusetzen. Geradezu kritisch-rationalistischen Geist verrät THEODOR VON MOPSUESTIA († 428).

Von stark *sozialistischen* Gedanken erfüllt zeigt sich JOHANNES CHRYSOSTOMOS (d. i. ‹Goldmund›) aus Antiochia (347—407), der 397 Patriarch von Konstantinopel wurde. Er führte zum erstenmal auch wirtschaftliche Gründe für den Sozialismus ins Feld, mußte indes schließlich der Ungnade der Kaiserin Eudoxia weichen und starb in der Verbannung.

Von abendländischen Kirchenvätern vor Augustin nennen wir nur den großen Bischof AMBROSIUS VON MAILAND († 397), der in seinem vielgelesenen Buche ‹De officiis ministrorum libri III› eine nach dem Muster von Ciceros ‹De officiis› ausgeführte christliche Sittenlehre gab.

3. AUGUSTIN (354—430)

Da die folgende bibliogr. Übersicht bei der ungeheuren Fülle der Augustin-Literatur sich auf besonders knappe Angaben beschränken muß, sei nachdrücklich hingewiesen auf das neue bequeme u. unentbehrliche Hilfsmittel für jedes Augustinstudium, die ‹Bibliographia Augustiniana›, bearb. u. hrsg. v. C. ANDRESEN (in dem Sammelband ‹Zum Augustin-Gespräch der Gegenwart›, Wege der Forschung Bd. V, S. 459 ff, und gesondert erschienen, beides 1962). —

Auswahl neuerer Einzelausgaben mit Übers. zu den wichtigsten Schriften: De Civitate Dei v. W. THIMME. 1955, nur Übers. v. C. J. PERL, 3 Bde. 1951–53. Confessiones (mit lat. Text) übertr. v. H. SCHIEL. 7 1958. Theologische Frühschriften (de libero arbitrio, de vera religione) übers. v. W. THIMME mit dem lat. Text v. GREEN. 1962. Soliloquien und de immortalitate animae v. H. FUCHS u. H. MÜLLER. 1954. Enchiridion de fide, spe et caritate ed. J. BARBEL (lat.-dt.) 1960.

Einführend E. GILSON, Introduction à l'étude de S. Augustin. Paris 1929 (deutsche Übers. 1930). Noch immer wertvoll: HARNACK, Dogmengesch. Bd. 3. Für die *Entwicklungsgeschichte* Augustins grundlegend K. HOLL, Augustins innere Entwicklung. 1922. J. NÖRREGAARD, Augustins Bekehrung (dtsch.). 1923. Ferner J. STROUX, Aug. u. Ciceros Hortensius. Festschr. Reitzenstein 1931, 106 ff. K. ADAM, Die geistige Entwicklung des hl. Augustin. 1933. Gesamtdeutung vom modernen kath. Standpunkt aus: R. GUARDINI, Die Bekehrung des hl. Augustinus. 1935, 3 1959. Speziell zu den ‹Confessiones› (gute kritische Ausgabe von SKUTELLA, 1934), für die Forschung (über die frühere Alternative Autobiographie oder Danksage an Gott hinaus) zu einer tieferen Erfassung ihres Charakters als existentieller religiöser Besinnung geführt hat, vgl. W. THIMME, A.'s Selbstbildnis in den Konf. 1929. G. WUNDERLE, Einf. in Augustins Konfess. 1930. I. FREYER, Erlebte und systematische Gestaltung in Augustins Konf. 1937. A. AGAZZI, Le ‹Confessioni› di S. A., Brescia. 1941. M. HEIM, Der Enthusiasmus in den Konf. des hl. A. 1941. P. COURCELLE, Recherches sur les ‹Confessions› de St. Augustin. 1950. DERS., Les Confessions de St. Augustin dans la tradition littéraire. 1963. Vgl. auch G. MISCH, Gesch. d. Autobiographie I, 2, 3 1950, 637 ff.

Für eine künftige Biographie wichtig: A. v. HARNACK, Possidius, Augustins Leben, mit Einleitung und Übersetzung. 1930.

Der Erforschung des viel diskutierten Verhältnisses Augustins zur *Antike* gab seiner Zeit neue Anstöße E. TROELTSCH, Augustin, die christliche Antike und das Mittelalter. Dazu REITZENSTEIN, Augustin als antiker und mittelalterlicher Mensch (Vortr. Bibl. Warburg). 1924. Jetzt historisch grundlegend MARROU, Saint Augustin et la fin de la Culture antique. 1938, 4 1958. – Zu den historischen Voraussetzungen vgl. auch E. BENZ, Marius Victorinus u. d. Entwicklung der abendländischen Willensmetaphysik. 1932.

Zum Kernthema Augustin und der *Neuplatonismus* vgl. P. ALFARIC, L'évolution intellectuelle de S. A. Paris 1918. CH. BOYER, Christianisme et Néoplatonisme dans la Formation de S. A. Paris 1920, 3 1953. O. PERLER, Der Nus bei Plotin und das Verbum bei Augustinus. Freiburg (Schweiz) 1931. R. JOLIVET, S. A. et le Néoplatonisme chrétien. Paris 1932. THEILER, Porphyrios u. Augustin. 1933 (sucht Abhängigkeit des Augustin nicht von Plotin, sondern von Porphyrios nachzuweisen). J. GUITTON, Le temps et l'éternité chez Plotin et S. A. Paris 1933 (arbeitet Antithese heraus). J. BARION, Plotin und Augustinus. Unters. z. Gottesproblem. 1935. Zum ‹Platonismus› A.'s vgl. auch E. HOFFMANN, Cassirer-Festschr. Oxford 1936, 173 ff. J. O'MEARA, Neoplatonism in the Conversion of S. Aug., Dominican Studies 3, 1950, 331 ff. J. M. LE BLOND, Les conversions de S. Aug. 1950. O'MEARA, The young Aug. 1954. W. ARMSTRONG, Spiritual or intelligible matters in Plotinus and S. Augustine. Augustinus Magister 1, 1954, 277 ff. A. ESCHER DI

STEFANO, Il manicheismo in S. Agostino. 1960. DERS., Porphyrs philosophy from oracles in A. 1959. — Die Forschung hat in steigendem Maße die christliche Durchdringung auch des Neuplatonismus der Frühschriften (vor 391) gezeigt. — Speziell zur *Ontologie* vgl. in diesem Zusammenhang: W. VERWIEBE, Welt und Zeit bei A. 1934. W. SCHULTEN, A.'s Lehre vom summum esse und esse creatum. 1935. J. RITTER, Mundus intelligibilis, eine Unters. zur Aufnahme und Umwandlung der neuplat. Ontologie bei A. 1937. R. SCHNEIDER, Das wandelbare Sein. 1938. — A. DAHL, A. u. Plotin, Unters. zur Trinitätslehre u. Nouslehre. Lund 1945.

M. GRABMANN, Grundged. des hl. A. über Seele u. Gott. 2. Aufl., 1929. W. P. TOLLEY, The Idea of God in the Philos. of A. 1930. Zu Augustins Religion und Metaphysik der *Liebe* vgl. H. Arendt, Der Liebesbegriff bei A. 1929. A. NYGREN, Eros und Agape. II, 1937. J. BURNABY, Amor Dei, A Study of the Religion of St. A. 1938.

Zum umstrittenen Verhältnis Augustins zur *Mystik* jetzt die, die früheren Arbeiten zum Thema hinter sich lassende Untersuchung von E. HENDRIKX, Augustins Verhältnis zur Mystik. 1936 (von eigentlicher Mystik könne bei Augustin keine Rede sein). Wesentlich auch für die *Erkenntnislehre*. Zu ihr vgl. auch: H. LEDER, Unters. über A.'s Erkenntnistheorie in ihren Beziehungen zur antiken Skepsis, zu Plotin und Descartes. 1901. J. HESSEN, A.'s Metaphysik der Erkenntnis. 1931. H. SCHOLZ, Augustin und Descartes, Bl. f. dt. Philos. 1932, 405 ff. E. HAENCHEN, Die Frage nach der Gewißheit beim jungen A. 1933. K. KUYPERS, Der Zeichen- und Wortbegriff im Denken Augustins. Amsterdam 1934. R. JOLIVET, Dieu soleil des esprits ou la doctrine augustinienne de l'illumination. Paris 1934. J. GEYSER, Die Theorie Augustins von der Selbsterkenntnis, Geistesw. d. M. A. 1935, 169 ff. J. CICCONARDI, De cognit. sensib. apud A. 1939. W. J. BOURKE, Augustine's quest of wisdom. 1945. H. MÜHLE, Die wesentliche Wahrheit, Versuch einer Erhellung des Weges der Einsichtserkenntnis b. A. 1951. F. KÖRNER, D. Prinzip der Innerlichkeit in Augustins Erkenntnislehre, 1952. R. BERLINGER, Dialogische Metaphysik im Denken A.'s. 1961.

Zur *Anthropologie*: A. JONAS, Augustin und das paulinische Freiheitsproblem. 1930. E. DINKLER, Die Anthropologie Augustins. 1934 (unter Absehen von den Frühschriften). H. BARTH, Die Freiheit der Entscheidung im Denken Augustins. 1935 (neue Gesichtspunkte von der Transzendental- und Existenzphilosophie her, insbesondere zum Thema Freiheit und Gnade). A. DEMPF, D. Menschenlehre A.'s, Münchener Theol. Zeitschr. 6, 1955, 21 ff. — Speziell zur *Psychologie*, für die neben den ‹Konfessionen› Hauptquelle das Werk über die Trinität ist, vgl. F. SEIFERTS knappe, aber wesentliche Darlegung im Handbuch der Philosophie, Psychologie 1928, 31 ff. M. SCHMAUS, Die psychologische Trinitätslehre des hl. A. 1927. J. MORGAN, The Psychological Teaching of S. A. 1932. K. DELAHAYE, Die ‹memoria interior›-Lehre des hl. A. 1936. G. MANCINI, La psicologia di S. A. 1938. Zur *Ethik* vgl. J. MAUSBACH, Die Ethik des hl. Augustin. 1909, 2. Aufl., 1929. R. JOLIVET, Le problème du mal d'après S. A. 1930. Zur *Ästhetik* vgl. K. SVOBODA, L'Esthétique de S. A. et ses sources. Paris 1933. E. CHAPMAN, S. A.'s Philosophy of Beauty. New York 1939.

Zur *Geschichtsphilosophie* vgl. H. SCHOLZ, Glaube oder Unglaube in der Weltgeschichte. 1911. H. LEISEGANG, Ursprung der Lehre A.'s von der Civitas Dei, Arch. Kulturgesch. 1925, 127/58, erweitert in: Denkformen, [2] 1951, 380 ff. E. Salin, Civitas Dei. 1926. H. Fuchs, Augustin und der antike Friedensgedanke. 1926. V. Stegemann, A.'s Gottesstaat. 1928. G. Ruotolo, La filos. della storia et la Citta di Dio. 1932. Lewalter, Eschatologie und Weltgeschichte in der Gedankenwelt Augustins. Z. f. Kg. 1934, S. 1—51. W. Kamlah, Christentum und Selbstbehauptung. 1940 (Untersuchungen zur Entstehung des Christentums und zu Augustins Bürgerschaft Gottes, im Zusammenhang einer Auseinandersetzung mit Augustin und dem Christentum). 2. neubearb. Aufl.: Christentum und Geschichtlichkeit. 1951. R. H. Barrow, Introd. to St. Aug., The City of God. 1950. S. Burleigh, The City of God. 1950. E. Stakemeier, Civitas Dei. 1955 (führt gut in die Problematik ein). J. Spörl, A. Schöpfer einer Staatslehre? Hist. Jahrb. 74, 1954, 62 ff. Ferner kritisch H. v. Campenhausen, Neuere Augustinliteratur. Theol. Rundschau 17 (1947) 51 ff [1], Ders., Weltgeschichte u. Gottesgericht 1947, 1 ff.

Versuche, die *Gesamtgestalt* vor Augen zu führen: Eibl, A. u. die Patristik. 1923. Przywara, A., die Gestalt als Gefüge. 1934 (mit übersetzten Texten). G. Bardy, S. A., L'homme et l'œuvre. 1940, 7 1954. F. Cayré, La philosophie de S. Augustin. I. 1951. F. van der Meer, Augustinus der Seelsorger. 1953.

Leben und Schriften

354 zu Thagaste in Numidien als Sohn eines heidnischen Vaters und einer christlichen Mutter, der frommen Monica, geboren, später Lehrer der Rhetorik in Karthago, Rom und Mailand, hat Augustin, ehe er im Christentum endgültige Befriedigung fand, eine bewegte Entwicklung durchgemacht, die ihn auch in philosophischer Beziehung durch die verschiedensten Standpunkte hindurchführte. Er huldigte zuerst fast zehn Jahre lang der manichäischen Lehre (vgl. Kap. I, 1), wandte sich darauf dem Skeptizismus der neueren Akademie zu und ließ sich sodann, auch von diesem unbefriedigt, vom Neuplatonismus (vermittelt durch Plotin in der Übersetzung des Marius Victorinus bzw. durch Porphyrios) beeinflussen, bis er endlich durch Ambrosius in Mailand dem Christentum dauernd gewonnen ward. 387 getauft, wurde er 391 Priester, 395 Bischof von Hippo in Nordafrika, wo er im August 430 starb, während die Vandalen die Stadt belagerten.

Von seinen zahlreichen Schriften, die in Mignes Sammlung der Kirchenväter (Patrologiae cursus completus) nicht weniger als 16 Bände füllen, gehören, abgesehen von den seine persönliche Entwicklung aufs offenste schildernden, psychologisch tiefen ‹Selbst-

---

1 Wichtige ältere Lit.ber. H. Dörries, Theol. Rundsch. 1929, 217 ff, Gust. Krüger, Ztschr. f. Kg. 1930, 494 ff, E. Krebs, Theol. Revue, 1932, 49 ff, 97 ff, 137 ff.

bekenntnissen›, den heute nahezu in alle europäischen Sprachen übersetzten ‹Confessiones› (um 400 geschrieben), hauptsächlich hierher: 1. die philosophischen Schriften der Jahre 386 bis 390: ‹Contra Academicos› (Auseinandersetzung mit dem Skeptizismus), ‹De beata vita›, ‹De ordine› (d. h. Stellung des Guten und Bösen in der göttlichen Weltordnung), ‹Soliloquia›, ‹De quantitate animae›, ‹De vera religione› (gute Einführung in Augustins Philosophie) und ‹De libero arbitrio›, 2. Aus der Zeit *nach* 400: Neben den bedeutenden Büchern ‹De trinitate› vor allem das Hauptwerk, die 22 Bücher ‹De civitate Dei› (428 vollendet), endlich die gegen Ende seines Lebens von ihm niedergeschriebenen ‹Retractationes›, d. h. eine Übersicht seiner Schriften und zugleich deren Revision im kirchlichen Sinne.

Philosophisches

Grundlage und Ausgangspunkt. Grundprinzip und Ausgangspunkt ist die *Selbstgewißheit* der *inneren Erfahrung.*

‹Gehe nicht nach draußen, kehre in dich selbst ein; im Innern des Menschen wohnt die Wahrheit› (‹De vera relig.› 39). Wie aber ist sie zu finden? Was bleibt bestehen, wenn alles andere zweifelhaft geworden ist? Die Selbstgewißheit meines inneren Lebens. Sogar um zweifeln und irren zu können, muß ich zuerst existieren. Wer zweifelt, weiß, daß er lebt, daß er vorstellt, ja, daß er will, indem er nach der Wahrheit *strebt.* Er zeigt durch sein Zweifeln, daß er einen Maßstab der Wahrheit mindestens sucht, daß er außer der sinnlichen Empfindung die höhere Fähigkeit des Denkens oder der Vernunft (*intellectus, ratio*), d. i. das Vermögen der Anschauung unkörperlicher Wahrheiten, besitzt, die für alle Denkenden dieselben sein müssen. Bis dahin nimmt der Vater der Kirche beinahe Descartes vorweg, den Begründer der neueren Philosophie. Dann jedoch folgt die theologische Wendung. Diese ‹an sich gewissen›, ‹ewigen› Wahrheiten oder Ideen ruhen in Gott. Der κόσμος νοητός, der *mundus intelligibilis* der Ideen, ist für Augustin zum ewigen Schöpfungsplan in Gott geworden. Alle logischen, ethischen, ästhetischen, mathematischen Grundwahrheiten danken wir dem Lichte Gottes, das unseren Geist erhellt[2]: *Gottes*, den freilich menschliches Denken nie ganz erfassen kann; schon Augustin gebraucht dafür den Ausdruck *docta ignorantia*. Gott ist der Urquell aller Dinge, das höchste Sein und zugleich das höchste Gut, vor allem und zutiefst aber — die höchste

---

2 Das ist die sogenannte Illuminations- oder Einstrahlungslehre, nach der sich also die Wahrheit nur durch das in uns wirkende, erleuchtende Licht Gottes erkennen läßt.

Liebe. Auf Gott werden denn auch die Grundtätigkeiten der menschlichen Seele: das Vorstellen, Urteilen und Wollen — auch *esse nosse velle*, an anderen Stellen *memoria, intellectus, voluntas* genannt — als Allmacht, Allweisheit, Allgüte übertragen. Freilich ist es nicht eigentlich eine äußere Übertragung, sondern die Enthüllung eines Geheimnisses, das Gott und die Einzelseele durchwaltet.

Die Lehre vom Willen. Der Kern des menschlichen Wesens liegt im *Willen*. Schon die äußere und noch mehr die innere Sinnestätigkeit sind als ‹Strebungen der Seele› (*intentiones animi*) wesentlich Willensakte, desgleichen das verstandesmäßige Denken in seiner Richtung und seinem Zweck. In bezug auf die höchsten Wahrheiten muß sich der menschliche Geist freilich der göttlichen Erleuchtung und Offenbarung unterordnen, die ihm durch Gottes *Gnade* zufließt. Schon in Augustins ‹Sermones› (43, cap. 7) heißt es: *Crede, ut intelligas*, d. h. erst glaube, dann kannst du erkennen. In der schwierigen Frage der Vereinigung der menschlichen Willens*freiheit* mit dem göttlichen Vorauswissen stand Augustin anfangs, wie fast alle seine theologischen Vorgänger, mehr auf seiten der ersteren. Es waren wohl nicht nur religiös-kirchliche Gesichtspunkte, die ihn dann zu einer immer stärkeren Hervorhebung der göttlichen Vorausbestimmung (*Prädestinationslehre*), wie sie schon in den paulinischen Briefen angebahnt ist, geführt haben, sondern vor allem die eigene Erfahrung, daß der Weg zu Gott nur dem sich öffnet, der von Gott selbst und seiner Gnade ergriffen wird. Die Willensfreiheit wird nun auf Adam, den ersten Menschen, beschränkt; seitdem hat der Mensch nur noch die Freiheit zum Bösen, nicht zum Guten (Erbsünde), womit übrigens, wie wir sehen werden, die Freiheit des sittlichen Handelns im gewöhnlichen (nichtreligiösen) Leben vereinbar ist. Nur die göttliche Gnade vermag den Menschen vom zeitlichen und ewigen Verderben zu erretten. Sie wird vermittelt durch die Kirche und ihre Sakramente. Anspruch auf diese Gnade hat er nicht; es ist Sache Gottes, auszuwählen, welchen er will.

Geschichtsphilosophie. Aus denselben Prinzipien ergibt sich Augustins Geschichtsphilosophie, die in seinem großen Werke ‹De civitate Dei›, ‹Über den Gottesstaat› (so meist zitiert; genauer: Von der Bürgerschaft Gottes) niedergelegt ist und die zugleich die letzte umfassende Apologie des Christentums darstellt. Denn den Anlaß zu dem Werk gab die Eroberung Roms durch Alarich 410, für die man dem Christentum und dem Verlassen der alten Götter die Schuld zuschob. Seit Anfang der Welt (hier klingen manichäische Erinnerungen nach) streiten miteinander zwei Reiche, das eine (*civitas terrena*) das des Hochmuts und der irdischen Herrschsucht, das andere das der Demut und der Ergebung in Gott. Bei dem ersten hat Augustin offenbar Rom im Auge. Aber es wäre falsch, den Gegensatz der Reiche mit dem von Staat und Kirche als innerweltlichen Organisationen zu identifizieren. Es geht um einen ursprünglicheren und tiefer greifenden Gegensatz, den von Gottesliebe und von Gottesfeindschaft. Deshalb erscheint die *civitas terrena* auch als die Herrschaft des Teufels. Der Gottesstaat existiert schon jetzt im Himmel und zieht seine auf Erden — dort nur als Fremdlinge — weilenden Glieder allmählich an sich. Die Entwicklung der Menschheit erfolgt dem göttlichen Erziehungsplane gemäß in sechs, den verschiedenen Lebensaltern des Menschen vergleichbaren Stufen (Perioden), die sich an die biblische Überlieferung (6 Schöpfungstage) und die Geschichte Israels anlehnen. In der letzten, mit Christus anhebenden Periode stehen wir jetzt. Das nahe bevorstehende Ende wird für die Gläubigen der Eingang in das himmlische Jerusalem, damit in die ewige Ruhe und Seligkeit, für die Angehörigen der *civitas terrena* die ewige, unwiderrufliche Verdammnis sein.

Ethisches. So sehr das letzte Ziel bei Augustin auch ein theoretisches, der selige Friede im Anschauen Gottes im Jenseits ist, so hat er doch für diese Zeitlichkeit energisches sittliches Handeln verlangt und selbst geübt, in einem gewissen Widerspruch zu seiner religiösen Lehre von der Erbsünde und Gnade Gottes. Und zwar aus der inneren Gesinnung heraus, die aber ihrem Inhalte nach christlich sein muß; denn alle heidnischen Tugenden sind wertlos, ‹glänzende Laster›, wenn man nicht den richtigen Glauben hat. Trotzdem knüpft er an die antike Philosophie an, wenn er die Tugend als ein mit der Vernunft übereinstimmendes Verhalten oder als die Lebenskunst definiert, die zur ewigen Glückseligkeit führe. Seine angewandte Ethik nimmt die vier platonischen Kardinaltugenden auf, will sie aber durch die drei christlichen: Glaube, Liebe, Hoffnung ergänzt wissen. Der Kern der augustinischen Ethik aber ist letztlich in seiner Überzeugung zu suchen, daß die treibende Kraft in aller Sittlichkeit die Dynamik der Liebe ist, die dem Wollen und Handeln seine Richtung und seine Stärke gibt.

4. AUSGANG DER PATRISTIK: CHRISTLICHER NEUPLATONISMUS — KOMPENDIENVERFASSER

Zu Synesios v. Kyrene: MIGNE PG 66; Hymni ed. TERZAGHI. 1939. Opuscula ed. TERZAGHI. 1944. Briefe in: Epistolographi Graeci ed. R. HERCHER, 1873; The Letters of Synesius of Cyrene, transl. into English with introd. and notes by A. FITZGERALD. 1926. W. LANG, D. Traumbuch des Synesios v. K. 1926 (Übers. u. Analyse der philos. Grundlagen). U. v. WILAMOWITZ, Die Hymnen des Proklos und Synesios. Sitzungsber. Berl. Akad. d. Wissensch. 1907, XIV. GRÜTZMACHER, Synesios von Cyrene. 1912. E. HOFF-

MANN, Platonismus u. Mystik im Altertum. 1935, 146 ff. W. THEILER, Chaldäische Orakel und die Hymnen des Synesios. 1942. CH. LACOMBRADE, Synésios de Cyrène, Hellène et Chrétien. 1951 (mit reicher Bibliographie). K. TREU, S. v. K., Ein Kommentar zu seinem Dion. 1958. Dazu: Syn. v. K., Dion Chrysostomos, griech. u. dt. von K. TREU. 1959. H.-I. MARROU, Synesius of Cyrene and Alexandrian Neoplatonism. In: The Conflict between Paganism and Christianity in the fourth century. Ed. by A. MOMIGLIANO, 1963, 126 ff.

Zu Nemesios v. Emesa: MIGNE PG 40, 508 ff; übers. v. E. ORTH. 1925. W. JAEGER, Nem. v. Em. 1914. H. A. KOCH, Quellenuntersuch. zu Nem. v. Em. 1921. E. DOBLER, N. v. Em. u. d. Psychologie des menschlichen Aktes b. Thomas v. A. 1950.

Zu Pseudo-Dionysios Areopagita: MIGNE PG 3—4; Übers. v. J. STIGLMAYR, BKV 2 2, II, 2 (1911 u. 1933). Über die Hierarchie der Engel und der Kirche übers. v. W. TRITSCH. 1959. R. ROQUES, RAC 3, 1075 ff und DSp 3, 286 ff.

Nachweis der Abhängigkeit von Proklos: STIGLMAYR, Hist. Jahrb. 1895, 253 ff. H. KOCH, Philol. 1895, 438 ff. DERS., Ps.-Dion. Areop. in seinen Beziehungen zum Neuplatonismus und Mysterienwesen. 1900. Wichtig für die Wirkungen und Überlieferungsgeschichte G. THÉRY, Etudes Dionysiennes. 1932. J. DURANTEL, S. Thomas et le Ps.-Dion. 1919. L. BAUR, Nic. v. Cues u. Ps.-Dionysios. 1942. — G. DELLA VOLPE, La dottrina dell'Areop. 1941. S. SCIMÈ, L'assoluto nello Ps.-Dion. 1950. DERS., Studi sul Neoplat. Filos. e teologia nello Ps.-Dion. 1953. E. TUROLLA, Dion. Areop. 1956. W. VÖLKER, Kontemplation u. Ekstase b. Ps.-Dion. Areop. 1958. A. VANNESTE, Le mystère de dieu. 1959 (Mystik). WEISWEILER, Rech. de théol. ancienne et médiévale 1952, 26 ff u. Scholastik 1952, 321 ff. (Dion. bei Scotus Eriugena u. Hugo v. St. Victor.)

Zu Maximus Confessor: MIGNE PG 90—91; 4, 15 ff, 527 ff; 19, 1217 ff. Vgl. auch R. CANTARELLA, S. Massimo Conf. La mistagogia ed altri scritti. 1931 (m. Übers.) Dt. Übers. des liber ascet. v. M. GARBAS. 1925. B. HERMANN, Weisheit, die betet. 1941 (ausgew. Texte). G. SCHÖNFELD, Die Psychologie des M. Conf. 1918. P. SHERWOOD, The earlier ambigua of St. Max. Conf. and his refutation of Origenism. 1955. W. VÖLKER, D. Einfluß des Ps.-Dion. Areop. auf Max. Conf. In: Studien zum Neuen Test. u. zur Patristik, E. Klostermann dargebracht. 1961, 331 ff. H. URS v. BALTHASAR, Kosmische Liturgie, Maximus der Bekenner. 1941. DERS., Die gnostischen Centurionen des Max. Confessor. 1941. J. LOOSEN, Logos und Pneuma im begnadeten Menschen bei Maximus Confessor. 1941.

Zu Johannes v. Damaskus: MIGNE PG 94—96; krit. Neuausgabe in Vorber. J. GRÄF, D. Psychologie des Joh. Dam. 1923. J. NASRALLAH, S. J. de Dam., son époque, sa vie, son œuvre. 1950. Forschungsbericht von HOECK in: Orientalia christiana periodica 1951, 5 ff. H.-G. BECK, Handb. d. Alt.wiss. XII 2, 1 (1959) 478 ff.

Aufschlußreich für die neupythagoreische Begriffswelt und die Quellen des *Claudianus Mamertus* u. seines Werks ‹De statu animae› (MIGNE PL 53; CSEL 11); FR. BRÖMER, Der lat. Neuplatonismus u. Neupythag. Cl. M. in Sprache u. Philos. 1936. Vgl. auch: W. SCHMID, RAC 3, 169 ff. N. K. CHADWICK, Poetry and Letters in Early Christian Gaule. 1955, 207 ff.

Zu Martianus Capella: Ausgabe v. A. Dick. 1925. Zu seiner Wirkung auf das MA vgl. z. B. d. Register b. Curtius, Europ. Lit. u. lat. Mittelalter; ferner M. L. W. Laistner, M. C. and his ninth-century commentators. Bull. of J. Rylands Library 11, 1925, 130 ff.

Zu Isidor v. Sevilla: Migne PL 81–84; Origines (= Etymologiae) ed. W. M. Lindsay. 1911 (2 Bde.). De natura rerum ed. J. Fontaine, 2 Bde. 1960. A. Schmekel, Isidor von Sevilla, sein System u. seine Quellen. 1914. J. Mullins, The spiritual live accord. to S. Is. 1940. Pérez de Urbel, S. Is. 1940. K. Vossler, in: Hochland 1947, 420 ff. J. Fontaine, I. de S. et la culture classique. 2 Bde., 1959.

Zu Cassiodor: Migne PL 69–70; Th. Mommsen, Mon. Germ. Auct. Ant. 11/12 (1894). Institutiones ed. R. A. B. Mynors. 1962. Th. Heerklotz, Die Variae des C. als kulturgesch. Quelle. 1926. A. van der Vyver, C. et son œuvre. In: Speculum 6, 1931, 244 ff. Jones, Spec. 1945, 433 ff; 1947, 254 ff, 275–77 (Einfluß der Inst. im MA). Bardy, C. et la fin du monde ancien, L'année théol. augustinienne 1945, 383 ff. P. Courcelle, Les Lettres grecques en Occident. ² 1948, 321 ff. E. R. Curtius, Eur. Lit. u. lat. MA. 1948, 48 ff. (Wertung der Inst. im MA). D. M. Cappuyns, DHGE 11, 1949, 349 ff. J. v. d. Besselaar, C., Leven en werken. 1950. R. Helm, RAC 2, 1954, 915 ff. A. Momigliano, Cass. and Italian culture of his time. In: Proceedings of the British Acad. 51, 1956, 207 ff.

Zu Beda Venerabilis: Migne PL 90–95; Ges.ausg. v. J. A. Giles, 12 Bde., 1843/44. — K. Werner, Beda u. s. Zeit. 1876, ² 1881.

Zu Alcuin: Migne PL 100–101. A. Kleinclausz, A. 1948. E. S. Duckelt, A., Friend of Charlemagne. 1951.

Zu Hrabanus Maurus: Migne PL 107–112; de institutione clericorum libri tres ed. A. Knoepfler. 1900. De universo dt. v. St. Fellner, Compendium der Naturwissenschaften an der Schule zu Fulda im IX. Jh. 1879. R. Stachnit, Die Bildung des Weltklerus von Karl Martell bis auf Ludwig d. Frommen. 1926. E. R. Curtius, Europ. Lit. u. lat. MA. 1948.

Neuplatonismus und Mystik in der griechischen Kirche
(Dionysius Areopagita)

Ein Zeit- und Amtsgenosse des Augustin, aber von ganz entgegengesetzter Sinnesart, war der schon Bd. I, S. 193 erwähnte Bischof Synesios von Kyrene (370–412). Ein Schüler der Hypatia, blieb er auch als Bischof mehr Neuplatoniker als Christ, in Hymnen die unaussprechliche ‹Monade der Monaden› verherrlichend, die kirchlichen Dogmen dagegen teils für Allegorien, teils für Mythen erklärend, deren das Volk bedürfe, das die hüllenlose Wahrheit nicht ertragen könne. So nahm er die Unsterblichkeit der Seele an, hielt aber die Auferstehungslehre für eine heilige Allegorie. So waren ihm die drei Personen der Gottheit Wirklichkeit, aber nur, weil ihm diese Dreiheit aus der neuplatonischen Metaphysik begreiflich war. So war ihm Christus göttliche Wirklichkeit, aber als Logos der Weltschöpfung.

Ähnlich wie Synesios, lehrte NEMESIOS, Bischof von Emesa (Phönizien) in seiner Schrift ‹Über die Natur der Seele›, im Widerspruch mit der Kirchenlehre, dagegen im Anklang an Platon, die Präexistenz der Seele und die ewige Fortdauer der Welt, im Anschluß an Aristoteles die Freiheit des menschlichen Willens, während andere ihren Neuplatonismus dem christlichen Dogma unterordneten.

Noch inniger als bei Synesios verschmelzen der neuplatonische und der christliche Gedankenkreis in den sogenannten *areopagitischen* Schriften, die unter dem Namen ‹DIONYSIOS DES AREOPAGITEN›, angeblich ersten Bischofs von Athen und unmittelbaren Apostelschülers, gingen und als dessen Geheimlehre sich gaben, in Wirklichkeit aber, wie in der Zeit der Renaissance entdeckt wurde, erst gegen Ende des 5. Jahrhunderts abgefaßt worden sind. Die Forschung konnte dann näher die Abhängigkeit von PROKLOS nachweisen. Erhalten sind, abgesehen von zehn Briefen, folgende von seinen Schriften: 1. ‹Über die göttlichen Namen›, 2. ‹Von der himmlischen Hierarchie›, 3. ‹Von der kirchlichen Hierarchie›, 4. ‹Von der mystischen Theologie›. Gott ist der unaussprechliche Weltgrund und Urquell alles Seienden, der Namenlose oder auch ‹Allnamige›. Die Vermittlung zwischen ihm und uns erfolgt — ganz wie bei den späteren Neuplatonikern (Bd. I, Kap. XV, 2) — durch eine in Dreiheiten abgeteilte ‹himmlische Hierarchie› von Engeln, von den alttestamentlichen Seraphim und Cherubim bis herab zu den Erzengeln und einfachen Engeln. Dieser himmlischen entspricht auf Erden die kirchliche Hierarchie, von dem obersten Priester bis zu den Mönchen und dem Volke. Lehrt uns die bejahende Theologie diese absteigende Linie vom Himmel zu uns, so erhebt uns die höhere, verneinende, oder mystische mit Hilfe des uns mit göttlicher Kraft erfüllenden Logos, durch die aufeinander folgenden Stufen der Reinigung, Erleuchtung, Weihung (μύησις) und Gottähnlichkeit (ὁμοίωσις) bis zur völligen ‹Vergottung› (θέωσις). Dem namenlosen Gotte allein kommt positives Sein zu; das Böse ist nur Mangel und Schwäche, ein vorübergehendes und zu überwindendes Moment der in sich harmonischen göttlichen Weltordnung.

Die tiefsinnigen Schriften des ‹Areopagiten›, der ‹den Neuplatonismus verkirchlicht, die Kirche neuplatonisiert› hatte (O. Dittrich), haben eine bedeutende Einwirkung auf die Spekulation des gesamten Mittelalters geübt, in erster Linie auf JOHANNES ERIUGENA (Kap. III, 1) und die Mystiker, als deren Grundbuch; dann aber auch auf die Scholastik, z. B. THOMAS VON AQUINO. Hierzu trug nicht wenig bei die mehr kirchliche Auslegung der Werke des Areopagiten durch den 580 bis 662 lebenden Abt MAXIMUS, ‹den Bekenner›.

Während die Genannten den in der griechischen Kirche von jeher heimischen Mystizismus vertreten, gehört der letzte hier zu Nennende, der bereits im 8. Jahrhundert lebende Mönch JOHANNES VON DAMASKUS, einer Richtung an, die jetzt, da die Dogmenbildung im wesentlichen abgeschlossen war und eine Art allgemeiner geistiger Erschlaffung durch die christliche Welt ging, zur alleinherrschenden wird: den auf das Zusammenstellen und Ordnen des vorhandenen kirchlichen Wissensstoffes sich beschränkenden Kommentatoren und Kompendien-Verfassern. Johannes Damascenus' ‹Quelle der Erkenntnis› (πηγὴ γνώσεως), ein noch heute im christlichen Orient in Ansehen stehendes Buch, will nach seiner eigenen ausdrücklichen Erklärung nichts Eigenes vorbringen, sondern nur zusammenfassen, ‹was die Philosophen definiert, die Peripatetiker eingeteilt, die Kirchenväter angewandt haben, welche Ketzereien aufgekommen sind, welche Lehren als orthodox gelten›; was er mit Sammelfleiß ausgeführt hat. Seine Apologetik und Polemik ist schon gegen den Islam gerichtet.

Auch um die *abendländische* Kirche war es in jenen ärmsten Jahrhunderten der Geschichte Europas nicht besser bestellt. Es ist die Zeit des untergehenden Römerreichs, der Merowinger, des Siegeszuges der Araber. Jedes selbständige geistige Leben scheint erloschen. Abgesehen von den noch eine Zeitlang fortgehenden Streitigkeiten zwischen Pelagianern, Semipelagianern und Anhängern Augustins über den freien Willen und des gallischen Presbyters CLAUDIANUS MAMERTUS (um 450) Beweis für die Unkörperlichkeit der menschlichen Seele, dem sich auch der gleich zu nennende Cassiodor anschließt, ist uns keine selbständige literarische Schöpfung bekannt. Man ergab sich auch hier fast durchaus dem Kompendienschreiben. So veröffentlichte um 430 MARCIANUS CAPELLA, der sich nicht zum Christentum bekannte, sein in den Schulen des Mittelalters viel gebrauchtes, aus Quintilian, Plinius und Varro zusammengeschriebenes Lehrbuch der ‹Septem artes liberales›. Den Römer BOETHIUS haben wir schon Kap. XV (Bd. I) erwähnt. Auf ihm fußend, schrieb auch CASSIODOR, der sich um 540 aus dem ostgotischen Staatsdienst in die Muße des Klosters zurückzog, ein Kompendium über die sieben ‹freien Künste und Wissenschaften›, das sogenannte ‹trivium› oder den ‹Dreiweg›: Grammatik, Dialektik, Rhetorik, und das ‹quadrivium› (‹Vierweg›): Arithmetik, Geometrie, Musik, Astronomie. Dieses noch Jahrhunderte lang vielgebrauchte Lehrbuch enthielt auch einen Abriß von Aristoteles' ‹Organon›. Was Cassiodor für Italien, tat später ISIDOR VON SEVILLA († 636) für Spanien durch sein viel ausgeschriebenes großes Realwörterbuch (Etymologiarum l. XX), in dem er eine staunenswerte Belesenheit entfaltete. Außerdem gab er in ‹De ordine creaturarum› und ‹De rerum natura› auf Grund überkommenen Lehrguts ein Kompendium der Welt- und Naturbeschreibung heraus und stellte schließlich in seinen ‹3 Büchern Sentenzen› die orthodoxe Kirchenlehre in Aussprüchen der Kirchenväter dar. Isidors Werke wurden dann wieder von dem Angelsachsen BEDA VENERABILIS — philosophisch bedeutsam und wirksam seine Schrift ‹De natura rerum›, aus Isidor, aber auch aus Plinius schöpfend — benutzt (†735), beide wieder von ALKUIN (†804), dem bekannten Lehrer und Freunde Karls des Großen verwertet, dem sich endlich der Begründer des deutschen Schulwesens, Abt HRABANUS MAURUS von Fulda († 856 als Erzbischof von Mainz), anschloß, den wir als Verfasser eines philosophisch-pädagogischen Lehrbuchs für Kleriker: ‹De institutione clericorum›, ferner eines Traktats über die Seele und einer Enzyklopädie ‹De universo› kennen.[3]

Das Verdienst aller dieser Männer besteht in der Übermittlung der Reste antiker Bildung an die noch ungelehrten Germanenstämme.

3 Vgl. Anmerkung S. 49 f. Ferner E. WENIGER, Das deutsche Bildungswesen im Frühmittelalter. Hist. Vj. 1935, 446 ff.

ZWEITER ABSCHNITT:
DIE SCHOLASTIK

Einleitendes

Außer der bereits in der Einleitung verzeichneten Literatur vgl.: Hauréau, Histoire de la philosophie scolastique. 3 Bde., Paris 1872—80. H. Reuter, Gesch. d. relig. Aufklär. im Mittelalter. 2 Bde., 1875—77. H. v. Eicken, Gesch. u. System d. mittelalterl. Weltansch. Stuttg. 1887, 4. Aufl., 1923. G. Kaufmann, Gesch. d. deutschen Universitäten. 2 Bde., 1888—96. M. de Wulf, Histoire de la philos. médiévale. 6. Aufl. I/III, 1934/47; 4. Aufl. deutsch R. Eisler, Tüb. 1913. M. Grabmann, Gesch. d. scholastischen Methode. 2 Bde., Freiburg 1909/11. Verweyen, D. Problem d. Willensfreiheit in d. Scholastik. Heidelbg. 1909. F. Overbeck, Vorgeschichte u. Jugend der mittelalterl. Scholastik. Basel 1917. Fr. Ehrle, Die Ehrentitel der scholast. Lehrer des M. A. 1919. J. Vismara, Il concetto' della storia nel pensiero scolastico. 1925. J. Assenmacher, Die Gesch. des Individuationsprinzips in der Scholastik. 1926. A. Dempf, Die Hauptform der mittelalterlichen Weltanschauung. München 1925. Ders., Metaphysik des Mittelalters (Handbuch der Philosophie, München 1930). W. Betzendörfer, Glauben und Wissen bei den großen Denkern des Mittelalters. 1931. Ders., Die Anfänge der relig. Aufklärung und des Freidenkertums im christl. Abendland. 1932. Einzeluntersuchungen und -veröffentlichungen mittelalterl. Quellen in: Bäumker, Baumgartner, Ehrle, Grabmann und v. Hertling, Beitr. z. Gesch. d. Phil. d. Mittelalters. Denifle u. Ehrle, Archiv f. Literatur u. Kirchengesch. d. Mittelalters. Zahlreiche wertvolle Einzeluntersuchungen enthält: Aus der Geisteswelt des Mittelalters, 2 Bde., 1935. W. Goetz, Die Entwicklung des Wirklichkeitssinns vom 12. zum 14. Jh. Arch. f. Kulturg. 1937, 33 ff. Ders., Lit. Ber., ebenda 1936, 345 ff.

Unter *Scholastik* verstehen wir diejenige Philosophie, welche die kirchlich anerkannten Lehren mit den Mitteln theologischen und philosophischen Denkens als wissenschaftliches Schulsystem zu begründen und auszubilden sucht. Wir teilen ihre Geschichte in drei Hauptabschnitte:

I. *Anfänge* der Scholastik vom 9. bis in den Anfang des 13. Jahrhunderts.

II. Ihre *Blütezeit* im 13. und 14. Jahrhundert.

III. Ihren *Ausgang* im 14. und 15. Jahrhundert.

Nebenher geht die Entwicklung der abendländischen Mystik, während dem II. Abschnitt eine kurze Übersicht der *arabisch-jüdischen* Philosophie des Mittelalters vorauszuschicken ist.

Ihren Namen hat die Scholastik von den Schulen bekommen, an denen sie gelehrt worden ist. *Doctores scholastici* oder kurzweg ‹Scholastiker› hießen ursprünglich die Lehrer der sogenannten sieben freien Künste (Kap. II, 4) in den Dom- und Klosterschulen seit Karl dem Großen, später alle, die sich schulmäßig mit den Wissenschaften, insbesondere Philosophie oder, was damals fast dasselbe ist, Theologie beschäftigen; namentlich aber die Lehrer der Philosophie an den großen Universitäten wie Paris, Oxford, Köln u. a. Nicht mehr nur die frohe Botschaft des Evangeliums und der Apostel, auch nicht mehr lediglich den Glaubensinhalt der Bibel, wie noch die Kirchenväter, wollen diese Scholastiker verkünden und erklären, sondern beherrschend war das Bestreben, die Dogmen der römisch-katholischen Kirche in ein System zu bringen und mit den Mitteln der Vernunft zu begründen und weiter auszubilden. Wie ihre Philosophie eine kirchliche, so ist ihre Sprache das Kirchenlatein. Als Vorbild unter den Philosophen des Altertums tritt neben und gegen den Idealisten PLATON, dessen Wirken (freilich in der Form des Neuplatonismus) nicht aufhörte, «der Vater der Logik, die lebendige Enzyklopädie aller Wissenschaften» (Erdmann): ARISTOTELES.

Für das Verständnis der Scholastik ist es wesentlich, die Bedeutung der Traditionszusammenhänge, die Kraft des «tradere», des Überlieferns, das den einzelnen in ein tragendes Ganzes eingliedert, zu erkennen. Die Schulenbildung wird so zu einem eigentümlichen Merkmal schon und gerade der Frühscholastik gegenüber der vorhergegangenen Geschichte der christlichen Theologie und Philosophie.

III. DIE ANFÄNGE DER SCHOLASTIK

A. SCHNEIDER, Die Erkenntnislehre bei Beginn der Scholastik. 1921. H. LIEBESCHÜTZ, Kosmologische Motive in der Bildungswelt der Frühscholastik. Vortr. Bibl. Warburg, III, 1923/24, 83—148. A. M. LANDGRAF, Einf. in die Gesch. der theol Literatur der Frühscholastik. 1948 (wichtig durch die Übersichten über handschriftl. Material).

1. JOHANNES ERIUGENA ODER SCOTUS (9. JAHRH.) — GERBERT (10. JAHRH.) — BERENGAR VON TOURS (11. JAHRH.)

Eine gute Charakterisierung der Philosophie im Karolingischen Zeitalter bei A. J. MACDONALD, Authority and Reason in the Early Middle Ages. 1933.
Zu Joh. Scotus Eriugena: MIGNE PL 122, De divisione naturae dt. v. NOACK 1870—76. Ältere Monographien: TH. CHRISTLIEB, Leben u. Lehre des J. Sc. Er. 1860. J. HUBER, Joh. Sc. Erig. 1861, Neudr. 1960. Der Kommentar zu Marcianus Capella hrg. v. B. HAURÉAU. 1861. E. K. RAND, Joh. Scotus. 1906. A. SCHNEIDER, Die Erkenntnislehre des Joh. Eriugena. 1921/23. H. DÖRRIES, Zur Gesch. der Mystik, Eriugena und der Neuplatonismus. 1925. H. BETT, Joh. Sc. Er. 1925. TECHERT, Le plotinisme dans le syst. de J. Sc. Er.

Rev. Néoscol., 1927, 28—68. K. SAMSTAG, Die Dialektik des J. Sc. Er. 1930.
P. G. THÉRY, Scot Erigène, Traducteur de Denys. 1931. P. KLETLER, Joh.
Er., eine Unters. über d. Entstehung d. mittelalterl. Geistigkeit. 1931. M.
CAPPUYNS, J. Sc. Er., sa vie, son œuvre, sa pensée. Löwen 1933. M. DAL PRÀ,
Sc. Er. e il neoplatonismo medievale. Milano 1941. P. MAZZARELLA, Il pen-
siero di Giovanni Scoto Er. 1957.

J. A. ENDRES, Forschungen zur Geschichte der frühmittelalt. Philosophie,
1915 (insbesondere zu den unten, S. 52, genannten Denkern). — J. GEI-
SELMANN, Eucharistielehre der Vorscholastik. 1926. F. PICAVET, Gerbert, un
pape philosophe. 1897. H. BREMOND, Gerbert. 1906. J. A. ENDRES, Petrus
Damiani u. die weltl. Wissensch. 1910. A. J. MACDONALD, Lanfrank, A
Study of his Life and Work. ² 1945. DERS., Berengar and the Reform of
Sacramental Doctrine. 1930. J. LEFLON, Gerbert, humanisme et chrétienté
au Xe siècle. 1946. Q. J. BLUM, St. Peter Damian, his teaching on the spiri-
tual life. 1947. V. POLETTI, Il vero atteggiamento antidialettito di S. Pier
Damiani. 1953. F. DRESSLER, Petrus Damiani. 1954. J. GONSETTE, Pierre
Damien et la culture profane. 1956. Otloh: PL 146; G. MISCH, Gesch. d.
Autobiographie III 1 (1959) 57 ff.

Die ‹hibernische› Weisheit war berühmt. In einer Zeit, in der die
wissenschaftliche Kultur sonst überall darniederlag, bildete die irische
Geistlichkeit durch ihr wissenschaftliches Streben eine rühmliche
Ausnahme. Von Irland pflanzte sich diese Kultur nach Schottland
und England (BEDA der ‹Ehrwürdige›), von dort nach Frankreich
(Schule ALKUINS in Tours) und Deutschland (HRABAN in Fulda) fort.[1]
So stammt denn auch der erste namhafte Philosoph der scholasti-
schen Zeit von der grünen Erin.

Johannes Eriugena

JOHANNES ERIUGENA oder SCOTUS (Irland war das Stammland der
Schotten und hieß daher noch bis in das 11. Jahrhundert Scotia
maior) lebte um 810—877. Sicher aus seinem Leben ist nur, daß er,

---

1 Aus der Zeit der karolingischen Renaissance seien noch genannt: FRE-
DEGISUS † 834, Schüler und Nachfolger ALKUINS als Abt von St. Martin in
Tours, der ‹Über das Nichts und die Finsternis› schrieb (Nichts und Finsternis werden als Realität gefaßt) MIGNE PL 105; PASCHASIUS RADBERTUS, seit
842 Abt von Corbie, gest. nach 868, die beide in dogmatischer und zugleich
philosophischer Weise in ihren Schriften ‹De corpore et sanguine domini›
(MIGNE PL 120) die Diskussion des Sakramentsproblems neu in Gang brachten; der Mönch GOTTSCHALK, gest. etwa 869, der aus der Tiefe eigenen
Schicksalserfahrens heraus die doppelte Prädestination (nach der Gott die
einen zur Seligkeit, die anderen zur Verdammnis von Ewigkeit her bestimmt hat) lehrte und damit den heftig geführten Prädestinationsstreit
entfachte, in dem kein geringerer als der große JOHANNES SCOTUS ERIUGENA

sonst ohne geistliches oder weltliches Amt, um 845 einem Rufe Karls des Kahlen folgend, eine Zeitlang Leiter der Pariser Hofschule war und im Auftrage desselben Herrschers die areopagitischen Schriften (Kap. II, 4) ins Lateinische übersetzte. In den damals gerade heftig wütenden Theologenstreit über die Prädestinationslehre griff er durch seine Schrift ›De divina praedestinatione‹ ein (vgl. Anm. S. 49 f). Sein späteres Hauptwerk (867) führte den Titel ‹De divisione naturae›, ist also, im Gegensatz zu den allermeisten scholastischen Schriften, ein *natur*philosophisches. 1225 zu Paris als ketzerisch verbrannt, weil die damaligen Pantheisten AMALRICH VON BENNES und DAVID VON DINANT (Kap. III, 4) sich darauf beriefen, ist es 1681 wieder neu herausgegeben worden.

Beeinflußt ist Johannes, außer durch Augustin, namentlich durch den Areopagiten, überhaupt durch die jüngeren griechischen Kirchenlehrer, wie er denn zu den wenigen Scholastikern gehört, die mit der griechischen Sprache noch gründlich vertraut waren. Ausgangspunkt ist für ihn der Glaube an die geoffenbarte Wahrheit. Aber Glaube und Vernunft müssen nach der Überzeugung von Scotus in innerer Übereinstimmung stehen. Der Glaube selbst fordert die Vernunfteinsicht. So kann in Zweifelsfällen die Vernunft vor der Autorität den Vorzug haben, denn die wahre Autorität ist ‹nichts anderes als die durch die Kraft der Vernunft entdeckte Wahrheit›, die keiner weiteren Autorität bedarf. Die wahre Philosophie ist mit der wahren Religion einerlei; denn beide fließen aus der göttlichen Weisheit.

Seine Spekulation über die ‹Einteilung der Natur› will die Realdialektik der Welt, durch die die Vielheit der Dinge aus der Einheit Gottes hervorgegangen ist, wiederfinden. Sie beginnt sofort mit der Versenkung in die unaussprechliche Tiefe des Wesens und Urquells aller Dinge, welcher ‹nicht geschaffen ist und doch schafft›. Als eigenschaftsloses Nichts kennt die Gottheit zunächst sogar sich selbst nicht. Bewußt wird sie ihrer selbst erst als das ‹geschaffene und doch zugleich schaffende› Wesen, aus dem die ewigen Ideen (Urbilder) aller

---

gegen ihn auf den Plan trat und vom neuplatonischen Einheitsgedanken aus gegen die dualistische Prädestination (zur Seligkeit oder Verdammnis) argumentierte. Vgl. E. DINKLER, Gottschalk der Sachse. 1937. Ebenso: H. DÖRRIES (1937), K. VIELHABER. 1956. — Noch auf HRABANUS' Anregung geht die Schul- und Übersetzertätigkeit des NOTKER LABEO in St. Gallen († 1022) zurück, der u. a. BOETHIUS und lateinische Übersetzungen der aristotelischen ‹Kategorien› ins Deutsche übertrug. Vgl. P. PIPER, Die Schriften Notkers u. seiner Schule. 1882. P. TH. HOFFMANN, Der mittelalterl. Mensch, gesehen aus der Welt u. Umwelt Notkers d. Deutschen. 1922. 2. Aufl. 1937. W. v. DEN STEINEN, Notker. 2-Bde., 1948. A. K. DOLCH, Notkerstudien 1–3, 1950 bis 52. J. SCHRÖBLER, Notker III v. St. Gallen als Übersetzer u. Kommentator von Boethius ‹de cons. philos.›. 1953.

Dinge ewig hervorgehen, deren Einheit der Logos darstellt. Sie gehen unter dem Einfluß des heiligen Geistes oder der pflegenden göttlichen Liebe in die ‹geschaffenen, selbst nicht schaffenden› Dinge ein, und zwar in immer weiteren Abstufungen. So sind alle Dinge Erscheinungen Gottes (Theophanien), unser Leben ist Gottes Selbstoffenbarung in uns. Es gibt nichts außer ihm. Auch die Körperlichkeit geht letztlich auf geistige Prinzipien in Gott zurück. Und auch das Böse ist nur ein Nicht-Sein, eine aus der menschlichen Freiheit entstandene verkehrte Richtung des Willens. (Der Mensch nimmt überhaupt in der geschaffenen Welt eine Sonderstellung ein, indem er in seinem leiblich-seelischen Sein sowohl die geistige Natur der höheren Wesen wie die körperliche Natur der niederen Wesen vereint: ein wahrhafter Mikrokosmos.) Aus der Vielheit wird dereinst derselbe Logos die Welt wieder zu dem letzten Ziel der Dinge, zu Gott als dem Wesen zurückführen, das ‹weder schafft noch geschaffen wird›, zur ewigen Ruhe (*deificatio* = Vergottung): das Endziel ist gleich dem Uranfang, der Kreis ist vollendet.

Neben diesem neuplatonisch-mystischen zeigt jedoch Eriugenas System zugleich einen *logischen*, und zwar objektiv-idealistischen Zug. Wie die Dinge durch den Logos aus dem göttlichen Erkennen hervorgehen, so ist ihr Wesen überhaupt primär im Erkennen da. Sie sind wahrer in ihren Begriffen, in den Ideen, als in ihrer dinglichen Existenz. Die allgemeinen Gattungsbegriffe (Ideen) sind das einzig wahrhaft Reale, indem sie das Seiende aus sich heraus erzeugen. So leitet Eriugena bereits den berühmten *Universalienstreit* ein, der die ganze mittelalterliche Philosophie durchzieht.

Gerbert

Das 10. Jahrhundert war in Frankreich und namentlich in Italien im ganzen eine Periode des Niedergangs, und in Deutschland ließ die tatbewegte Zeit der philosophischen Muße keinen Raum. Gegen Ende des Jahrhunderts erglänzt mit einem Male ein neues Licht in Gestalt des als Sylvester II. auf den päpstlichen Stuhl erhobenen GERBERT († 1003), eines großen Geistes, der dem Auge der Zeitgenossen als unheimlicher Zauberer erschien. In dem Kloster Aurillac (Auvergne) vorgebildet, nacheinander Erzbischof von Reims, Ravenna und Papst (999), ein eifriger Liebhaber der Alten, aber noch mehr der Mathematik — er schrieb schon vor 983 eine ‹Geometria› —, ausgezeichnet als Lehrer, teilte er seinen Schülern nicht ein rohes Vielerlei von Wissen mit, sondern baute vor ihren Augen in den Gesetzen der Natur, der Sprache und des Denkens ein System natürlicher Weltanschauung auf. Die sieben freien Künste waren hier zu einem einheitlichen

Ganzen verbunden, selbst die Theologie nur eine neben den anderen, alle Einzelwissenschaften untergeordnet der Philosophie. Auf diesem Gebiet wenigstens gibt es auch bei ihm keine übernatürliche Erleuchtung, sondern Vertrauen zu der Zuverlässigkeit des natürlichen Erkennens, das nur so weit reicht wie das Gesetz. Dann freilich folgt die Ergänzung durch die Welt des Glaubens.

Berengar von Tours

Um die Mitte des 11. Jahrhunderts macht sich, wohl unter dem Einfluß von Gerberts zahlreichen Schülern, in Deutschland unter dem gelehrten Kaiser HEINRICH III., in allen drei Kulturländern ein neuer wissenschaftlicher Aufschwung bemerkbar, der dann nie wieder ganz vernichtet worden ist. Wesentliche Anstöße gingen von der ‹Dialektik› aus, die als Teil des Triviums (Grammatik, Rhetorik, Dialektik) gelehrt zu werden pflegte, nun aber in den Mittelpunkt trat und für den weltlichen Unterricht und Wissenschaftsbetrieb zur festen Grundlage wurde, dann aber auch rücksichtslos auf theologische Probleme angewandt werden sollte. Die wissenschaftliche Führung ging zunächst auf *Frankreich* über. Besonders berühmt als Pflanzstätte der Wissenschaft war die Schule von Chartres unter ihrem als ‹Sokrates der Franken› gefeierten Leiter FULBERT († 1028), der übrigens mehr anregender Lehrer als origineller Denker war, seine Schüler vor Neuerungen und Überschätzung der Dialektik warnte und ihnen riet, sich an die Schriften der Väter zu halten. Sein berühmterer Schüler BERENGAR VON TOURS (999–1088) beherzigte diese Warnung nicht. Berengar ist in der Tat ein Aufklärer des 11. Jahrhunderts. Wohl verwendet er zu seiner Verteidigung, wo es ihm gelegen ist, die Autorität der Kirchenväter (des Ambrosius, Augustin u. a.) und der Bibel, aber sein kritischer Geist hat bereits die Wandelbarkeit der ersteren erkannt; die Bibel wird andrerseits ohne Auslegung zum Fabelbuch. Auch Synoden und Konzilien sind nicht unfehlbar. Der Wahrheit allein kommt der Sieg zu. Diese wurzelt gewiß in Gott, kann aber auf Erden nur in der Vernunft ihre Stätte haben, die freilich für ihn, wie für die ganze Scholastik, vorzugsweise im logisch-dialektischen Beweisverfahren besteht. Gegen die Wahrheit, die Vernunft, die Evidenz der Dinge, das Gewissen kann niemand. Berengar war ein Theoretiker der Aufklärung. Neben Berengar ist der bekannteste Dialektiker ANSELM VON BESATE, der Italien, Burgund und Deutschland durchzog und seine dialektischen Kunststücke zeigte (um 1050).

Es ist nicht verwunderlich, daß es gegenüber dem Vordringen der Dialektik zu einer *anti*dialektischen Bewegung kam, die nun in übersteigertem Gegensatz den selbständigen Wert von Vernunft, Wissenschaft und Philosophie überhaupt bestritt. In Italien vertrat diesen Gedanken vor allem PETRUS DAMIANI (1007—1072), in Deutschland wandten sich gegen die Vorherrschaft der Dialektik OTLOH VON ST. EMMERAN (etwa 1010—1070), bekannt auch durch den nicht nur autobiographisch, sondern auch psychologisch aufschlußreichen ‹Liber de tentationibus suis›, und MANEGOLD († 1103), der übrigens zugleich als einer der ersten im Mittelalter die Lehre von der Volkssouveränität vertrat. In Frankreich war es LANFRANK (1010—1089). Er war der Lehrer ANSELMS, mit dem die Höhe der Frühscholastik erreicht wird.

2. DER UNIVERSALIENSTREIT ODER: NOMINALISMUS UND REALISMUS (ROSCELIN, ANSELM VON CANTERBURY U. A.)

J. LÖWE, Der Kampf zwischen Nominalismus und Realismus. Prag 1876. JOS. REINERS, Der Nominalismus in der Frühscholastik. 1910 (Textbeilage des Briefs Roscelins an Abaelard). J. A. ENDRES, Studien z. Gesch. d. frühmittelalterl. Philosophie. 1915. M. DE WULF, Le problème des universaux dans son évolution historique. Archiv f. Gesch. d. Philos., 1926. Zur allgem. Bedeutung des Universalienproblems vgl.: M. H. CARRÉ, Realists and Nominalists. ² 1950. H. VEATCH, Realism and nominalism revisited. 1954. W. STEGMÜLLER, Das Universalienproblem einst und jetzt, in: Archiv f. Philos. 6, 1956 u. 7, 1957. DERS., Hauptströmungen der Gegenwartsphilosophie. ² 1960, 473 ff, 522 (Lit.). F. PICAVET, Roscelin. ² 1911.

Anselm von Canterbury, Opera omnia. Rom 1938. Neue Ausg. in 6 Bänden v. F. S. SCHMITT (1946—61). J. BRINKTINE, Anselms Proslogien, ins Dt. übertr. mit Einl. und Anm. 1925. Lat.-dt. Ausg. des Proslogion v. F. S. SCHMITT. 1962. Cur deus homo, lat.-dt. von DEMS. 1956. H. OSTLENDER, A. v. C. Quellenschrift 1927. — J. FISCHER, Die Erkenntnislehre A.'s. 1911. A. KOYRÉ, L'idée de Dieu dans la philosophie de St. A. Paris 1923. W. V. D. STEINEN, Vom hlg. Geist d. Mittelalters. 1926 (über Anselm und Bernhard). KARL BARTH, Fides quaerens intellectum. 1931 (über Anselm). A. KOLPING, A.'s Proslogion. 1932. R. ALLERS, A. v. C., Leben, Lehre, Werke. 1936 (mit dt. Übers. der wichtigsten Schriften, gute Einführung). A. STOLZ, A. v. C. 1937. G. SOEHNGEN, A.'s Proslogion und die Einheit der Theologie. 1938. — Zur Chronologie der Werke vgl. F. S. SCHMIDT, Revue Bénédictine 1932, 322 ff. Zur Frage der Echtheit von ‹De potestate et impotentia› (hrsg. v. F. S. SCHMITT in Beitr. zur Gesch. d. Philos. u. Theol., 1936) vgl. kritisch H. WEISWEILER, Scholastik 1938, 103 ff. G. CERIANI, S. Anselmo. 1947. S. VANNI ROVIGHI, S. Anselmo e la filosofia del secolo XI. 1949. P. VIGNAUX, Structure et sens du Monologion, RSPT 31, 1947, 192 ff. F. BERGENTHAL, Das Sein, der Ursprung und das Wort, d. Gottesgedanke des hl. Anselm, mit dem lat. u. dt. Text des Proslogion. 1949. R. PERINO, La dottrina trinitaria di S. Anselmo. 1952. M. McINTYRE, St. Anselm and his critics, a re-interpretation of the ‹Cur deus homo›. 1954. K. STRIJD, Structur en inhoud von Anselmus ‹Cur deus homo›. 1958. Zu A.s Persönlichkeit u. s. Lebenserinnerungen: G. MISCH, Gesch. d. Autobiographie III 1 (1959) 215 ff. Zum ontologischen Gottesbeweis s. außer den Arbeiten von BARTH u. KOLPING (s. oben): CAPPUYNS, RTAM 6, 1934, 313; GILSON, AHDL 9, 1934, 5 ff; F. SPEDALIERI, Gregorianum 28, 1947, 55 ff, 29, 1948, 204 ff; F. BERGENTHAL, Philos. Jahrb. 59, 1949, 155 ff; J. L. SPRINGER, Argumentum ontologicum. 1947.

E. MICHAUD, Guillaume de Champeaux et les écoles de Paris au XIIᵉ siècle. 1868. F. BLIEMETZRIEDER, Anselm von Laons systematische Sentenzen, Texte. 1919. H. WEISWEILER, Das Schrifttum der Schule Anselms von Laon und Wilhelms von Champeaux in dtsch. Bibliotheken. 1936. DERS., Die ältesten scholastischen Gesamtdarstellungen der Theologie. Ein Beitrag zur Chronologie der Sentenzenwerke der Schule A.'s v. L. und W.'s v. Ch. Scholastik, 1941, 231–254, 351–368.

In der Einleitung des PORPHYRIUS (Bd. I, Kap. XV, 1) zu ARISTOTELES' logischen Schriften wird die Frage aufgeworfen, ob die Gattungsbegriffe (*genera* und *species*, nach den später angewandten lateinischen Begriffen, zusammengefaßt dann unter dem Namen *universalia*), z. B. Eiche oder Rind, wirklich, d. h. dinglich oder nur in unseren Gedanken vorhanden, ob sie körperlich oder unkörperlich seien, ob sie gesondert von den Sinnendingen oder nur in und an denselben existieren. An diese, dem Mittelalter nur in der lateinischen Übersetzung des BOETHIUS vorliegenden Stelle knüpfte sich der fast das ganze Mittelalter durchziehende sogenannte *Universalienstreit*. Die einen (die *Realisten*) behaupten, indem sie sich dabei auf PLATON (von dem freilich damals nur ein Teil des ‹Timäus› bekannt war) beriefen, daß die Gattungsbegriffe das Ursprüngliche und Wirkliche, sowohl der Zeit wie dem Range nach, also die wahrhaften Dinge *(res)* seien, welche das Besondere aus sich erzeugten *(universalia ante rem)*. Demgegenüber behauptete die andere Partei, die *Nominalisten*, daß die allgemeinen Begriffe bloße Worte *(nomina, voces)* oder Abstraktionen des Verstandes seien, während in Wirklichkeit nur die Einzeldinge existierten *(universalia post rem)*. Zwischen beide schob sich später eine vermittelnde, auf ARISTOTELES sich berufende Ansicht (sogenannter gemäßigter Realismus), wonach die Universalien zwar real existieren, aber nur in oder an den Einzeldingen *(universalia in re)*.

Roscelin

Die althergebrachte Ansicht war im allgemeinen der Realismus, den wir denn auch bereits JOHANNES SCOTUS vertreten sahen. Demgegenüber zeigen sich in der Schule von Fulda schon nominalistische Anfänge, die jedoch größere Bedeutung erst in der zweiten Hälfte des 11. Jahrhunderts durch das Auftreten des ROSCELIN VON COMPIÈGNE erreichen. R. bildete die nominalistische Doktrin so folgerecht durch, daß er auch die Unterscheidung von *Teilen* an den Einzeldingen für eine willkürliche, nur der menschlichen Auffassung und Mitteilung dienliche Zerlegung erklärte. Gefährlich wurde ihm, daß er den Nominalismus auch auf die Dreieinigkeitslehre anzuwenden wagte. Wegen dieses ‹Tritheismus› wurde er von einer Synode von Soissons 1092 verurteilt und zum Widerruf gezwungen. Mit Roscelin erlosch der Nominalismus auf lange Zeit; erst im 14. Jahrhundert (vgl. Kap. V, 2) ist er wieder emporgekommen.

Anselm von Canterbury

Der Realismus erhielt Kraft und Prägung durch Roscelins Gegner ANSELM VON CANTERBURY (1033—1109). Sohn eines piemontesischen Edelmanns, Schüler und Nachfolger von BERENGARS Gegner LANFRANK als Abt von Bec, war er zuletzt sechzehn Jahre Erzbischof von Canterbury und ist als solcher durch seine hartnäckige Verfechtung gregorianischer Prinzipien mehrfach mit dem englischen Königtum in Streit geraten. Er ist mit Recht der ‹Vater der Scholastik› genannt worden. Der Glaube muß der Erkenntnis vorausgehen, dann freilich zu letzterer aufstreben; denn der Glaube drängt zur Entfaltung in der Erkenntnis: *fides quaerens intellectum*, wie die berühmte Formel lautet. In diesem Sinne ist also auch sein — übrigens AUGUSTIN (S. 40) entnommenes — *Crede, ut intelligas* gemeint. Für den der wahren Einsicht Unfähigen reicht die bloße demütige Verehrung (*veneratio*) aus.

Die ontologischen Grundlagen seines Universalienrealismus hat Anselm in seinem Dialog ‹De veritate› erörtert. Er geht von der Frage nach dem Wesen der Wahrheit aus. Sie ist für ihn nicht lediglich eine Erkenntnisbeziehung, sondern über jede Erkenntnisbeziehung hinaus eine Seinsbeziehung; es gibt auch im Wollen, im Handeln, im Leben Wahrheit und Unwahrheit. Jedes Wesen ist nur dadurch wahr, daß es in der wahren Seinsordnung gründet und am Sein der höchsten Wahrheit Teil hat, die selbst unabhängig ist sowohl von den Aussagen über sie wie von der Existenz der Einzeldinge. Die Wahrheit des Seins ist so die Bedingung der Wahrheit der Erkenntnis.

Anselms wichtigste Lehrstücke sind 1. der *ontologische Beweis* für das *Dasein Gottes*, 2. seine Lehre von der stellvertretenden *Genugtuung Christi*. Den ersteren entwickeln, in klarer Zusammenfassung und selbständiger Wiedergabe augustinischer Gedanken, die beiden Schriften ‹Monologion› und ‹Proslogion› (‹Anrede›, d. i. an die Gottheit). Das allgemeinste Wesen muß auch das allerrealste *(ens realissimum)* und allervollkommenste *(ens perfectissimum)* sein; aus diesem Sein *(esse)* aber folgt notwendig seine Existenz. Während die erstgenannte Schrift diesen Gedanken mehr auf kosmologischem Grunde darlegt, leitet das ‹Proslogion› die Existenz Gottes *(esse in re)* rein aus seinem Begriff *(esse in intellectu)* ab.

Die Schrift ‹Cur deus homo?›, d. h. Warum ward Gott Mensch?, sucht die logische Notwendigkeit von Christi Opfertod zum Entgelt für die Sündenschuld der Menschheit zu beweisen. Auch die übrigen Schriften des einflußreichen Kirchenlehrers behandeln mit denkerischer Eindringlichkeit ihre Themata, theologische (Trinität, Willensfreiheit und Prädestination, Erbsünde, Sakramente) und logische (‹Dialogus de grammatico›, ‹Dialogus de veritate›). Doch ist dieser ‹Vater der Scholastik› bei aller Strenge systematischen Denkens und begrifflich vernünftigen Begründens als Mystiker zugleich von großer Innigkeit. Ihre stärkste Kraft nehmen seine weit vorstoßenden Gedanken aus der Tiefe des Glaubens.

Wilhelm von Champeaux und Anselm von Laon

Zu den extremsten Realisten gehörte nach Abälards Zeugnis WILHELM VON CHAMPEAUX († 1121 als Bischof von Châlons-s.-M.). In Sokrates, so soll er behauptet haben, sei die ‹Sokratität› das bloß Zufällige, die Menschheit das Substantielle. Die ‹Weißheit› würde existieren, wenn es auch kein einziges weißes Ding gäbe. Wilhelm war zusammen mit ANSELM VON LAON († 1117), dem Schüler Anselms von Canterbury, der eine einflußreiche Schule in Laon leitete, auch wegweisend für die weitere Systematisierung der Theologie durch Ausbildung der *Sentenzen*werke, die in systematischer Ordnung Zitate *(sententiae)* aus der Bibel und den Kirchenvätern enthielten und die Grundlage bildeten, um das Für und Gegen der Meinungen bei den einzelnen Fragen zu diskutieren.

3. PETER ABAELARD (1079—1142)

Ausgabe seiner Werke von V. COUSIN, 2 Bde. 1849—59. Die philos. Schriften (mit neuen Funden) von B. GEYER, 1919/1933. Neuausg. der Briefe durch J. T. MUCKLE (1950), der ‹Dialectica› durch L. M. DE RIJK (1956). Zum neu aufgefundenen Bruchstück aus der Apologie vgl. P. RUF u. M. GRABMANN, Ak. Ber. München 1930. P. LASSERRE, Un conflit religieux au XIIe siècle, Abélard contre S. Bernard. 1930. — C. OTTAVIANI, Pietro Abelardo, La vita, le opere, il pensiero. 1931. J. G. SIKES, P. Ab. 1932. B. GEYER, Die Stellung Abaelards in der Universalienfrage. Baeumker-Festschr. I, 101—127. E. GILSON, Héloïse et Abélard. Paris (dt. Ausg. 1955). J. WEINGARTNER, A. u. Bernhard. 1937.

Vollst. Neuausgabe der Theologia ‹Summi Boni› (um 1120 geschrieben) von H. Ostlender, 1939. — Ders., Die Sentenzenbücher der Schule Abaelards. Theol. Quartalsschr. 1936, 208 ff. R. Lloyd, Peter Abelard, The Orthodox Rebel. 1947. J. R. McCallum, Abelard's Christian Theology. 1948. Historia calamitatum neu hrsg. v. J. Monfrin. 1959. Dass. zusammen mit dem Briefwechsel mit Heloïse hrsg. v. E. Brost. [2] 1954. Wesentlich zur Deutung der Persönlichkeit A.s außer Gilson (s. oben) ist Misch, Gesch. d. Autobiogr. III 1 (1959) 523 ff. R. Oursel, La dispute de la grâce, essai sur la rédemption d'Abélard. 1959.

Peter Abaelard (Pierre de Palais), 1079 zu Palet bei Nantes geboren, lernte als Schüler erst des Roscelin, dann des Wilhelm von Champeaux die beiden Hauptrichtungen der Scholastik an der Quelle kennen. Durch seine Überwindung des letzteren in einem öffentlichen Redestreit erwarb er sich hohen Ruhm als *Dialektiker*, der während seiner dann folgenden Lehrtätigkeit an der Kathedralschule zu Paris noch stieg. Die Dialektik war für ihn nicht nur Denkübung, Schulfach oder spitzfindige Spielerei, sondern geistiger Kampf und geistiges Lebenselement. Sein berühmter Liebeshandel mit Heloïse, der zu der bekannten Katastrophe führte (von ihm selbst ausführlich erzählt in der ‹Historia calamitatum mearum› — der berühmte Briefwechsel zwischen ihm und Heloïse ist eine von ihm selbst herrührende literarische Fiktion[2]—), machte seine glänzende Gestalt den Zeitgenossen noch interessanter. Auf den Landstraßen und in den Häusern disputierten Männer, ja selbst Frauen, über seine Sätze. Trotzdem erfolgte zweimal, auf Betreiben seines unermüdlichen Gegners Bernhard von Clairvaux (Kap. III, 4), eine Verurteilung seiner Lehre, und er unterwarf sich. Bald nach der zweiten Verurteilung starb er in einem burgundischen Kloster (1142).

Die Bedeutung Abaelards liegt zunächst auf logischem und erkenntniskritischem Gebiet. Aufschlußreich ist schon seine Stellung im *Universalienstreit*. In ihm nahm Abaelard eine *vermittelnde* Stellung ein, die über den festgefahrenen Gegensatz von Nominalismus und Realismus hinausführte. Abaelard geht kritisch-analytisch von der Sprachlogik aus.

Wichtiger aber noch als Abaelards neue Stellung im Universalienstreit war, daß er die gesamte Theologie und insonderheit ihre philosophischen Grundlagen durch seine methodische und dialektische Kritik in Bewegung brachte. Er nimmt durch den Freimut seines Denkens ohne Zweifel in der Geschichte der *Aufklärung* während des Mittelalters eine wichtige, wenn nicht die wichtigste Stelle ein. Es klingt ganz modern, wenn er ausführt, daß gegenüber den Angriffen auf die Kirche der Verzicht auf ihren reinen Autoritätsstand-

---

2 Vgl. B. Schmeidler, in Zeitschr. f. Kirch.Gesch. 1935, 323 ff.

punkt geboten sei. Wie alle Kräfte, so ist auch die Vernunft dem Menschen zum Guten verliehen. Besonders in dem ‹Dialog zwischen einem Philosophen, Juden und Christen› gelangte Abaelard zu bemerkenswert kühnen Wendungen. Die Autorität als solche könne, sagte er, nur einen vorläufigen Ersatz bieten. Auch der Zweifel hat seinen Wert; durch ihn kommen wir zur Forschung, durch Forschung aber zur Wahrheit. Die Vernunft beweist, nicht Bibelsprüche oder Wunder, selbst wenn sie heute noch geschähen und nicht vielmehr auf Betrug oder Aberglauben beruhten. Sie vertritt die Macht der Einheit, Notwendigkeit, Sicherheit, Allgemeinheit. Erst wissen, dann glauben! Christ sein heißt Logiker sein (was mit der Logos-Würde Christi zusammengebracht wird). Dementsprechend muß dann auch die Bibel nicht nach ihrem der beschränkten Fassungskraft der Menge angepaßten Buchstaben, sondern geistig verstanden werden. Sein Werk ‹Sic et non› (‹Ja und Nein›) wollte so nicht etwa den Glauben zerstören, sondern reinigen und befreien.

Abaelard hat ferner zum ersten Mal im Mittelalter die *Ethik* in einer besonderen Schrift behandelt, und zwar, wie schon ihr Titel ‹Ethica› oder ‹Scito te ipsum› (Erkenne dich selbst!) [3] erkennen läßt, im Gegensatz zu der üblichen Art so, daß er auf die *Gesinnung* und das *Gewissen* des *einzelnen* zurückgeht. Das Gute liegt nicht im Werk, im *opus* als solchem, sondern in der subjektiven Absicht, mit der es getan wird. Sünde wie Sittlichkeit bestehen einzig und allein in der *intentio animi*, d. i. Gesinnung. Sünde ist nur da, wo ein Mensch gegen sein Gewissen handelt. Sie beruht nicht in der Tat, sondern sie ist die gegen das Gewissen gehende freiwillige Zustimmung zu einem als unrecht erkannten Begehren. Reue, Beichte und Buße haben Wert nur, wenn sie aus dem Herzen hervorgehen. Nach dem obengenannten Dialog ist älter als alle übernatürliche Offenbarung das natürliche Sittengesetz, das bei allen gleich ist, unwandelbar, in sich selbst wurzelnd, an sich zum Heile hinreichend. Es gibt keine Erbsünde, höchstens eine Erbschuld. Die griechischen Philosophen nehmen dieselbe Stellung bei den Griechen ein wie die Propheten bei den Juden. Auch in den Lehren sind sie bereits Christen vor Christus. (Sokrates und Platon hält Abaelard für göttlich inspiriert, ja Platon soll schon fast alle Artikel des christlichen Glaubens entwickelt haben, habe sie aber der Menge verschweigen müssen, weil die Zeit des Christentums noch nicht gekommen war.) Christus stellte nur das ursprüngliche Sittengesetz wieder her, aber er vollendete es, indem er uns zu Gott als dem höchsten Gute zurückführte. Der Mensch wird nicht durch Christi Verdienst gerecht-

---

3 Die kleine Schrift wurde unter Zugrundelegung des Textes bei MIGNE neu übersetzt von F. HOMMEL (1947).

fertigt, sondern muß sich durch die Nachahmung von Jesu Beispiel und Liebe selbst erlösen. Am Schlusse des Dialogs erfolgt keine Entscheidung über den Vorzug einer bestimmten Religion, sondern der Christ, der Jude und der ‹Philosoph›, d. i. der konfessionslose Freidenker, finden sich zusammen auf dem Boden des Sittengesetzes und der Humanität. ARNOLD VON BRESCIA, der heftigste Gegner der Hierarchie im 12. Jahrhundert, war ein Anhänger Abaelards.

Dennoch würde man sich täuschen, wenn man hiernach Abaelard, der auch in seinem Stile, wenn es sich nicht gerade um logische Spitzfindigkeiten handelt, etwas Modernes an sich hat, für einen Aufklärer im modernen Sinne halten wollte. Nicht bloß, daß er die Massen verachtete und ein geistiger Aristokrat blieb, das haben auch andere ‹Aufklärer› getan; er will auch nicht mit den Glaubensbindungen brechen, sondern dem Glauben und der Kirche dienen. Die Fülle der Wahrheit liegt allein in Gott; göttliche Dinge sind nicht mit der kleinen Vernunft des Menschen *(ratiuncula humana)* zu erfassen, sondern es bedarf dazu der Erleuchtung von oben. Über dem Anfangsglauben des Wissens steht der evangelische Vollglaube eines Thomas und Paulus. Abaelards Opposition gegenüber kirchlichen Lehren ist immer zugleich Verteidigung des christlichen Glaubens gegenüber dem Unglauben. Er gab der Theologie deshalb wesentliche Anstöße, blieb jedoch zugleich selbst Anstoß und Ärgernis und ist nicht aus den Spannungen herausgekommen, die sein Leben und Denken zerrissen.

4. AUSLÄUFER DER FRÜHSCHOLASTIK UND FRÜHMITTELALTERLICHE MYSTIK (12. JAHRH.)

Die Frühzeit der Scholastik, die mit Anselm und Abaelard einsetzt und im 12. Jahrhundert zur vollen Entfaltung kommt, zeigt eine solche Bewegtheit und Fülle des geistigen Lebens, daß es kaum möglich ist, eine adäquate Gesamtordnung des Stoffes zu finden. Alle Abgrenzungen und Einteilungen erweisen sich als fragwürdig. Zudem ist gerade für die erste (eigentlich produktive) Hälfte des 12. Jahrhunderts die Quellenlage wenig befriedigend. Textlich wie gedanklich ist noch vieles zu erschließen. Das Erschlossene läßt bereits den Reichtum auch an philosophischen, über das Dogmatische hinausgehenden, Ideen erkennen. Doch harren sie noch weiterer Analyse und Erhellung. (Was im Text gegeben werden kann, ist nur eine vorläufige stoffliche Orientierung.)

Tiefer und genauer als früher ist heute der mittelalterliche Humanismus in seiner Bedeutung erkannt worden. Vgl. den zusammenfassenden Aufsatz von M. GRABMANN, Humanismus und Mittelalter. Neues Abendland 1947, 301 ff. Neue Sicht bei E. R. CURTIUS, Europ. Lit. u. lat. MA. 1948. Über den geistigen Aufschwung nach der Jahrtausendwende und den Aspekt dieser Epoche vgl. G. MISCH, Gesch. d. Autobiogr. III 1 (1959) 7 ff. Ferner:

P. Lehmann, Die Vielgestalt des 12. Jahrhunderts. In: Hist. Zeitschr. 178. H. Liebeschütz, Das 12. Jahrhundert und die Antike. Archiv. f. Kult.gesch. 34, 1953, 247 ff. – Einen Mittelpunkt bildete die Schule von Chartres.

A. Clerval, Les écoles de Chartres au moyen-âge. 1895. G. Robert, Les écoles et l'enseignement de la théol. pendant la première moitié du XIIe s. 1909. Haskins, Studies in the history of mediaeval science. 1924, 2. Aufl., 1927. Ders., The Renaissance of the Twelfth Century. 1927. G. Paré, A. Brunet, P. Tremblay, La Renaissance du XIIe siècle. Les Ecoles de l'enseignement. 1933. J. M. Parent, La doctrine de la création dans l'école de Chartres. 1928 (neue Texte u. gute Unters. über d. Lehre der Schule u. ihre Quellen). B. Landry, Les idées morales du XIIe s. 1939. P. J. de Ghellinck, L'essor de la litérature latine au XIIe siècle. 1946. Vgl. auch J. de Ghellinck, Le mouvement théologique au XIIe s. ² 1948.

E. Gilson, Le Platonisme de Bernh. de Chartres. Rev. Néoscol., 1923, 5 ff. W. Jansen, Der Kommentar des Clarenbaldus von Arras zu Boëthius, De Trinitate, hg. u. unters. 1926 (enthält Wiedergabe des betr. Komm. von *Thierry von Chartres*). Zu *Bernh. Silvestris* s. E. Faral, Studie Medievali. Nuova Serie, 9, 1936, 69 ff.

Adelhard von Bath, De eodem et diverso hrsg. v. Willner. 1903, Quaestiones naturales ed. M. Müller. 1934. F. Bliemetzrieder, Adelhard von Bath. 1935. G. Misch, Gesch. d. Autobiogr. III 1 (1959) 440 ff. ‹A. v. B. u. s. Bekenntnis zur Philosophie›. H. Flathen, Die Philosophie des Wilhelm von Conches. 1929. M. Grabmann, S. B. Bayr. Ak. 1935. T. Gregory, Anima mundi. La filosofia di Guglielmo di Conches e la scuola di Chartres. 1955. A. Berthaud, Gilbert de la Porrée et sa philosophie. 1892. A. Landgraf, Unters. zu den Eigenlehren Gilberts, Ztschr. f. Kath. Theol. 1930, 197 ff. Zum Fortwirken *Gilberts* vgl. P. H. Vicaire, Les Porrétains et l'Avicennisme avant 1215. RSPT 1937, 449 ff. M. E. Williams, The teaching of Gilbert Porreta on the Trinity as found in his commentaries on Boethius. 1951. M. A. Schmidt, Gottheit und Trinität nach dem Kommentar des Gilbert Porreta zu Boethius, De trinitate. 1956. S. Gammersbach, Gilbert v. Poitiers u. s. Prozesse im Urteil der Zeitgenossen. 1959.

M. Baumgartner, Die Philosophie des Alanus de Insulis. 1896. Huizinga, Über die Verknüpfung des Poetischen mit dem Theologischen b. A. 1932. Zur theolog. Axiomatik bei Gilbert u. Alanus vgl. M. D. Chenu, Un essai de méthode théologique au XIIe siècle. Rev. des sciences philos. et théol. 1935, 258 ff. E. R. Curtius, s. o. 125 ff. G. Raynaud de Lage, Alain de Lille. 1951.

Zu *Johannes von Salisbury*: Gesamtausg. v. J. A. Giles. 1848. Kritische Ausgaben von Webb: Policraticus. 1909; Metalogicus. 1929. Ders., John of Salisbury. London 1932. The Metalogicon of John of S. transl. with an introd. and notes by D. D. McGarry. 1955. – C. Schaarschmidt, Joh. S. nach Leben u. Studien, Schriften und Philosophie. 1862. H. Daniels, D. Wissenschaftslehre des Joh. v. S. 1932. H. Liebeschütz, Medieval humanism in the life and writings of John of S. 1950. B. Helbling-Gloor, Natur u. Aberglaube im Policraticus des J. v. S. 1956. H. Hohenleutner, Joh. v. S. i. d. Lit. der letzten 10 Jahre, Hist. Jahrb. 77, 1958, 494 ff. G. Misch, ‹Joh. v. S. u. das Problem des mittelalterl. Humanismus›. Gesch. d. Autobiogr. III 2 (1962) 1157–1295.

Neue Beachtung hat die *Geschichtsphilosophie* des Mittelalters gefunden, die im 12. Jahrhundert ihre entscheidende Blüte erlebte und in verschiedenen Formen zur Ausprägung gekommen ist: von der Durchsetzung der Geschichtsschreibung mit universalhistorischen Ideen über die geschichtsphilosophische Begründung in der Bestimmung des Verhältnisses von Papsttum und Kaisertum, Sacerdotium und Regnum bis zur heilsgeschichtlichen Spekulation und mystischen Apokalyptik.

Allg. Literatur: A. Dempf, Sacrum imperium. 1929. E. Benz, Ecclesia spiritualis. 1934. H. Grundmann, Die Grundzüge der mittelalterlichen Geschichtsanschauungen. Archiv für Kulturgesch., 1934. J. Spörl, Grundformen hochmittelalterlicher Geschichtsanschauungen. 1935. G. Tellenbach, Libertas, Kirche und Weltordnung im Zeitalter des Investiturstreites. 1936.

Einzelliteratur: W. A. Schneider, Geschichte und Geschichtsphilosophie bei Hugo von St. Victor. 1933. — Hashagen, Otto von Freising als Geschichtsphilosoph und Kirchenpolitiker. 1900. J. Schmidlin, Die geschichtsphilosophische und kirchenpolitische Weltanschauung Ottos von Freising. H. Grundmann, Studien über Joachim von Floris. 1927. E. Benz, Joachim-Studien, Zeitschr. f. Kirchengesch., 1931, 1932/1934. J. Ch. Huck, Joachim von Floris und die joachitische Literatur. 1938. H. Grundmann, Neue Forschungen über J. v. Fiore. 1950. Il libro delle figure dell'Abate Gioacch. da Fiore ed. L. Tondelli, 2 Bde., ² 1953. F. Russo, Bibliografia Gioachimita. 1954. Ausw. d. Hauptschriften in Übers. v. A. Rosenberg (1955). A. Crocco, Gioacchino da Fiore. 1960. Zu den Katharern und Waldensern: H. Söderberg, La religion des Cathares. 1949. Otto Rahn, D. Kreuzzug gegen den Gral. 1933. A. Borst, Die Katharer. 1953. F. Bender, Gesch. d. Waldenser. 1850. A. W. Dieckhoff, D. Waldenser im Mittelalter. 1851. K. Müller, D. Waldenser u. ihre einzelnen Gruppen. 1886. I. Döllinger, Beitr. zur Sektengesch. des Mittelalters. 1890.

Zur mittelalterlichen Mystik vgl. die vortreffliche Darst. J. Bernhart, Die philosophische Mystik des MA. 1922. Ferner: V. Vernet, La spiritualité médiévale. 1929. Bernhard v. Clairvaux: PL 182—185, neue Gesamtausg. v. Leclercq, Talbot, Rochais, bis jetzt 2 Bde., 1957—58. Übers. v. E. Friedrich-A. Wolters, 4 Bde. 1934—36. Vacandard, Vie de St. Bernard. 2 Bde. 1895. 4 1910 (auch deutsch). R. Linhardt, Die Mystik des hl. Bernhard. 1924. W. v. d. Steinen, Vom heiligen Geist des MA. 1926. F. Köhler, Bernh. v. Cl. 1926 (religionskundl. Quellenbücher). W. W. Williams, Studies in St. B. of Cl. 1927. Ders., S. B. of Cl. 1952. E. Gilson, La théologie mystique de Saint Bernard. 1934, ins Deutsche übers. 1936. O. Castrén, Bernh. v. Cl. Zur Typologie des mittelalterlichen Menschen. 1938. J. Baudry, Saint Bernard. 1946. J. Leclercq, Saint Bernard mystique. 1949. Ders., Études sur S. Bernard et le texte de ses écrits. 1952. C. Butler, Western mysticism. ² 1951. W. W. Williams, Saint Bernard of Cl. 1952. Die Chimäre seines Jahrhunderts. 4 Vorträge über B. v. Cl. hrsg. v. J. Spörl. 1953. C. Stange, B. v. Cl. 1954. B. v. Cl., Mönch u. Mystiker. Intern. B.-Kongreß Mainz 1953. 1955. E. Kleineidam, Wissen, Wissenschaft, Theologie bei B. v. Cl. 1955. Ph. Delhaye, Le problème de la conscience morale chez S. Bernard. 1957. J. de la Croix Bouton, Bibliographie bernardine, 1891—1957. 1958. E. Bertola, San Bernardo e la teologia speculativa. 1959. L. Cristiani, Saint B. de Cl. 1962. G. Misch, Gesch. d. Autobiogr. III 2 (1962) 1275 ff.

Als Einführung in die Mystik des Hugo von St. Victor geeignet: K.

MÜLLERS Ausgabe des ‹Soliloquium› und ‹De vanitate mundi› in H. Lietzmanns kleinen Texten, 1913. — Die Victoriner, Mystische Schriften. Wien
1936. H. OSTLER, Die Psychologie des Hugo v. St. V. 1906. J. EBNER, Die
Erkenntnislehre Richard von St. V. 1917. — L. OTT, Unters. zur theol. Brief-
lit. d. Frühscholastik. 1937 (betr. insbes. Victorinerkreis). K. KÖSTER, Die
Heilslehre des Hugo von St. V. 1940. Das ‹Didascalicon› hat kritisch herausgegeben: CH. H. BUTTIMER, 1939. — Zu der früher Hugo zugeschriebenen
‹Summa Sententiarum› vgl. H. WEISWEILER, Recherches de théol. anc. et
médiévale. 1934, 143 ff; ebenda, F. BLIEMETZRIEDER, 1934, 411 f; ebenda,
A. LANDGRAF, 1939, 260 ff. H. WEISWEILER, Die Wirksamkeit der Sakramente nach Hugo v. St. Victor. 1932. DERS., Die Arbeitsmethode Hugos
v. St. V. 1949 (zu de sacramentis). J. P. KLEINZ, The theory of knowledge
of Hugh of S. Victor. 1944 (zum Universalienstreit). L. CALONGHI, La
scienza e la classificazione delle science in Ugo di S. Vittore. 1956. D.
LASIĆ, Hugonis de S. Victore theologia perfectiva. 1956. J. TAYLOR, The
origin and early life of Hugh of St. Victor. 1957. R. BARON, Science et
sagesse chez Hugues de Saint Victor. 1957. H. R. SCHLETTE, Die Nichtigkeit
der Welt, d. philos. Horizont des Hugo v. St. Victor. 1961. The Didascalicon
of Hugh of St. Victor, transl. with an introd. and notes by J. TAYLOR. 1961.
— G. DUMEIGE, Richard de Saint-Victor et l'idée chrétienne de l'amour. 1952.

G. C. CAPELLE, Amaury de Bène, Etude sur son panthéisme formel. Paris
1932. G. THIERRY, Autour du décret de 1210: David de Dinant, Etude sur
son panthéisme matérialiste. Paris 1935. — H. GRUNDMANN, Religiöse Bewegungen im Mittelalter. 1935.

Zu Petrus Lombardus: Libri IV Sententiarum studio et cura PP. Collegii
S. Bonaventurae. ² 1916. J. N. ESPENBERGER, Die Philosophie des Petrus Lombardus und ihre Stellung im 12. Jahrh. 1901. Zum Leben vgl. J. DE GHEL-
LINCK, Revue d'histoire eccl. 1931, 792 ff. DERS., Artikel ‹Pierre Lombard›
im Dict. de théol. cath. XII. 1941–2019 (1935). J. SCHUPP, D. Gnadenlehre
des P. Lomb. 1932. J. SCHNEIDER, D. Lehre vom dreifaltigen Gott in d. Schule
des P. Lomb. 1961. — Über *Robert von Melun* und die Schule *Anselms
von Laon,* vgl. F. BLIEMETZRIEDER, Ztschr. f. Kirchengesch. 1934, 117 ff.
Über Literaturgeschichtliches F. PELSTER, Zeitschr. f. kath. Theol. 1929,
564 ff. — Über Leben und Schriften des *Robertus Pullus*: Angaben bei PEL-
STER, Scholastik 1937, 239 ff. — PH. S. MOORE, The Works of Peter of
Poitiers. 1936. DERS. und M. DULONG, Sententiae Petri Pictaviensis,
I. Indiana 1943. II. 1950. A. LANDGRAF, Petrus von Poitiers u. die Quästi-
onenliteratur des 12. Jahrh. Philos. Jb. d. Görres-Ges. 1939, 202 ff, 348 ff. —
G. LACOMBE, La vie et les œuvres de Prévostin (Praepositinus). 1927. —
Über eine neuentdeckte Summe aus der Schule des *Praepositinus*: A. LAND-
GRAF, Collect. Francisc. 1931, 289 ff. — F. STEGMÜLLERS Repertorium com-
mentariorum in sententias Petri Lombardi. I Text, II Indices, 1947. Supple-
ment dazu von V. DOUCET, 1954.

Platonisierende Naturphilosophen und Dialektiker, Mystiker, Summisten

Die verschiedenen Richtungen, die Abaelards vielseitiger Geist in sich
vereinte, treten bei anderen seiner Zeitgenossen und Nachfolger wie-

der auseinander. Auch solche, die sich ‹reine Aufklärer› *(puri philo-sophi)* nannten, hat es damals schon gegeben; doch kennen wir von ihnen nicht einmal die Namen.

Die platonisierende Richtung

Etwas mehr wissen wir von einer *platonisierenden* Richtung, die, dem Vorbilde GERBERTS folgend, mit dem Studium der *Antike* das-jenige der *Natur* verband und besonders in der *Schule von Chartres* (Kap. III, 1) gepflegt wurde. Hier lebten und lehrten als *magistri scholae* in der ersten Hälfte des 12. Jahrhunderts die beiden gelehr-ten Brüder BERNHARD († 1130) und THIERRY (DIETRICH) VON CHAR-TRES († um 1150), der erstere Platoniker und Humanist, der letztere bekannt durch seinen naturphilosophischen Kommentar zur Schöp-fungsgeschichte (‹De sex dierum operibus›) und die in ihm zur Gel-tung gebrachte neuplatonisch-pythagoreische Zahlenmetaphysik. Die Schule von Chartres war es auch, in der die neue Logik des Ari-stoteles (d. h. die Analytik, die Topik und die Elenchi) Aufnahme fand und gleichsam ‹vom Tode oder Schlaf zum Leben erweckt wur-de›, wie Zeitgenossen berichten. In der Universalienfrage herrschte der Ideenrealismus. In dem benachbarten Tours schrieb Thierrys Freund BERNHARD SILVESTRIS, in Anlehnung an den platonischen ‹Timäus› (die damals fast allein bekannte von Platons Schriften), seinen vielgelesenen und uns erhaltenen ‹Megacosmus et Microcos-mus›, eine halb in Prosa, halb in Versen abgefaßte, mit mythischen Allegorien verbrämte Naturphilosophie, in der von kirchlicher Dog-matik wenig zu spüren ist. — Ähnliche Gedanken verfolgte der ge-bürtige Engländer ADELARD VON BATH, der seine auf langen Reisen im Mittelmeerraum erworbenen Kenntnisse (auch arabische) in sei-nen ‹Quaestiones naturales› verarbeitete und schon der Psychologie der Tiere seine Aufmerksamkeit zuwendete, wobei er dem Verdachte der Ketzerei und der Verfolgung dadurch zu entgehen suchte, daß er sie einem Araber in den Mund legte. — Auch WILHELM VON CON-CHES (1080–1154), der begabteste Schüler des Bernhard von Char-tres, Grammatiker, Verfasser eines ‹Timäus›-Kommentars und einer auf Cicero und Seneca fußenden ‹Philosophia moralis de honesto et utili›, wollte in seiner ‹Philosophia mundi› bloß ‹Akademiker›, d. h. platonischer Philosoph, sein, womit er jedoch eine Art Atomismus, ja den Versuch einer materialistischen Gehirnphysiologie (Lokalisie-rung der Denkkraft, der Phantasie und des Gedächtnisses in geson-derten *cellulae*) verbunden zu haben scheint, während er in Glau-benssachen der Autorität der Kirchenväter folgen zu wollen erklärte. Trotzdem entging auch dieser im Gegensatz zu dem unruhigen, vielfach umhergetriebenen Abaelard stille Wahrheitsforscher und Lehrer nicht der Verfolgungssucht derer, die von ‹Ketzern sprechen, wo sie nicht mehr verstehen›, und z. B. an seiner Rationalisierung der Schöpfungsgeschichte Anstoß nahmen. Auch er widerrief.

Waren Bernhard Silvestris und Wilhelm von Conches außerdem auch als gute Grammatiker berühmt, so zeichnete sich der Bischof von Poitiers, GILBERT DE LA PORRÉE (1070–1154), durch die logische oder, wie man damals sagte, *dialektische* Virtuosität aus, mit der er die kirchliche Dogmatik auf dem Wege der natürlichen Vernunft zu begründen versuchte — nicht zufällig von denselben Gegnern angegriffen wie Abaelard, als Lehrer wie dieser von starker Anregungskraft. Erhalten von ihm ist ein Kommentar zu den ‹Opuscula theologica› des Boethius und ein kurzer, aber sehr wirksamer und häufig, auch von ALBERT DEM GROSSEN, kommentierter Abriß betr. die sechs letzten Kategorien des Aristoteles *(actio, passio, quando, ubi, situs, habitus)*. Sein Satz, daß in Gott oder der reinen Form die gleichfalls stofflosen Ideen oder Urbilder der körperlichen Dinge ihren Grund haben, nach denen alles geschaffen ist, erinnert an den Neuplatonismus. Zu Gilberts Schülern zählte u. a. der bekannte deutsche Historiker und Geschichtsphilosoph Bischof OTTO VON FREISING (1114–1158), der seine Chronik als ‹Geschichte von zwei Staaten› (AUGUSTIN), des ewig-himmlischen und des zeitlich-weltlichen, bezeichnet, im übrigen als erster oder wenigstens als einer der ersten die Kenntnis der kurz zuvor ins Lateinische übersetzten aristotelischen Analytik (Syllogistik) und Topik nach Deutschland brachte.

Der Schule von Chartres und ihrem Humanismus steht nahe ALANUS VON LILLE oder ALANUS AB INSULIS († 1203), wegen seiner allseitigen Bildung ‹Dr. universalis› genannt, der in seinem berühmten Lehrgedicht ‹Anticlaudianus› eine Enzyklopädie des gesamten damaligen Wissens gab. Als Apologet verteidigte er mit einem großen Aufwand an Gelehrsamkeit die kirchliche Lehre gegen die Angriffe der Juden, Mohammedaner und Ketzer. Bedeutsam sind seine ‹Regulae› oder ‹Maximae theologicae›, in denen er in Anlehnung an wissenschafts-theoretische Gedankengänge des BOETHIUS versucht, den logischen Begriff des Axioms in die Theologie einzuführen. Dagegen gehört die früher auch Alanus zugesprochene Schrift ‹De arte catholicae fidei› mit ihren noch präziseren und ganz dem methodologischen Schema der Elemente Euklids folgenden Deduktionen nach Grabmanns Feststellungen einem NICOLAUS VON AMIENS.

Der bedeutendsten Erscheinung, die aus der Schule von Chartres hervorgegangen ist, begegnen wir in dem nach einem langen Leben 1180 als Bischof von Chartres gestorbenen Engländer JOHANNES VON SALISBURY (SARESBERIENSIS). Er war fast bei allen großen Zeitgenossen (Abaelard, Wilhelm von Conches, Gilbert, Robert von Melun) in die Schule gegangen, aber auch bei den Alten, und hat sich von den letzteren nicht nur ein für seine Zeit außergewöhnlich elegantes Latein, sondern auch eine gewisse, den meisten Scholastikern fremde Freiheit des Urteils angeeignet. Cicero ist ihm Muster im Stil wie auch in seiner eklektischen Art der Philosophie. Gegenüber dem unfruchtbaren Schulgezänk und den übertriebenen Spitzfindigkeiten der Dialektik machte er den Standpunkt praktischer Nützlichkeit geltend. Er ist Empirist, betont nachdrücklich die Grenzen des Erkennens und scheidet viele metaphysische Fragen als nicht entscheidbar (sie sind *dubitabilia*) aus: so die nach der Vorsehung, nach dem Wesen der Substanz, nach dem Ursprung der Seele u. a. Dagegen sieht er in der Logik und in der logischen Schulung eine unentbehrliche Grundlage aller Bildung und aller Wissenschaft. Gerade sie vermag den Blick für die Möglichkeiten des menschlichen Denkens und Wissens zu schärfen. Der Logiker Aristoteles wird so zu *dem* Philosophen für ihn. Im übrigen ist seine logische Hauptschrift (‹Metalogicus›) wertvoll durch ihre Mitteilungen über den logischen Schulbetrieb der Zeit und eine Darstellung des psychischen Entwicklungsprozesses: Empfindung, Anschauung, Begriff, Urteil usw. Die Krone der Wissenschaft ist ihm jedoch, von seinem praktischen Standpunkte aus, *die Ethik.* Sein ‹Policraticus›, eine Art erster mittelalterlicher Gesellschaftswissenschaft, entbehrt zwar fester Prinzipien und ist, als Ganzes betrachtet, ein ziemlich ungeordnetes Gemisch, enthält aber manche treffende Einzelbemerkungen über Staat und Kirche, Verhältnis der Stände, Recht zu Revolution und Tyrannenmord und dergl. Die ersten sechs Bücher kennzeichnen die ‹Nichtigkeiten des Hoflebens›, die folgenden sechs folgen mit kritischem Auge den ‹Spuren der Philosophie›, die freilich nur Momente der Wahrheit bringt; die ganze Wahrheit liegt allein bei der Kirche. Vorbedingung der Tugend ist die teils aus der Vernunft, teils aus Gottes Gnade stammende Selbsterkenntnis, Ziel aller Philosophie die nur auf der ‹Königsstraße› der Tugend zu erlangende wahre Glückseligkeit.

Mystiker
a) Bernhard von Clairvaux

Hatte Gilbert nach dem Ausdrucke J. E. Erdmanns die Scholastik als ‹bloße *Vernunft*lehre› zu begründen unternommen, so suchte man sie von anderer Seite tiefer im Gefühl zu verwurzeln und gelangte dadurch in den Hafen der *Mystik*. Viel trägt die aus dem religiösen Aufschwung des 11. Jahrhunderts (Cluniazenser) hervorgegangene Kreuzzugsstimmung dazu bei und als deren hervorragendster Träger im 12. Jahrhundert der berühmte Abt BERNHARD VON CLAIRVAUX

(1091—1153), der siegreiche Gegner ABAELARDS, diesem an Tiefe des religiösen Gemüts überlegen. Eigenart und Leidenschaft seiner religiösen Natur sprechen sich schon in seinem Wort aus: ‹Glühen ist mehr als Wissen›. Es fehlt ihm nicht an spekulativer Tiefe. Nur handelt es sich dabei um mystische, nicht um dialektische Spekulation. Sie kommt aus der inneren Intuition, nicht aus dem Begriff. Alle Gedankenkraft erwächst aus der Kraft des religiösen Erlebens und Empfindens. ‹Gott wird nur soweit erkannt, wie er geliebt wird› (Anschluß an AUGUSTIN). Streitbarer Vorkämpfer der kirchlichen Lehre und Mystik zugleich, verachtet er als heidnisch alles Wissen um des Wissens willen, ja überhaupt die Welt (‹De contemptu mundi›), preist die freie Nachfolge des Heilands und als die eigentliche Tugend des Christen die *Demut*. Die letzte und höchste aber von deren zwölf Stufen (‹De gradibus humilitatis›), zugleich die höchste der Seligkeiten, bildet ‹die geheimnisvolle Auffahrt der Seele in den Himmel, das süße Heimkehren aus dem Lande der Leiber in die Region der Geister, das Sichaufgeben an und in Gott›. Die theoretische Grundlage aller Frömmigkeit ist ihm die Betrachtung (‹De consideratione›), ihre Krone die *Gottesliebe* (‹De diligendo Deo›), die alle selig machen will, falls sie wollen; denn der Mensch besitzt die Freiheit der Wahl zwischen Gut und Böse. Mit schwärmerischer Innigkeit (daher sein Beiname ‹Dr. mellifluus›), ja oft in gefühlsseliger Überschwenglichkeit, versenkt er sich in die Wunder der göttlichen Liebe, in die Anschauung der Wunden des gekreuzigten Heilands, gern in den Bildern des Hohen Liedes schwelgend, über das er seinen Mönchen 86 noch erhaltene Predigten gehalten hat. Doch muß sich das beschauliche mit dem tätigen Leben, Maria sich mit Martha verbinden. Auf der höchsten Stufe der Liebe, der wahren Gottesliebe, liebt der Mensch auch sich selbst nur noch um Gottes willen. Freilich ist diese höchste Stufe nur für Augenblicke erreichbar.

b) Die Viktoriner

Systematischer als Bernhard gehen die *Viktoriner* (Leiter der Klosterschule St. Viktor in der Nähe von Paris) HUGO und RICHARD zu Werke. Ihre Bedeutung liegt vor allem darin, daß sie der Mystik eine festere gedankliche Grundlage, die sie vor der Auflösung im bloß Gefühlsmäßigen bewahrt, geben. HUGO (1096—1141), eine überragende Persönlichkeit und einer der großen Theologen des 12. Jahrhunderts, von Geburt ein deutscher Graf von Blankenburg am Harz, gibt in seinem ‹Soliloquium› und seinem Werke ‹De sacramentis christianae fidei› unter dem Einflusse augustinischer Weltanschauung, unter dem auch schon Bernhard stand, eine Reihe tiefdringender Unterscheidungen, so die von den drei ‹Augen› des Menschen: das ‹Auge des Fleisches›, mit dem sich die äußere Sinnenwelt schauen läßt, das ‹Auge der ratio›, mit dem sich das, was im Ich ist, erfassen läßt, und das ‹Auge der Kontemplation›, mit dem wir Gott schauen. Ähnlich unterscheidet er drei Stufen der intellektuellen Tätigkeiten, die erste *(cogitatio)* ist das unmittelbare denkend-bewußte Erfassen der Welt, die zweite *(meditatio)* das innere Verarbeiten des mit der *cogitatio* Erfaßten, welches das hinter den werdenden und vergehenden äußeren Formen verborgene Wesen der Dinge zu erforschen sucht. Beide sind streng auf die Welt der Erfahrung beschränkt, während die dritte und höchste Stufe *(contemplatio)* der frei im Ganzen erfassende Blick ist, der zur unmittelbaren Anschauung (Vision) des Göttlichen führt. Das mystische Erleben wird so zum zentralen Gegenstand der Besinnung und Reflexion; psychologische Fragen treten in den Vordergrund, um doch zugleich als psychologische überwunden zu werden. Denn zu Gott aufsteigen *(ascendere)* heißt: in das eigene ‹innerste Ich eintreten›, um es zugleich in uns selbst ‹auf unaussprechliche Weise zu transzendieren›. Auch sonst war Hugos Einfluß — vor allem durch sein Streben nach Synthese und Harmonie — auf die Ausbildung der kirchlichen Weltanschauung des Mittelalters bedeutend. Die Hauptsätze über das Verhältnis von geistlicher und weltlicher Gewalt in Papst Bonifaz' VIII. berühmter Bulle ‹Unam sanctam› entstammen einer von Hugos Schriften. Auch verfaßte er unter dem Namen ‹Didaskalion› eine Einführung in das philosophische und theologische Studium, die die ganze Universalität seines Denkens und Wissens zeigt und in der er z. B. verlangte, daß ein logisch-mathematisches Studium dem der Naturwissenschaft voraufgehen solle; lange maßgebend blieb auch seine Grundeinteilung der Wissenschaften in Theorie (Theologie, Mathematik, Physik), Praxis (Ethik, Ökonomik, Politik), Mechanik und Logik.

Sein Schüler, der Schotte RICHARD VON ST. VIKTOR († 1173), gleich ihm ein Mann von umfangreicher Gelehrsamkeit und zugleich von bohrendem Scharfsinn, baut die Lehre des Meisters noch weiter aus, indem er den Stufenweg des mystischen Erkennens noch weiter differenziert: Auf den untersten drei Stufen des Seelenweges bleibt das Erkennen noch gebunden an die *imaginatio* und den Spiegel des Geschöpflichen, erst mit der vierten gelangt es zu innerer Anschauung der übersinnlichen intelligiblen Welt, um sich auf der fünften zur Anschauung Gottes, *supra rationem*, aber nicht *praeter rationem*, zu erheben und schließlich auf der sechsten in den Raum des übervernünftigen Geheimnisses Gottes, *supra rationem et praeter rationem*, zu gelangen. Dazu kommt eine weitere Unterscheidung der Grade der Kontemplation: *dilatatio*, die bloße Erweiterung des Geistes, *sublevatio*, das Sich-Erheben über die natürliche Erfahrung, *abalienatio*, die Entrückung, die ein Geschenk der Gnade ist. Der ganze Erkenntnisaufstieg der Seele ist dabei aber immer zugleich eine Reinigung und Erhebung des Herzens. Seine Traktate enthalten überhaupt reiche Beiträge zur Psychologie und Erkenntnislehre des mystischen Erfahrens und religiösen Erlebens.

Während die genannten beiden Viktoriner mit ihrer Gemütsinnigkeit in die Tiefen des Gefühlslebens dringen, erscheint dagegen Richards Nachfolger WALTER VON ST. VIKTOR in seiner literarischen Tätigkeit als ein beschränkter Fanatiker, der mit Kampfeswut gegen die ‹vier Labyrinthe› Frankreichs: ABAELARD, dessen Schüler PETER VON POITIERS, GILBERT und PETRUS LOMBARDUS (siehe unten 3.) zu Felde zieht. Die sogenannte Wissenschaft dieser ‹Dialektiker› gilt ihm als Gaukelei, zum Lachen reizend, als leeres Wortgepränge und heidnische Empörung gegen das Evangelium, die Kirche dagegen als das Orakel, das man anzurufen hat.

c) *Amalrich von Bène, David von Dinant, Joachim von Fiore*

Eine andere, nämlich *pantheistische* Wendung nimmt die Mystik unter AMALRICH VON BÈNE (Bennes bei Chartres, † um 1207), nach dessen wahrscheinlich von Eriugena beeinflußter Lehre Gott essentiell in allen Kreaturen lebt und nach dem wir ‹Himmel› und ‹Hölle› in der eigenen Brust tragen. Dem, der in der Liebe steht, wird keine Sünde zugerechnet. Inwieweit die Albigenser und später die ‹Brüder des freien Geistes› sich auf ihn mit Recht berufen, ist ungewiß; jedenfalls wurde er 1204 verdammt, wurden nach seinem Tode seine Gebeine ausgegraben und verscharrt, seine Anhänger, die Amalrikaner, als Ketzer und Anhänger der ‹freien Liebe› mit Feuer und Schwert verfolgt. Noch ausgesprochener erscheint der Pantheismus DAVIDS VON DINANT, der — schon unter dem Einfluß arabischer Philosophen (Kap. IV, 1), aber zugleich im Zurückgreifen bis auf Parmenides und Xenophanes — die Identität seiner drei Prinzipien: Gott, Geist und Materie behauptete, denn ein und dasselbe Sein liege ihnen allen zugrunde (es weist das fast schon auf Spinoza vor). — Die revolutionierende Kraft jener mystischen Strömungen tritt am stärksten im Zusammenhang mit geschichtsmetaphysischen Spekulationen zutage. Wie schon Amalrich glaubte, daß der heilige Geist täglich in uns eintrete, so lehrte gegen 1200 der Abt JOACHIM VON FIORE (FLORIS) in Calabrien (1145—1202) in seinen zu großer Wirkung gekommenen mystisch-apokalyptischen Schriften, daß auf die Zeitalter des Vaters oder des Alten und des Sohnes oder des Neuen Testaments, das jetzt zu Ende gehe, ein drittes Zeitalter des Heiligen Geistes oder ‹ewigen Evangeliums› folgen werde. Die *Waldenser, Katharer* und andere bald aus der Kirche herausgedrängte Sekten knüpften hieran *soziale* Ideale des gemeinsamen Besitzes aller Erdengüter.

Summisten oder Sententiarier

Betonen die Mystiker vor allem den Akt des Glaubens (*fides, qua creditur*), so wollen die ‹Summen›-Schreiber dessen *Inhalt* (*fides quae creditur*) mitteilen. Doch wird in der Schule von St. Viktor auch aus der Mystik selbst heraus die Tendenz zu systematischer Zusammenfassung der religiösen Inhalte erwachsen. Beispielhaft ist die früher fälschlich Hugo selbst zugeschriebene ‹Summa sententiarum› (d. h. Sammlung theologischer Lehrmeinungen), die aber jedenfalls in den Umkreis seiner Schule gehört. Wesentliche Anstöße zur Ausbildung der Sentenzenliteratur gingen aber vor allem aus von Abaelard, nicht nur von seinem ‹Sic et non›, sondern auch von seinen Sentenzen, die freilich noch nicht wieder aufgefunden worden sind, und von Anselm von Laon, dem schon (Kap. III, 2) erwähnten Schüler Anselms von Canterbury, und seiner Schule. Bedeutende Sententiarier waren auch die Engländer ROBERT PULLEYN (PULLUS) und ROBERT VON MELUN († 1167). Am meisten benutzt wurde die Sammlung des Lombarden PETRUS (PETRUS LOMBARDUS, † um 1164 als Bischof von Paris), des sogenannten *magister sententiarum*. Seine ‹4 Bücher Sentenzen› wurden für Jahrhunderte, vielleicht gerade um ihrer Farblosigkeit willen, das allgemein anerkannte Kompendium der Dogmatik und die Grundlage der theologischen Schullehren und -streitigkeiten. Konnte doch später ein Jesuit POSSEVIN 243 ihm bekannte Kommentare dazu zitieren. Das erste Buch handelt von Gott, das zweite von seinen Geschöpfen, das dritte von der Erlösung und den Tugenden, das vierte von den Sakramenten. Bedeutendster Schüler des Petrus Lombardus war PETRUS VON POITIERS (PICTAVIENSIS, † 1205), der den ersten Kommentar zu den Sentenzen des Lombarden schrieb und von dem eine ganze Reihe von Autoren theologischer Summen (Summisten), die um 1200 schrieben, abhängig sind, u. a. die in Paris lehrenden SIMON VON TOURNAY und PRAEPOSITINUS VON CREMONA. Sie bildeten — ohne eigentliche eigene Produktivität — die dialektische Methode der Stoffbehandlung weiter aus. Das damit verbundene Vordringen der Logik als Lehrgegenstand läßt zugleich die philologischen und historischen Studien zurücktreten und schließlich ganz aus dem Bildungssystem verschwinden. Die philosophische Weiterentwicklung stand in Zusammenhang mit dem nun erfolgenden Bekanntwerden des ganzen Aristoteles, das die Voraussetzung der Hochscholastik bildet.

IV. DIE GLANZZEIT DER SCHOLASTIK (HOCHSCHOLASTIK)

Außer der o. S. 47 und u. S. 149 ff erwähnten Literatur: K. WERNER, Die Scholastik des späteren MA. 4 Bde., Wien 1881 bis 1887. E. HOFFMANN, Der philos. u. pädag. Charakter der Hochscholastik. 1928. J. SCHULTZ, Wandlungen der Seele im Hochmittelalter. I/III, 2. Aufl., 1940. M. MÜLLER, Sein und Geist, Unters. über Grundproblem u. Aufbau mittelalt. Ontologie. 1941. J. PIEPER, Wahrheit der Dinge, eine Unters. zur Anthropologie der Hochscholastik. 1946. DERS., Scholastik, Gestalten u. Probleme der ma. Philos. 1960.

1. VORLÄUFER. ARABISCHE UND JÜDISCHE PHILOSOPHEN DES MITTELALTERS

Bis um die Mitte des 12. Jahrhunderts hatte in der Scholastik der Augustinismus und damit der freilich meist neuplatonisch aufgefaßte Platonismus durchaus vorgeherrscht; dem Aristotelismus hatte man nur auf den Nebengebieten der Logik und Kategorienlehre sich angeschlossen. Jetzt aber wurde auf dem Umwege über Syrien, Persien, Palästina und Spanien die Hauptmasse der aristotelischen Schriften bekannt. Sie stellte den aufgeschlossenen Geist der romanisch-germanischen Völker vor eine Fülle neuer Probleme. Auch sonst wirkte die Berührung des Morgenlandes, zu dem das Abendland durch die Kreuzzüge nicht nur in kriegerische, sondern auch in wirtschaftliche und geistige Beziehungen trat, befruchtend. Wir schildern daher in kurzer Übersicht hier zunächst die arabisch-jüdische Philosophie des Mittelalters, auf deren Einfluß man bei allen bedeutenden Denkern der Hochscholastik stößt.

Philosophie des Islam

P. J. DE MENASCE, Arab. Philosophie (= Bibliograph. Einf. i. d. Studium der Philos. hrsg. v. I. M. BOCHENSKI, [6] 1948. Encyclopédie de l'Islam, nouvelle éd. 1960 ff. L. GAUTHIER, Introd. à l'étude de la philosophie musulmane. 1923. — C. BROCKELMANN, Gesch. d. arab. Lit. 2 Bde., 1898–1902, Suppl. bd. 1–3, 1937–42 (mit reicher Bibliogr.). G. KLINGE, Die Bedeutung der syrischen Theologen als Vermittler d. griech. Philos. an den Islam. Zeitschr. f. Kirchengesch. 1939, 347–386. D. O. LEARY, How Greek Science Passed to the Arabs. 1948. FR. ROSENTHAL, On the knowledge of Plato's philos. in the Islamic world. 1941. R. PARET, D. Islam u. d. griech. Bildungsgut. 1950. B. SPULER, Hellenist. Denken im Islam, Saeculum 5, 1954, 179 ff. M. STEINSCHNEIDER, D. arab. Übersetzungen aus dem Griechischen. Neudr. 1959. R. WALZER, Greek into Arabic. collected studies in Islamic Philosophy. 1961. Zu dem Thema Platon b. den Arabern vgl. auch MUSHIN MAHDI, Ibn Khalduns Philosophy of History. 1957.

E. Renan, Averroës et L'Averroïsme. Paris 1852, 4. Aufl. 1882. Munk, Mélanges de philosophie juive et arabe. Paris 1859 (wesentlich: Neuaufl. 1927). T. J. de Boer, Gesch. d. Philos. im Islam. Stuttgart 1901. M. Horten, Die philosoph. Systeme der spekulat. Theologie im Islam. Bonn 1912. Ders., Die Philosophie des Islam. München 1924. Ders., Indische Strömungen in der islam. Mystik. 1927. Carra de Vaux, Les penseurs de l'Islam. 1921/26. I. Goldziher, Vorlesungen über den Islam. ² 1925. J. Madkour, L'Organon d'Aristote dans le monde arabe. 1934. Wesentliche *Einzeluntersuchung*: A. M. Goichon, La distinction de l'essence et de l'existence d'après Ibn Sina (Avicenna). Paris 1937. Die sog. Theologie des Aristoteles hrsg. v. F. Dieterici, 1883, übers. von dems. 1883. Der Liber de causis bearb. v. O. Bardenhewer. 1882. — Weitere Literatur s. Text u. Überweg-Heinze, 1928, 291 ff, 328 ff, 715 ff. Zur *Wirkungsgeschichte*: G. Quadri, La philos. arabe dans l'Europe médiévale. Lausanne 1947. R. Hammond, The philosophy of Alfarabi and its influence on medieval thought. 1947. A. M. Goichon, La philosophie d'Avicenne. ² 1951. L. Gardet, La connaissance mystique chez Ibn Sina. 1952. Ders., La pensée religieuse d'Avicenne. 1951. — S. M. Afnan, Avicenna. 1958. L. Gauthier, Ibn Rochd. 1948. Averroes on harmony of religion and philosophy, transl. by. G. F. Hourani. 1961. Zu Avicennas Autobiogr. G. Misch, Gesch. d. Autobiogr. III 2 (1962) 991 ff.

a) Im Morgenlande

Die Neuplatoniker der letzten, von Justinian aufgelösten athenischen Philosophenschule hatten sich (Bd. I, Kap. XV, 2) nach Persien und Syrien gewandt, ohne hier den erhofften Einfluß zu finden. Dagegen wurde der der Kirche genehmere Aristotelismus in einzelnen syrischen Schulen gepflegt. So lernten die Araber, als sie ihren Siegeslauf durch das gesamte Morgenland vollendet hatten und sich der Pflege der Wissenschaften zu widmen begannen, durch syrische und arabische Übersetzungen fast sämtliche aristotelische Schriften, von Platon dagegen nur ‹Timäus›, ‹Staat› und ‹Gesetze› kennen. Wesentlich dagegen wurde der neuplatonische Einfluß der sogenannten Theologie des Aristoteles (eines Auszuges aus dem 4. bis 6. Buche der ‹Enneaden› Plotins) und des ‹Liber de causis›, der auf der ‹Institutio theologica› des Proklos beruhte und ebenfalls unter dem Namen des Aristoteles übernommen wurde.

Am Anfange des 9. Jahrhunderts herrschte am Kalifenhofe zu Bagdad unter der Herrschaft der Abbasiden bereits reges wissenschaftliches Leben. Praktische Naturkenntnisse, d. h. Astronomie, etwas Mathematik, praktische Chemie und Medizin in roher Form, waren bei den arabischen Wüstenbewohnern und Händlern seit alters heimisch; dazu war dann der religiöse Aufschwung durch Mohammeds strengen und reinen Monotheismus gekommen. Daher ihr Interesse für die naturwissenschaftlichen wie für die metaphysischen

Schriften des ARISTOTELES, welche letzteren ja einen theologischen Zug tragen und ihnen überdies zunächst in Übersetzungen und neuplatonischer Auslegung bekannt wurden. Während sie rasch über die Naturkenntnisse des griechischen Philosophen hinauswuchsen, blieb dieser in der Theorie ihr Meister.

So sind die ersten in Bagdad lebenden Philosophen, die deutlicher hervortreten, AL-KINDI († um 870) und ALFARABI († um 950 in Damaskus), zugleich auch Ärzte, Mathematiker und Astrologen, in der Philosophie nicht viel mehr als neuplatonische, wenn auch selbstdenkende Ausleger des Aristoteles. Als unentbehrliche Vorstufe zur Metaphysik gilt Al-Kindi, übrigens dem einzigen Araber von Geburt unter diesen und den folgenden Denkern, das Studium zunächst der Logik und Mathematik, dann der Naturwissenschaften. Es macht die besondere Bedeutung dieser Denker aus, daß sie der islamischen Theologie die fehlende logische und wissenschaftliche Schulung brachten. Das erklärt und begründet den Gegensatz von Philosophie und Theologie bei ihnen, der kein Gegensatz etwa zum Koran war, wie man lange fälschlich gemeint hat. Alfarabi gehörte dem von der indischen Philosophie beeinflußten Orden der Sufis, d. i. ‹Wollträger›, an, der durch asketischen Verzicht auf alle irdischen Güter zur mystischen Vereinigung mit Gott zu gelangen suchte. Die Art ihrer Religiosität und Denkweise kam dem Neuplatonismus in besonderer Weise entgegen. Ein eigentümliches, aus aristotelischen, neuplatonischen und neupythagoreischen Elementen gemischtes System, das zugleich ethisch-religiösen Charakter trägt und das ganze damalige Wissen enzyklopädisch zusammenfaßt, bildete der gegen Ende des ersten christlichen Jahrtausends in Basra entstandene Geheimbund der ‹Lauteren› oder ‹Aufrichtigen› aus, die von der mohammedanischen Orthodoxie verfolgt wurden.

Dem reinen Aristotelismus näher steht der bedeutendste unter den morgenländischen Ärzten und Philosophen, AVICENNA (eigentlich Ibn Sina[1], 980—1037), meist in Persien lebend, dessen ‹Kanon der Medizin› jahrhundertelang Christen und Mohammedanern als Grundlage des medizinischen Unterrichts gedient hat. Sein Hauptwerk, eine große Enzyklopädie in 4 Teilen: Logik, Physik, Mathematik, Metaphysik trägt den Titel ‹Buch der Genesung›. Philosophisch erscheint er namentlich dadurch bedeutsam, daß er sozusagen den Universalienstreit im Morgenlande bereits geschlichtet hat, ehe er im Abendlande entbrannte. Er lehrte nämlich, die allgemeinen Begriffe seien *ante res* im göttlichen Verstande, *in rebus* in den natürlichen Dingen, *post res* in unseren abstrahierten Begriffen. Neuplatonische Elemente

---

1 = Sohn des Sina. Die jetzt gebräuchlichen Namen der arabisch-jüdischen Philosophen sind meist schlechte Latinisierungen des Mittelalters.

liegen in seiner Lehre von der Entfaltung der Welt aus dem einen Absoluten, Vollkommenen, Guten (der Gottheit), ihrem Hinstreben zum Göttlichen, ihrer Erleuchtung durch dieses. Dagegen gelten ihm Welt und Materie als ewig und strengen Gesetzen unterworfen. Seine Psychologie, von der er allerdings noch eine philosophische Seelenlehre unterscheidet, trägt ausgeprägten Erfahrungscharakter. Daneben hat er jedoch auch durchaus mystische Schriften verfaßt. Sein Zeitgenosse ALHAZEN (965—1038) schrieb schon eine physikalische, physiologische und psychologische Optik: ‹De aspectibus› oder ‹Perspectiva›. Sie war von großem Einfluß auf Witelo und Roger Bacon.

Avicennas Philosophie erfuhr Angriffe von zwei Seiten. Einmal seitens der orthodoxen Dogmatiker, der sogenannten Mutakallimun [2] (oder Mutekallemin), wörtlich = Sprecher, d. h. Lehrer des Worts, die im Gegensatz zu Avicennas Entfaltungstheorie einen merkwürdigen, mit unaufhörlichem Werden verbundenen, aber beständigen göttlichen Eingriffen unterliegenden Atomismus aufstellten, nach dem Gott z. B. auch Feuer und Kälte miteinander verbinden kann. Andererseits von dem um 1059—1111 lebenden Perser ALGHAZEL (GAZALI), der sich in seiner skeptisch gehaltenen ‹Destructio philosophorum› (die lateinischen Übersetzungen dieser Schriften stammen in der Regel aus nicht viel späterer Zeit) die Widerlegung der Philosophie, deren Ziele er in einer besonderen vorhergehenden Schrift entwickelt hatte, zur Aufgabe setzte, um dann in seinen theologischen Werken ausgeprägter Rechtgläubigkeit zu huldigen, indem er alle Erkenntnisse in solche teilt, die der Religion nutzen, und in solche, die ihr schaden. Seine positiven Ansichten hat er vor allem in seinem theologischen Hauptwerk ‹Wiederbelebung der Religionswissenschaft›, die das Wollen über das Erkennen stellt, entwickelt, wobei die starke Betonung der Wundermacht Gottes auffällt. Doch hat er in seine Theologie durchaus philosophische, insonderheit aristotelische Elemente aufgenommen und logische Schulung gefordert, wie überhaupt die Unausgeglichenheiten und Spannungen zwischen Glauben und Wissen stark bei ihm spürbar sind.

b) In Spanien

Inzwischen hatte der Islam seine Macht auf Spanien ausgedehnt. Spanien war das Land, in dem im 12. Jahrhundert Künste und Wissenschaften mehr als in jedem anderen blühten; und vor allem von hier aus sind die Araber die geistigen Vermittler zwischen Orient

2 Speziell zu ihrer Lehre vgl. S. PINES, Beiträge zur islamischen Atomenlehre. 1936.

und Okzident geworden. Auch die im folgenden genannten Philosophen sind zugleich Ärzte, Mathematiker, Astronomen oder Alchimisten. Von ihnen behandelt

AVEMPACE († 1138 in Fez) in seiner ‹Leitung des Einsamen› die Stufen der menschlichen Erkenntnis von dem tierischen Instinkte an bis hinauf zu dem aus der Gottheit fließenden reinen Denken, das mit seinem Gegenstande eins ist. Sein Nachfolger ABUBAKER (IBN TOFAIL, † 1185) legte diese stufenweise Entwicklung in einem philosophischen Roman ‹Der Lebende, Sohn des Wachenden› (deutsch unter dem Titel ‹Der Naturmensch› von Eichhorn, 1783, und ‹Das Erwachen der Seele›, Rostock 1907) dar, dessen Held, auf einer einsamen Insel ohne Eltern entstanden, abgeschlossen von aller Welt, völlig aus sich heraus zur wahren Erkenntnis und Religion gelangt, die mit der Weisheit eines zu ihm verschlagenen treuen Bekenners des Islam durchaus übereinstimmt. Allein die reine Wahrheit ist nur für wenige Starke, nicht für die autoritätsbedürftige Masse, wie beide bei der Fahrt zu einer anderen Insel erfahren. Das Höchste bleibt für Abubaker, trotz seiner Betonung der menschlichen Selbständigkeit, die Vereinigung mit Gott.

Der berühmteste, wenn auch nicht selbständigste der arabischen Philosophen in Spanien ist sein Schüler AVERROËS (IBN ROSCHD, geb. 1126), aus vornehmer Familie zu Córdova, Theologe, Jurist, Mediziner und Philosoph zugleich, eine Zeitlang Richter, dann Leibarzt des Kalifen, zuletzt aber wegen seiner Freidenkerei vom Hofe verbannt, † 1198 in Marokko. Seine Schriften, insbesondere seine zahlreichen, zum Teil in dreifacher Bearbeitung verfaßten Kommentare[3] zu Aristoteles, den er übrigens nur durch arabische Übersetzungen kannte, sind zusammen mit des letzteren Schriften im 15. und 16. Jahrhundert sehr häufig gedruckt worden. Von den eigenen Werken des Averroës heben wir hervor die (nur in einer schlechten lateinischen Übersetzung erhaltene) gegen ALGHAZEL gerichtete Schrift ‹Destructio destructionis› und seine ‹Metaphysik›, beide verdeutscht und erläutert von M. Horten, Halle 1912 bzw. Bonn 1913.

Averroës ist durchaus *Aristoteliker*. Aristoteles ist ‹die Regel und das Muster, das die Natur erfand, um die höchste menschliche Vollendung zu zeigen›, er ‹ward uns durch die göttliche Vorsehung gegeben, damit wir wüßten, was zu wissen möglich ist›. So hält Averroës denn auch, trotz des fortgeschrittenen Naturwissens, durchaus an der durch die Neuplatoniker überlieferten aristotelischen Welt- und Naturauffassung fest. Über der unvollkommenen, wandelbaren ‹sublunarischen› Welt existiert eine höhere, unvergängliche über den

---

3 Er wird daher von den Scholastikern oft schlechtweg ‹der Kommentator› genannt, wie Aristoteles ‹der Philosoph›.

Sternen. Die Formen liegen als keimartige Substanzen von vornherein in der von Ewigkeit her vorhandenen Materie, aus der sie sich durch Einwirkung der höheren Formen (Intelligenzen), in letzter Linie Gottes, zur Wirklichkeit entwickeln. Die Seele des Einzelmenschen ist an seinen Körper (die Gehirnmitte) gebunden, daher sterblich; unsterblich dagegen der allen Menschen innewohnende Geist (= Vernunft), durch dessen Ausbildung sich der Mensch schon hienieden mit dem ‹tätigen Geiste› vereinigen kann. Ähnlich Abubaker und verschiedenen christlichen Scholastikern, lehrt auch Averroës, daß Philosophie und geoffenbarte Religion an sich nicht im Widerspruche miteinander stehen. Die letztere ist für eine große Menge und muß sich daher der Bilder bedienen; die Philosophie hat zu erklären und zu beweisen. Die würdigste Verehrung Gottes, der, weil vollkommen, auch bedürfnis- und willenlos ist, besteht in der wissenschaftlichen Erkenntnis seiner Werke.

Die philosophiegeschichtliche Bedeutung des Averroës beruht im wesentlichen darauf, daß er die Ergebnisse der arabisch-aristotelischen Philosophie als deren letzter hervorragender Vertreter zusammengefaßt und durch seine ins Lateinische übersetzten zahlreichen Schriften im gelehrten Abendlande, namentlich in Frankreich (Paris) und Italien, verbreitet hat. Dadurch, daß er die naturalistische Seite des Aristoteles (Ewigkeit der Welt, Wesenseinheit der Vernunft, Verzicht auf individuelle Unsterblichkeit) betonte, naturwissenschaftliche Kenntnisse verbreitete und für Aufklärung im Sinne der natürlichen Religion eintrat, wirkte er zersetzend auf die Scholastik; durch die scharfe Ausprägung seines aristotelischen Standpunktes trug er andererseits dazu bei, ihre Grundbegriffe zu befestigen. Auf seine Glaubensgenossen, deren Macht und geistiger Einfluß bald nach ihm zusammenbrachen, scheint er weniger nachhaltig gewirkt zu haben, wohl dagegen auf das Denken der in Spanien lebenden gebildeten Juden.

Jüdische Philosophie

Außer dem zu S. 71 erwähnten Buche von Munk vgl. AD. FRANCK, La Kabbale ou la philosophie religieuse des Hébreux. 1843, dtsch. v. AD. GELLINEK, Neudruck 1918. Ferner die Geschichten des Judentums von GRAETZ, GEIGER, KARPELES und M. BRAUN, sowie M. EISLER, Vorlesungen über die jüdischen Philosophen des MA. 1870—84. M. JOËL, Beiträge zur Geschichte d. Philos. 2 Bde., 1876. H. COHEN, Charakteristik der Ethik Maimunis. 1908. D. NEUMARK, Gesch. d. jüdischen Philos. des MA. nach Problemen. 1907 ff. GUTTMANN, Moses ben Maimon. 1908. MÜNZ, Moses ben M., sein Leben und seine Werke. 1912. Von Maimonides ‹Führer der Unschlüssigen› ist eine neue deutsche Übersetzung mit ausführlicher Einleitung von ADOLF

Weiss in drei Bänden der Philosoph. Bibliothek (Leipzig 1926 f) erschienen. F. Bamberger, Das System des Maimonides. 1935. — J. Husik, A History of Medieval Jewish Philosophy. 1918, Neuaufl. 1930. — G. Vajda, Introd. à la pensée juive du Moyen-âge. 1947. Ders., Jüd. Philosophie (= Bibliogr. Einf. i. d. Studium d. Philos. hrsg. v. Bochenski 19). 1950. E. Bertola, Salomon Ibn Gabirol. 1953. L. Baeck, Maimonides. 1954. G. Scholem, Ursprung u. Anfänge der Kabbala. 1962.

a) Kabbala

Schon lange vor ihrer Beeinflussung durch die arabisch-aristotelische Philosophie existierte bei den Juden eine phantastische Geheimlehre, die *Kabbala* (= Überlieferung), deren Keime bis in die vorchristliche Zeit hinaufreichten und deren ausgebildete Gestalt viele Ähnlichkeit mit den neuplatonisch-gnostischen Vorstellungen zeigt. Hier wie dort stufenweise absteigendes Hervorgehen des Geringeren aus dem Höheren, Lehre von den Engeln, an deren Stelle später bloße Attribute gesetzt werden, u. a. m. Die beiden Hauptquellen sind das alte Buch ‹des Schaffens› (Jezirah) — wahrscheinlich erst um 900 n. Chr. entstanden, aber dem Erzvater Abraham zugeschrieben — und das auf einen Schüler des berühmten Ben Akiba (2. Jh. n. Chr.) zurückgeführte, jedoch erst im 13. Jahrhundert verfaßte Buch ‹des Glanzes› (Sohar).

b) Ibn Gabirol

Zu dieser mystischen Geheimlehre (deren Grundprinzip die von Gott zuerst geschaffenen 10 Zahlen oder Formen und 22 Buchstaben sind) tritt nun die von den arabischen Aristotelikern beeinflußte jüdische Philosophie in Gegensatz. Schon Saadja aus Ägypten (um 892—942, † in Babylonien) hatte in seinem Hauptwerk ‹Vom Glauben und Wissen› die Vernunftgemäßheit der jüdischen Glaubenssätze zu beweisen gesucht. In Spanien ist der früheste Vertreter jüdischer Philosophie Salomon Ibn Gabirol (‹Sohn Gabriels›, 1020—1070), von den christlichen Scholastikern als Avicebron (oder Avencebrol) für einen Araber gehalten. Sein Hauptwerk, betitelt ‹Die Quelle des Lebens›, in hebräischer und lateinischer Bearbeitung erhalten — in letzterer in Baeumkers Beiträgen I, Heft 2—7, herausgegeben —, enthält eine Verschmelzung jüdischer mit aristotelischen, mehr aber noch neuplatonischen Lehren. Als Quelle des Lebens und zugleich als Mittelwesen zwischen Gott und den Menschen gilt ihm der *göttliche Wille,* der die Welt geschaffen hat und bewegt. Alles außer Gott Existierende ist Materie, körperliche oder geistige. Avicebrons

Lehre übte mehr Anziehungskraft und Einfluß auf die christlichen Scholastiker (besonders Duns Scotus, Kap. IV, 4) als auf die streng monotheistischen Juden und Araber aus. Dagegen hat die spätere Kabbala manches aus ihm aufgenommen. Seine Abhandlung ‹Verbesserung der Sitten› gehört dem Gebiete der Moral an. Eine gleichfalls ethische Schrift das BAHJA BEN JOSEPH (gegen 1100) entwirft ein Moralsystem, in dem die Herzenspflichten über die äußeren gestellt werden, die meisten jedoch sich auf Gott beziehen.

c) Moses Maimuni

Weitaus der bekannteste und einflußreichste der jüdischen Philosophen des Mittelalters ist MOSES MAIMUNI, latinisiert MAIMONIDES (1135—1204), ein Zeit- und Heimatgenosse des Averroës. Sein arabisch geschriebenes, ins Hebräische, Lateinische und Deutsche übersetztes philosophisches Hauptwerk ‹Leitung der Zweifelnden› oder ‹Führer der Unschlüssigen› will denen, die durch die Beschäftigung mit der Philosophie den Glauben verloren haben, zeigen, wie sie sich ihn auf wissenschaftlichem Wege wieder aneignen können. Der Sohn des Richters Maimun war anscheinend mehr kluger Vermittler als ursprünglicher Denker. Auf wissenschaftlichem Gebiet gilt ihm ARISTOTELES als der zuverlässige Führer, auf religiösem wird dessen Autorität durch die Offenbarung eingeschränkt; doch will er biblische Stellen, die der Vernunft widersprechen, allegorisch gedeutet wissen. Gott ist über alle Natur und Körperlichkeit erhaben, sein Wesen unerforschlich. In der Ethik legt M. besonderes Gewicht auf die Willensfreiheit und das Tun des Guten um seiner selbst willen. Das höchste Gute ist die Erkenntnis der Wahrheit. Die dianoëtischen Tugenden schätzt er demgemäß höher als die ethischen, gleich Aristoteles, mit dem er auch die richtige Mitte preist. Wegen seines *Rationalismus* von den orthodoxen Rabbinern vorübergehend heftig angegriffen, gewann er schließlich doch einen fast unbestrittenen und noch heute andauernden Einfluß auf seine Glaubensgenossen.

Als im 13. und 14. Jahrhundert die arabischen Aristoteliker von den Machthabern verfolgt wurden, ward ihre Lehre durch die freier gestellten spanischen Juden in Spanien und Südfrankreich verbreitet. Von den zahlreichen Übersetzern und Auslegern des Aristoteles und Averroës war der berühmteste LEVI GERSONIDES (1288—1344), der sich mit Averroës zu der Lehre von der Ewigkeit der Welt und dem Aufgehen der individuellen in die Weltseele bekannte. Dadurch, daß diese jüdischen Gelehrten die arabischen Übersetzungen des Aristoteles und die Schriften der arabischen Aristoteliker ins Lateinische übersetzten, wurde zuerst der ganze Aristoteles — wenn auch noch nicht im Urtext — den christlichen Scholastikern bekannt.

2. Der Umschwung der scholastischen Philosophie durch das Bekanntwerden des gesamten Aristoteles

Für die Geschichte des Eintritts des ganzen Aristoteles in den abendländischen Kulturkreis, dieses wichtigsten Vorgangs für die mittelalterliche Philosophie, war seinerzeit bahnbrechend: A JOURDAIN, Recherches critiques sur l'âge et l'origine des traductions latines d'Aristote. 1819. A. SCHNEIDER, D. abendländ. Spekulation des 12. Jh. in ihrem Verhältnis zur aristotelischen u. jüd.-arab. Philos. 1915. In der neueren Forschung wesentlich: M. GRABMANN, Forschungen über die lateinischen Aristotelesübers. d. 13. Jahrh. 1916. Jetzt grundlegende, wenn auch nicht vollständige Übersicht der Übertragungen von Werken des Aristoteles ins Lateinische, aber auch von lat. Übers. griech. Aristoteles-Kommentare in: Aristoteles Latinus (Rom 1939). Über Methoden und Hilfsmittel des Aristoteles-Studiums im Mittelalter: M. GRABMANN, S. B. Bayr. Ak., 1939. DERS., Die mittelalterlichen Kommentare zur Politik des Aristoteles. 1941. Zum Einwirken der aristotel. Logik vgl. M. GRABMANN, Die Sophismata-Literatur des 12. u. 13. Jahrhunderts. 1940. F. PELSTER, Neuere Forschungen über die Aristotelesübersetzungen des 12. u. 13. Jh. Gregorianum 30, 1949, 46 ff.

Zu *Dominicus Gundisalvi* vgl. L. BAURS Ausgabe und Untersuchung von dessen ‹De divisione philosophiae›, 1903 (BAURS Buch ist wesentlich für die mittelalterliche Wissenschaftsgeschichte überhaupt und insbesondere für die Geschichte der philosophischen Einleitungen von Boethius und Isidor bis zu Aegidius von Rom).

Zur *Pariser Universität* vgl. P. GLORIEUX, Repertoire des maîtres en théologie de Paris au XIIIe siècle I/II. Paris 1933. M. GRABMANN, Das Studium der aristotelischen Ethik in der Artistenfakultät der Pariser Universität in der ersten Hälfte des 13. Jahrhunderts. Philos. Jahrb. d. Görres-Ges. 1940, 329 ff. DERS., I Papi del Ducento e l'aristotelismo. 2 Bde., 1941–46. F. VAN STEENBERGHEN, Aristote en Occident. Les origines de l'aristotélisme parisien. 1946. — Im einzelnen ferner: BAUMGARTNER, Die Erkenntnislehre des Wilhelm von Auvergne. 1893. A. MASNOVO, Da Guglielmo d'Auvergne a S. Tommaso d'Aquino. 3 Bde., ²1945 f. C. OTTAVIANI, G. d'Auxerre. Rom o. J. P. LACKAS, Die Ethik des W. v. Auxerre. 1939.

Zur *Oxforder Schule:* D. E. SHARP, Franciscan Philosophy at Oxford in the thirteenth century, 1930 (insbesondere über die Lehre von Form und Stoff). LITTLE-PELSTER, Oxford Theology and Theologians. 1934. — *Zu Robert Grosseteste:* Kritische Ausgabe der philosophisch-naturw. Werke durch L. BAUR (1912). DERS., Die Philosophie des R. G. 1916. Seitdem verstärkte Forschung. Auf die umfassende Übersetzertätigkeit R. G.s haben erst neuere Untersuchungen hingewiesen, insbesondere FRANCESCHINI, R. G. Venezia 1933. Wichtige Neuausgabe des ‹Didaskalion› durch CH. H. BUTTIMER. 1939. Als Ergebnis handschriftlicher Forschungen legte vor S. H.

THOMSEN, The Writings of R. G. 1940. D. A. CALLUS, The Summa theologiae of Rob. Grosseteste. Studies in Med. History presented to F. M. Powicke, 1948, 180 ff. A. C. Crombie, Rob. Grosseteste and the origins of experimental science. 1953. D. A. Callus u. a., Rob. Grosseteste, scholar and bishop. 1955.

H. FELDER, Gesch. d. wissenschaftl. Studien im Franziskanerorden. 1904. — G. THÉRY, L'Augustinisme médiéval et le problème de l'unité de la forme substantielle. Rom 1931 (Zum Verhältnis von Augustinismus und Aristotelismus im 13. Jahrh.).

Alexander von Hales, Summa universae theologiae. Neuausg. durch die Franziskaner von Quaracchi, 1924—48 (4Bde.). E. SCHLENKER, Die Lehre von den göttlichen Namen in der Summe Alexanders von Hales. 1938 (zeigt zugleich die Bedeutung des Problems theol. Terminologie in der Scholastik).

Bonaventuras Werke ebenfalls in der Ausgabe von Quaracchi, 1892/1902. Gesamtdarstellung E. GILSON, La philosophie de S. B. 1924, deutsch 1929, ² 1960. Einzelthemen; K. CIESCHÉ, Die Naturlehre B.'s Philos. Jb., 1908, 56 ff, 156 ff. E. LUTZ, Die Psychologie B.'s. 1909. DERS., Die Ästhetik B.'s. Festgabe für Baeumker, 1916, 195 ff. Ebenda 217—239; L. BAUR, Die Lehre vom Naturrecht bei B. B. A. LUYCKX, Die Erkenntnislehre B.'s. 1923. E. LONGPRÉ, La théologie mystique de B. Arch. Franç. Hist., 1921, 36—108. DERS., Art. Bonaventure DHGE 9, 1937, 741 ff (grundlegend). B. ROSENMÖLLER, Religiöse Erkenntnis nach B. 1925. CH. NÖLKENMEYER, Ethische Grundfragen bei B. 1933. F. HOHMANN, B. und das existentielle Sein des Menschen. 1935. S. V. ROVIGHI, L'immortalità dell'anima nei maestri francescani de secolo XIII. 1936 (insbesondere über Bonaventura). E. SAUER, Die relig. Wertung der Welt in Bonaventuras Itinerarium Mentis in Deum. 1937. F. IMLE, D. geistl. Leben nach der Lehre des hl. B. 1939. M. DE BENEDICTIS, The Social Thought of S. B. 1946. Z. ALSZEGHY, Grundformen der Liebe. D. Theorie der Gottesliebe b. dem hl. B. 1946. R. PRENTICE, The psychology of love according to St. Bon. 1951. E. J. M. SPARGÓ, The category of the aesthetic in the philos. of S. Bon. 1953. J. RATZINGER, D. Geschichtstheologie des hl. B. 1959. W. RAUCH, Das Buch Gottes, eine system. Unters. des Buchbegriffes b. Bon. 1961. J. G. BOUGEROL, Introduction à l'étude de S. Bonaventure. 1961 (mit ausgez. Bibliogr.). Itinerarium mentis in Deum u. De reductione artium ad theologiam übers. u. erl. v. J. KAUP. 1961.

War der stärkere Anschluß der Kirchenlehre an die Philosophie des Aristoteles schon durch die Vermittlung der arabischen und jüdischen Philosophen gefördert worden, zumal als nach dem Fall Toledos (1085) die reichen Schätze arabischer Wissenschaft in die Hände der Christen gefallen waren, so wurde diese Bewegung noch gestärkt, seitdem im Laufe des 13. Jahrhunderts der griechische Urtext von Konstantinopel her bekannt und ins Lateinische übersetzt wurde, aus dem man nun die wahre Lehre des Stagiriten erst kennenlernte (wichtig für die unmittelbare Übertragung aus dem Griechischen ins Lateinische die Übersetzerschule in Sizilien). In dieselbe Zeit fällt als Höhepunkt der päpstlichen Macht das Laterankonzil unter Papst Innocenz III. (1215).

An Aristoteles knüpfte die Scholastik zwar zunächst zögernd, dann aber um so lieber an, als sie erkannte, daß aus ihm eine wertvolle Stütze des eigenen Systems zu gewinnen war. Die erste vorauseilende systematische Fruchtbarmachung des Aristoteles aus vollständiger Kenntnis der überlieferten Werke erfolgte bereits um 1150 durch DOMINICUS GUNDISALVI, den Archidiakon von Segovia, der zur spanischen Übersetzergruppe in Toledo gehörte. Eine bedeutende Förderung erfuhr der wissenschaftliche Betrieb durch die um 1200 erfolgte Gründung der ersten *Universitäten*: Paris und Oxford, denen sich Salamanca, Padua, Neapel und Cambridge anreihten. In den Statuten der ersten (1215) wird zwar nur das Studium der ‹neuen›, d. i. neuentdeckten Logik des Aristoteles (die beiden ‹Analytiken›, die ‹Topik› und ‹Sophistik›) neben der ‹alten› (Überlieferung des Boethius: insbesondere ‹Kategorien› und ‹Peri hermeneias›) erlaubt, dagegen das der Metaphysik und Naturphilosophie noch verboten, allein ein Menschenalter später auch dieses gestattet, nachdem man sie von den als ketzerisch geltenden neuplatonischen und averroistischen Auslegungen gereinigt hatte. Aristoteles erlangte bald eine so ungemessene Autorität, daß er als eine Art zweiter Johannes der Täufer, nämlich als Vorläufer ‹Christi in naturalibus›, ferner als ‹Norm der Wahrheit›, als die ‹geschriebene Vernunft›, ja häufig als ‹der Philosoph› schlechthin bezeichnet wurde.

Eine wichtige Rolle in der Aufnahme des aristotelischen Gedankenguts spielte die Artistenfakultät der Pariser Universität. Wir sehen das Eindringen des neuen Materials bei WILHELM VON AUXERRE († 1231), bekannt durch die einflußreiche ‹Summa aurea›, bei PHILIPPUS GREVIUS († 1236) in seiner ‹Summa de bono› und bei WILHELM VON AUVERGNE († 1249 als Bischof und Theologielehrer in Paris), dem Aristoteles der Führer für ‹alles unter der Mondsphäre› ist (Hauptwerk: ‹De universo›).

Naturphilosophie der Schule von Oxford

Noch früher aber wurde die arabisch-peripatetische Lehre durch Naturwissenschaft und Naturphilosophie in England fruchtbar gemacht. Die frühesten Vertreter waren: ALEXANDER NECKHAM († 1217), ALFREDUS ANGLICUS (ALFRED VON SARESHEL), der eine psychologisch-physiologische Schrift ‹De motu cordis› verfaßte (vor 1217) und wohl als erster den wichtigen Schritt von der platonischen zur aristotelischen Psychologie wagt, ferner MICHAEL SCOTTUS, später Hofastrologe von Kaiser Friedrich II. († etwa 1234), und ADAM VON BOCFELD. Der bedeutendste dieser überwiegend naturwissenschaftlich gerichteten Denker aber war ROBERT GROSSETESTE (1175–1253), Lehrer und Kanzler an der Universität Oxford, die das Zentrum der neuen Bestrebungen in England war. Er hatte in Paris Alexander von Hales und Albertus Magnus gehört. Er schrieb Kommentare zur aristotelischen ‹Logik› und ‹Physik› und übersetzte die ‹Nikomachische Ethik›. Umfassend war seine systematische Arbeit und Schriftstellerei. Kaum ein naturwissenschaftliches Gebiet gab es, das er nicht literarisch behandelt hätte. Dabei sucht er die Lehren der Tradition in ihrer ganzen Breite aufzunehmen (Aristoteles, Augustin, arabischen Neuplatonismus), gleichzeitig aber in eigenen Untersuchungen und Experimenten neue Wege zu finden. Auf der Grundlage einer Metaphysik des Lichts entwickelt er eine Kosmologie, die die Welt und ihre Entstehung mathematisch-physikalisch begreiflich machen soll. Die Raum- und Körperlehre wird zur Lichtlehre, die Physik zur Optik. Diese Lichttheorie ist für die ganze Franziskanerschule maßgebend geworden, für die er selbst in Oxford unmittelbar geistig den Weg bahnte.

Die Franziskaner Alexander von Hales und Bonaventura

Das berührt zugleich einen anderen wichtigen Punkt des Aufblühens des damaligen geistigen Lebens: den auch auf die philosophische und wissenschaftliche Forschung übergreifenden Wetteifer der beiden eben jetzt gegründeten neuen Bettelorden der Franziskaner und Dominikaner. Freilich, die Franziskaner sind im wesentlichen die Träger der augustinischen Tradition, oft in ausdrücklichem Gegensatz zur aristotelischen Lehrentwicklung der Dominikaner. Aber sie verschlossen sich nicht dem aristotelischen Gedankengut, das sie insbesondere in Verbindung mit neuplatonischen Ideen auch in ihre Denkarbeit und Systematik hineinzogen. Eröffnet wird diese augustinische Richtung durch den von seinen Schülern als Theologorum monarcha und ‹unwiderleglicher Doctor› (Dr. irrefragabilis) gepriesenen englischen Franziskaner ALEXANDER VON HALES († in Paris 1245). Sein erst von seinen Schülern ganz vollendetes uns erhaltenes Hauptwerk ist die ‹Summa universae theologiae›. In diesem nach Roger Bacons spöttischem Wort ‹mehr als ein Pferdegewicht› ausmachenden Riesenwerk, das an Inhaltsreichtum und systematischer Durchgliederung alle bisherigen theologischen Werke übertraf, wird die in Unterricht und schriftstellerischer Tätigkeit übliche scholastische Methode mit Virtuosität ausgeübt, d. h. es wird zunächst eine einem vorliegenden Text entnommene theologische Frage aufgeworfen, dann werden die möglichen bejahenden bzw. verneinenden Antworten — sei es als ‹auctoritates› (Bibelsprüche oder Aussprüche berühmter Kirchenväter), oder als ‹rationes› (Lehren der antiken oder arabisch-jüdischen Philosophen, insbesondere *des* philosophus) — angeführt (Abaelards Methode des *sic et non*), schließlich wird die Entscheidung, sei es mit, sei es ohne Vorbehalt und ‹Distinktionen›, gegeben. So behandelt Alexander in seinen vier Büchern mehr als 440 *quaestiones* (Fragen), deren jede wieder in verschiedene ‹Glieder› und ‹Artikel› zerfällt. Der Inhalt ist rein theologisch: Buch I handelt von dem Schöpfer, II von der Schöpfung, III von dem Erlöser und seinem Erlösungswerk, IV von den Heilsmitteln der Kirche. Das Eigene und Neue Alexanders besteht in der Verarbeitung der aristotelisch-arabischen Literatur, insbesondere in der Berücksichtigung des gesamten Aristoteles. Freilich der Kern bleibt augustinisch. In der Universalienfrage herrscht der Realismus der Platoniker. Alexanders Schüler und Nachfolger, JOHANNES DE RUPELLA (1200—1245), steht, ihm ähnlich, auf augustinisch-neuplatonischer Grundlage, um andererseits zugleich noch stärker aristotelische Lehren, insbesondere die Abstraktionstheorie (wenigstens für die niederen Erkenntnisstufen) aufzunehmen.

Der bedeutendste Schüler des Alexander von Hales und die hervorragendste Persönlichkeit der alten Franziskanerschule aber war der Italiener JOHANNES FIDANZA, genannt BONAVENTURA, verehrt als ‹Doctor Seraphicus› (1221—1274). Er war Scholastiker und Mystiker zugleich und verknüpfte harmonisch die neuen aristotelischen Anregungen mit der augustinisch-mystischen Tradition, die in ihm ihren Höhepunkt erreichte und aus der er auch die Lichtmetaphysik und Erleuchtungslehre übernahm. Zwar ist auch ihm in Weltdingen Aristoteles Führer; aber das ‹niedere› Licht der fünf Sinne, das ‹äußere› der mechanischen Künste, das ‹innere› der Philosophie sind alles nur Vorstufen und Hinweise auf das ‹höhere› Licht der göttlichen Erleuchtung. Am bezeichnendsten für seine vielfach an Augustin, die Viktoriner (Kap. III, 4 b) und den Areopagiten sich anlehnende Mystik ist sein ‹Wegweiser des Geistes zu Gott›, in dem drei Stufen der Theologie (symbolische, eigentliche und mystische) und sechs Stufen der Erkenntnis (Sinne, Einbildungskraft, Vernunft oder Verstand, Intellekt, Geist und zuletzt der *apex mentis*, die Vereinigung mit dem himmlischen Seelenbräutigam) unterschieden werden.

Dem aus Lehrer und Schüler bestehenden Doppelgestirn der Franziskaner, Alexander von Hales und Bonaventura, steht ein ebensolches bei den Dominikanern gegenüber: ALBERTUS MAGNUS und THOMAS VON AQUINO.

3. Verschmelzung von Aristotelismus und Kirchenlehre: die Dominikaner Albertus Magnus und Thomas von Aquino (Primat des Intellekts) und ihre Anhänger

Die Lehre dieser beiden Dominikanermönche bezeichnet nicht bloß die Höhe scholastischen Denkens, sondern beherrscht auch heute noch in der ausgebildeteren Gestalt, die ihr der Aquinate verlieh, die offizielle Philosophie der katholischen Kirche.

Alberts des Großen lange unterschätzte Bedeutung wird heute allgemein anerkannt, sowohl für die Naturforschung (hier schon, seit JESSEN Alberts Botanik 1867 und STADLER Alberts Tiergeschichte 1916 für uns zugänglich gemacht haben) wie für die Philosophie, obgleich seine philosophische Leistung noch weiterer Erhellung bedarf. — Alte Ausgabe von JAMMY (1651 im Neuabdruck v. BORGNET, 38 Bde., 1890—99). Übersicht über das von der neuen krit. Gesamtausg. des Albertus-Magnus-Instituts, Bonn, bisher Erschienene: Tusculum-Lexikon (1963) 18; vieles noch ungedruckt. M. GRABMANN, Drei ungedruckte Teile der Summa de creaturis Alb. d. Großen. 1919. Zur Aristoteles-Rezeption vgl. W. KÜBEL, Die lateinischen Metaphysikübersetzungen in den Frühwerken Alb. d. Gr. Diss. Bonn, 1933. *Zur Biographie:* PELSTER, Studien aus Leben und zu den Schriften Alb. d. Gr. 1920. SCHEEBEN, Alb. d. Gr. zur Chronologie seines Lebens. 1931. DERS., Alb. d. Gr. 1932. DERS., Albertus Magnus. 1955. — *Allgemeine Literatur:* G. v. HERTLING, Alb. Magnus. 1914. M. GRABMANN, Der Einfluß Alb. d. Gr. auf das mittelalterliche Geistesleben. In: Mittelalterliches Geistesleben II, 325—412 (1926). F. STRUNZ, Alb. Magnus. Weisheit und Naturforschung im Mittelalter. 1926. H. WILMS, Alb. d. Gr. 1930. M. GRABMANN, Der hl. Alb. d. Gr. 1932 (Rede). v. RINTELEN, Alb. d. Deutsche und wir. 1935. S. DESANZI, Alberto Magno. 1947. — Als Führer durch das Schrifttum des Albertus geeignet: G. MEERSEMANN, Introductio in opera omnia B. Alb. Magni. 1931. Die philosophische und systematische Arbeit Alberts zeigen: A. SCHNEIDER, Die Psychologie Alb. d. Gr. 1903—06. J. GOERGEN, Des Alb. Magnus Lehre von der göttlichen Vorsehung und dem Fatum. 1932. K. SCHMIEDER, Alb. d. Gr., Lehre vom natürlichen Gottesgewissen. 1932. G. C. REILLY, The Psychol. of Alb. the Great. Washington 1934 (im Vergleich mit Thomas). U. DÄHNERT, Die Erkenntnislehre des Alb. Magnus. 1934. J. BONNÉ, Die Erkenntnislehre Alb. d. Gr. mit besonderer Berücksichtigung des arabischen Neuplatonismus. Diss. Bonn 1935. M. WENGEL, Die Lehre von den Keimkräften bei Albert. Diss. Würzburg 1936. F. HABERL, Die Inkarnationslehre des Alb. Magnus. 1939. H. NEUFELD, Zum Problem des Verhältnisses der theol. Summa Alb. d. Gr. zur theol. Summa Alexander von Hales. Franz. Studien 1940, 22—56, 65—88. A. HUFNAGEL, Die Wahrheit als philosophisch-theologisches Problem bei Alb. d. Deutschen. 1940. O. SIEDLER, Intellektualismus und Voluntarismus bei Alb. Magnus. 1941 (mit gutem Lit.-Verz.). E. GILSON, L'âme raisonnable chez Albert le Grand. AHDL 14, 1943/45, 5 ff. A. WALZ u. A. PELZER, Bibliographia S. Alberti Magni indagatoris rerum naturalium. Anglicum 21, 1944, 13 ff. Studia Albertina, Festschr. f. B. Geyer. 1952. — H. BALSS,

Alb. Magnus als Biologe. 1947. – G. MEERSEMAN, Gesch. d. Albertismus. Rom 1935. – Zu *Witelo* u. d. Neuplatonismus der deutschen Hochscholastik vgl. BAEUMKER, Witelo 1908. A. BIRKENMAIER, Etudes sur Witelo, Bull. de l'Acad. Krakau 1918/22.

Während entsprechend der Forschungslage für Albertus eine umfassende Gesamtdarstellung noch fehlt, gibt es für *Thomas*, dessen Bedeutung seit langem unbestritten ist, zahlreiche und bedeutende solcher Art, die zugleich (bei dem unübersehbar reichen Schrifttum über ihn) erlauben, auf die Nennung von Einzeluntersuchungen zu verzichten. Es können überhaupt nur einige der wichtigsten oder zur Einführung geeignetsten Werke genannt werden: E. ROLFES, Die Philos. d. Th. v. A. Philos. Bibl. 1920. M. GRABMANN, Einf. in die Summa. 1920. DERS., Kulturphilos. d. Th. v. A. 1925. A. DEMPF, Die Hauptform mittelalt. Weltansch. Studie ü. d. Summa. 1925. HESSEN, Die Weltansch. d. Th. v. A. 1926. SERTILLANGES, ST., Th. v. A. 3 Bde., 1910–15, dtsch. v. GROSCHE, 1928. O. SCHILLING, Die Staats- und Soziallehre des hl. Th. v. A. 2. Aufl. 1930. M. GRABMANN, Die Werke des Th. v. A. 1931. M. DE WULF, Initiation à la philos. thom. 1932. M. WITTMANN, Die Ethik des hl. Th. v. A. 1933. G. M. MANSER, Das Wesen des Thomismus. 2. Aufl., 1935. H. MEYER, Th. v. A., System u. geistesgesch. Stellung. 1938, ² 1961. MARITAIN, Th. v. A. 1938. SIEWERTH, Der Thomismus als Identitätssystem. 1939. K. RAHNER, Geist in Welt. Zur Metaph. d. endl. Erk. bei Th. 1939, ² 1957. GILSON, Le Thomisme. ⁵ 1948. MENNESSIER, St. Th. d'A. Paris 1942. M. GRABMANN, Th. v. A. 7 1946. J. PIEPER, Philosophia negativa, 2 Versuche über Th. v. A. 1953. DERS., Einführung zu Th. v. A. 1958. M. D. CHENU, D. Werk des hl. Thomas v. Aquin. 1960 (frz. Ausg. 1954). Speziell dem Thomas-Studium dienen das ‹Jahrbuch für Philosophie und spekulative Theologie› (von COMMER) und die zu Freiburg (Schweiz) erscheinenden ‹Revue thomiste› und ‹Divus Thomas›. Unentbehrlich das ‹Bulletin Thomiste›, ed. DESTREZ, 1924 f. Eine Übersicht über die Hauptpunkte der Lehre u. d. Terminologie in 2. Aufl. des ‹Thomas-Lexikons› von L. SCHÜTZ (Paderborn 1895). Nachdr. 1949. *Ausgaben:* Die Werke des Thomas sind häufig gedruckt worden, zuerst zu Rom, 1570 ff in 18 Foliobänden, dann 1594 f, 1612 f, 1636 f u. s. f. Große kritische Ausgabe (auf Veranlassung Papst Leos XIII.) die ‹Editio Leonina› des Dominikanerordens, Rom und Freiburg 1882–1948. Große deutsche Thomasausgabe des kath. Akademikerverbandes, lat. u. deutsch mit Kommentar (ed. SIEMES u. CHRISTMANN O. P.) 1933–1962 (36 Bde.). Daneben noch zahlreiche Ausgaben der Einzelschriften; ‹Opuscula omnia› von MANDONNET (Paris 1927), ‹De ente et essentia› von L. BAUR (1926), ‹Untersuchungen über die Wahrheit› (quaest. disputat. de veritate), deutsch von E. STEIN, 1931, ‹Über das Sein und das Wesen› (de ente et essentia), dt.-lat. Ausgabe v. R. ALLERS, 1959 (Fischer-B. Bd. 293). Thomas-Brevier, lat.-dt. v. J. PIEPER. 1956. Compendium theologiae, dt.-lat. v. H. L. FÄH, 1963 u. a. Eine Auswahl aus den metaphysischen und theologischen Stücken gibt E. ROLFES (Philos. Bibl. Bd. 100), eine aus der Moral MAUSBACH (Münster 1920). Ausg. der Kommentare des Thomas zu Aristoteles ‹Von der Seele› u. ‹Nikomachische Ethik› v. PIROTTA, 1929, 1934. Auswahl aus der ‹Summa Theologica›, übers. v. J. BERNHART, 1935 f. Übers. der ‹Summa contra Gentiles› von NACHHOLD u. P. STERN, 1935; in 6 Bdn. mit Einl., Übers. usw. v. H. FAHSEL (Zürich 1942).

Neuere bibliograph. Hilfsmittel: Bibliogr. Einf. i. d. Studium d. Philos. hrsg. v. I. M. BOCHENSKI 13/14: P. WYSER, Thomas v. Aquin. 1950; 15/16: Der Thomismus. 1951. Bibliographie thomiste, par P. MANDONNET et J. DESTREZ, 2e éd. rev. et completé par M.-D. CHENU. 1960.

Zu Moerbeke, dem Freund des Thomas und Aristotelesübersetzer, vgl. M. GRABMANN, Guglielmo di Moerbeke, il traduttore delle opera di Aristotele. Rom 1946.

Albert der Große

ALBERT VON BOLLSTÄDT, geboren 1193 (wahrscheinlicher als das lange angenommene Jahr 1206) zu Lauingen in Schwaben, studierte in Padua Philosophie und Medizin, wurde 1223 Dominikaner, 1254 Ordensprovinzial für Deutschland, lehrte vor allem in Köln, wo er das Studium generale organisierte, ward aber als berühmter Lehrer der Philosophie von seinem Orden auch nach vielen anderen Orten, namentlich nach Paris, geschickt. Gestorben ist er 1280 in Köln. Seine für die damalige Zeit ungewöhnlichen Kenntnisse auf allen Gebieten des Wissens, der Philosophie wie der Theologie, der Exegese wie vor allem der Naturwissenschaft, ließen ihn seinen Zeitgenossen als den ‹Großen› erscheinen und brachten ihm die Benennung ‹Dr. universalis› ein. Eine wesentliche Leistung für den Fortgang der Philosophie besteht bereits darin, daß er am umfassendsten, erfolgreichsten und produktivsten dem scholastischen Denken die aristotelische Wendung gab. Die philosophischen unter seinen zahlreiche Folianten — in der Ausgabe von Borgnet (Paris 1890—99) 38 Quartbände — füllenden Schriften bestehen denn auch zum großen Teil aus erweiternden und ergänzenden Paraphrasen aristotelischer Schriften, unter Benutzung der arabisch-jüdischen Kommentatoren und Übersetzer, besonders des Avicenna und Maimonides. Doch darf nicht übersehen werden, 1. daß Albertus Eigenes geleistet hat, vor allem auf dem Gebiet der Botanik und Zoologie, wo er sich als hervorragender Beobachter erwiesen hat, 2. daß er über Aristoteles hinaus das überkommene geistige Erbe in seiner ganzen Breite verarbeitet hat, bestrebt, jedes Gebiet in der ihm eigenen Problematik zu begreifen. Charakteristisch ist ein Wort von ihm: In natürlichen Dingen wolle er dem Aristoteles folgen, in Glaubenssachen mehr dem Augustin, in medizinischen dem Galen und Hippokrates. Philosophische Fragen sollen philosophisch, theologische dagegen wie die der Dreieinigkeit, der Menschwerdung, der Schöpfung und Auferstehung, die von dem natürlichen Verstande nicht erfaßt werden können, sollen theologisch behandelt werden. So tritt schon bei Albert die später wichtig gewordene Unterscheidung zwischen *natürlicher* (philosophischer) und *theologischer* Erkenntnis hervor.

Doch ist dabei sein Ziel, beides harmonisch zu verbinden. Es ist *eine* große Ordnung, die alles Seiende in der hierarchischen Einheit von Natur und Übernatur verknüpft und aus der nichts herausfällt, auch der Mensch nicht mit seinem Denken und Wollen. Wie stark Albert sich gerade neuplatonischen Einwirkungen geöffnet hat, zeigen seine mystischen Gedankengänge. Freilich soll die ihm früher zugeschriebene Schrift ‹De adhaerendo Deo› nach M. Grabmanns Untersuchungen ein Werk des bayrischen Benediktinermönchs JOH. VON KASTL (etwa 1410) sein (noch umstritten). Der Neuplatonismus kam noch stärker und entschiedener bei seinem Schüler ULRICH ENGELBERT VON STRASSBURG zum Ausdruck, der 1248–1254 bei ihm gehört hat und von dem eine große, unvollendet gebliebene Summe mit dem Titel ‹De summo bono› erhalten ist. — Vom Neuplatonismus her empfing auch der Schlesier WITELO, bekannt durch seine ‹Perspectiva› (um 1270), Impulse.

Den Aristotelismus machte dagegen zur Grundlage der bedeutendste Schüler Alberts

Thomas von Aquino

Er hat den Lehren der Scholastik mit unübertroffener Systematik und architektonischer Kunst ihre klassische Form gegeben.

Leben. Als Sohn eines Grafen auf dem Bergschlosse Roccasicca in der Nähe von Aquino im Neapolitanischen 1225 oder 1227 geboren, wurde Thomas von seinen Eltern schon als fünfjähriger Knabe in das nahe gelegene Kloster Montecassino gebracht und trat 1243 gegen den Willen seiner Familie in den Bettelorden der Dominikaner ein, wo er in das Studium des Aristoteles eingeführt ward. Er wurde bald der Lieblingsschüler Alberts, den er in Paris und Köln hörte. Unter immer stärker wachsendem Ansehen trat er dann 1252 selbst zu Paris, Köln, Bologna, Rom und Neapel als Lehrer auf. Er starb schon 1274, als er eben seine Reise von Neapel zum Konzil von Lyon angetreten hatte. Von der Kirche wurde er früh als ‹Dr. egregius›, ‹Dr. communis›, seit dem 15. Jh. häufiger als ‹Dr. angelicus› gepriesen und schon 1323 heiliggesprochen.

Schriften. Seine Schriften lassen sich in vier Gruppen einteilen: 1. Kommentare zu Aristoteles (die lateinischen Übersetzungen ließ er sich durch seinen Freund WILHELM VON MOERBEKE herstellen), 2. sein philosophisches Hauptwerk ‹Summa de veritate fidei catholicae contra Gentiles› (die Heiden), gewöhnlich als *Summa contra Gentiles* zitiert, in vier Bücher und nach scholastischer Methode (Kap. IV, 2) in 464 Kapitel eingeteilt, 3. die beiden theologischen Hauptwerke: der Kommentar zu den Sentenzen des Petrus Lombardus und die (unvollendete) ‹Summa theologica› oder ‹theologiae›,

4. die ‹Quaestiones disputatae› und ‹quodlibetales› (auf Disputationen zurückgehende Darstellungen von Grundproblemen) und eine Anzahl kleinerer Einzelabhandlungen (‹opuscula›); unter ihnen ‹de ente et essentia› (1252; in nuce seine philosophische Grundposition zeigend), die ‹Quaestiones disputatae de veritate› (1256/59), ‹De unitate intellectus contra Averroistas› (1270; gegen SIGER).

Lehre. Schon in dem Titel des philosophischen Hauptwerkes liegt sein Grundcharakter beschlossen. Es ist eine ‹Verteidigung des katholischen Glaubens wider die Heiden›, d. h. vor allem gegen die arabischen Aristoteliker, von den Griechen namentlich gegen Demokrit, Empedokles und Anaxagoras und zugleich eine ‹Summa›, d. h. Inbegriff des autoritativen Glaubens, deshalb zwar keine geistige Neuschöpfung, wohl aber eine geistige Neugestaltung aus der Kraft einer großen Kombinations- und Systematisierungsgabe.

a) Das Verhältnis von *Theologie* und *Philosophie*. Das Charakteristische und in gewissem Sinne Großartige des schon von Albert vorbereiteten thomistischen Denkens besteht darin, daß die aus Aristoteles geschöpfte antike Gedankenwelt nicht bloß bewußt, sondern auch methodisch in diejenige der Kirche eingeordnet und so ein in seiner Art eindrucksvolles System aufgebaut wird. Die natürliche Vernunft (*lumen naturale*) wird nicht verworfen, sondern, was durch sie als unumstößlich erkannt ist, hat Geltung auch für die Theologie. Der Glaube ruht auf dem Wissen als seiner natürlichen Grundlage. Aber die von der Vernunft bewiesenen ‹Wahrheiten› der natürlichen Theologie, z. B. der Gottesgedanke, bilden nur die ‹Vorhalle des Glaubens› (*praeambula fidei*), z. B. an die Dreieinigkeit. Wo uns ‹das natürliche Licht› im Stiche läßt, hat die Offenbarung einzutreten. Die göttliche Autorität steht so hoch über der menschlichen Vernunft wie die Erkenntnis eines philosophischen Denkers über den schwachen Geisteskräften eines Knaben. So kann z. B. auch die Vernunft zwar eine Reihe von Beweisen für das Dasein Gottes auffinden (Schluß von dem Bewegten auf den Beweger, von der Zweckmäßigkeit der Welt auf ihren Schöpfer u. a.), dagegen nicht für die Mysterien der Dreieinigkeit, des Jüngsten Gerichts, der Sakramente, des Fegefeuers usw. Hier kann sie nur helfend hinzutreten, durch Analogien erläuternd, gegnerische Einwürfe widerlegend, denn diese Offenbarungslehren sind nicht *wider-*, sondern nur *über*-vernünftig. Vernunftbeweise können auf diesem Gebiete nur dann beweisend sein, wenn man von vornherein das Offenbarungsprinzip und die Offenbarungsurkunden anerkennt, wozu uns ein innerer Zug und die äußere und innere Wunderkraft des Christentums unwiderstehlich treiben. Hauptbeweismittel sind denn auch für ihn Wunder und Weissagungen. So ist schließlich alle menschliche Wissenschaft doch nur eine Magd der Theologie, die *Natur* eine Vorläuferin (*praeam-*

bula) der *Gnade*. Aber die Gnade hebt die Natur nicht auf, sondern vollendet sie. Die von unten aufsteigende Vernunft und die von oben kommende Offenbarung finden sich zu einem harmonischen Ganzen zusammen. Deshalb kann Thomas den gesamten weltlichen Lebenskreis, soweit er sich dem Christentum anpassen läßt, als Vorstufe zu dem Gebiet der Offenbarung anerkennen und seinem System einfügen.

b) *Erkenntnislehre, Metaphysik* und *Psychologie*. Nicht bloß des Aristoteles gesamte Logik kann als unschädlich der Kirchenlehre einverleibt werden, sondern auch fast die ganze Psychologie und Ethik, ja mit gewissen Modifikationen auch die Metaphysik und Erkenntnislehre. Eine eigentliche Erkenntniskritik ist dagegen nicht Sache des Thomas. Denn die Wahrheit ist ihm nicht, wie dem Augustin, zum immer neu beunruhigenden Problem geworden, sondern steht ihm von vornherein fest. Das darf nicht nur in einseitig theologisch-dogmatischem Sinne verstanden werden. Denn der Inhalt der Erkenntnis stammt für Thomas zunächst aus der natürlichen Erfahrung. Der menschliche Verstand verhält sich ihr gegenüber zunächst rein passiv; er nimmt von ihr Sinnenbilder auf, um sie zu verarbeiten und aus ihnen Allgemeinbegriffe zu bilden. Erkennen ist also geistiges Nachbilden der Gegenstände, nach denen es sich richtet (mit Aristoteles, im Gegensatz zu Kant). Die Übereinstimmung von Denken und Sein macht ihm — also ganz metaphysisch — die Wahrheit aus. — Mit Aristoteles legt Thomas auch das größte Gewicht auf die Unterscheidung von *Materie* und *Form*. Das Prinzip der ‹Individuation› der Einzeldinge liegt darin, daß die Materie durch die Formen bestimmt wird (*materia signata*), von den ersten, Raum und Zeit, die dem Stoff untrennbar anhaften (materielle Formen), bis zu den Intelligenzen oder stofflosen, ‹abgesonderten› Formen, deren höchste, schlechthin einfache die Gottheit ist, die Ursache (*causa efficiens*) der von ihr aus dem Nichts hervorgerufenen Welt und ihr Endzweck (*causa finalis*). Daraus folgt Thomas' Stellung zu dem Universalienproblem in dem Sinne des gemäßigten Realismus. — Wesentlich ist für Thomas auch die Unterscheidung von Wesen, Essenz (*was* etwas wesenhaft ist) und Dasein, Existenz (*daß* es ist). Sie stehen im Verhältnis von Potenz (Möglichkeit) und Actus (Verwirklichung) zueinander. Während bei Gott Wesenheit und Dasein zusammenfallen, kommt bei endlichen Dingen das Dasein erst zum Wesen hinzu: sie werden geschaffen. — Die menschliche *Seele* ist (nach Aristoteles) zugleich die niedrigste der ‹abgesonderten› Formen und die Entelechie des Leibes, also gewissermaßen die oberste materielle Form. Die Einteilung der Seelenkräfte und -tätigkeiten ist dem Aristoteles entnommen; dagegen wird, unter scharfer Bekämpfung des Averroës, die Unsterblichkeit der Seele (nicht bloß des Geistes) im christlichen Sinne gelehrt; sie folgt im wesentlichen aus ihrer Nichtstofflichkeit. Es existiert eine stetige Entwicklungsreihe von den niedrigsten Daseinsformen über das pflanzliche (*anima vegetativa*) und tierische (*a. sensitiva*) Leben hinauf zu der vernünftigen (*a. rationalis*) Seele des Menschen und weiter der Welt reiner Geister (Engel), die u. a. auch die Gestirne lenken, bis zur reinen Tätigkeit und absoluten Form, d. i. der *Gottheit*, die von Anfang an den Hauptgegenstand von Thomas' Forschung bildet. Der Aufbau geht in Stufen von unten nach oben. Es gibt deshalb keine unmittelbare Erkenntnis Gottes, sondern nur den Stufenweg. An Stelle von Anselms ontologischem Gottesbeweis werden fünf Beweise *a posteriori* gesetzt, die von der Wirkung auf die Ursache zurückleiten. Das erste Bewegende und die erste Ursache ist immer einfach: Gott. — Infolge der vorgegebenen Beziehung der Wirklichkeit auf Gott und die intelligible Stufenordnung der Formen hat Thomas für Induktion und empirische Forschung weniger Blick. Die Wesensordnung der Dinge, nicht ihr faktisch erfahrbarer Realzusammenhang in Raum und Zeit, ist Gegenstand seiner Philosophie. Eine gewisse Selbständigkeit des Naturlaufs und des Menschen wird insofern anerkannt, als Gottes Güte den Naturdingen eine selbsttätige Kausalität verliehen hat, wonach Naturlauf, Zufall und freier Wille mit seiner Weltregierung vereinbar sind.

c) Wie Metaphysik und Psychologie, so zeigen auch *Ethik* und *Politik* den aristotelischen Grundzug. Im Gegensatz zu weltflüchtigen und weltfeindlichen Tendenzen im mittelalterlichen Christentum hat Thomas den Wertcharakter auch des natürlichen Lebens gesehen und anerkannt. Natur und Vernunft sind hingeordnet auf Gott. Die Begründung der Ethik ist, wie die des Aristoteles, durchaus teleologisch. Das sittliche Ziel des Menschen liegt in der Entwicklung seiner vernünftigen Natur. Denn die Vernunft richtet sich wesenhaft nach dem Wertgrad, der dem Seienden in der Gesamtordnung des Seins zukommt. Seins-, Erkenntnis- und Wertordnung bilden eine untrennbare Einheit. *Ens est unum, verum, bonum.* Eine weitere Begründung der Ethik wird nicht gegeben, dagegen ein reiches und sehr verzweigtes System von Tugenden und Affekten entworfen. Zu den vier antiken Kardinaltugenden kommen auch bei Thomas die drei christlichen (Glaube, Liebe, Hoffnung) hinzu. Jene, die vom Menschen durch Übung erworben werden können, führen zur natürlichen, aber unvollkommenen, diese, ‹von Gott eingegossen›, zur vollkommenen und ewigen, himmlischen Glückseligkeit. Wie bei Aristoteles besteht die Tugend in der rechten Mitte, und die dianoëtischen Tugenden haben den Vorrang vor den ethischen.[4] Denn

---

4 s. Bd. I, Kap. IX, 6.

Thomas ist entschiedener *Intellektualist*. Nicht dem Willen teilt er den Primat zu, sondern der Erkenntnis. Der Wille kann frei wählen, aber er fällt seine Entscheidung auf Grund des Wissens, wie denn ‹Gewissen› (*conscientia*) von wissen (*scire*) stammt. Selbst der göttliche Wille ist durch den göttlichen Intellekt an die göttliche Weisheit gebunden. Das letzte Ziel und höchste Gut besteht in der Seligkeit und diese in der unmittelbaren Anschauung (*visio*) Gottes. Überhaupt steht das beschauliche Leben dem Thomas höher als das tätige. Auf die übrigen, namentlich in der ‹Summa theologica› außerordentlich weit ins einzelne ausgesponnenen Ausführungen und Begriffsunterscheidungen, die mehr für die Theologie Interesse haben, einzugehen, müssen wir hier verzichten. Sie sind in jeder römisch-katholischen Moraltheologie zu finden.

Während das außertheologische Interesse Alberts hauptsächlich dem naturwissenschaftlichen Gebiete galt, ist das des Thomas in erster Linie den *politischen* Fragen zugewandt. — Auch hier — es kommen namentlich die Schrift ‹De regimine principum› (die übrigens nicht in allen ihren Teilen echt ist) und sein unvollendeter Kommentar zu Aristoteles' ‹Politik› in Betracht — Aufnahme des *Aristotelismus* in den kirchlichen Gedankenkreis. Bei Thomas findet sich keineswegs mehr die starre Entgegensetzung des sündigen weltlichen und des Gottesstaates wie bei Augustin. Sondern der Mensch ist als politisches Lebewesen durch die Natur auf Geselligkeit und Verbindung in Familie, Gemeinde und *Staat* hingewiesen. Der letztere ist eine rein menschliche Einrichtung; sein Zweck ist, die Tugend zu verwirklichen und nach Möglichkeit irdische Glückseligkeit herzustellen. Und doch ist der Staat, weil naturnotwendig, auch gottgewollt, der Gehorsam gegen ihn daher Gewissenspflicht. Auch das Recht ist göttlichen Ursprungs. Die Monarchie ist die beste (weil nützlichste) Staatsform, soll aber mit teils aristokratischen, teils demokratischen Bürgschaften gegen Ausartung in Despotismus umgeben werden. Denn die Tyrannis ist die übelste Regierungsform. Von *sozialen* Gedanken enthält Thomas' ‹Idealstaat› nur wenig. Sie bleiben zudem historisch bedingt. Hörigkeit und Leibeigenschaft hält er für ein ebenso natürliches und unantastbar soziales Erzeugnis, wie Aristoteles die Sklaverei. Geburt und Besitz geben das Einteilungsprinzip der Staats- und Gemeinschaftsordnung ab.

Anhänger des Thomas

M. Grabmann, Die ital. Thomistenschule des 13. u. beginn. 14. Jahrhdts. Mittelalt. Geistesleben 1926, 332–391; Ders. ebenda: Forschungen zur ältesten deutschen Thomistenschule. — Gutierrez, De B. Jacobi Viterbensis vita, operibus et doctrina. 1939. M. Schmaus, Die Gotteslehre des Augusti-

nus Triumphus. In: Mittelalterl. Geistesl. 1935, 896—953. — L. LIESER, Vincenz von Beauvais als Kompilator und Philosoph. 1928. —
Aus der in den letzten Jahren besonders stark angewachsenen Literatur zu *Dante* seien genannt: C. SAUTER, Übers. der Werke mit Einf. 1913—1926. R. BORCHARDT, Dante deutsch. 1924. K. VOSSLER, Die göttl. Komödie, Entw.-Gesch. u. Erklärung. 2. Aufl., 1925. M. BARBI, Dante. 1933 (deutsch 1943). DERS., Problemi di Critica dantesca I/II. 1941. FR. SCHNEIDER, Dante, eine Einführung. 2. Aufl., 1940. DERS., Dante. S. Leben u. s. Werk. 5 1960. H. GMELIN, Dantes Weltbild. 1940. H. LEISEGANG, Dante u. das christl. Weltbild. 1941. H. FRIEDRICH, Die Rechtsmetaphysik der göttl. Komödie. 1942. A. DODERET, Dante. Paris 1942. G. LEDIG, Dantes göttl. Komödie, erl. 1943. TH. SPOERRI, Einführung in die göttl. Komödie. 1946; ferner vgl. die Beiträge im ‹Giornale dantesco› u. im ‹Jahrb. der Dante-Ges.› — Auf platonisch-dualistische Züge weist hin: E. GILSON, Dante et la Philosophie. 1946, dt. Ausg. 1953. — Zur Danteforschung auch E. R. CURTIUS, Roman. Forschungen. 1947, 237 ff. DERS., Europ. Lit. u. lat. Mittelalter. 1948. F. MAGGINI, Introduzione allo studio di Dante. 3 1948. L. GILLET, Dante, dt. Ausg. 1948. A. VEZIN, D., Seine Welt u. Zeit, s. Leben u. s. Werk. 1949. A. VALLONE, Gli studi danteschi dal 1940 al 1949. 1950. R. GUARDINI, Dante-Studien I. 1951. A. RENAUDET, Dante humaniste. 1952. P. DA PRATI, La politica e la filosofia nella ‹Monarchia› di Dante. 1958. P. RENUCCI, Dante. 1958. W. GOETZ, Dante, ges. Aufsätze. 1958.

a) Vincenz von Beauvais

Thomas von Aquino hat schon unter seinen Zeitgenossen, und zwar nicht nur in seinem Orden, zahlreiche Anhänger gefunden. So schlossen sich Thomas auch die drei ältesten und zugleich bedeutendsten Vertreter der mittelalterlichen Augustinerschule an: Aegidius von Rom, Jacob von Viterbo und Augustus Triumphus. Wir nennen ferner den Polyhistor VINCENZ VON BEAUVAIS († 1264). Von ihm stammt unter dem Titel ‹Speculum maius› eine *Enzyklopädie des damaligen Wissens,* von der wir im folgenden (nach O. Dittrich, a. a. O., III, S. 6—9), als einem zusammenfassenden Beispiel mittelalterlicher Weltanschauung, einen gedrängten Auszug geben.

Dieser ‹Größere Spiegel› zerfällt in vier Teile: 1. den Natur-, 2. den Lehr-, 3. den Sitten- und 4. den Geschichtsspiegel.

1. der ‹*Natur*spiegel› gibt die damals übliche geistliche Anschauung von ‹Naturwissenschaft› wieder. Die erste Schöpfung ist die des ‹Sohnes› als des Logos oder Inbegriffs der Ideen, die zweite die der Engel und der noch ungeschiedenen und ungeformten Elemente, die sich in der dritten zur Sinnenwelt scheiden und formen. Die vierte ist die zeitliche Entfaltung der Welt vermöge der der Materie zuvor erteilten Kraft und Gesetzmäßigkeit; nur jede einzelne Menschenseele wird neu geschaffen. Die fünfte endlich findet erst am Ende der Zeiten statt, indem die vergängliche Materie in unvergängliche um-

geschaffen wird. Die einzelnen Schöpfungen vollziehen sich in dem üblichen Rahmen des alttestamentlichen Sechstagewerks. Das Böse entspringt als geistige Finsternis im Gegensatz zum Urlicht, dringt jedoch nur in das Blut, nicht in die Seele des Menschen. An diese frommen Phantasien schließt sich sodann alles, was man damals — größtenteils aus Aristoteles — von Physikalischem, Astronomischem, Meteorologischem, Biologischem, Geographischem, Psychologischem, Physiologischem wußte. Astrologische, medizinische, erkenntnistheoretische Erörterungen bilden den Schluß.

2. Der siebente oder Ruhetag leitet dann über zu dem *Lehr*spiegel, d. h. einer Übersicht der gesamten damaligen Wissenschaften und Künste. Die Wiederherstellung des Menschen von seinem durch Unwissenheit und Begierde verursachten Sündenfalle geschieht nämlich erstens durch die Hebung der Unwissenheit mittels der Wissenschaften, die in diejenigen des Denkens (Grammatik, Logik, Rhetorik und Poetik) und des Messens (Arithmetik, Musik, Geometrie, Astronomie) zerfallen, denen sich die moralischen Wissenschaften (Ethik, Ökonomie, Politik) und die mechanischen Künste (Handwerk, medizinische Praxis) anreihen. Die theoretische Medizin leitet zu dem bereits im Naturspiegel geschilderten Wissen zurück. Den Schluß bilden hier Metaphysik und, als Krone und Königin des Ganzen, der sie alle dienen, die Theologie.

3. Der *Sitten*spiegel (nicht von Vincenz selbst herrührend) stellt die theologischen und platonischen Kardinaltugenden, die Leidenschaften und die Laster dar, dann die Früchte des Geistes (Gal. 5, 4) und die sieben Seligkeiten (Matth. 5, 3 ff), zuletzt die Lehre von den letzten Dingen, d. i. dem Tode, den Höllenstrafen und Himmelsseligkeiten, endlich die Lehre von den sieben Hauptsünden und den Arten der Buße.

4. Der *Geschichts*spiegel (wieder von Vincenz behandelt) zeigt, wie der Mensch im Laufe der Weltgeschichte von der Schöpfung an bis zum Jahre 1253 n. Chr. unter der Leitung Gottes die Wirkungen der Sünde allmählich überwindet und in Weisheit und Tugend fortschreitet. Die großen Regenten, die Weisen, Gelehrten und Guten werden mit Vorliebe geschildert.

b) Petrus Hispanus und Dante

Neben Vincenz von Beauvais nennen wir PETRUS HISPANUS [5] († 1277 als Papst Johann XXI.), dessen logisches Schulbuch (‹Summulae logicae›) den Unterricht für Jahrhunderte bestimmte; ihm entstammen

---

5 Sein Lehrer war wahrscheinlich WILHELM V. SHYRESWOOD († nach 1267), der das älteste, grundlegende Logiklehrbuch der Scholastik verfaßt

die bekannten Memorialbezeichnungen der Arten des Schlusses: Barbara, Celarent usw. Bedeutsamer ist, daß auch der größte Dichter des Mittelalters, DANTE (1265–1321), in seiner ‹Divina Commedia› und besonders in seiner politischen Abhandlung ‹De monarchia› (um 1309, übersetzt von Hubatsch, 1872) sich durch Anschauungen des Thomas beeinflußt zeigt, so daß man, wie Baeumker meint, ‹aus den Werken des Aquinaten einen Kommentar zu ihnen zusammenstellen› könnte. Freilich mit *einem* großen Unterschiede: aus der *Unter*ordnung des *imperium* unter das *sacerdotium* ist bei dem großen Ghibellinen eine *Neben*ordnung geworden. Aber auch sonst treten (nach der neueren Forschung) Züge hervor, die dem Thomismus nicht entsprechen. Es zeigen sich im Bildungskosmos des lateinischen Mittelalters, aus dem Dantes Werk lebt und den es in einzigartiger Gestaltung darstellt, die ersten Keime einer neuen Zeit.

4. DIE OPPOSITION GEGEN THOMAS. DUNS SCOTUS (PRIMAT DES WILLENS)

GLORIEUX, Premières polémiques thomistes. 1927. K. MICHALSKI, Le problème de la volonté à Oxford et à Paris au XIVe siècle. 1937. — W. SCHÖLLGEN, Das Problem der Willensfreiheit bei Heinrich von Gent und Herveus Natalis. 1927. H. RÜSSMANN, Zur Ideenlehre der Hochscholastik unter besonderer Berücksichtigung des Heinrich von Gent, Gottfried v. Fontaines und Jakob v. Viterbo. 1938. J. PAULUS, Henri de Gand, Essai sur les tendances de sa métaphysique. 1938. DERS., H. de G. et l'argument ontologique. AHDL 10, 1935/36, 265 ff. P. BAYERSCHMIDT, Die Seins- und Formenmetaphysik des Heinrich v. Gent, in ihrer Anwendung auf die Christologie. 1941. A. MAURER, Henry of Ghent and the unity of man. Med. Studies 10, 1948, 1 ff. G. DE LAGARDE, La philosophie sociale d'Henri de Gand et Godefroid de Fontaines. AHDL 1943/45, 73 ff. — H. SPETTMANN, Die Psychologie des Joh. v. Peckham. 1919. A. CALLEBAUT, Jean Pecham et l'Augustinisme. Arch. Franc. Hist. 1925, 441–472. — E. LONGPRÉ, G. de la Mare. 1922.

B. JANSEN, Ein neuzeitlicher Anwalt der menschlichen Freiheit aus dem 13. Jahrh.: Petrus Joh. Olivi. Philos. Jahrb. 1918, 230 ff, 382 ff. DERS., Die Erkenntnislehre Olivis. 1921. DERS., Der Augustinismus des P. Olivi. Mittelalt. Geistesl. 1935, 878 ff. JARRAUX, P. J. Olivi, sa vie, sa doctrine. 1933. — P. MINGES, Skotistisches bei Richard v. Mediavilla. Theol. Quart. 1919, 269–300. E. HOCEDEZ, R. de Middletown, sa vie, ses œuvres, sa doctrine. 1925. P. RUCKER, Der Ursprung unserer Begriffe nach R. v. Mediavilla. 1934.

Zu *Siger von Brabant* und dem ‹averroistischen› Aristotelismus: früher Hauptwerk P. MANDONNET, Siger de Brabant et l'averroïsme latin au XIIIe

hat, die ‹Introductiones in logicam›, ediert mit Einl. von M. GRABMANN, 1937. PETRUS HISPANUS. Summulae logicales ed. I. M. BOCHENSKI. 1947. Vgl. dazu J. P. MULLALLY, The Summulae logicales of Peter of Spain. 1945.

siècle. 1908/1911, jetzt unter Korrektur des früheren Bildes grundlegend F. VAN STEENBERGHEN, Les œuvres et la doctrine de Siger de Brabant. 1938. DERS., S. de B. d'après ses œuvres inédites I. 1931, II. 1942. Vgl. dazu folg. Kritiken: Bull. thom. 6, 1940/42, 5 ff; L'année théologique 5, 1944, 442 ff. Tijdschr. voor philos. 8, 1946, 317 ff. Krit. Ausg. des wichtigsten Werkes SIGERS von C. A. GRAIFF, Siger de Brabant, Questions sur la Métaphysique. 1948. J. J. DUIN, La doctrine de la providence dans les écrits de Siger de Br., Texte et étude. 1954. Neu erkannt ist auch die Bedeutung der Aristoteles-Kommentare. Vgl. PH. DELHAYE, S. de B. Questions sur la physique d'Aristote. 1941. – Vgl. ferner: M. GRABMANN, Der lateinische Averroismus des 13. Jahrh. in seiner Stellung zur christlichen Weltanschauung. 1938. DERS., Die Sophismataliteratur d. 12. u. 13. Jahrh. mit Textausg. eines Sophisma des Boetius von Dacien. 1940.

Zu *Duns Scotus:* Einzige Gesamtausg. d. philos. und dogmat. Werke des ‹Dr. subtilis› stammt noch aus dem Jahre 1639 (Lugduni, 12 Bände, Neudruck Paris 1891–95). Von der kritischen Scotus-Ausgabe unter Leitung von C. BALIC (Rom) bis jetzt 6 Bde. (1950–60). Auswahl mit engl. Übers. 1962 v. A. WOLTER. Aus der älteren Literatur bleibt zu nennen: W. KAHL, Die Lehre vom Primat des Willens bei Augustinus, Duns Scotus, Descartes. 1886. H. SIEBECK, Die Willenslehre bei D. Sc. und seinen Nachfolgern. Z. f. Philos. u. philos. Krit., 1898, 179–216. P. MINGES, Ist D. Sc. Indeterminist? 1905. Eine Gesamtdarstellung der theologischen Lehre hat R. SEEBERG gegeben (1900). – Die ‹Grammatica speculativa›, die MARTIN HEIDEGGER in seinem Buch ‹Die Kategorien und Bedeutungslehre des D. Sc.› (1916) behandelt, ist von M. GRABMANN als Werk des THOMAS VON ERFURT erwiesen worden. – Die beste Einführung gibt E. LONGPRÉ, La philosophie du B. J. Duns Scot. Paris 1924. Das Buch, das die Entwicklungslinie der Franziskanerschule von Alexander von Hales und Bonaventura zu Scotus herausarbeitet, ist zugleich grundlegend für die neue Scotus-Beurteilung. Umstritten: C. HARRIS, D. Sc., 2 Bde. Oxford 1927. Vgl. JANSEN, Stimmen der Zeit. 1926, 251 ff. – F. LUGER, Unsterblichkeitsfrage bei D. Sc. 1933. J. BINKOWSKI, Wertlehre des D. Sc. 1936. H. SCHWAMM, Das göttliche Vorherwissen bei D. Sc. u. s. ersten Anhängern. 1934. R. MESSNER, Schauendes und begriffliches Erkennen nach D. Sc. 1942 (mit kritischer Gegenüberstellung zur Erkenntnislehre von Kant und Aristoteles). A. B. WOLTER, The Transcendentals and their Function in the Metaphysics of D. Sc. 1946. G. STRATENWERTH, D. Naturrechtslehre des Joh. D. Sc. 1951. W. PANNENBERG. Die Prädestinationslehre des Duns Scotus im Zus.hang der scholast. Lehrentwicklung. 1954. B. DE SAINT-MAURICE, Joh. Duns Scotus. 1956. J. FINKENZELLER, Offenbarung u. Theologie nach der Lehre des Joh. D. Sc. 1961. E. GILSON, Jean Duns Scot. 1952 (dt. Ausg. 1952). – Ausg. des ‹Tractatus de primo principio› von M. MÜLLER (1941). Dass. hrsg. v. E. ROCHE, 1949 (mit engl. Übers.). – Für die Zeit 1920/40 enthält eine ausführliche Bibliographie E. BETTONI, Vent'anni di studi scotisti. 1943. O. SCHÄFER, Joh. Duns Scotus (= Bibliogr. Einf. i. Studium d. Philos. hrsg. v. BOCHENSKI 22) 1953. DERS., Bibliographia de vita, operibus et doctrina Joh. Duns Scoti. 1955.

Aber Thomas' aristotelische Neuerungen blieben nicht unangefochten. Er hatte selbst innerhalb seines Ordens bedeutende Gegner, so

Robert Kilwardby, einen Engländer von Geburt, später Erzbischof von Canterbury († 1279), der die nach Baur und Grabmann umfangreichste und wertvollste philosophische Einleitungsschrift des Hochmittelalters (‹De ortu et divisione philosophiae›) geschrieben hat. Heftige Opposition fand sich auch im Weltklerus an der Pariser Universität, so vor allem durch Heinrich von Gent, den ‹Dr. sollemnis› (1217—1293). Er hatte in Anlehnung an Augustin den Primat des Willens und der Persönlichkeit gegen den thomistischen Intellektualismus verfochten. Er leugnete auch den realen Unterschied von Wesenheit und Dasein, ähnlich sein Schüler Gottfried von Fontaines († nach 1306), der jedoch andrerseits (z. B. in der Anerkennung der Abstraktionslehre) den damals als fortschrittlich geltenden aristotelisch-thomistischen Tendenzen wieder mehr entgegenkam. Der Hauptwiderstand gegen den Thomismus aber ging von dem großen Rivalenorden der Dominikaner, den Franziskanern, aus, so von den Schülern des Bonaventura: Johann von Peckham, dem späteren Erzbischof von Canterbury, und dem mit Bonifaz VIII. befreundeten Matthäus ab Aquasparta (etwa 1240—1302), dessen Erkenntnislehre (‹Quaestiones de cognitione›) stark die subjektive Aktivität betonte.

Der Franziskaner Wilhelm de la Mare wird als der Verfasser eines ‹Correctorium fratris Thomae› genannt, das nicht weniger als fünf Gegenschriften von dominikanischer Seite hervorrief.

Ein selbständiger Kritiker der aristotelisch-thomistischen Position und Verteidiger des Willensprimats und der Willensfreiheit war auch der eigenwillige Petrus Johannes Olivi (1248—1298), der durch seine eschatologisch-geschichtsphilosophischen Ideen zugleich in der spiritualistischen Bewegung des 14. Jahrhunderts stark fortwirkte. Wie dieser weist auf Scotus voraus insbesondere durch die Betonung der Individualität als vollkommenster Form und Ziel der Schöpfung der wohl bedeutendste Lehrer der Franziskaner Richard von Middletown († nach 1300).

Der Weltpriester Siger von Brabant († 1282) wagte sogar, von der Grundlage averroistischer Aristoteleskommentierung aus einen gemilderten Averroismus (Ewigkeit der Welt; Einheit des Intellekts in allen Menschen, was Unsterblichkeit der Einzelseele gefährdete) an der Pariser Universität zu verteidigen. Doch hat er nicht, wie man früher annahm, die Lehre von der zweifachen Wahrheit vertreten, sondern lediglich die philosophische Erkenntnis neben die theologische gestellt, ähnlich sein Gesinnungsgenosse von der Pariser Universität, Boetius von Dacien, der durch die Verurteilung Sigers von 1270—1272 mitgetroffen wurde und die selbständige Bedeutung der Philosophie gegenüber der Theologie betonte. Allerdings zeigen die Angriffe von Albert und Thomas, daß die Tendenzen zur Lehre von der doppelten Wahrheit jedenfalls da waren und daß der Averroismus eine einflußreiche geistige Bewegung war. Daß man um jene Zeit auch mit dem antiken Skeptizismus sich von neuem beschäftigt hat, beweist eine aus der zweiten Hälfte des 13. Jahrhunderts stammende lateinische Übersetzung der ‹Pyrrhonischen Skizzen› des Sextus Empirikus (siehe Bd. I, Kap. XIII, 2), die Baeumker ausfindig gemacht hat. Die Selbstkritik der Scholastik beginnt.

Zu voller und produktiver Entfaltung kam die Gegnerschaft gegen Thomas und den Thomismus in einem Manne, der als der scharfsinnigste aller mittelalterlichen Denker gilt und trotz seines frühen Todes einer weitverbreiteten Denkrichtung den Namen gab:

Johannes Duns Scotus

Gegen 1270 in Schottland geboren, wurde Scotus in Oxford Magister sämtlicher Wissenschaften, überstrahlte bald alle übrigen Lehrer und zog 1308 im Triumph in Köln ein, starb aber hier bereits in demselben Jahre — ein früh Vollendeter.

Glauben und Wissen. Standen für Thomas und seine Anhänger Theologie und Philosophie, Glauben und Wissen im Verhältnis gegenseitiger *Ergänzung*, so wird bei Scotus ihr *Gegensatz* stärker betont. Auch er hat schon, ähnlich wie Augustin und später Descartes und Kant das *Selbstbewußtsein* als das einzige ‹Prinzip der Gewißheit› und das ‹unbewegliche Zentrum der Wahrheit, um das sich alles andere dreht›, bezeichnet. Mathematisch gebildet, stellt er strengere Anforderungen als seine Vorgänger an einen Beweis. Er betont die Selbständigkeit der Vernunft, aber er weiß zugleich um ihre Grenzen. Nicht bloß kirchliche Einzeldogmen, sondern auch Dinge, wie die zeitliche Schöpfung der Welt und die Unsterblichkeit der Seele, seien durch die Vernunft nicht beweisbar. Warum soll nicht auch das Unkörperliche vergehen können? Aber diese Fixierung des Gebietes strenger Wissenschaft dient ihm nicht etwa dazu, nun die Herrschaft der Theologie zu bekämpfen, sondern im Gegenteil, sie zu stärken und dem Glauben Platz zu machen. Der Glaube schließt zwar nicht den Zweifel überhaupt, wohl aber dessen Sieg aus. Er erschließt noch, was der Vernunft verschlossen ist. In Glaubenssachen hat die ‹Dialektik› deshalb nicht mitzureden. Die Philosophi und Catholici werden häufig gegenübergestellt. Ja es kommt bereits der erst bei Ockham und seiner Schule (Kap. V, 2) zu größerer Bedeutung gelangte Satz vor: es könne etwas zwar für den Philosophen wahr, aber für den Theologen falsch sein. Doch zielt Scotus bei aller Unterscheidung doch auf das Zusammenwirken von Wissen und Glauben.

Die Lehre vom Willen. Das Hauptproblem des Scotismus, das in der Gestalt des Konflikts zwischen Willensfreiheit und Naturnotwendigkeit noch heute die Geister beschäftigt, ist die Frage nach dem Vorrang des Verstandes oder des Willens. Duns beantwortet sie, im Gegensatz zu Thomas, mit voller Entschiedenheit dahin: *voluntas est superior intellectu*, der *Wille* hat den *Vorrang* vor dem Verstande. Der Wille ist die Grundkraft der Seele. Das ‹erste Denken›, das, ähnlich wie bei Thomas, durch das Zusammenwirken von Seele und äußeren Gegenständen, d. h. durch Abbilder der letzteren zustande kommt, ist ‹verworren und unbestimmt›. Es wird erst dadurch zu einem bestimmten, daß der Wille seine Aufmerksamkeit auf diese verworrenen Vorstellungen richtet, sie schärfer gestaltet und ihre Intensität verstärkt, während sie im entgegengesetzten Falle schwächer werden, um schließlich zu verschwinden. Das Vorstellen ist nur Gelegenheitsursache und Diener des Wollens; die Entscheidung fällt dem letzteren anheim. In der *Psychologie des Willens* beweist der ‹Dr. subtilis› seine Subtilität durch scharfe Beobachtungen und scharfsinnige Unterscheidungen. Nach der auch heute noch von englischen Denkern bevorzugten Weise geht er gern von der Erfahrung aus und betont den engen Zusammenhang mit den Trieben, über die sich jedoch der freie Wille zu erheben imstande ist. Denn die Freiheit macht sein Wesen aus. Seine *Selbständigkeit* ist so groß, daß selbst die göttliche Gnade ihm nur beizustehen, ihn nicht zu nötigen vermag. Auch durch das Gefühl der Lust und Unlust wird er — was wiederum an Kant erinnert — nicht bestimmt, sondern nur in seiner Betätigung begleitet. Ja, er steht außerhalb des Kausalzusammenhanges, des mechanischen Zwanges der Vorstellungen. Denn, wäre er von diesen abhängig, so wäre es mit der Freiheit und Verantwortlichkeit des Menschen zu Ende.

Gotteslehre. Auch Gottes Dasein ist nicht aus bloßen Begriffen zu beweisen, sondern nur aus seinen Werken. Es gibt keine angeborene Gotteserkenntnis, sondern nur eine kausale aus der Erfahrung. Es muß eine alles überragende letzte Ursache geben, die zugleich letzter Zweck ist; das ist Gott. Auch auf ihn wird die Lehre vom Primat des Willens übertragen. Wie durch das *liberum arbitrium* des einzelnen jedesmal eine neue Tatsache entsteht, so ist Gottes Wille die Urtatsache. Wäre nicht der Wille sein Wesen, so wäre seine Allmacht nicht, wie sie ist, unbeschränkt. So ist die Welt durch die freie Willkür Gottes geschaffen; er hätte sie auch völlig anders schaffen können. Ebenso steht es mit der Erlösung; Gott hätte sie auch auf andere Weise als durch Christus vollziehen oder hätte statt Mensch z. B. Stein werden können! Doch wird anderseits von Scotus die platonische Vorstellung von dem nach Ideen schaffenden Künstler auf Gott übertragen. Gott hat aus dem Reich des Möglichen ausgewählt und verwirklicht, was den Kosmos zur vollkommensten und sinnvollsten Ordnung werden ließ.

Metaphysik. Gott ist das schlechthin einfache, oberste Wesen (*ens*), die Materie das niederste. Als erste Materie bedeutet sie nur die ursprünglich in allen Dingen liegende Fähigkeit, zu höheren Formen, Gattungen und Arten geordnet zu werden. Jede geschaffene Substanz, auch die geistige, hat Materie. Das *principium individuationis* ist die *Form*. Das Individuellere ist das Vollkommenere. Zur *Washeit* (*quidditas*) tritt die *Diesheit* (*haecceitas*) hinzu, z. B. in dem Menschen Sokrates zur *animalitas* zunächst die *humanitas*, zu dieser die *socratitas*. (Der Ausdruck *haecceitas* findet sich bereits bei Scotus, nicht erst bei seinen Schülern.) Das Individuum besitzt eine selbständige Realität, ist eine weiter nicht ableitbare Tatsache. Damit ist der entscheidende (durch andere Franziskaner wie MIDDLETOWN oder den gleich zu behandelnden ROGER BACON mitangebahnte) Durchbruch durch die seit der Antike übliche Entwertung des Individuums und Vorrangstellung des Allgemeinen erfolgt. Duns' Stellung in der Universalienfrage bleibt die vermittelnde des Anselm und Thomas: Das Allgemeine ist *ante res* als Form im göttlichen Geiste, *in rebus* als deren ‹Washeit› oder Wesen, *post res* im Verstand als der von ihnen abstrahierte Begriff.

Trotz seines frühen Todes hinterließ Duns Scotus zahlreiche Schüler und Anhänger, besonders in seinem Orden. Lange tobte der scholastische Streit zwischen den scotistischen Franziskanern und den meist thomistischen Dominikanern. Und wenn seine Lehre auch *innerhalb* der römischen Kirche durch die der letzteren kongenialere des Aquinaten (einzelne Scotisten kommen freilich noch im 18. Jahrhundert vor) mehr und mehr zurückgedrängt worden ist, so hat er anderseits durch manche seiner Lehren (vom Primat des Willens, von den verworrenen und klaren Vorstellungen, von der Eigenwirklichkeit und dem Eigenwert des Individuums u. a.) mehr als Thomas auch auf nichtkirchliche Philosophen wie Bacon von Verulam, Descartes, Leibniz und andere gewirkt.

V. AUSGANG DER SCHOLASTIK.
BLÜTE DER DEUTSCHEN MYSTIK

1. NEUE TENDENZEN: ROGER BACON (1214—1294). RAYMUNDUS LULLUS (1235—1315)

Roger Bacon

Ausg. vgl. Tusc. Lex. 64 u. Text. Die ausf. Monographie über sein Leben, seine Werke und seine Lehre hat E. CHARLES (Paris 1861) verfaßt. Vgl. auch das Sammelwerk von LITTLE, Roger Bacon, Essays. 1914; zeigt historische Voraussetzungen und Abhängigkeit von der geistigen Umwelt. Dazu GER-

HARD RITTERS Studien zur Spätscholastik 1 und 2. Heidelberg 1921/22. *Einzelthemen:* CL. BAEUMKER, R. B.'s Naturphilosophie. 1916. R. CARTON, L'expérience physique chez R. B. 1924. DERS., L'expérience mystique de l'illumination intérieure chez R. B. 1924. DERS., La synthèse doctrinale chez R. B. 1924. L. THORNDIKE, A History of Magic and Experimental Science. 1929. II. 616–720. LITTLE, R. B. 1928. H. LIEBESCHÜTZ, Der Sinn des Wissens bei R. B. Bibl. Warburg, 1932, 29 ff. F. W. WOODRUFF, R. B. A Biography. 1938. — TH. CROWLEY, R. B. The problem of the soul in his philosophical commentaries. 1950. ST. C. EASTON, R. B. and his search for a universal science. 1952. E. HECK, R. B., ein mittelalterl. Versuch einer histor. u. systemat. Religionswissenschaft. 1957. Für das Gesamtverständnis des Roger Bacon ist die Erkenntnis wesentlich geworden, daß er nicht, wie man früher annahm, als Bahnbrecher alleinsteht, sondern im Zusammenhang mit der Zuwendung zur Erfahrungswirklichkeit gesehen werden muß, die damals bereits in England in der Schule von Oxford (mit ROBERT GROSSETESTE) einen Schwerpunkt hatte (vgl. Kap. IV, 2).

Wie Alexander von Hales, Richard von Middletown und Duns Scotus ist auch ROGER BACON Engländer und Franziskanermönch. Geboren gegen 1214, aus reicher Familie, widmete sich Roger zu Oxford, wo Robert Grosseteste sein Lehrer war, und Paris, wo er Alexander von Hales, Albertus Magnus und Wilhelm von Auvergne hören konnte, den Studien insbesondere der Mathematik und Naturwissenschaft. Für seinen Gönner Papst Clemens IV. schrieb er 1266—68 sein ‹Opus maius›[1], ein Erläuterungsbuch dazu (‹Opus minus›) und eine Einleitungsschrift (‹Opus tertium›); sein geplantes Hauptwerk (‹Opus principale›) blieb unvollendet. Nach Clemens' Tode wurde der schon früher gegen ihn aufgetauchte Verdacht des Unglaubens und der Zauberei aufs neue rege; er wurde verfolgt und erhielt, wie es heißt, zehn Jahre Klosterhaft. Seine Werke sind, wenn auch nicht vollständig, von Brewer (London 1859) herausgegeben worden; Ergänzungen dazu von R. Steele, Opera hactenus inedita R. B. I—XVI (1905—40); das ‹Opus maius› gab mit Einleitung und Noten J. H. Bridge heraus (3 Bde. 1897/1900); ins Engl. übers. von B. R. B. Burke (1928, Neudr. 1962. Moralis philosophia ed. E. MASSA. 1953).

Roger Bacon ist ein Zeitgenosse des Thomas und geht dem Duns Scotus zeitlich sogar voraus. Wir haben gleichwohl vorgezogen, ihn erst an dieser Stelle und in einem neuen Abschnitt zu behandeln, weil er eine ganz eigenartige Stellung in der Philosophie des Mittelalters einnimmt. Seinen scholastischen Zeitgenossen ist er ‹wunderbar› erschienen, denn es regen sich in ihm schon ganz moderne Ten-

---

1 Seine sieben Teile behandeln 1. die Ursachen der menschlichen Unwissenheit, 2. das Verhältnis von Theologie und Philosophie, 3. die Bedeutung der Sprachen, 4. die Bedeutung der Mathematik, 5. die Bedeutung der Optik, 6. die Bedeutung der scientia experimentalis, 7. die Bedeutung der Moralphilosophie.

denzen, ohne freilich zu völliger Durchbildung und fester Gestalt gekommen zu sein. Sein Interesse galt im Gegensatz zu den Summenschreibern den Profanwissenschaften, sowohl den mathematisch-naturwissenschaftlichen wie den sprachwissenschaftlichen Fächern. Goethe hat sich für ihn interessiert und in seiner ‹Farbenlehre› seine Bedeutung in rühmenden Worten anerkannt. Freilich konnte er dabei bereits auf einer vorhandenen englischen Tradition fußen (vgl. Kap. IV, 2).

Das Grundlegende bei Roger Bacon ist, daß er im Gegensatz zu den Formeln der Scholastik auf das Kennen der Wirklichkeit in ihrer erfahrbaren Gegebenheit dringt. Ohne Erfahrung kann nichts gewußt werden. Albert und Thomas heißen ihm Knaben, Lehrer, ehe sie gelernt; der letztere habe dicke Bücher über Aristoteles geschrieben, ohne Griechisch zu verstehen und ohne mathematisch-physikalische Kenntnisse. Auch Bacon schätzt den Aristoteles hoch und nächst ihm dessen Ausleger Avicenna; er hat selbst den ersten großen Kommentar zur aristotelischen ‹Physik› geschrieben; aber die Hauptsache ist ihm doch die Rückkehr zu den Dingen selbst. Die Welt steckt voller Vorurteile: Autorität, Gewohnheit, Phrase, Mangel an Selbstkritik. Und die Wissenschaft ist ein langsames Fortschreiten in stetem Kampf mit dem großen Haufen der Ungebildeten und Gewohnheitsmenschen. Ihr schlimmster Feind ist die Meinung, daß sie schon abgeschlossen sei, die Anbetung der Autorität, die stete Berufung auf berühmte Namen. Die Logik und Grammatik gewisser Meister nachbeten, hat keinen Wert. Es heißt: an der *Quelle* studieren! Daher tüchtig Hebräisch, Griechisch, Arabisch lernen, wenn man die Bibel, Aristoteles, die Araber wirklich verstehen will; mit physikalischen und astronomischen Instrumenten arbeiten, wenn man die Natur wahrhaft kennenzulernen strebt. Es gibt einen doppelten Weg der Erkenntnis: durch Vernunftbeweis oder durch *Erfahrung*. Bacon dringt, im Gegensatz zu den Scholastikern, vor allem auf den letzteren. Freilich genügen nicht einzelne unzusammenhängende Beobachtungen. Sie müssen vielmehr methodisch geregelt, in Zusammenhang gebracht, die bedingenden Ursachen erforscht und so das Gesetz gefunden werden. Das ABC der Philosophie, die Grundlage aller Wissenschaften ist die Mathematik, die vollkommenste aber, die Königin aller, ist die *scientia experimentalis*. Keinerlei magische Künste vermögen den Naturlauf zu ändern.

Allein der englische Franziskanermönch führt diese Ansätze zu selbständiger Wissenschaft nicht folgerichtig durch. Neben der der menschlichen Wissenschaft erkennbaren natürlichen Kausalität gibt es noch eine übernatürliche der schöpferischen Gottheit; neben der äußeren Erfahrung noch eine innere, von Gott eingegebene, deren Gipfelpunkt die ekstatische Verzückung ist. Die höhere Vernunft ist nur möglich durch göttliche Wirkung. Die Autorität, die er sonst so energisch bekämpft, wird doch gefordert für die Kirche. In ihr ist der Glaube das Erste, die Erfahrung das Zweite, das Begreifen erst das Dritte. Die Theologie heißt an solchen Stellen die ‹edelste› Wissenschaft, der die Philosophie ‹absolut› dienen muß; alle den Menschen nützliche Weisheit liegt in der Heiligen Schrift, wo sie allerdings nur von Kundigen gefunden wird; der Papst ist der Stellvertreter (*vicarius*) Gottes auf Erden usw. Freilich, um die Ungläubigen zu überzeugen, soll man sich nur an das Vernunftgemäße, Allgemein-Menschliche halten. Das Christentum ist schließlich doch nichts anderes als die von Gott durch Christus geoffenbarte natürliche Religion; das zum Heil Notwendige ist allen gemein, desgleichen die wesentlichen Grundzüge der Sittlichkeit.

So mischt sich in Bacon Altes und Neues, kirchlicher Glaube und Keime neuer Wissenschaft. Ohne Zweifel war er seiner Zeit an naturwissenschaftlicher Einsicht weit voraus. Er hat Vergrößerungsgläser erfunden, die Wirkung des Pulvers gekannt, richtige Beobachtungen über die Strahlenbrechung und das Sehen sowie über die Größe von Sonne und Mond angestellt, den Kalender zu verbessern gesucht und chemische Entdeckungen gemacht, deren Verständnis uns nur durch die von ihm gebrauchten rätselhaften Ausdrücke erschwert wird; ja er hat die Bewegung von Schiffen ohne Segel und Ruder, von Wagen ohne Zugtiere ein halbes Jahrtausend vorausgeahnt. Dennoch muß man sich vor seiner Überschätzung hüten. Neben dem Richtigen findet sich doch auch vieles Phantastische und Fehlerhafte. Unausgeglichen stehen kühner fortschrittlich-kritischer Sinn und äußerster Traditionalismus nebeneinander und gegeneinander. Die noch feststellbaren Spuren seines Nachwirkens sind auffallend gering.

Raymundus Lullus

Prantl, Gesch. d. Logik. III, 145—177. Guttmann, Scholastik des 13. Jahrh. in ihren Beziehungen zum Judentum. 1902, S. 150 ff. O. Keicher, Raymundus Lullus u. s. Stellung zur arab. Philos. 1909. J. H. Probst, Le Lullisme de R. de S. 1912. Ders., La mystique de R. L. 1914. A. E. Waite, R. L. 1922. Wesentliche Förderung der Forschung durch C. Ottaviani, L'Ars compendiosa de R. Lulle. 1930 (bisher unbekannte Darst. der Lullischen Logik; der Ausg. ist u. a. eine Liste aller Codices, die L.s Werke enthalten, u. eine chronol. Tafel der einz. Schriften beigegeben). J: Avinyó, Le obres autentiques de Ramon Llull, repertori bibliografic. 1935. M. Batllori, Introdución bibliografica a los estudios lulianos. 1945. Ders., Ramon Llull en el món de seu temps. 1960. Díáz y Díáz, Index script. Lat. mediaevii Hispanorum II 348 ff.

Eine noch merkwürdigere Gestalt als Roger Bacon ist der Spanier Ramon Lull (Raymundus Lullus, 1235—1315), der nach einem abenteuerlichen weltlichen Leben sich auf das Bekehren der Averroisten verlegte und die Wahrheiten des Christentums auf eine neue untrügliche Art beweisen wollte. Er verfaßte zu diesem Zweck eine ungeheure Masse — wie es heißt 400 (Keicher nimmt etwa 300 an) — Schriften, von denen 45 in acht Bänden 1721–1740 ediert worden sind. Die ihm früher zugeschriebenen alchimistischen Traktate sind nicht von ihm. Berühmt wurde er durch sein Hauptwerk: ‹Die große Kunst› (‹Ars generalis›). Alle möglichen aus Aristoteles, der Scholastik und der Kabbala aufgerafften Begriffe werden danach auf die Fächer von sieben konzentrischen Kreisen verteilt, deren jeder ein besonderes Wissensgebiet (z. B. A die ganze Theologie, B die Psychologie) darstellt. Je nachdem man nun diese Kreise um einen gemeinsamen Mittelpunkt sich drehen läßt, lassen alle gewünschten Kombinationen sich mit Leichtigkeit herstellen und so alle gewünschten Wahrheiten, auch die von Thomas als unbeweisbar angesehenen, wie Trinität und Inkarnation, ‹beweisen›. (Näheres findet der dafür Interessierte in Erdmanns Grundriß I, § 206 f.) Daß diese *ars investigandi* (des Aufsuchens), *demonstrandi et inveniendi* trotzdem, namentlich in mnemotechnischer Beziehung, nicht ganz ohne Nutzen war und eine geistreich erdachte Schablone für das ohnehin so sehr an das Gedächtnis appellierende scholastische Denken bot, soll nicht geleugnet werden. Jedenfalls fand sie zahlreiche Anhänger; es bildete sich eine förmliche Sekte der *Lullisten*, die ihren Meister als den ‹Dr. illuminatissimus› feierte (noch der junge Leibniz zeigt sich von ihm in seiner Jugendabhandlung ‹De arte combinatoria› von 1666 beeindruckt).[2]

Ähnliche Tendenzen wiederholen sich im 15. Jahrhundert bei seinem Landsmann, dem in Toulouse lehrenden und noch von Montaigne verteidigten spanischen Arzte RAYMUND VON SABUNDE. Nur daß dieser sich weniger als dialektische, denn als gemütvoll-beschauliche Natur zeigt, wenn er in seiner ‹Natürlichen Theologie› oder dem ‹Buch der Geschöpfe› (1436) Natur und Bibel, das ‹lebendige› und das ‹geschriebene› Buch der göttlichen Offenbarung, in Übereinstimmung zu bringen sucht, indem er von den vier Stufen des *esse, vivere, sentire* und *intellegere* ausgeht und ontologische, physiko-teleologische und moralische Beweisführung mit mystischen Gedanken verbindet.[3]

---

2 Zu LULLUS, Lullismus siehe auch G. R. HOCKE, Manierismus in der Literatur. Sprach-Alchimie und esoterische Kombinationskunst. rde Bd. 82/83. 3. Aufl. 1963. (Anm. d. Red.)

3 Zum Bild vom ‹Buch der Natur› und zum ‹Buch als Symbol› überhaupt vgl. E. R. CURTIUS, Europäische Literatur u. Lat. Mittelalter. 1948, cap. 16, 304 ff.

2. Erneuerung des Nominalismus im 14. und 15. Jahrhundert: Wilhelm von Ockham und seine Nachfolger

A. Lang, Die Wege der Glaubensbegründung bei den Scholastikern des 14. Jahrhdts. 1930. E. Borchert, Der Einfluß des Nominalismus auf die Christologie der Spätscholastik. 1940. — R. Dreiling, Der Konzeptualismus in der Universalienlehre des Franziskanerbischofs Petrus Aureoli. 1913. R. Schmücker, Propositio per se nota, Gottesbeweis und ihr Verhältnis nach Petrus Aureoli. 1941. — J. Koch, Durandus de S. Porciano. 1927.

Zu Marsilius v. Padua: Ausg. des ‹Defensor pacis› lat.-dt. v. H. Kusch, 2 Bde. 1957. A. Gewirth, M. of Padua and medieval political philosophy. 1951. H. Segall, Der ‹Defensor pacis› des M. v. P. 1959. Vgl. auch G. de Lagarde, Marsile de Padoue ou le premier théoricien de l'état laique. 1934. Ders., La naissance de l'esprit laique au déclin du moyen age. 6 Bde. 1934—46 (für den ganzen Zeitraum wichtig).

Zu Ockham: Krit. Ausg. seiner Werke im Erscheinen begriffen (Opera politica ed. R. F. Bennet and H. S. Offler, opera philos. et theol. ed. E. Buytaert u. a. 1940 ff). Vgl. Tusc. Lex. 534. Deutung seiner Gedankenwelt noch umstritten. H. Siebeck, Ockhams Erkenntnisl. in ihrer histor. Stellung. Arch. f. Gesch. d. Philos. 1897, 317 ff. R. Seeberg in ‹Realenzykl. f. prot. Theologie› XIV, 260—280. Ders., Dogmengesch. III, 520 ff, 602 ff. J. Verweyen, Das Probl. der Willensfreiheit in der Scholastik. 1909, S. 238 ff. E. Hochstetter, Studien z. Metaphysik u. Erkenntnislehre W. v. O.'s. 1927. N. Abbagnano, G. d'Occam. 1931 (als neuzeitlicher Denker dargestellt). Moser, Grundbegr. der Naturphilos. des W. v. O. 1932. A. Garvens, Die Grundl. d. Ethik des W. v. O. Franzisk. Studien 1934, 243—273, 360—408. E. Moody, The Logik of W. v. O. 1935 (stark Thomas annähernd). Zuidema, De Philos. van O. in zijn Comm. op de Sententien. 2 Bde., 1936 (als subjektivistischer Kritiker der Scholastik gedeutet). K. Hammerle, Von Ockham zu Milton. 1936. Tornay, Ockham, Studies and Selections. 1938. G. de Lagarde, Ockham et son temps. 1942. R. Scholz, W. v. Ockham als politischer Denker. 1944. — Mehr eine Kritik vom thomistischen Standpunkt als eine Darstellung enthält C. Giano, Guglielmo di Occham. Saggio storico-critico sulla formazione e sulla decadenza della Scolastica. 1941. Vgl. E. Hochstetter, Ockham Forschung in Italien. Ztschr. f. Philos. Forsch. 1947, 559 ff. Rob. Guelluy, Philosophie et Théologie chez Guillaume d'Ockham. 1947. The tractatus de successivis attr. to W. O. ed. with a study on the life and works of O. by Ph. Boehner. 1944. G. Martin, W. v. O., Unters. zur Ontologie der Ordnungen. 1949. L. Baudry, Guillaume d'Occam. I 1950. M. C. Menges, The concept of univocity regarding the predication of God and creature acc. to W. O. 1952. O. Fuchs, The psychology of habit according to Will. O. 1952. C. Vasoli, Guglielmo d'Occam. 1953. E. Iserloh, Gnade u. Eucharistie i. d. philos. Theol. des W. v. O., Ihre Bedeutung f. d. Ursachen der Reformation. 1956. H. Shapiro, Motion, time and place according to W. O. 1957. B. Hägglund, Theologie u. Philosophie b. Luther u. in der occamist. Tradition. 1955 (zur Theorie von der dopp. Wahrheit). Ph. Boehner, Collected articles on O. ed. by E. M.

BUYTAERT. 1958. L. BAUDRY, Lexique philosophique de Guillaume d'Ockham. 1958.
Zur *Opposition* gegen Ockham vgl. FR. HOFFMANN, Die erste Kritik des Ockhamismus durch den Oxforder Kanzler Johannes Lutterell. 1941.

Vorläufer Ockhams sind zwei Franzosen, beide stark kritisch veranlagte Denker von eigener Prägung: der Franziskaner und Scotist PETRUS AUREOLUS († 1322), bei dem sich Nominalismus und Empirismus verbanden, und der Dominikaner DURAND (um 1270/75 bis 1334, von den Zeitgenossen ‹Dr. modernus› genannt), der sich von seinen anfänglich thomistischen Ansichten allmählich dem Nominalismus zuwandte und nur im individuellen Sein das wahre Sein erblickte. Weitaus bedeutender als sie ist jedoch der Engländer

Wilhelm von Ockham (um 1290/1300—1350),

einem Burgflecken der Grafschaft Surrey. Ebenfalls Franziskaner und in Oxford gebildet (nicht Schüler des Scotus, wie man früher annahm), dann Lehrer zu Paris, trat er in dem damals entbrannten Kampf zwischen Papsttum (Bonifaz VIII.) und weltlicher Gewalt entschieden für die letztere ein. Vom Papst verfolgt, fand er, wie der Averroist MARSILIUS VON PADUA, der in seinem revolutionären staatspolitischen Werk ‹Defensor pacis› die Volkssouveränität gegen die kirchlichen Herrschaftsansprüche stellte, Zuflucht und Schutz bei Ludwig dem Bayern. ‹Verteidige du mich mit dem Schwerte, ich will dich mit der Feder verteidigen.› Doch waren es lediglich philosophisch-theologische Anschauungen, die ihn 1324 vor das päpstliche Inquisitionsgericht in Avignon brachten und 1326 zur Verurteilung seiner Lehre geführt haben, wie wir heute wissen. Erst im Laufe der Zeit hat er stärker in den kirchenpolitischen Kampf eingegriffen. Er blieb aber bis zuletzt der grübelnde Theologe, bedrängt mehr von religiösen Fragen als von denen der Reichspolitik. Er starb wahrscheinlich in München, vielleicht am ‹Schwarzen Tod› (1349 oder 1350). Von seinen zahlreichen Schriften sind die wichtigsten der ‹Kommentar zu den Sentenzen des Lombarden›, die ‹Summa der ganzen Logik›, die ‹Expositio aurea super totam artem veterem›, die ‹Quaestiones› und ‹Summulae in libros physicorum› und der kirchenpolitische ‹Dialogus inter magistrum et discipulum de imperatorum et pontificum potestate›.

Als wichtigste philosophische Tat OCKHAMS wird in der Regel seine *Erneuerung des Nominalismus* bezeichnet. Im Gegensatz zu dem gemäßigten Realismus, den die Hauptführer der Scholastik (Anselm, Thomas, Scotus) vertreten hatten, lehrt er, entgegen diesen ‹Platonikern› an den ‹echten Aristoteles› sich anschließend: Nur die Einzeldinge sind das Wirkliche. Die allgemeinen Begriffe existieren nur im denkenden Geiste, d. h. *obiective*, nicht substantiell oder *subiective*.[4] Sie sind Schöpfungen des Verstandes, Gedankenkonzeptionen (daher auch der Name Konzeptualismus). Unsere Begriffe sind keine wirklichen Abbilder der Dinge, sondern nur Zeichen (*termini*) für dieselben (der Nominalismus wird daher neuerdings oft auch als *Terminismus* bezeichnet), deren Behandlung der Logik, Ockhams Lieblingswissenschaft, zufällt. Es gibt keine allgemeine Wesenheit an sich, z. B. keinen Menschen ‹an sich›; das wäre eine unnütze ‹Vervielfachung des Seienden›, entgegen dem Grundsatz unseres Scholastikers: *entia praeter necessitatem non sunt multiplicanda*. Der Satz «der Mensch ist sterblich» bedeutet nichts anderes als: alle einzelnen Menschen sind sterblich. Es gibt auch als Erkenntnisgegenstand nur das Einzelne.

Dementsprechend fällt — und das ist für uns wichtiger als das bloße Schubfach ‹Nominalismus› — das Hauptgewicht auf die der reinen Abstraktion gegenübergestellte ‹*intuitive*› Erkenntnis, die (innere und äußere) Wahrnehmung und ihr Erzeugnis, die (innere und äußere) *Erfahrung*, so daß zu einer induktiven Erforschung der äußeren Natur und der Seelenzustände wenigstens der Weg gebahnt wird. Das bereits bei Duns Scotus festzustellende Gegenüber von Wissen und Glauben wird nun zum *Zwiespalt* zwischen Vernunftwissenschaft (*Philosophie*) und Offenbarung (*Theologie*). In geradem Gegensatz zu Lull, der alles beweisen zu können vorgab, behauptet er: auch das Dasein Gottes und seine Eigenschaften können nicht von der Vernunft bewiesen, sondern höchstens durch Analogieschlüsse wahrscheinlich gemacht werden, und auch dies nicht «den Weltweisen und denen, die sich vorzugsweise auf die natürliche Vernunft stützen». Er selbst freilich folgert aus dieser unserer natürlichen Unwissenheit über die wichtigsten Probleme die Notwendigkeit der göttlichen Offenbarung und hält es für einen verdienstlichen Willensakt, das Unbeweisbare zu glauben. Die *Theologie* ist eben *keine Wissenschaft*; und Ockham selbst blieb Theo-loge. Der Primat des Glaubens und der Überzeugung von der unbeschränkten irrationalen Machtfülle Gottes führt ihn mitunter zu wunderlichen, fast frivolen Absurditäten, wie z. B. der, daß Gott statt der menschlichen auch die Eselsnatur (*natura asinina*) hätte annehmen können! Aber wichtiger ist, zu sehen, wie in den vom Allmachtgedanken ausgehenden Möglichkeitsspekulationen zugleich ein neues Lebensgefühl durchdringt, etwa in der Behauptung der Möglichkeit einer Seligkeit ohne Gnade oder einer Sittlichkeit ohne Glauben.

---

4 Die beiden Termini *objektiv* und *subjektiv*, die soviel Verwirrung in der Geschichte der Philosophie angerichtet haben, hatten also bei ihrem ersten Gebrauch gerade die *umgekehrte* Bedeutung wie heute.

In der *Willenslehre* und *Psychologie* überhaupt ist Ockhams Standpunkt echt englisch ein gesund-*empirischer*. Wille und Verstand sind nur verschiedene Wirkungsweisen der in ihrem eigentlichen Wesen für uns unerkennbaren Seele. Des Willens Verflechtungen mit dem Gemütsleben und den Trieben werden untersucht. Auf der Erfahrung beruht auch die unumstößliche Tatsache der Willensfreiheit, die durch äußere Umstände nicht beeinflußt wird. Aber die Willenslehre bildet schon durch den Ockhams ganzes Werk beherrschenden Primat des göttlichen Willens zugleich einen *metaphysischen* Schwerpunkt in seinem Denken, den zu erkennen für das Verständnis des neuzeitlichen Voluntarismus wesentlich ist.

Die *Ethik* steht bei O. und seiner Schule auf schwachen Füßen, weil sie auf jene Lehre von der absoluten Willkür Gottes bezogen wird. Es gibt kein Gutes und Schlechtes an sich, sondern nur durch den Willen Gottes. Gott *kann* die Sündenschuld ohne jede innere oder äußere Buße des Sünders erlassen, ebenso wie er einen, der nicht gesündigt hat, bestrafen kann. Außerordentlich häufig findet sich der Beisatz: *Aliter tamen potuit deus ordinare*, d. i. ‹Gott hätte auch eine andere Anordnung treffen können›. Ja, eine lasterhafte Handlung ist keine Sünde, wenn sie zur Ehre Gottes geboten erscheint. Und doch stellt sich derselbe Ockham in dem seine Zeit mächtig bewegenden Streit zwischen Kirche und Staat, wie wir schon oben bemerkten, entschieden auf die Seite des letzteren. Das Gemeinwohl (*bonum commune*) zu schaffen, ist rein Sache des Staates. Verletzt der Fürst diese seine Pflicht, so hat das Volk das Recht, ihn abzusetzen, den Tyrannen zu töten: wie auch innerhalb der Kirche die Gesamtheit der Gläubigen über Papst, Konzil und Geistlichkeit steht. Er eifert gegen den Reichtum und die dadurch herbeigeführte Verweltlichung der Kirche. Das Ideal, der *status perfectissimus*, bleibt dem gelehrten Bettelmönche schließlich doch die völlige Besitzlosigkeit.

Anhänger und Nachfolger Ockhams

Die Erforschung des 14. Jahrhunderts ist entscheidend in Bewegung gekommen durch die aufsehenerregenden Untersuchungen P. Duhems (Etudes sur Leonardo da Vinci. 3 Bd., 1906–13), der die Umbildung der physikalischen Vorstellungen des Mittelalters in der Pariser Ockhamistenschule gezeigt hat und zugleich diese Schule als Ausgangspunkt der modernen Mechanik und Himmelsphysik zu erweisen suchte. Die neueste Forschung hat gezeigt, daß Einschränkungen zu Duhems Thesen nötig sind und daß trotz aller Neuansätze der Weg zur modernen Naturwissenschaft doch nicht so gradlinig verläuft (z. B. ist noch kein Durchbruch zum Trägheitsprinzip erfolgt). Aber die Bewegtheit des wissenschaftlichen Ringens tritt unbestreitbar hervor, auch der Übergang von der formal-ontologischen Diskussion zur

Prüfung an den empirischen Phänomenen, die Ausschaltung der Intelligenzen als bewegender Gestirnkräfte, das Zusammensehen der Bewegungen im Himmel und auf der Erde.

K. MICHALSKI, Les courants philos. à Oxford et à Paris pendant le XIVe sc. 1922. DERS., Le Criticisme et le Scepticisme dans la philos. du XIVe sc. 1925. G. RITTER, Studien zur Spätscholastik (Marsilius von Inghen und die okkamistische Schule in Deutschland. 1921. Via antiqua und via moderna auf den deutschen Universitäten des 15. Jahrhunderts. 1922). DERS., Die Universität Heidelberg. 1936. H DINGLER, Über die Stellung des Nicolas Oresme in der Geschichte der Wissenschaft. Archeion 11, 1929, 15 ff. E. BORCHERT, Die Lehre von der Bewegung bei Nicolaus von Oresme. 1934. O PEDERSEN, Nicole Oresme og hans naturfilosofiske system. 1956. A. MAIER, Das Problem der intensiven Größe in d. Scholastik. 1939. DIES., Die Impetustheorie der Scholastik. 1940. DIES., An den Grenzen von Scholastik und Naturwissenschaft. 1943. DIES., Die Vorläufer Galileis im 14. Jh. 1949. V. RÜFNER, Probleme mittelalterlicher Physik und ihre Weiterbildung in der Neuzeit. Dt. Vjschr. 1942, 133 ff. J. R. WEINBERG, Nicolaus of Autrecourt. Princeton 1948.

a) Nicolaus von Autrecourt, Johann Buridan und Nikolaus von Oresme

Wilhelm von Ockham gewann bald zahlreichen Anhang. Trotz der feierlichen Verwerfung seiner Lehre durch die Universität Paris (1340), gingen bald nicht bloß zahlreiche Ordensgenossen (Franziskaner), sondern auch Augustiner und Dominikaner zum Nominalismus über.

Zugleich wirkt des Scotus metaphysischer Voluntarismus (Gott als Willensgewalt) weiter: Die feste Stufenordnung des Kosmos wird fraglich. Die Empirie gewinnt steigend an Bedeutung gegenüber der logischen Diskussion. Die Selbständigkeit der Materie wird drängender zum Problem. Charakteristisch für die neuen Tendenzen ist die Gestalt des NICOLAUS VON AUTRECOURT, der 1347 einen Teil seiner Schriften vor versammelter Universität verbrennen mußte. Man hat ihn einen mittelalterlichen Hume genannt, weil er bereits das Prinzip der Kausalität und den Begriff der Substanz kritisierte. In der Kosmologie erneuerte er die Atomistik.

Zu den bedeutendsten unter Ockhams unmittelbaren Schülern gehört JOHANN BURIDAN, 1325 und 1348 Rektor der Pariser Universität. Er beschäftigte sich weniger mit theologischen als mit logischen, psychologischen und physikalischen Problemen, in bloß äußerlicher Anlehnung an die Auslegung aristotelischer Schriften, deren umfassendster Erklärer er in seiner Zeit war, um ihre physikalischen Lehren aber zugleich als irrig zu erkennen. Besonders interessierte ihn die Frage der *Willensfreiheit*. Der Wille ist zu unterscheiden vom sinnlichen und intellektuellen Begehren. Er ist passiv oder aktiv, je nachdem er durch den Intellekt angeregt oder völlig selbständig (*liberum arbitrium*) entscheidet. Diese letzte Freiheit der bloßen ‹Opposition› (*libertas oppositionis*) ist uns aber nur gegeben, damit wir die wahre ethische Freiheit der ‹Zweckordnung› (*libertas finalis ordinationis*) erlangen, wobei dem Intellekt ein gewisser Einfluß zukommt. Die Tiere dagegen sind unfrei und folgen ihren Trieben. Das bekannte Beispiel von dem Esel zwischen den beiden Heubündeln, dessen Urheberschaft man ihm zuschreibt, ist vielleicht von ihm oder einem seiner Schüler bei mündlichen Vorträgen gebraucht worden; möglicherweise aber auch eine Erfindung seiner Gegner. In seinen gedruckten Schriften wenigstens findet es sich nicht, ebensowenig die sogenannte ‹Eselsbrücke› (*pons asinorum*), d. h. der Rat, beim logischen Schließen den Mittelbegriff aufzusuchen, als Hilfsmittel für beschränkte Köpfe. Besondere Bedeutung kommt Buridans physikalischen Lehren zu, vor allem seinem Versuch, im Gegensatz zur Zurückführung der Gestirnbewegungen auf himmlische Intelligenzen den Weg zu einer Himmelsmechanik zu bahnen (voran ging ihm hierin, wenigstens in spekulativer Weise, der Scotist FRANZISKUS VON MARCHIA in seinem Sentenzenkommentar 1319–20). Bahnbrechend für die Fortschritte der Physik und Astronomie in der Pariser Schule war neben Buridan NIKOLAUS VON ORESME († 1382), der zugleich der bedeutendste Nationalökonom des 14. Jahrhunderts war.

b) Marsilius von Inghen und Albert von Sachsen

Das Verbot der nominalistischen Lehre, das namentlich die Pariser Universität noch mehrmals (zuletzt 1473) versuchte, konnte nicht mehr durchgeführt werden. Im Gegenteil, während zur Blütezeit der Scholastik die Aussprüche der Pariser Fakultät als Normen galten, machte sich jetzt, unter dem Einfluß der Nominalisten, eine Dezentralisation der gelehrten Tätigkeit bemerkbar. So soll Buridans Einfluß mitbestimmend bei der Errichtung der Wiener Universität (1365) gewesen sein, der Prag 1348 voraufging, Köln 1388 nachfolgte. Sicher war sein jüngerer Freund MARSILIUS (MARCEL) VON INGHEN (in der Moselgegend) an der Gründung der Universität Heidelberg (1386) beteiligt, deren Lehrer er bis 1392 gewesen ist († 1396). Auch Marsilius untersuchte den Inhalt der inneren Erfahrung und die Willensverhältnisse, wobei er namentlich die instinktive Seite des Wollens und Begehrens infolge der Gewöhnung sowie die Tätigkeit des Künstlers beachtete. Neben Marsilius war es in Deutschland vor allem ALBERT VON SACHSEN, der erste Rektor der Universität Wien (1365), der auf logischem und naturwissenschaftlichem Gebiet den Ockhamismus vertrat († 1390 als Bischof in Halberstadt).

c) Pierre d'Ailly

In Frankreich war später um die Jahrhundertwende der führende Kopf des Ockhamismus PIERRE D'AILLY (PETRUS DE ALLIACO, 1350 bis 1420). Er hebt den Primat des Willens kräftig hervor, gibt aber eine Mitwirkung der Erkenntnis beim Entschlusse zu. Er sucht Ockhams Satz, daß die Selbsterkenntnis das Gewisseste sei, gewisser insbesondere als die Wahrnehmung äußerer Gegenstände, näher zu begründen. Gott kann die äußeren Objekte vernichten, ohne daß er mir mein subjektives Empfinden nimmt. — Peter von Ailly war lange Jahre Kanzler der Universität Paris, Beichtvater des französischen Königs und die Seele des Konstanzer Konzils. Er starb 1420 als Kardinallegat in Avignon. Er stellt das Konzil über den Papst, die Bibel über die Tradition. Aus seinem vielseitigen Schrifttum seien die Kommentare zur ‹Consolatio philosophiae› des Boethius und zu den ‹Meteora› des Aristoteles genannt; neben ihnen am bekanntesten das geographische Werk ‹Imago mundi›. Mit seinem philosophischen Skeptizismus verbindet sich bereits eine ausgesprochene Neigung zur *Mystik* (so in seinem ‹Speculum considerationis›).

d) Johannes Gerson und Gabriel Biel

Noch stärker tritt dieser Zug hervor bei seinem Schüler und jüngeren Freunde JOHANNES GERSON (1363–1429), eigentlich JEAN CHARLIER aus dem Dorfe Gerson bei Reims, seinem Nachfolger in der Kanzlerwürde von Paris, das er zu Konstanz vertrat. Er erstrebt eine Konkordanz ‹unserer›, d. h. der Ockhamschen *Scholastik*, mit der ‹*mystischen Theologie*›. Besser als alle menschliche Weisheit, als Platon und Aristoteles ist die Befolgung des Wortes: ‹Tut Buße und glaubt dem Evangelium!› Die mystische Theologie geht von dem Erleben und Erfahren Gottes aus und ist auch dem Einfältigen möglich. Wegen dieser seiner Wertschätzung des Evangeliums, des Glaubens, der inneren Buße und der subjektiven Frömmigkeit hat man Gerson, obwohl er sich noch als treuer Sohn seiner Kirche zeigt, vielfach zu den ‹Vorreformatoren› gerechnet.

Als ‹letzter Scholastiker› wird gewöhnlich der Tübinger Professor GABRIEL BIEL († 1495) bezeichnet, der Ockhams Lehren klar und übersichtlich darstellt, und dessen Lehre — durch Staupitz — bereits auf Luther und Melanchthon von Einfluß gewesen ist; er gehörte der Bruderschaft ‹vom gemeinsamen Leben› an.[5]

---

5 JOH. HALLER, Die Anfänge der Universität Tübingen (1477–1537). 1927. E. SEEBERG, Luthers Theologie. I, 16 ff, 1929. — Zu GERSON vgl. J. STELZENBERGER, D. Mystik des Joh. Gerson. 1928. W. DRESS 1931. DERS., Ztschr. f. Kirchengesch. 1933.

3. Die deutsche Mystik des 14. und 15. Jahrhunderts (Eckhart)

Den Begriff ‹deutsche Mystik› hat, wie es scheint, der Hegelianer Karl Rosenkranz in einer Rezension in den Berliner Jahrbüchern für wissenschaftliche Kritik 1831, 147 ff, geprägt, um die ‹mystische Spekulation des Meister Eckhart und seines Kreises› als ‹Anfangsstadium der Entwicklung des deutschen Geistes› zu bezeichnen, die er in Hegels Philosophie sich vollenden sah. Zur Geschichte der Mystikforschung vgl. K. Heussi, Ztschr. f. Theol. u. K. 1917, 154 ff. Gottfried Fischer, Geschichte der Entdeckung der deutschen Mystiker, Eckhart, Tauler, Seuse im 19. Jahrhundert. 1931. Hanfried Krüger, Verständnis und Wertung der Mystik im neueren Protestantismus. 1938.

Ausgabe: F. Pfeiffer, Deutsche Mystiker des 14. Jahrh. 2 Bde., Leipzig 1845–57 (mit Einleitungen). Neudruck 1924 (jedoch mit Vorsicht zu benutzen; vgl. J. Quint, Die Überlieferung der deutschen Predigten Meister Eckhards. 1932). Hauptwerk der älteren Literatur: Preger, Gesch. der deutschen Mystik im Mittelalter. 3 Bde., 1874–92. Neudr. 1962. Einführend: E. Bergmann, Die deutsche Mystik. Breslau 1926. J. Quint, Textbuch zur Mystik des deu MA, Meister Eckh., Joh. Tauler, H. Seuse. 1952. H. Kunisch, Eckhart, Tauler, Seuse. Ein Textbuch aus altdeutscher Mystik, Row. Klass. 31, 1958 (sehr gut zur Einführung, mit Bibliogr.). Grundlagen: H. Grundmann, Religiöse Bewegungen im Mittelalter. 1935. Ders., Die geschichtl. Grundlagen der deutschen Mystik. Dtsch. Vierteljahresschr. 1934. – M. Grabmann, Die Kulturwerte der deutschen Mystik des Mittelalters. 1923. R. Otto, Westöstliche Mystik. 2. Aufl., 1929. R. F. Merkel, Die Mystik im Kulturleben der Völker. 1940. – Ferner vgl. zur Bestimmung des Begriffs ‹altdeutsche Mystik› G. Müller, Dtsch. Vierteljschr. 1926, 97 ff. Ders., Das Zeitalter der Mystik. Ztschr. f. Deutschkunde, 1928, 177 ff. H. Kunisch, Das Wort Grund in der Sprache der deutschen Mystik des 14. u. 15. Jhdts. 1929. W. Muschg, Die Mystik in der Schweiz. 1935. E. Benz, Über den Adel in der deutschen Mystik. Dtsch. Vierteljschr. 1936, 505 ff. – D. Mahnke, Unendliche Sphäre und Allmittelpunkt. 1937 (zur ‹Genealogie der mathematischen Mystik›, ein Grundwerk der Forschung). – Zusammenfassende geistesgeschichtliche Darstellung unter Hervorhebung der Kontinuität mit umfassender Bibliographie (insbesondere zur Frauenmystik): F. W. Wentzlaff-Eggebert, Deutsche Mystik zwischen Mittelalter und Neuzeit. ² 1947. Th. Steinbüchel, Mensch u. Gott in Frömmigkeit u. Ethos der deu. Mystik. 1952.

E. Krebs, Meister Dietrich, Sein Leben, seine Werke, seine Wissenschaft. 1906. – G. Lüers, Die Sprache der deutschen Mystik im Werke der Mechthild von Magdeburg. 1926. Jeanne Ancelet-Hustache, Mechthild de Magdebourg. Paris 1926. H. Grundmann, Zur Geschichte der Beginen im 13. Jahrh. Arch. f. Kulturgesch., 1931, 296 ff.

Die christliche Mystik ist so alt wie das Christentum selbst. Beweis: das vierte Evangelium und die Offenbarung Johannis, aber auch manche Stellen paulinischer Briefe. Ebenso geht, wie wir bereits sahen, neben der scholastischen Denkweise fast beständig eine von den Kirchenvätern herstammende mystische Nebenströmung her. Wir erinnern nur an die hervorragenden Gestalten des Augustin, Areopagita, Eriugena, Bernhard, der Viktoriner, des Bonaventura und Albert sowie an die Ansätze, die wir bei Thomas fanden, bis zu Gerson, der Bonaventura mit warmer Verehrung zitiert und daneben an Bernhard und die Viktoriner anknüpft. Sie bildet zunächst gar keinen Gegensatz zur Scholastik, sondern will nur deren mehr unpersönliche, verstandesmäßige Form durch das Zwiegespräch der Seele mit Gott verinnerlichen und beleben. Die an den Mystizismus sich anlehnenden praktischen Bewegungen, von den ersten Christen an bis zu den Waldensern, Begharden und ‹Brüdern des freien Geistes›, gehören ins Gebiet der Kirchen-, insbesondere der Ketzergeschichte.

Philosophisch vorbereitend wirkte für die Entwicklung der spekulativen Mystik die von Albertus Magnus und Ulrich von Straßburg ausgehende neuplatonische Richtung in Theologie und Metaphysik; ihr bedeutendster Vertreter war DIETRICH VON FREIBERG (etwa 1250–1310), der zugleich als Naturforscher hervorgetreten ist und bereits die richtige Theorie des Regenbogens gab, womit er ein Problem löste, das der mittelalterlichen Optik als besonders schwierig und rätselhaft galt.

Eine neue, auch philosophisch wichtige Bewegung geht im 14. Jahrhundert von der *deutschen Predigt* der *Dominikaner* aus, die nicht bloß durch Verinnerlichung des religiösen Lebens der Reformation mächtig vorgearbeitet, sondern durch die Tiefe ihrer Spekulation noch auf die Philosophie des 19. Jahrhunderts (besonders Schelling) befruchtend eingewirkt hat. Anfänge in dieser Richtung finden sich schon in den Predigten des Franziskaners DAVID VON AUGSBURG († 1271) und seines berühmten Schülers BERTHOLD VON REGENSBURG. — Die stärksten Anstöße gingen von der Nonnenseelsorge aus, die die mit ihr Betrauten nötigte, sich der deutschen Sprache zu bedienen. Sie war veranlaßt durch die starke religiöse Bewegung, die damals gerade in Frauenkreisen die Gemüter erfaßt und zu hochtheologischen Debatten und mystischen Spekulationen geführt hatte. Eine hervorragende Vertreterin deutscher Mystik von tiefer Erlebniskraft war MECHTHILD VON MAGDEBURG (etwa 1212 bis 1285; durch dichterische Anschaulichkeit ausgezeichnetes Werk: ‹Fließendes Licht der Gottheit›).

Der eigentliche Begründer der deutschen Mystik aber ist derselbe Mann, in dem sie zugleich sofort ihren Höhepunkt erreicht, nämlich Meister Eckhart (1260–1327).

Entscheidende *Wiederentdeckung* Meister Eckharts nach langem nur unter-
irdisch-anonymen Fortwirken erst gegen Mitte des 19. Jahrhunderts durch
Zusammenwirken von Romantik, aufblühender Germanistik und deutschem
Idealismus. BAADER gab PFEIFFER den Anstoß zu seiner Ausgabe. Der Hegelianer LASSON gab eine spekulativ-pantheistische Deutung (Meister Eckhart.
1868). Gegenstoß durch DENIFLE, der Fragmente des lateinischen Schrift-
tums Eckharts in Erfurt und Cues (hier durch Nikolaus von Cues veran-
laßte Abschriften) entdeckte und das Problem der Abhängigkeit Eckharts
von der Scholastik in das Zentrum rückte, selbst Eckhart als fragwürdigen
und unklaren Scholastiker beurteilte (Arch. f. Lit. und Kirchengesch. d.
Mittelalters, II, 417–652, 673 ff, 1886). – Neuer Aufschwung der Eckart-
Forschung in den letzten Jahrzehnten. Noch alles im Fluß. Wichtig vor
allem, daß, nachdem die Forschung sich lange auf unzulängliche Textunter-
lagen stützen mußte (zu PFEIFFER, vgl. Bemerkung S. 110: die auf PFEIFFER
beruhende bekannte BÜTTNERsche Ausgabe ist überholt), nun zwei große
grundlegende *kritische Ausgaben* im Werden sind: 1. MEISTER ECKHART,
Die deutschen und lateinischen Werke, im Auftrage der Deutschen For-
schungsgemeinschaft, unter Leitung von E. SEEBERG (†), Jos. QUINT, Jos.
KOCH (1935 ff). 2. Magistri Eckardi Opera latina, Editio Institutio S. Sa-
binae in urbe, unter Leitung von G. THÉRY und R. KLIBANSKY, (1934 ff). –
Einzelausgaben: Buch der göttl. Tröstung und von dem edlen Menschen,
ed. STRAUCH 1910 (Lietzmanns kleine Texte 55); Neudruck 1933. Reden der
Unterscheidung, ed. DIEDERICHS 1913 (kleine Texte 117), ed. J. BERNHART
1922. Rechtfertigungsschrift (lat.), ed. DANIELS, 1923: mit Einl., Übers.
und Anm. von KARRER und PIESCH, 1927. – Zahlreiche Texte enthält auch
KARRER, Meister Eckhart, Das System. 1926. Eine Auswahl mit Einleitung
gibt SCHULZE-MAIZIER, 1927, 3. Aufl., 1938; eine ‹Heranführung› mit Pro-
ben aus deutschen Schriften gibt O. WILHELM 1941.

Zur Entwicklung der Forschungslage vgl. STRAUCH, Eckhart-Probleme
(Rede). 1912. J. QUINT, Die gegenwärtige Problemstellung in der Eckhart-
Forschung. Zeitschr. f. dt. Philologie, 1927. M. GRABMANN in: Divus Tho-
mas. 1927, 74 ff. P. BROWE in: Scholastik. 1928, 557 ff. J. KOCH, Das Eck-
hartproblem. Jahresberichte der Görres-Ges. 1934, 45 ff. E. BENZ, Neue
Forschungen über Meister Eckhart. Bl. f. dt. Philosophie, 1939, 379 ff.

Aus der älteren Literatur bleibt zu nennen: J. BACH, M. E., der Vater
der deutschen Spekulation. 1864. In der jüngeren Literatur stehen sich unausgeglichen verschiedene Deutungen gegenüber. Den Mystiker hat R. OTTO,
Westöstliche Mystik. 2. Aufl. 1929, dargestellt. Von der Scholastik und von
Thomas her deuten A. DEMPF, M. E. 1935. DERS., Meister E. 1960 (Herder-B.
71). H. PIESCH, M. E.'s Ethik. 1935. W. BANGE, M. E.'s Lehre vom göttlichen
und geschöpflichen Sein. Bei BANGE aber schon Hinweis auf das neuplatonische Moment, das bestimmender Gesichtspunkt ist bei E. SEEBERG, M. E.
1934. Vgl. auch W. MUSCHG, Die Mystik in der Schweiz. 1935 (enthält Ge-
samtbild von Eckharts Theologie und Frömmigkeit). Zur Vermittlung des
Neuplatonismus an Eckhart durch islamische und jüdische Philosophen vgl.
J. KOCH, M. E. und die jüdische Religionsphilosophie. Jahresber. 101 der
Schles. Ges. f. vaterl. Kultur 1928. – Einseitig logisch-idealistisch deutet B.

PETERS, Der Gottesbegriff M. E.'s. 1936. Existenz-philosophisch: K. OLT-
MANNS, M. E. 1935. — Einzeluntersuchungen: F. WEINHANDL, M. E. im Quell-
punkt seiner Lehre. 2. Aufl. 1926. F. MEERPOHL, M. E.'s Lehre vom Seelen-
fünklein. 1926. S. HAMPE, Der Begriff der Tat bei M. E. 1926. M. GRABMANN,
Neuaufgef. Pariser Quaestionen M. E.'s u. ihre Stellung in s. geistigen Ent-
wicklungsgang (Unters. u. Texte). 1927, Ak. München 1927. B. GEYER, Seelen-
fünklein und archa in mente bei M. E. Theol. Rev. 1927, 394 ff. O. KARRER,
Das Göttliche in der Seele bei M. E. 1928. K. WEISS, Die Seelenmetaphysik des
M. E. Zeitschr. f. Kirchengesch. 1933. E. HOFFMANN, Gottesschau bei M. E.
u. Nik. v. Cues. Zangger-Festschr. 1934, 1033 ff. MARIANUS MÜLLER, M. E.'s
Seelenlehre u. ihr Verhältnis z. Scholastik. Diss. 1935. E. REFFKE, Studien
zum Problem der Entwicklung M. E.'s im Opus tripartitum. Ztschr. f. Kirchengesch. 1938, 19–95. J. HEMMERICH, Über das Wesen der Gotteinung
bei M. E. Diss. 1939. J. QUINT, M. E., Ztschr. f. dt. Kulturphilos. 1939.
H. EBELING, M. E.'s Mystik. 1941. G. MENSCHING, Vollkommene Menschwerdung bei M. E. 1942. Eine relig. psycholog. Unters. gibt O. BOLZA,
M. E. als Mystiker. 1938. — Zu Eckharts Sprachkraft und Sprachschatz vgl.
R. FAHRNER, Wortsinn und Wortschöpfung bei M. E. 1929. THEOPHORA
SCHNEIDER, Der intellektuelle Wortschatz M. E.'s. 1935. K. BERGER, Die Ausdrücke der unio mystica im Mittelhochdeutschen. 1935.

H. BORNKAMM, Eckhart und Luther. 1936. P. MEINHOLD, Luther und die
deutsche Mystik, mit bes. Berücks. M. E.'s. Luther-Jahrb. 1937. — W. ZELLER,
M. E. bei Valentin Weigel. Ztschr. f. Kirchengesch. 1938, 309 ff. — J. BERN-
HART, M. E. und Nietzsche. 1935. — Zum Problem: Eckhart und der deutsche
Idealismus vgl. E. v. BRACKEN, M. E. und Fichte. 1943. STEINBÜCHEL, Mystik
und Idealismus, M. E. und Hegel. Universitas 1947, 1409 ff. M. A. LÜCKER,
M. E. u. die devotio moderna. 1950. H. HOF, Scintilla animae, eine Studie
zu einem Grundbegriff in M. E.s Philosophie. 1952. G. STEPHENSON, Gott-
heit u. Gott in d. spekulat. Mystik M. E.'s. 1954. E. SCHAEFER, M. Eckeharts
Traktat ‹Von Abegescheidenheit›, Unters. u. Textneuausg. 1956. H. WAK-
KERZAPP, D. Einfluß M. E.'s auf die ersten philos. Schriften des Nikolaus v.
Kues. 1962.

Aus ritterlichem Geschlechte in Thüringen gegen 1260 geboren, 1300
Lehrer in Paris, 1302 von Bonifaz VIII. zum Dr. ernannt, 1304
bereits Provinzialprior für Sachsen, 1307–11 Generalvikar seines
Ordens, lehrte und predigte MEISTER ECKHART in ganz Deutschland
mit größtem Ruhme, zuletzt in Köln. Dennoch wurde schließlich ein
Prozeß in Glaubenssachen gegen ihn eingeleitet; er verstand sich zu
einem bedingten Widerruf. Ehe das Endurteil, die 28 Sätze verdam-
mende päpstliche Bulle erschien, ist er gestorben (1327).

Eckhart schließt sich zunächst an die Lehre seiner Ordensgenossen
Albert und Thomas an; namentlich seine lateinischen scholastischen
Schriften (‹Quaestiones› aus der Zeit der Pariser Lehrtätigkeit; dann
das Hauptwerk ‹Opus tripartitum›[6] und die lateinische Rechtferti-

---

6 Das ‹Opus tripartitum› ist in 3 Teile gegliedert: Opus propositionum
(Lehrsätze), Opus quaestionum (Einzelfragen), Opus expositionum (Bibel-

gungsschrift) zeigen ihn von letzterem abhängig; aber zugleich verraten sie nicht nur eine deutliche Wendung zu einem spiritualistischen Neuplatonismus, sondern auch einen alle Schultraditionen zurücklassenden ausgeprägten religiösen Wirklichkeitssinn von spekulativer Eigenkraft. Seine Eigentümlichkeit tritt freilich weit lebendiger in den *deutschen* Schriften hervor, in denen er sich an die Gemeinde wendet. Er ist der *erste Philosoph deutscher* Zunge; ja, man darf sagen: Wie in Dante der Geist Italiens seine eigene Sprache schuf, so der deutsche Geist in Eckhart. Nicht, daß er dem, der Plotin, Augustin, den Areopagiten und die Reihe der anderen Mystiker kennt, inhaltlich besonders viel Neues brächte; aber, was er sagt, erhält aus der Tiefe seines religiösen Erfahrens und der Innigkeit des deutschen Gemüts einen auch das Inhaltliche berührenden wesentlich veränderten Charakter. Das wirkt sich auch und gerade im Gedanklichen aus und läßt ihn zum erstenmal eine deutsche Kunstsprache für die Philosophie schaffen. Denn, wenn für Eckhart auch die Hauptsache die Wirkung auf das religiöse und sittliche Leben seiner Hörer und Leser ist — ein ‹Lebemeister› gilt ihm mehr als tausend ‹Lesemeister› —, so drängt ihn sein Gott-Erleben doch in deutlichem Gegensatz zu aller Mystik der Vision und Ekstase zur spekulativen Durchdringung, und er wagt, in bis dahin nicht gehörter Weise auch philosophisch zu formulieren, was ihn zuinnerst bewegt.

Wie Albert und Thomas ist auch Eckhart einerseits Realist: das Allgemeine ist das wahrhaft Seiende; anderseits Intellektualist: die höchste Tätigkeit der Seele ist das Erkennen. Aber anders als Thomas steigt Eckhart nicht von der empirischen Welt zum höchsten Sein empor, sondern dieses ist für ihn Ausgangspunkt. Dabei weicht er auch in einem anderen Grundzug seines Denkens von Thomas ab, sofern er schon in der ersten These seiner Pariser ‹Quaestionen› hinsichtlich Gottes sagen kann, daß fundamentaler als das Sein das ‹intelligere› sei. Gerade in dem aber, was, ursprünglicher als das Sein, dieses erst hervorbringt, stoßen wir auf den unbegreiflichen und unaussprechlichen göttlichen Urgrund aller Dinge.

Dieser Urgrund, die ‹Gottheit›, muß, um aus dem dunklen Abgrund, der ‹stillen wüeste› der göttlichen Natur zum wirklichen, lebendigen ‹Gott› zu werden, ‹sich bekennen und sein Wort sprechen›. So gebiert er das göttliche Wort, seinen Sohn und, indem er sich selbst in dem Sohne liebt, ‹geistet› er die ‹Minne›, die ihn und den Sohn miteinander verbindet, den heiligen Geist. Wie den Sohn, so

---

auslegung), doch ist es anscheinend so nie ausgeführt worden; erhalten sind uns daraus außer dem Prolog zum *Opus propos.* nur Bibel-Kommentare.

erzeugt Gott aus dem Nichts auch alle Kreatur, deren Idee er in sich vorgebildet sah. Er bleibt in ihnen und sie in ihm, die ‹ungenaturte› Natur in der ‹genaturten› Natur und umgekehrt. Alle Dinge haben Wesen nur insofern sie in Gott sind. Er ist allerorten, denn er ist ungeteilt. Das ‹Hie und Nu›, d. i. ihre räumliche und zeitliche Bestimmung, ist eigentlich Nichts, für Gott nicht da. Alles Sinnliche, alles Mangelhafte, alles, was sich in der Kreatur *gegen* Gott behaupten will, alles Übel und alle Schranke ist also ein Nichts, ein Abfall von Gottes Wesen. Alle Dinge gehen von Gott aus und wollen zu ihm, ihrem Ursprung und wahren Sein, zurück, wollen ‹entwerden›.

So auch das Beste unter dem Geschaffenen, um dessentwillen alles Übrige da ist, die menschliche *Seele*, deren Neuentdecker dieser deutsche Mystiker recht eigentlich gewesen ist. Dabei tritt die psychologische Frage nach den Seelenkräften, dem Seelenvermögen und ihrer Einteilung ganz zurück gegenüber der religiös-metaphysischen Frage nach dem Gesamtverhältnis der Seele zu Gott. Die Seele trägt ein doppeltes Antlitz: das eine ist dieser Welt und dem Körper zugekehrt, den sie zu seiner ganzen Wirksamkeit befähigt, das andere ist unmittelbar auf Gott gerichtet. Auf ihrem Grunde ruht das ‹Fünklein› oder ‹Gemüt›, in dem das Göttliche ohne Mittel und Hülle erscheint. ‹Warum bleibt ihr nicht bei euch selbst und greift in euer eigen Gut? Ihr tragt doch alle Wahrheit wesentlich in euch.› Dem nachgehend muß der Mensch, wenn er zu Gott will, sich selbst sterben, seine Eigenheit aufgeben, ohne Willen sein, damit das Göttliche in ihm zur Herrschaft komme. Das ist der Zustand der *Abgeschiedenheit*, d. i. der Freiheit von *allen* Affekten, der ‹Gelassenheit›, der alles recht ist, was Gott tut, ihr höchster Grad die ‹Armut›, die nichts weiß, nichts will, nichts hat. Befinde ich mich in diesem Zustand, dann gebiert Gott seinen Sohn in mich. Alles sittliche Tun geht aus von dieser ‹Gottesgeburt› in meiner Seele, und nun kann ich nicht mehr fallen, denn Gott ist in mir. Ein solcher Mensch kann selbst Christus, ja Gott genannt werden, nur daß er aus Gnaden *ward*, was Gott von Natur ewig ist. In diesem Sinne sind alle Menschen ein Sohn Gottes, ein einziger Ausfluß des ewigen Wortes.

Tugendhaftes Handeln ist also ein Wirkenlassen des Göttlichen in mir, ein *zweckfreies* Handeln ‹sunder warumbe›. Selbst das ewige Leben und die ewige Seligkeit, die hier schon ihren Anfang nehmen, sind keine berechtigten Zwecke. Sittlichkeit ist nicht Tun, sondern *Sein*, das mühelos aus der Seele fließt, wie der Buchstabe aus der Feder des geübten Schreibers. Auf den ‹Grund der Werke› kommt es an, denn nicht die Werke heiligen uns, ‹sondern wir sollen die Werke heiligen›: ‹bist du gerecht, so sind auch deine Werke gerecht› (‹Reden der Unterscheidung›). Alle Tugenden sind daher im Grunde nur *eine*; die Harmonie der Seele in der Unterordnung ihrer niederen

Kräfte (Sinn, Verstand, Begierde) unter die höheren (Erkenntnis, Vernunft, Wille) macht ihre *Schönheit* aus; Liebe (‹Minne›) ist ihr Prinzip. Liebe vertreibt alle Furcht und bedecket alle Sünde; sie weiß nichts von Sünde, sie ist stark wie der Tod, fest wie die Hölle. Darum soll der Mensch also sein, daß all sein Leben Liebe sei. Die äußeren Werke (Fasten, Beten, Wachen, Kasteiung) schätzt Eckhart nur insoweit, als sie zur Sammlung und Einkehr in sich selbst dienen; nur auf das innere Werk, das Aufgehen der Seele in Gott, kommt es an. Will die Seele ‹Frieden und Freiheit des Herzens in einer stillen Ruhe› finden, so muß sie ‹wieder heimrufen allen ihren Kräften und sie sammeln von allen zerstreuten Dingen in ein inwendiges Wirken›.

Diese mystische Einkehr hebt gleichwohl nicht die Pflichten des täglichen Lebens auf. Vielmehr gibt sie dem menschlichen Handeln erst die wahre innere Freiheit. Es ist jene Freiheit vom Gesetz, die aus dem innersten Grunde des Gemüts, dem göttlichen Funken in uns, uns zukommt, um allen Seelenkräften jenen ursprünglichen und lebendigen Antrieb zu geben, der sie notwendig auch zum äußeren Wirken treibt. Die bloße Beschaulichkeit oder das Beharrenwollen in visionären Ekstasen wäre deshalb für Eckhart Ausdruck der Selbstsucht. ‹Wäre der Mensch in Verzückung, wie St. Paulus war, und wüßte einen siechen Menschen, der eines Süppleins von ihm bedürfte, ich achte es weit besser, daß du ließest aus Minne von der Verzückung und dienstest dem Dürftigen in größerer Minne.› Der Mensch soll also nicht vor der Arbeit und den Dingen des Alltags in eine Einöde fliehen, sondern er soll lediglich zu einer inneren Abgeschiedenheit und Armut gelangen, um im Durchbrechen der Dinge und Freiwerden von ihnen Gott selbst in sich wachsen zu lassen. In dieser ‹Gottesgeburt› gebiert sich Gott selbst im Menschen: ‹er gebiert mich sich und sich mich und mich sein Wesen und seine Natur. In der innersten Quelle da quelle ich aus in dem heiligen Geist, da ist ein Leben und ein Wesen und ein Werk›. Deshalb braucht der Mensch, der sich nach der Einheit mit Gott sehnt, ihn nicht in der Ferne zu suchen, ‹er ist nicht ferner denn vor der Türe des Herzens, da steht er und wartet, wen er bereit findet, der ihm auftue und ihn einlasse›.

Auf Eckharts *theologische* Stellung zu den Dogmen der Menschwerdung, Genugtuung, den Sakramenten, Tod, Hölle, Auferstehung können wir nicht näher eingehen. Auch auf diesem Gebiete sucht er spekulativ zu vergeistigen und zu verinnerlichen, die Bahnen herkömmlicher kirchlicher Auffassung oft verlassend. Im Jüngsten Gericht z. B. spricht nach seiner Vorstellung nicht Gott, sondern jeder Mensch sich selbst sein Urteil; wie er dann erscheint, so wird er bleiben. Begreiflich genug, daß die Kirche gegen einen solchen ‹Freigeist› —obgleich seine Freiheit des Geistes alles andere war als ‹Freigeisterei›

— einschritt, zumal da seine Lehre die schroffe Scheidung zwischen Klerus und Laien bewußt durchbrach und eine tiefe Wirkung auf die letzteren übte. Dagegen hat seine religiöse und sittliche Verinnerlichung, obgleich seine eigenen Schriften und Predigten in Vergessenheit gerieten, den Boden für die Reformation des 16. Jahrhunderts bereitet, ja in seiner kräftigen Betonung der Individualität steckt bei allem sonstigen Gegensatz schon ein Stück Renaissance, und indirekt reicht seine Wirkung bis in die idealistische Spekulation der Schelling, Hegel und ihrer religiösen Anhänger hinein, wenn auch die Grenzen zwischen Eckharts im mittelalterlichen Denken wurzelnder Theologie und Seelenmetaphysik einerseits und Hegels Spekulationen über das Absolute und seine Welthaftigkeit andrerseits nicht verwischt werden dürfen.

Eckharts Nachfolger

Ausgaben: HEINRICH SEUSE, Deutsche Schriften mit Einl. von K. BIHLMEYER 1907, Nachdr. 1961 (gute kritische Ausgabe). Die Predigten TAULERS, herausgeg. von F. VETTER, 1910 (neue Ausgabe erforderlich). In neuhochdeutscher Übertragung erschienen: H. SEUSE, Deutsche Schriften, und J. TAULERS Predigten von W. LEHMANN, 1911 bzw. 1913, die ‹Deutsche Theologie› von BÜTTNER, 1907, und J. BERNHART, 1920; RUISBROEKS Zierde der geistlichen Hochzeit und kleinere Schriften von F. M. HUEBNER, Leipzig 1924.

Aus der Literatur vgl. R. SCHWARZ, Das Christusbild des deutschen Mystikers Heinrich Seuse. 1934. K. GRÖBER, Der Mystiker H. Seuse. 1941. J. BÜHLMANN, Christuslehre und Christusmystik. Luzern 1943. — G. SIEDAL, Die Mystik Taulers. 1911. D. HELANDER, J. Tauler als Prediger. Lund 1923. E. SEEBERG, Luthers Theologie. I, 31–61, 1929. K. GRUNEWALD, Studien zu Joh. Taulers Frömmigkeit. 1930. F. WENTZLAFF-EGGEBERT, Studien zur Lebenslehre Taulers. 1940. Joh. Tauler, Gedenkschrift z. 600. Todestag, hrsg. v. E. FILTHAUT. 1961. J. WEILNER, Joh. Taulers Bekehrungsweg. Die Erfahrungsgrundlagen seiner Mystik. 1961.

G. DOLEZICH, Die Mystik Jan van Ruisbroecks des Wunderbaren. 1926. M. D'ASBECK, La mystique de Ruysbroek l'admirable. Paris 1928. J. G. J. TIECKE, De werken van Geert Groote. 1941. E. HOFFMANN, Die Anfänge der Brüder vom gemeinsamen Leben u. die flämische Mystik. Jahrb. d. Arbeitsgem. Rhein. Gesch. 1936, 106 ff. — Zum Lebensgefühl des 14. u. 15. Jh. vgl. HUIZINGA, Herbst des Mittelalters. 1. Aufl. 1919 u. W. ANDREAS, Deutschland vor der Reformation. 1. Aufl. 1932, 5. Aufl. 1948.

a) Heinrich Seuse und Johann Tauler

Eckhart bedeutet die Höhe der deutschen Mystik: kühn und tiefsinnig, zart und innerlich, gleich weit entfernt von ungesunder Sinnlichkeit und Visionseinbildung wie von Quietismus und Willkür

(Antinomismus). Sein bedeutendster Schüler HEINRICH SEUSE oder SUSO VON KONSTANZ (1300–1366) war schon anders geartet, eine weiche Schwärmernatur, die ihr mystisches Ideal in einem religiösen Minnedienst, der lieblichen ‹Gemahlschaft› mit dem ‹allersüßesten› Jesus erblickte. Doch bekämpfte er eine andere Richtung, die sich gleichfalls auf Eckhart berief, die ‹Brüder› (Schwestern) ‹des freien Geistes›, die aus der Gelassenheit in Gott die sittliche Gleichgültigkeit alles Tuns folgerten. Ihnen gegenüber betonte er, daß die Nachfolge Christi auch aufs Leben und Wirken sich beziehe, daß die ‹Gelassenheit› wohl Freiheit gegenüber dem Buchstaben, nicht aber gesetzlose Willkür bedeute. Man darf auch nicht übersehen, daß er um das Leid als Weg zu Gott wußte (Theologie des Kreuzes).

Weit männlicher und kräftiger veranlagt als Susos zarte Seele war jedoch der Dominikaner JOHANN TAULER von Straßburg (1300–1361), der in seinen volkstümlichen Reden und Schriften zur praktischen Nachfolge Christi mahnte. Anfangs mehr glänzender Redner, war er durch einen frommen Laien von der Sekte der weit verbreiteten ‹Gottesfreunde›, den später als Ketzer verbrannten NIKOLAUS VON BASEL, zu dieser inneren Wendung gebracht worden. Sein Kernbegriff, die ‹Armut›, ist ganz im Sinne Eckharts zu fassen. Zu der höchsten Stufe des ‹entäußerten Lebens› führt nur die Nachfolge Christi, die man auch entgegen der natürlichen Lust und Neigung üben soll. Der Weg zu Gott führt durch den Gegensatz, durch den Widerstreit hindurch. Doch ist der Mensch nicht von Grund aus schlecht, sondern wirkt von Natur lieber das Gute, wie die besten Heiden zeigen. Auch warnt Tauler vor übermäßiger Askese; Leiden soll nichts Selbstgewähltes sein, sondern Geschick; nur dann bringt es Gott nahe. Neben diese nüchternen Betrachtungen tritt dann allerdings öfters die mystische Versenkung in die göttliche Liebe, die man bis ‹zur Berauschung trinken› soll, ja bis zur ‹Gottbesessenheit›.

Tauler und Eckhart sehr verwandt ist das 1518 von LUTHER, seitdem häufig herausgegebene, von einem unbekannten Verfasser des 14. Jahrhunderts stammende Büchlein ‹Theologia deutsch›, oft fast wörtlich mit Eckhart übereinstimmend, doch mehr erbaulich als spekulativ. Gib alle Selbheit auf, alle geistige Hoffart, sei arm und demütig, tue das Gute rein um des Guten willen aus lauter Liebe: das sind auch hier die charakteristischen Lehren.

b) Johann von Ruysbroek, Gerhard Groote und Thomas a Kempis

In den Niederlanden vertrat JOHANN VON RUYSBROEK (1293–1381, gest. als Prior eines Augustinerklosters bei Brüssel) die Sache der Mystik in einer Reihe von vlämisch geschriebenen, später von seinen

Schülern ins Lateinische übersetzten Schriften, in denen er mehr die Mittel und Wege zu der mystischen Einigung mit Gott als die letztere selbst schildert, wie schon aus den Titeln ‹Die 7 Grade der Liebe›, ‹Die 7 Wachen›, ‹Die 4 Versuchungen›, ‹Der Schmuck der geistlichen Hochzeit› hervorgeht. Sein Schüler GERHARD GROOTE gründete die ‹Bruderschaft vom gemeinsamen Leben›, aus der der berühmte THOMAS A KEMPIS (1380—1471, eigentlich THOMAS HAMERKEN VON KEMPEN bei Köln) hervorging, der Verfasser des bekannten, auch heute noch viel und nicht bloß in katholischen Kreisen verbreiteten Andachtsbuches ‹De imitatione Christi› (Von der Nachfolge Christi). Wohl ist hier die Religion mystisch verinnerlicht, aber das sittliche Ideal bleibt doch das in mönchischer Weltflucht befangene Ideal des mittelalterlichen Katholizismus. Noch mehr als bei den vorigen tritt das spekulative hinter dem religiös-erbaulichen Moment zurück.

VI. DIE REFORMATION DER PHILOSOPHIE AM AUSGANG DES MITTELALTERS

Von ERNST HOFFMANN *

1. RÜCKBLICK AUF DIE ENTWICKLUNG DER CHRISTLICHEN PHILOSOPHIE

Die christliche Philosophie des Mittelalters hat auf ihrem geschichtlichen Wege, vom karolingischen bis ins vorreformatorische Zeitalter, solche Vielheit verschiedener Standpunkte ausgebildet wie keine Epoche vor- oder nachher. Das erregende Moment fiel in die Zeit Anselms und betraf die Frage, ob die Kirchenlehre vernunftgemäß zu beweisen sei oder nicht. Waren hierdurch von vornherein *Dialektiker* von *Antidialektikern* scharf geschieden, so erstrebte die Mystik als dritte Grundrichtung Unabhängigkeit von den beiden anderen, da für den Mystiker die letzte Norm weder in der Autorität des Kirchenglaubens noch in der Rationalität des natürlichen Denkens lag, sondern in der inneren Eigenerfahrung der christlichen Seele,

---

* Diese Einleitung zum abschließenden Kapitel über NIKOLAUS VON CUES, dessen Lehre erst durch ERNST HOFFMANN als noch zur mittelalterlichen Philosophie gehörig erkannt wurde, verkörpert in idealer Weise das, was mit der für die rde charakteristischen Institution des ‹Enzyklopädischen Stichworts› angestrebt wird. Da wir die ausgezeichnete Darstellung ERNST HOFFMANNS nicht auseinanderreißen können und wollen, bitten wir unsere Leser, ausnahmsweise diese etwas ungewöhnliche Placierung des Stichworts hinzunehmen. (Anm. d. Red.)

wie sie BERNHARD VON CLAIRVAUX erstmals gedeutet hat. Eine weitere Spaltung aber war durch das Verhältnis des religiösen Denkens zur Antike gegeben. Die Jahrhunderte waren vorüber, da die Apologeten die Religion der Christen gegen die Philosophie der Griechen mit Waffen schützten, die der feindlichen Philosophie selber entnommen waren; nunmehr galt es Kampf auf eignem Boden. Und wenn in diesem Betracht schon seit ERIUGENA, stärker seit der Schule von Chartres, innerhalb der mittelalterlichen Denkrichtungen eine betont *humanistische* Linie von den anderen sich abhob, so wurde schon anfangs die Frage kritisch, ob der Intellektualismus des ARISTOTELES oder die mystisch umgebildete Lehre PLATONS den für das christliche Bewußtsein passenden Denkweg weisen könne. Aber wer auch immer, in der grundsätzlichen Deutung der Alten hatten *Abendland* und *Morgenland* verschiedene und wiederum in sich gespaltene Traditionen; und je nachdem die Scholastik antikes Gut von griechischen oder lateinischen Vätern, in vornehmlich syrischer, jüdischer oder arabischer Denkprägung übernahm, entstanden abermals neue Trennungen. Zur Zeit der Hochscholastik, als das erwachende Naturgefühl in aristotelischen Begriffen die Mittel suchte, um der Denkfreudigkeit der Epoche Befriedigung zu geben und Lehrsysteme wie Begriffsdome aufzubauen, wuchs die Vielheit der Schulrichtungen ins Unübersehbare: Das unerschöpfliche Thema der Zeit, die Vereinigung von christlichem Offenbarungsglauben und aristotelischer Vernunftlehre, schloß die gleichfalls unerschöpfliche Frage in sich, auf welche Weise in dem peripatetisch-thomistischen Stufenkosmos zugleich dem Platonismus Genüge zu leisten sei, dessen Spätform nicht nur der christlichen Logoslehre nahestand, sondern schon die großen Väter bestimmend beeinflußt und der jungen Kirche verholfen hatte, maßgebenden Teilen ihres Dogmensystems geistige Gestalt zu geben. So erhielt die Philosophie der Hochscholastik, obwohl grundsätzlich aristotelisch, doch mehr oder weniger ein synkretistisches Gepräge: Wie schon der antike Neuplatonismus das aristotelische Weltbild sich angeglichen hatte, so übernahm der scholastische Aristotelismus auch den Emanationsgedanken in seine Stufenmetaphysik, ein Motiv, das in zahlreichen Variationen zur Auswirkung kam. Als das scheinbar so fest gefügte System des Thomismus (in welchem die ganze Kultur der Zeit — feudale Pyramide und geistliche Hierarchie — zum Bewußtsein ihrer selbst gekommen war) vom Jahre 1300 an[1] zu wanken begann, lief die Scholastik freilich Gefahr, in Schulzank zünftiger Wissensrichtungen auszuarten. Dennoch war die Tatsache der Aufspaltung in so viele Einzelrichtungen weder an sich

---

1 Vgl. die Skizze des Bildes jener Zeit in H. v. SCHUBERTS Aufsatz ‹Reformation und Humanismus› (Jahrb. der Luther-Gesellsch. VIII, 1926, S. 5).

ein Verfallssymptom noch etwa äußerlich bedingt, sondern sie war nur eine gesteigerte Wirkung dessen, was im Wesen der Sache selber lag: Der ursprüngliche Sinn der christlichen Religion schien schlicht, ja im Vergleich mit anderen Religionen sogar arm. Aber gerade in dieser Armut war, im Sinne MEISTER ECKHARTS zu reden, die Kraft des neuen eigenen Reichtums enthalten statt der früheren nur erborgten Habe. Und so lag auch für die geschichtliche Auswirkung in der ‹Einfalt› des christlichen Gedankens ein solches Vermögen vielseitiger Entfaltungen, wie es keiner anderen Religion eigen war. Dies trat mehr als je zutage, als die Religion sich selber philosophisch zu ergründen trachtete. Tieferes historisches Eindringen zeigt uns, mit wie großer Zähigkeit das im Zeichen AUGUSTINS stehende christliche Denken des Mittelalters sich immer mehr eigene feste Standorte schuf und sie stetig ausbaute: Da das Christentum in seiner Wurzel nicht Theorie, sondern Praxis ist; da der christliche Gott nicht nur Denkquelle, sondern Schöpferwille ist; da alles einzelne im christlichen Universum nicht bloß ein endlicher Defekt, sondern volle geschöpfliche Wirklichkeit ist, so begann schon früh der prinzipielle Kampf um die tiefsten Eigenmotive christlichen Philosophierens; er durchzog von ABAELARD an das ganze Mittelalter, bis er im 14. Jahrhundert diejenigen drei neuen Grundrichtungen entstehen ließ, welche zugleich mehr oder weniger eine grundsätzliche Kritik der bisher geltenden scholastischen Methoden in sich schlossen: Aus dem Bedürfnis der christlichen *Praktiker* ging die deutsche Mystik hervor, die auf ein mit sich einiges Seelenleben, nicht nur auf widerspruchsloses Denken zielte; die Philosophie des christlichen *Willens* erhielt ihr Fundament durch DUNS SCOTUS, der die Freiheit, sowohl im Wollen wie im Glauben, aus ihrer Abhängigkeit von der Denkgemäßheit löste; und OCKHAMS *Nominalismus* förderte die Entwicklung des Realitätsproblems derart, daß der Begriff der existentiellen Weltwirklichkeit, aus dem Bereich universaler Abstraktionen in den der konkreten Einzelexistenzen verlegt, nun erst seine ganze Problematik zeigte. Schon im 14. Jahrhundert enthielt die christliche Philosophie des Abendlandes in diesen drei neuen, urtümlich-christlichen Richtungen grundsätzliche Anfänge einer neuen Weise der Erkenntnis.

So war die Mannigfaltigkeit der Schulrichtungen im Grunde durch die Auseinandersetzung des Christentums mit der Antike, des Abendlandes mit dem Orient, des Wissens mit dem Glauben, nicht zum wenigsten aber auch der Vernunft mit sich selber, innerlich und tief bedingt. Und dennoch bewahrte die Philosophie der Christen während des ganzen Mittelalters ihren wesentlich einheitlichen Charakter. Durchgehend *metaphysisch* gerichtet, nicht auf Ursachen, sondern auf Zwecke bedacht, das Sinnliche aus Übersinnlichem herleitend, immer der geistigen Ahnenreihe[2] wie eines Stammbaums echter Erkenntnis bewußt, beharrte sie nach antiker Art auf dem Vorrecht der *deduktiven* Methode als der allein im Notwendigen, ja im Absoluten wurzelnden. Diese deduktive Scholastik ferner betrachtete sich selber nicht als autonom, sondern als *heteronom*: Wie praktisch die Askese aller Ethik überlegen ist, so aller theoretischen Einsicht die Gewißheit der religiösen Offenbarung. Das Diesseits ist im Jenseits, die Natur im Geist, das Jetzt im Uranfänglichen und Dereinstigen mitumfaßt; alles Zeitliche und Räumliche ist in einem absoluten Ordnungsbegriff beschlossen; alles Wissen um die Welt deshalb grundsätzlich auf die Überwelt angewiesen. Wissenschaft hat eine dienende[3] Rolle, sie hat nicht immanenten, sondern *transzendenten* Zweck, da das Ziel für alles in Gott liegt, außerhalb und oberhalb der Natur. Das Weltbild gilt erst dann als richtig nachgedacht, wenn in raum-zeitlicher Erscheinung die *Dreifaltigkeit* des Höchsten transparent wird; wenn alles Weltliche, symbolisch auf *Name, Bild und Zahl*[4] hin untersucht, im hierarchischen Aufbau der Schöpfung angemessen eingestuft ist und wenn der *Erlösungsidee* ihre zentrale Bedeutung für den Begriff des Weltganzen gesichert ist. Die Philo-

---

2 Dies Bewußtsein fand im Mittelalter literarisch immer nur mittelbaren Ausdruck, denn das Schrifttum rechtfertige sich geschichtlich nicht in ausgesprochener Weise; die Ahnen des Gedankens wurden nur durch das Gewicht ihrer Sentenzen deutlich, da die Geschichte der wahren Philosophie als identisch mit der wahren Philosophie der Geschichte galt. Unmittelbarer spricht die bildende Kunst, besonders die von Byzanz beeinflußte, wo das Christentum als Buchreligion aufgefaßt wurde. Aber auch im Westen beginnen jüdische Propheten, heidnische Sibyllen, klassische Denker der Antike die Reihe der Wahrheitsoffenbarung, die in Christus gipfelt und in den vier großen Vätern weitergeht (sehr eindrucksvoll z. B. die Köpfe am Chorgestühl des Ulmer Münsters). Für die Scholastik setzte sich solche Reihe in den führenden Philosophen des Mittelalters fort, auch aus dem arabischen Kulturkreise.

3 Die patristische Formel vom Dienst der Philosophie an der Theologie wurde erstmals im Mittelalter von PETRUS DAMIANI verwendet: Es müsse *artis humanae peritia . . . velut ancilla dominae quodam famulatus obsequio oboedire* (‹De div. omnip.› 5: PL 145, 603 c). Hiermit war aber nur ein allgemeines Prinzip formuliert, das den verschiedenen Denkrichtungen der Scholastik zugunsten oder -ungunsten der Philosophie sehr weiten Spielraum ließ. Vgl. H. v. EICKEN, Gesch. u. Syst. der mitt. Weltansch. S. 599 und ÜBERWEG-GEYER[11], S. 188.

4 Ich hebe diese drei Erkenntnissymbole als die wichtigsten hervor, weil sie am besten die Herkunft der scholastischen Spekulation aus der Verbindung von philosophischem Denkformen der Spätantike mit religiösen Vorstellungsformen der Bibel kennzeichnen. Im Zahlbegriff ist die Ordnung, im Namenbegriff der Sinn, im Bildbegriff die Teilhabe am Urbilde beschlossen.

sophie hat erst dann das Bewußtsein, selber wahr zu sein, wenn sie sich erleuchtet weiß von dem ungeschaffenen Licht der Wahrheit, von dem jede Helligkeit in Vernunft und Geschichte herstammt.

Es ist unhaltbar, der christlichen Philosophie des Mittelalters wegen dieser Heteronomie grundsätzlich den Wissenschaftscharakter abzusprechen und obendrein die Vielheit ihrer Einzelrichtungen auf Haarspaltereien der Schulwissenschaft zurückzuführen. Der aufgeklärte Rationalismus des 18. Jahrhunderts, der so dachte, wußte nicht, daß er selber eine seiner tiefsten Wurzeln[5] im christlichen Denken hatte; und er dachte zu wenig geschichtlich, um in der Scholastik die Heteronomie ihres Wesens wie die Vielfalt ihrer Richtungen aus der Eigenart der philosophischen Aufgabe des Mittelalters heraus verstehen zu können. Gerade in Hinsicht auf beides erschließt die mittelalterliche Philosophie erst dann ihren Sinn, wenn ihre Herkunft aus dem *antiken Idealismus* bedacht wird, mit dem zusammen sie eine geschichtlich niemals unterbrochene Entwicklungslinie bildet. Der Weg des antiken Geistes von der vorsokratischen Naturspekulation über die attische Begriffswissenschaft und die praktische Philosophie des Hellenismus hatte bis zur Theosophie der kaiserzeitlichen Pythagoreer, Stoiker und Platoniker geführt; dies besagt, daß die griechische Philosophie in sinnvoller Reihenfolge nach dem *Natur*problem, dem *Erkenntnis*problem, dem *Moral*problem bei demjenigen Problem geendet war, das schon der ganzen Entwicklung bis dahin immanent gewesen war: dem *Gottes*problem. Und genau mit dieser selben Problematik des Gottesbegriffs, in welcher die griechische Philosophie ausklang, begann die Philosophie der Christen: Schon seit AUGUSTIN, BOETHIUS und dem Areopagiten setzte sich im christlichen Denken das antike nicht nur als literarische Erbschaft, sondern mit neuer gedanklicher Energie und Produktivität fort; ein Prozeß, der schon bei PAULUS begonnen hatte, dessen Rede nicht nur den Worten nach griechisch war, sondern auf ihren Höhepunkten stoische und platonische[6] Anklänge hatte. Dann kam freilich ein halbes Jahrtausend, in dem die neue Religion und die alte Philosophie, gegen-

---

5 Nämlich den Glauben an sich selber. Wie stark dieser Glaube auf säkularisierter Religiosität beruhte, zeigt CHR. DAWSON, Die wahre Einheit der europäischen Kultur. Aus dem Engl. übertr. v. K. SCHMIDTHÜS (Regensburg 1935).

6 Hierbei ist nicht an die moderne Verirrung gedacht, bei PAULUS einen eigenen theoretischen ‹Denkstil› aufzuweisen, sondern an Untersuchungen, die wirklich den Text ausschöpfen, z. B. LEHMANN u. FRIDRICHSEN in Theol. Stud. u. Kritiken, 1922, 1–2, S. 55–95. — Auch für die Philosophiegeschichte ist zu beachten, was WILAMOWITZ, Griechische Literatur des Altertums. (Kultur der Gegenwart I, VIII) S. 157 über PAULUS als ‹Klassiker des Hellenismus› sagt.

einander mit Argwohn abgedichtet, jede ihren eigenen Weg zu suchen
schien. Als aber der Erdteil christlich geworden und die unchristli-
chen Philosophenschulen von ihm als Fremdkörper abgestoßen waren, da zeigte sich erst, wie ungeahnt stark das Christentum in fünf
Jahrhunderten antik-philosophische Denkelemente in seine eigene
Entwicklung mit aufgenommen, ja sie seinem geistigen Organismus
so einverleibt hatte, daß sie nunmehr in diesem selber sich weiter
entwickelten. Bei einem Manne wie BOETHIUS würden wir aus seinen
philosophischen Schriften nicht ersehen können, ob er Christ war;
bei Denkern wie SYNESIOS, die religiös vom Griechentum zum Christentum übertraten, können wir an ihren philosophischen Schriften
nicht feststellen, ob diese ihrer heidnischen oder christlichen Zeit entstammen: die philosophische Denkweise war dieselbe 7 geblieben.
Und sie war es nun, die fortan dem Christentum ein wesentliches
Moment seiner Form lieferte: nämlich den Anspruch auf erweisliche
Allgemeingültigkeit.

Schon die Einheitlichkeit des griechischen Idealismus bei allem
Vielerlei seiner Richtungen und Abspaltungen beruhte zum großen
Teil auf der grundsätzlichen Anerkennung des den religiösen Volks-
mythen immanenten Wahrheitsgehaltes, welcher, oberhalb aller
menschlichen Intellektualität liegend, dieser dennoch ihre höchsten
Aufgaben stellte. Für die Stoa wurde diese Anerkennung sogar zu
einem systembildenden Faktor ihres eigenen Lehrgebäudes. Nun
eigneten die verschiedenen antiken Religionen den verschiedenen
Völkern als solchen; die griechische Philosophie aber wollte seit
ihrem königlichen Schüler ALEXANDER die Philosophie der *Menschheit* sein und auch die nicht-hellenischen Religionen durchleuchten,
wie es PROKLOS durchzuführen versuchte, der vom Philosophen verlangte, Hierophant der ganzen Welt 8 zu sein. Dieses reziproke Verhältnis von Philosophie und Religion mußte also ein ganz neues Problem stellen, als das Christentum den Anspruch erhob, nicht eine
Stammesreligion, sondern im umfassendsten Sinne die *Weltreligion*
zu sein. Die Weite dieses religiösen Anspruchs lag in der Person Jesu
selbst, in dem Bewußtsein seiner Sendung für die ganze Menschheit.
In der Weite aber, in der dieser religiöse Anspruch geschichtlich verwirklicht werden konnte, lag von Anfang an Erbschaft von der anti-

7 Vgl. E. HOFFMANN, Platonismus u. Mystik im Altertum. Heidelberg
1935, Kap. XII (SB. Akad. d. W.).

8 MARINUS, Vita Procli. c. 19. In unserem Zusammenhang ist das literarische Porträt, das MARINOS von PROKLOS gibt, dem für das ganze Mittelalter maßgebenden Vertreter des Platonismus, von besonderer Bedeutung:
Der neuplatonische Idealtyp ist ein Heiliger. Vgl. A. NOË, Die Proklosbiogr.
d. Marinos. Diss. Heidelberg 1938. Die ‹verkörperte Idee der Philosophie›
wird möglichst nahe an den ‹Fleisch gewordenen Logos› herangerückt.

ken Philosophie, vornehmlich von der stoischen, deren Humanitäts-gedanke praktisch bereits Menschheitsreligion war: die Ethik Epik-tets ist von der christlichen kaum noch zu unterscheiden. Soll es nun aber gar *christliche Philosophie* geben, im Prinzip und mit allen Kon-sequenzen, so muß sie die Aufgabe haben, den christlichen Glauben als den der allgültigen Menschheitsreligion zu verstehen und von dem neuen Standpunkt dieses christlichen Erkenntnissubjektes aus das Wesen der Vernunft und das Bild der Welt neu auszudenken. Diese große Tat vollbrachte das Mittelalter[9] und erwies gerade da-durch, wie unmittelbar es die philosophische Arbeit der Antike auf gerader Linie fortsetzte. Was sich im Wesen geändert hatte, war nicht die Denkform der Philosophie, sondern waren das Menschentum und der Seelengrund der Philosophierenden. Gesinnung und Gesittung waren bestimmt durch die neue Heilslehre; aber die theoretische Denkweise blieb die der natürlichen Erkenntniswege, die von den Griechen entdeckt waren; nur neue Menschen waren es, die auf den alten Wegen gingen und daher Neues sahen, wie sie anderseits Altes wiederfanden. Und nicht nur einen einzigen Denkweg gab es, son-dern eine wohlgeordnete Vielheit; und dies war das Kennzeichen, wie für den reichen Gehalt der christlichen Idee, so auch für die Echtheit der mittelalterlichen Philosophie: Nur das Ziel ist eines; der Ausgangspunkte für das Denken sind mit Naturnotwendigkeit viele.

Diese Überlegungen lassen unschwer begreifen, daß die christliche Philosophie für die vorangegangene antike nicht den Tod, sondern das Weiterleben bedeutete. Wie die Frömmigkeitsidee des Alten Te-staments sich lebendig vollendete bei den Christen, wo sie sich fort-entwickelte, so lebte die Wissenschaftsidee der Griechen da weiter, wo durch das Christentum seelisches Leben selber neu wurde, bei Hellenen und Romanen, bei Germanen und Kelten.[10] Zwar betreute die Kultur der Araber die antike Gelehrsamkeit, die ihnen aus Per-sien und Syrien überkommen war, so gut, daß im 13. Jahrhundert dem Abendland aufs neue ‹Licht aus dem Osten› kommen konnte, be-sonders hell in den Naturwissenschaften und der Heilkunde; dennoch stand das arabische Mittelalter in einer Hinsicht dem okzidentalen weit nach: Philosophie und Religion vermochten im Islam nie in der

---

9 Unter wie schwierigen Bildungsbedingungen, zeigt z. B. der Aufsatz von Ludw. Friedländer, Das Nachleben der Antike im Mittelalter. Deutsche Rundschau LXXXXII (1897), S. 210 ff u. 310 ff. (= Erinnerungen I, Kap. IX.)

10 So erscheint es im Wesen des geschichtlichen Vorgangs begründet, daß das Christentum dort entartete, wo die geistigen Voraussetzungen der Antike fehlten, am frühesten bei den Kopten, deren Christusvorstellung in Magie aufging.

Tiefe einander zu durchdringen[11] und die eine an der andern sich so wetteifernd zu messen, wie es im Westen geschah. Gerade darauf aber beruhte im Abendland der ganze geschichtliche Prozeß, der das fruchtbare Leben des mittelalterlichen Geistes ausmachte. Auch die byzantinische und die talmudische Entwicklung bewiesen, daß antike Erbschaft zu bewahren noch keine *philosophischen* Früchte bringt. So wichtig arabische Lichtmetaphysik, kabbalistische Zahlenmystik, byzantinische Scholien auch für das Abendland werden sollten, mit Systematisierung und Gelehrsamkeit allein war es nicht getan. Wie der Ritualismus im Osten eine lebendige Entwicklung des Glaubens hemmte, so setzte der bloße Traditionalismus auch für die Entwicklung der Philosophie bestimmte Grenzen. Mit AVERROËS und MAIMONIDES waren nicht nur Höhepunkte, sondern auch Endpunkte erreicht. Philosophisch wurde der christliche Westen zur Stätte des Fortschritts, weil hier das philosophische Erbe nicht nur neben der angestammten Religion besessen, sondern erworben und vom christlichen Bewußtsein sich zu eigen gemacht wurde.

So lebte die Wissenschaftsidee der Griechen abermals weiter, als das tausendjährige mittelalterliche Leben des Abendlandes selbst veraltete und die Philosophie aufs neue vor der ihr allzeit eigenen Aufgabe stand, in scheinbar hinwelkendem Geistesleben Wiedergeburt zu bewirken. Der Vorgang, der sich vom 14. Jahrhundert an vorbereitete, war keineswegs nur soziologisch bedingt, sondern er ging letztlich aus dem Wesen der Philosophie selber hervor, die ihre ältesten Ansprüche auf Vernunfterkenntnis als nie verjährende von neuem erhob. Wie jede Krisis in der Geschichte der Philosophie im Grunde daher kommt, daß das philosophische Bewußtsein sich auf sich selbst besinnen will, auf sein ursprüngliches und dauerndes Wesen, das *auferstehen* soll, so lag auch in der verfallenden Scholastik bereits der Keim des philosophischen ‹renasci›. Mehr als ein Denker der Scholastik hatte die Geschichte des Christentums so aufgefaßt, daß in der Entwicklung der Kirche und des mit ihr verbundenen Geisteslebens Gott nacheinander in geschichtlich dreifacher Emanation als Vater, Sohn, Geist oder als Vergangenheit, Gegenwart, Zukunft wirksam gewesen war. Auch in der Philosophie hat zuerst die Gottesidee, dann die Erlösungsidee, schließlich die Geistidee die Problematik entfaltet.[12] Nun aber ist das *Geist*problem nach christlichen

---

11 Der starre Monotheismus des islamischen und des jüdischen Glaubens stand prinzipiell konträr zur antiken Philosophie, die ihrem geschichtlichen Wesen nach eine Mehrzahl von Wertgebieten setzen mußte. Das wurde christlich durch Übernahme und Umbildung der neuplatonischen Trinität ermöglicht. Vgl. oben S. 294 f über GREGOR V. NYSSA, und unten S. 389 über die trinitarische Geschichtsphilosophie.

12 Andere faßten die Entwicklung so auf, daß, nachdem das Alte Testa-

Normen untrennbar vom Problem des *Weltganzen*, da dessen Leben vom heiligen Geist durchdrungen ist. So schien es einleuchtend, daß die Scholastik in sinnvollem Verlaufe schließlich beim *Welt*problem geendet, also zu demjenigen Grundproblem zurückgekehrt war, mit dem die antike Philosophie begonnen hatte. Griechische Philosophie und damit Wissenschaft überhaupt war einst geboren, als in Ionien der Drang nach Erkenntnis sich zu der Frage formte: Wie ist das empirisch Viele auf höhere Einheit, das scheinbar Regellose auf Gesetz, das Widerstreitende auf Harmonie zurückzuführen? Wie ist das All als dem Einheitsanspruch der Vernunft angemessen zu denken? Aus dieser Frage waren als Resultat gefolgt der antike Begriff des *Kosmos* und die vertiefte Art des kausalen Fragens nach dem Geschehen in ihm. Und alle wissenschaftliche Erkenntnis, im Altertum wie im Mittelalter, bei allen Wandlungen der besonderen Inhalte, blieb diesem allgemeinen Weltbegriff einer gesetzlichen Einheit und harmonischen Ganzheit verpflichtet; ja es kann als Gradmesser für den Wissenschaftswert einer Philosophie gelten, in welchem Maß es ihr gelingt, diesem Weltbegriff Genüge zu tun und ihn in immer weitere Tiefen zu verfolgen. Die christliche Philosophie hatte ehedem damit begonnen, die griechischen Weltsysteme am Maßstabe des christlichen Denkens zu messen; der Mann, der am Ausgang des Mittelalters die Methoden der Scholastik am Begriff des Kosmos prüfen und reformieren wollte, war NIKOLAUS VON CUES. An die Vielheit der Schulrichtungen stellte er die grundsätzliche Frage, wie angesichts der Einen Wahrheit die Existenz von Vielem überhaupt zu rechtfertigen sei. Und indem er Philosophie als Fundamentalwissenschaft neu begründete, führte er sie auf so bestimmte Prinzipien der Erkenntnis zurück, daß erstens eine einheitliche Grundlage des Philosophierens ohne die Engigkeit eines Schulstandpunktes geschaffen wurde, zweitens das Heteronome einer philosophierenden Theologie vor dem neuen Wissenschaftsideal einer autonomen, religiösen Philosophie verschwand. NIKOLAUS VON CUES vollbrachte das Werk, indem er die Problematik seiner eigenen Zeit an ihrer Wurzel erfaßte, die Methoden ihrer Lösung aber bei denjenigen alten Meistern suchte, die weder ‹Glauben› lehren wollten, noch ‹Wissen›, sondern *Denken*.

---

ment die Herrschaft des Vaters, das Neue die des Sohnes gebracht habe, nunmehr das christliche Zeitalter das des Geistes sei. Vorangegangen war JOACHIM V. FLORIS, dessen apokalyptisch-trinitarische Geschichtsmystik das Zeitalter des dreizehnten Jahrhunderts beginnen ließ (siehe oben Kap. III, 4). Am radikalsten zog die Folgen daraus AMALRICH VON BÈNE (siehe ÜBERWEG-GEYER [11], S. 248–250).

2. Nikolaus von Cues

Seine Werke wurden gedruckt 1488 Straßburg (abgedr. 1502 Mailand) 1514 Paris (abgedr. 1565 Basel). Erste kritische Ausgabe: Heidelberger Akademie der Wissenschaften seit 1931 (Lpz. F. Meiner), daneben Cusanus-Texte u. -Studien i. d. Sbb. der Heidelb. Ak. seit 1929. Auswahl in deutscher Übersetzung von SCHARPFF, Freiburg 1862. Neue Übersetzung in Meiners Philos. Bibl. seit 1936; Theologische Schriften seit 1949 bei KERLE, Heidelberg. Ältere Literatur bei E. VANSTEENBERGHE, Le cardinal Nicolas de Cues. Paris 1920: neuere Lit. i. d. Nachweisungen der neuen lat. u. deutsch. Ausgabe. Auswahl aus der neueren Lit.: E. GOTENBURG, D. Antinomienproblem bei Kant u. Cusanus. 1951. R. HAUBST, D. Bild des Einen und Dreieinen Gottes i. d. Welt nach N. v. K. 1952. DERS., Studien zu N. v. K. u. Joh. Wenck. 1955. DERS., Die Christologie des N. v. K. 1956. J. KOCH, Die ars coniecturalis des N. v. K. 1956. N. v. C. Die Kunst der Vermutung. Ausw. aus s. Schriften, bes. v. H. BLUMENBERG. Slg. Dieterich. 1957. K. G. PÖPPEL, Die docta ignorantia des Nic. Cus. als Bildungsprinzip. 1956. K. H. VOLKMANN-SCHLUCK, Nic. Cus. die Philosophie im Übergang vom MA zur NZ. 1957. E. ZELLINGER, Cusanus-Konkordanz. 1960. CH. HUMMEL, N. Cus., d. Individuationsprinzip in s. Philos. 1961.

In der gesamten philosophischen Arbeit des NIKOLAUS VON CUES (1401—1464) treten deutlich hervor: erstens das Grundproblem, das alle einzelnen Fragen bestimmt; zweitens der grundsätzliche Gesichtspunkt, von dem die ganze Problematik neu gesehen wird; drittens die grundsätzliche Methode, durch die einheitlich alle Lösungen erzielt werden.

Das *Grundproblem* liegt im Weltbegriff[1], in der gottgewollten und daher naturnotwendigen Einheit des Vielen im All, die wir das ‹Universum› nennen. Wie muß diese Ganzheit gedacht werden, so daß aus der Erkenntnis des Ganzen auch Erkenntnis des Einzelnen möglich wird und alle Erkenntnisse untereinander so harmonieren, wie ihr Gegenstand, das Universum, in allen seinen Teilen dauernd mit sich selbst im Einklang ist? Die Erkenntnis der großen ‹Konkordanz› im Ganzen des Seins muß erleuchtend sein auch für die Frage, wie wir das menschliche Gemeinschaftsleben dem Ziele ‹allgemeiner Eintracht› zuführen können; denn das Sein des Alls soll, nach der Offenbarung des christlichen Logos, im Menschlichen kulminieren. — In der cusanischen Fassung des Weltproblems war also erstens der pythagoreisch-platonische Gedanke der kosmischen Harmonie enthalten, zweitens der stoisch-christliche Gedanke[2], daß die vollendete Totalität des natürlichen Weltseins zuhöchst noch den Begriff der

---

1 Wenn er, über das All philosophierend, die Ahnen seines Gedankens nennt, so führt er die Reihe bis auf PYTHAGORAS und ANAXAGORAS zurück. Wie nahe ihn die archaischen Lehren berührten, zeigt sein Handexemplar des DIOGENES LAERTIOS (heute im Brit. Mus.).

2 Vgl. hierzu P. BARDT, Z. Gedächtnis des Nic. Cus. Vierteljahresschrift

humanitas in sich beschließt, in welchem sie sich erst endgültig erfüllt. Auf dem Boden dieser geistesgeschichtlichen Tradition stand Cusanus schon, als er dem Baseler Reformkonzil seine erste große Schrift vorlegte, die den Gedanken der ‹allgemeinen Eintracht› auf Kirche und Reich anwendet und ‹Concordantia catholica› benannt ist (1433). Als Jurist hat er angefangen: Erregendes Moment war ihm das Problem der Rechtsordnung im kirchlichen und staatlichen Gemeinschaftsleben. Daß die *Rechts*ordnung sich aus der *Welt*ordnung ergeben muß, stand ihm fest.

Der neue *Gesichtspunkt*, von dem aus Cusanus das Ganze der philosophischen Problematik schärfer als seine Vorgänger betrachten will und den er deshalb dem Sehen durch den Beryll vergleicht, der alle Dinge größer erscheinen läßt, ist dann gewonnen, wenn der Mensch lernt, nach dem Prinzip des ‹Zusammenfalls der Gegensätze› zu denken. Die Scholastik war für Cusanus zu sehr im aristotelischen Satz des Widerspruchs befangen geblieben; der aber gilt nur, wo Widersprechendes vorhanden ist, also im endlichen Bereich der Gegensätze, in der Sphäre des notwendig vom Sinnlichen ausgehenden und abstrahierenden Verstandes, der die Vielheit als Verschiedenheit und die Verschiedenheit als Gegensätzlichkeit betrachten muß. Nach Cusanus aber kommt das Denken, wenn es das Viele nur als gegensätzlich und das Gegensätzliche nur als einander ausschließend betrachtet, nicht so weit, wie es kommen kann und soll. Es gilt, für das Denken einen Standort zu finden, von wo aus es das Gegensätzliche nicht in fertigem Zustand, sondern im Vorgang des *Entstehens* erblickt. Dieser neue Standpunkt ergibt sich, wenn bedacht wird, daß das Viele des Weltlichen nicht nachträglich zum Ganzen zusammengefaßt ist, sondern daß die Vielheit von vornherein das gültige Kennzeichen der zugrunde liegenden Ur-Einheit darstellt. Die Vielheit muß also aus als ursprünglicher Einheit *hervorgehend* überverstandesmäßig gedacht werden. Will daher die Vernunft, den Verstand transzendierend, den Grund, den Ursprung, die Einheit-selber denken, so muß sie in vorgegensätzlicher Sphäre denken: und dazu ist sie imstande, wenn sie als Vernunft sich selber auf den Grund geht und die ‹*Coincidentia oppositorum*› als ein auch in ihr selber liegendes Prinzip sich bewußt macht. Cusanus hat zeitlebens die Entdeckung dieses Prinzips als seine grundlegende Tat betrachtet. Das Privileg des Widerspruchsaxioms war mitunter auch vor ihm in der Scholastik[3] angefochten worden: aber auf dem positiven Wege zum

f. wiss. Philos. XXV, 1901, S. 483 ff u. Die Stoa (Frommanns Klassiker XVI), VI, 4. Kap. 1.

3 In der Formulierung am stärksten wohl durch HILDEBERT V. LAVARDIN im 12. Jahrh.: ‹Gott ist außer allem, doch nicht ausgeschlossen; in allem, doch nicht eingeschlossen. Gott ist über allem, doch nicht darüber hinaus;

Koinzidenzproblem vorwärtsgeschritten waren als letzte die großen Denker der ausklingenden Antike: BOETHIUS, der pythagoreisch die Übergegensätzlichkeit ‹der Eins› vor allen anderen Zahlen lehrte; PROKLOS, der platonisch ‹das Eine› über die dialektische, also über die gegensätzliche Sphäre hinaushob; DIONYSIOS AREOPAGITA, der aus der Unbedingtheit von Gottes Gutsein, dem nach hellenischer Denkweise kein radikal-Böses als zweites Weltprinzip gegenübersteht, folgerte, daß im Gottesbegriff Alles, notwendig also auch der Gegensatz zu ihm selber, das Schlechte, mitbeschlossen sei. Das Koinzidenzproblem heraklitischen Ursprungs lag überhaupt im Neuplatonismus mehr oder weniger allenthalben dort zutage, wo das ‹Ebenmaß im Ganzen› (συμμετρία ἐν πᾶσι) mit der ‹Ordnung aus den Gegensätzen› (διάταξις ἀπὸ τῶν ἐναντίων) systematisch verbunden war. Produktiv vorwärts auf diesem Wege gegangen war im Mittelalter niemand, daher auch niemand zu den erkenntnistheoretischen Positionen gelangt, die Cusanus aufdeckte. Der Gedanke des neuen Prinzips war ihm auf der Rückfahrt von Konstantinopel bewußt geworden, wohin er sich 1437 mit einer Gesandtschaft der päpstlichen Konzilspartei begeben hatte, um den griechischen Kaiser und Kirchenfürsten des Ostens zur Teilnahme an dem in Italien geplanten und dann in Ferrara und Florenz abgehaltenen Unionskonzil zu geleiten. Alle seine philosophischen Schriften von da an stehen unter dem beherrschenden Einfluß des neuen Gesichtspunkts, den Cusanus selbst als die Krönung des Platonismus auffaßte. Dem antiken Denken gehörte die Problemstellung, dem christlichen die Lösung.

Die *Methode*, deren sich Cusanus beim Philosophieren bediente, schilderte er selber als sokratisch, d. h. er setzte einen scharfen Ge-

unter allem, doch nicht darunterweg; ganz darüber, weil beherrschend; ganz darunter, weil tragend; draußen ganz, weil umfassend; drinnen ganz, weil erfüllend.› Vgl. H. v. EICKEN, a. a. O. S. 605. Bei PLATON ist der Koinzidenzgedanke als Problem nur für das ‹Zusammenfallen› (συμπίπτειν) von wahrer Philosophie und faktischer Regierung durch ‹göttliche Fügung› (‹Resp.› 473 d) ausgesprochen, aber mittelbar ist er z. B. in folgender These enthalten: Indem der Sachverständige weiß, wie man es in seinem Fache richtig (also ‹gut›) macht, weiß er zugleich, wie man es falsch (also ‹schlecht›) machen könnte: Das Wissen vom Richtigen schließt das vom Gegenteil ein, aber nicht umgekehrt. Vgl. ‹Phaed.› 97 d. ARISTOTELES formulierte τῶν ἐναντίων μία ἐπιστήμη. Vgl. O. APELT, Platon. Aufsätze S. 204. Dem Koinzidenzgedanken kommt nahe PLATONS Voraussetzung, daß in der Idee begrifflich konvergieren müssen Eines und Vieles, Allgemeinheit und Bestimmtheit, an-sich-sein und gut-sein. In der antiken Rhetorik trat die Koinzidenz im Oxymoron auf (z. B. concordia discors). Das Wort coincidentia bildete CUSANUS wahrscheinlich im Anschluß an die συνέμπτωσις (sc. τῶν ἐναντίων) der byzantinischen Logik.

gensatz zwischen den Vertretern der Schulwissenschaft und seiner eigenen unzünftigen Art der Untersuchung. Von seinen beiden philosophischen Hauptwerken nannte er das eine die ‹Gelehrte Unwissenheit› (1440), wofür er sich auf das sokratische Nichtwissen berief; das andere nannte er den ‹Laien› (1450) und ließ darin einen schlichten Mann den Dialog mit einem berühmten ‹Rhetor› so führen, daß beide einander fast so gegenüberstehen wie SOKRATES und ein Sophist. In beiden Werken proklamierte Cusanus das Nichtwissen der unverbildeten Vernünftigkeit im Sinne einer Art christlicher Sokratik: Alles Wissen bleibt ungültig, solange nicht die Bedingungen des Wissen-könnens gerechtfertigt sind. Was er methodisch anstrebte, war Dialektik, aber nicht die scholastische im Gefolge ANSELMS, sondern die des Platonismus bei ERIUGENA: Es sollen nicht mit dem Verstande Glaubenswahrheiten bewiesen werden, sondern der Verstand selber (*ratio*) soll aus der Vernunft (*intellectus*) begriffen werden. Und beruht alle Vernunfterkenntnis letztlich auf den drei Grundbegriffen der Einheit, der Andersheit und der Verknüpfung beider (*unitas, alteritas, connexio*), so wird diese schon von AUGUSTIN christlich-trinitarisch gedachte Dreiheit von Cusanus zugleich im platonischen Sinne als Erkenntnis-bedingende Idee aufgefaßt. Bei jeder Untersuchung ging Cusanus nicht wie die Thomisten von einem formalen Begriffsschema, sondern von möglichst einfachen Erkenntnisinhalten derjenigen Denkweise aus, in der die Gewißheit des Urteils von vornherein einleuchtet, also wie PLATON von der mathematischen. Und er gab seiner Untersuchung nicht die Form der scholastischen Quaestionen, die auf dem Syllogismus beruhend im Streit verschiedener Lehrmeinungen die Entscheidung für oder wider [4] fällen, sondern er gab ihr die Form des maieutischen Fragens, das sich durch erkenntniskritische Art des Vorgehens von selber in die Frage des Wissens vom Wissen umwandelt. Die Schlichtheit der sokratischen Methode und die Schärfe der platonischen Dialektik schienen ihm durch das Christentum mit neuem Sinn erfüllt; er hielt jene für entsprechend dem Postulat der Demut, diese für angemessen dem Wesen der christlichen Vernunftaufgabe, nicht nur das Sein, sondern auch das Denken als Offenbarung des Absoluten zu begreifen.

Kennzeichnen in der angegebenen Weise Problem, Gesichtspunkt und Methode des Cusanus eindeutig seine Absicht, die Philosophie

---

4 Ein deutliches Bild solcher Quaestionen geben die schulmäßigen Zusammenfassungen, die für die Scholastik ebenso charakteristisch sind wie die Doxographie für die Antike. Vgl. GRABMANNS lehrreiche Publikation aus einer Baseler Dominikanerhandschrift des 14. Jahrh. in SB. Münch. Akad., Phil.-Hist. Kl. 1936, 4.

seiner Zeit von Grund auf durch christlichen Humanismus platonischer Richtung zu reformieren, so entspricht dieser Art seines Philosophierens auch die Art seines *Lebens*. Niemals hat er zünftige Lehrtätigkeit erstrebt, vielmehr schon früh (1435) die Berufung nach
Löwen abgelehnt; die Hohen Schulen, so viele damals neu gegründet
wurden, erschienen ihm durch den Geist ihrer Lehre bereits in der
Anlage veraltet. Er philosophierte in Deutschland in kleinen Kreisen[5] gleichgesinnter Benediktiner und Kartäuser, bei denen er als
päpstlicher Kardinal-Legat auf seinen Reisen Aufnahme und philosophisches Verständnis fand; mit hervorragenden Platonisten und
Mathematikern pflegte er in Italien und Deutschland persönlichen
und brieflichen Verkehr, gehörte aber auch im Süden keinem akade-
mischen Zirkel an. Auf größere Weite konnte er philosophisch zeit
seines Lebens nur mittelbar wirken, nämlich durch seine Predigten,
die teilweise so stark philosophisch sind wie seine philosophischen
Traktate religiös. Bei der Schulwissenschaft suchte er nirgends Verständnis und erfuhr nur entweder Nichtachtung oder Gegnerschaft,
wie sie in der Schrift des Heidelberger JOHANNES WENCK (‹De ignota
litteratura›) ihren Ausdruck fand und von Cusanus in seiner ‹Apo-
logia doctae ignorantiae› (1449) beantwortet wurde. Sein literari-
scher Nachlaß, noch großenteils in seinem Heimatort von dem durch
ihn gestifteten St.-Nikolaus-Hospital[6] aufbewahrt, zeigt deutlich, in
welcher Weise er philosophisch zeitlebens studierte: er sammelte
nicht Exzerpte, wie man sie für Summen, Specula und Sentenzen-
kommentare brauchte, sondern er übte eindringende Exegese der
für ihn maßgebenden Linie der Dialektik von PROKLOS bis LULLUS
und unternahm im Sinne dieser Dialektik seine eigenen logischen,
mathematischen, naturwissenschaftlichen und kosmographischen Untersuchungen. Schon als Knabe in Deventer für sein Leben bestimmend beeinflußt durch die flämische Mystik der Brüder vom gemeinsamen Leben, machte er sich späterhin jeden Zustrom der neuen Bildung zu eigen, die wiedererschlossenen Quellen der Antike schon

---

5 Man muß von der Umwelt allgemeinen Bildungsverfalls im damaligen Deutschland jene stillen Kreise christlich-humanistischer Kleriker
ebenso abheben wie die kleinen Bildungszentren vereinzelter Fürstenhöfe
und diejenigen Schulen von Fraterherren, deren Lehrer in Prag studiert
hatten. Wir wissen von allen drei Bereichen wenig, denn die Bewegung
wurde überflutet von der großen Welle, die aus Italien kam. Erst da wurde
der deutsche Humanismus zu bloßer Nachäffung des Lateinertums, und man
schämte sich der eigenen ‹gotischen› Abstammung. Vgl. das 1. Kap. von
PAULSEN, Gesch. d. gelehrten Unterrichts.

6 Vgl. J. MARX, Verzeichnis der Handschriftensammlung des Hospitals
zu Cues. Trier 1905, und W. STOCKHAUSEN, Die Cusanus-Bibliothek. West-
heim bei Augsburg 1938.

seit seiner eigenen Studienzeit als Kanonist in Padua (1417–1423), noch stärker seit seiner Teilnahme an der Gesandtschaftsfahrt nach Konstantinopel. Was zu seiner Zeit außer Humanismus und Mystik noch in keimkräftiger Entwicklung war (Empirismus, Voluntarismus, Nominalismus), hatte seinen Ursprung bei englischen Denkern, deren Einfluß auf Cusanus spürbar ist, teilweise ihm vermittelt durch Köln und durch Paris, wo seit GERSON der Kampf um die *via moderna* fruchtbar war. Im ganzen aber blieb Cusanus von Frankreichs Hochscholastik am wenigsten berührt; und Heidelberg, wo er an der nach Pariser Muster gegründeten Hochschule zu studieren angefangen hatte (1416), lockte ihn zum Bleiben so wenig wie Köln, der Ort seiner theologischen Studien (1425), damals zwar eine Pflegestätte gediegener ALBERTUSstudien, aber auch der Mittelpunkt einer am Niederrhein ausgedehnten Bewegung, in der mißverstandene Mystik zu Schwarmgeisterei entartete. Schulwissenschaft und Magie lagen ihm gleich fern, er war der Mann der kritischen Erkenntnis. Auch die bloße Beschaulichkeit tat ihm kein Genüge, so wirksam auch die Lebensführung eines THOMAS A KEMPIS (*cum libello in angello*) dem Gebot der Stunde entgegenkam. Cusanus fühlte sich berufen, das christliche Leben im großen als Reformator nach den Ideen seiner frommen Logik und seiner aufgeklärten Religion zu reorganisieren. Wenn seine gewaltigen Anstrengungen praktisch gescheitert sind, so teilte er darin nur das Los jedes echten Platonikers vor und nach ihm. Außerdem wollte Deutschland nicht von einem römischen Kardinal [7] reformiert sein. Als ihn der Streit mit SIGMUND VON TIROL (1458) aus seinem Bistum Brixen vertrieben hatte, verbrachte er, bis zuletzt an seinen Schriften arbeitend, den Lebensabend in Rom, wo S. Pietro in vincoli seine Titelkirche war. Sie birgt noch heute sein Gebein, nur das Herz ruht in Cues.

Soll in folgendem versucht werden, das Bild der Cusanischen Philosophie zu skizzieren, so ist zu beginnen mit dem Begriff des *Unendlichen*. Den Grundsatz vom Zusammenfall der endlichen Gegensätze im Unendlichen will er so verstanden wissen, daß wir in dieser Art der Denk-Erhebung das Unendliche, Unbedingte, Gott, nicht etwa durch Vernunft (*intellectualiter*) in adäquater Weise begreifen können, sondern es vielmehr als Unbegreifliches (*incomprehensibile*) sinnbildlich (*symbolice*) erfassen, d. h. daß wir das ‹Endliche als

---

7 Mit diesen Worten ist genau der Standpunkt bezeichnet, von dem aus CUSANUS grundsätzlich bekämpft wurde. Vgl. FELIX HEMMERLIN, Forma appellationis contra Cardinalem qui in Germania vellet intrare ecclesiam cathedralem. Diese Schrift, zwischen 1450 und 1451 geschrieben, ist gedruckt in der von SEB. BRANT besorgten Ausgabe der Werke HEMMERLINS (Straßburg 1497) Vgl. außerdem BINTERIM, Gesch. d. deutschen Konzilien. VII, 237, 243, 257.

Gleichnis› des Unendlichen deuten müssen. Es kann nie unsere Aufgabe sein, das Absolute im Original zu erkennen; aber der Erkenntnis ist in jedem Falle aufgegeben, das Endliche als endlich zu denken, es also in seinem prinzipiellen Verhältnis zu dem als unendlich Vorauszusetzenden aufzufassen. Die Kluft zwischen dem Begriff des Unendlichen und dem des Endlichen ist für alle menschliche Erkenntnis konstitutiv: *infiniti ad finitum proportio non est*. Das Absolut-Unendliche ist nicht durch Summation des Endlichen ins Grenzenlose zu erreichen; sondern es ist als das aller Vielheit, Teilung, Unterschiedlichkeit Vorausliegende und zugleich als deren transzendenter Ursprung zu denken. Das Unendliche ist weder positiv durch Steigerung der endlichen Prädikate noch negativ durch deren Umkehrung faßbar zu machen; aber es bleibt trotzdem nicht irrationeller Ekstase durch Versinkenlassen der Welt vorbehalten; sondern es wird demjenigen Denken bewußt, welches sich selbst als einen auf Unendliches zurückweisenden und im Unendlichen begründeten Prozeß begreift. Diese Selbstbegreifung des Denkens ist aber für Cusanus nur nach PLATONS Methode möglich, die in der Beziehung von *Eidos* und *Eidolon zugleich mit der Trennung beider auch ihre Verbindung* setzt. Die Zweiweltenlehre Platons erhält nach Cusanus überhaupt erst ihren vollen Sinn, wenn das *Eidos* als unendlich, das *Eidolon* als endlich verstanden wird. Hinterläßt ein unbekanntes Urbild in der Vielheit bekannter Abbilder die gültigen Spuren ursprünglicher Mitgift vom Einen, so liegt die Unendlichkeit primär nicht in der grenzenlosen Anzahl möglicher Kopien, sondern in der unerschöpflichen Vorbildlichkeit des Originals; nicht in der Unbestimmtheit des Vielen, sondern in der bestimmenden Funktion des Einen. Dieses eine Muster ist für keine seiner Nachbildungen irgendwie erreichbar, weil sie durch Vielheit, Verschiedenheit, Gegensätzlichkeit alles Endlichen prinzipiell vom Unendlichen getrennt sind; und dennoch gehen gerade diese charakteristischen Beschaffenheiten des Endlichen aus dessen Bestimmung hervor, die Teilhabe am unendlich-Einen in vielheitlicher Dimension zu verwirklichen. Diese Teilhabe (*participatio*) wird der menschlichen Vernunfterkenntnis, wenn diese sich selbst auf den Grund geht, evident. Die Vernunft sieht ein, daß sie mit diesem überbegrifflichen Symbol der Teilhabe (des Endlichen am Unendlichen, des Relativen am Absoluten) nicht nur arbeiten kann, sondern daß sie so arbeiten muß: Wir setzen z. B. endliches Quadrat und endlichen Kreis in Gegensatz zueinander, müssen aber beide im unendlichen Polygon koinzident setzen: wir lassen also im endlichen *n*-Eck die Zahl *n* ins Unendliche wachsen, um die übergegensätzliche Dimension zu erreichen, aus der allein wir die gegensätzlichen Naturen von Quadrat und Kreis ableiten können. Unsere für die Vernunft zwingende Verwendung des Unendlichkeitsbegriffs in dieser

Art von Denken hat also zweifache Tendenz; erstens die im Endlichen auftretende Gegensätzlichkeit als Widerspruch zum Unendlichen aufzufassen und sie zweitens dennoch aus ihm zu begründen. Hiermit ist die cusanische Fassung des Unendlichkeitsbegriffs gegeben: Der Schnitt zwischen Endlich und Unendlich hat sowohl den Sinn, für alle endliche Erkenntnis die unaufhebbare Grenze zu bilden, als auch den, für alle Erkenntnis endlicher Gegenstände den absoluten Maßstab im Unendlichen, also jenseits der Grenze zu postulieren. Verfährt die Erkenntnis so, dann verfährt sie ‹symbolisch›: Sie darf zwischen Unendlich und Endlich niemals ‹Identität›, sondern muß zwischen beiden grundsätzlich ‹Alterität› setzen, sie muß aber ebenso notwendig zwischen beiden die ‹Gleichung› suchen, da das Endliche das ‹Gleichnis› des Unendlichen sein soll. *Identisch* kann nur das unbedingt-Eine mit sich selber sein; *gleich* aber ist das ‹Eine› mit dem ‹Andern›, sofern die ‹Verbindung› zwischen beiden als Teilhabe gedacht wird. Wie alle empirischen Kreise an der absoluten Kreisheit, alle endlichen Figuren an der unendlich-Einen Figur teilhaben, mit der Bestimmung, ihr nach Möglichkeit zu gleichen, so partizipiert alles endlich-Viele am unendlich-Einen. In diesem Sinne will Cusanus das Pauluswort von der Stückwerkerkenntnis im Spiegel und Rätsel verstehen, das er platonisch ausdeutet: Das endliche Abbild ist für die richtige Art des Erkennens Sinnbild des unendlichen Urbildes. Schon seit AUGUSTIN, noch betonter seit ANSELM, war die ‹Teilhabe› ein integrierender Bestandteil der christlichen Begriffssystematik gewesen; aber ihr genuiner Sinn war aller Deduktion dunkel geblieben. Der cusanische Unendlichkeitsbegriff beansprucht, ihn wiederherzustellen und erstmals wahrhaft auszuschöpfen. Der Bruch zwischen Urbildlichem und Abbildlichem, zwischen ursprünglichem und bloß abgeleitetem Sein, zwischen zeugender und bloß spiegelnder Erkenntnis, dieser Bruch wird zum Träger des ‹Lebens›. Alles Lebendige in der Welt existiert dadurch, daß Unendliches als Endliches lebt.

Die Folgerungen aus dieser grundsätzlichen Auffassung werden deutlich, wenn man die verschiedenen Erklärungsweisen überblickt, die Cusanus zur Entwicklung seines Grundgedankens verwendet. Die erste liegt in seinem Gebrauch des Begriffspaares Einfaltung und Ausfaltung (*complicatio, explicatio*). Das unendlich-Eine enthält komplizit alles Viele in sich, das explizit aus ihm folgt; Gott ist also die *complicatio explicans*. Wiederum ist der Schnitt gesetzt zwischen Unendlich und Endlich: das absolute Einfalten liegt im transzendent-Einen, das mannigfache Ausgefaltet-werden im weltlich-Vielen. Zugleich aber wird deutlich, wie das transzendent-Unendliche dennoch aller Vielheit zugleich immanent ist. Denn das Viele bleibt nicht nur darauf angewiesen, ausgefaltet zu sein; sondern im Ausgefalteten ist die Kraft erhalten, in abbildlicher und sinnbildlicher Weise abermals aus Komplizitem Explizites entstehen zu lassen. Dieses Vermögen ergibt sich wiederum am gewissesten aus der Besinnung des menschlichen Geistes auf sich selber. Die Begriffsbildung des menschlichen Verstandes beruht letztlich nicht darauf, daß er aus Vorstellungen Begriffe macht; sondern darauf, daß er die Vorstellungen in begrifflichen Zusammenhängen ausdenkt. Diese Zusammenhänge aber sind Reihen von bestimmter Ordnung (*seriatim ordinare*), z. B. die Reihen der Zahlen, Maße, Figuren, Wörter, Zeiten. Jede dieser Reihen nun ist Ausfaltung eines kompliziten Gehaltes in expliziter Ordnung. Der Verstand also, obwohl endlich, ist dennoch Symbol des Unendlichen, da er (sinnbildlich) komplizit-Eines im Begriff verwendet, um es schöpferisch in Vielheit auszufalten. Alles Viele, Endliche, Ausgefaltete ist ‹kontrakt›, d. h. zur Besonderheit eingegrenzt und beschränkt, aber innerhalb dieser endlichen Schranken liegt die *unendliche Aufgabe* eingefaltet, so wie die grenzenlose Vielheit der Zahlenreihe explizit aus der unendlichen und kompliziten Zahl Eins folgt, jede einzelne Zahl der Reihe aber wiederum ‹eine› ist und aufs neue sich in Vielheit auszufalten vermag. So ist das Unendliche, in seiner Absolutheit *transzendent* bleibend, als Gleichnis dem Endlichen *immanent* geworden.

Eine andere Terminologie, mit der Cusanus arbeitet, ist die von *comparatio* und *superlatio*. Es gibt innerhalb der Welt nichts, dessen Vermehrung oder Verminderung nicht denkbar wäre; jegliches läßt ein ‹mehr oder minder› zu. Daher beruht alle Erkenntnis endlicher Gegenstände auf dem Messen des einen am andern; jedes Denk-Urteil erstrebt die Form der Gleichung, aber gerade die Gleichheit setzt Vergleichung voraus. Alle endliche Erkenntnis ist also ‹komparativ›, weil alles, was es in der Welt gibt, endlich ist und alles Endliche diesem Bereich einer in sich überall und immer gleichartigen, in der Gleichartigkeit aber durchgehend differenten Natur angehört. Dieser komparativen Sphäre ist nur Eines entzogen, das Unendliche selber, und zwar nur, wenn es als absolut gedacht wird, als die eine, einzige, unbedingte Einfachheit (*simplicitas absoluta*). Was nur mit sich selber identisch ist, bleibt dem Bereich des grundsätzlichen Mehr und Minder unvergleichbar; ein Denkweg zum Absoluten wäre nur *per transcensum omnium comparationem* möglich. Das Unendliche also ist ‹superlativ› nicht im Sinne einer höchsten Steigerung, sondern im Sinne eines über alle Steigerung Hinausliegenden. Zwischen *comparatio* und *superlatio* liegt derselbe Schnitt wie zwischen *finitum* und *infinitum*. Dächten wir ihn uns aufgehoben, so wäre die Welt nicht mehr Welt, ja sie wäre überhaupt ‹gar nichts›, denn auf dem Vermögen des Mehr und Minder beruht alles Werden, alle Verschiedenheit, alle Vielheit. Der Grundzug der Welt ist der, daß nicht zwei

Dinge in ihr miteinander identisch sein *können*, weil alle miteinander vergleichbar, also voneinander unterscheidbar, also untereinander verschieden[8] sind. Der logische Ort des Unterschiedslosen, des schlechthin Selbigen transzendiert den Begriff der Welt und eignet nur dem Überbegriff des Absoluten. Und dennoch wohnt diese *superlatio* aller Vergleichung ebenso inne, wie die *complicatio* aller Ausfaltung immanent ist. Wenn wir das Viele in der Welt untereinander vergleichen, so liegt dem Denkvorgang der Vergleichung logisch schon zugrunde, daß wir zuhöchst ein Identisches ansetzen, an dem als Maßstab das nicht-Identische erst gemessen werden muß, um als untereinander vergleichbar zu erscheinen, um als ein eines, ein anderes und nochmals anderes sich erweisen und um untereinander als mehr oder weniger gleich beurteilt werden zu können. Es kann keine Vergleichung des Endlichen untereinander geben, ohne daß der Maßstab des Unendlichen in der Vergleichung selber ‹eingefaltet› liegt. Alle Relativität des Bedingten setzt die Relation zum Unbedingten voraus. Ja, wie im Einfaltenden geradezu der Ursprung der Ausfaltung ist, so im unbedingt-Superlativen, im *maximum absolutum*, der Ursprung dafür, daß für endliches Denken Vergleichung der konkreten Größen, für endliches Sein Verschiedenheit alles natürlich Seienden möglich ist. Die Lehrstücke von *complicatio, explicatio* und von *comparatio, superlatio* sind beide den Worten nach schon antikes und scholastisches Lehrgut, aber durch das Prinzip vom Zusammenfall der Gegensätze sind sie mit ganz neuem Sinn erfüllt: Die Art des cusanischen Philosophierens zeigt ihre tiefste Absicht: nicht mit dem scholastischen Aristotelismus ein Begriffsschema zu verwenden, um Erkenntnisse (deduktiv) zu systematisieren, sondern in platonischer Weise im Denkweg so weit zurückzugehen, bis die Begriffe ihre Entstehung aus Überbegrifflichem, ja Unendlichem (reduktiv) enthüllen. Der Satz vom Widerspruch bleibt das Verstandesmittel, um bereits geformte Urteile voneinander zu trennen oder sie syllogistisch miteinander zu verbinden. Der Satz vom Zusammenfall der Gegensätze aber beruht auf der kritischen Vernunfteinsicht, daß alle zu verbindenden oder zu trennenden Urteile vom ‹enträtselnden› Denken (*aenigmatice*) aus der Scheinbarkeit ihres fertigen Seins auf die Wahrheit ihrer Entstehung zurückgeführt werden müssen. Diesen Vorgang der Entstehung zu ergründen ist nicht Sache

---

8 ‹D. ignor.› II, 11: *nulla duo in universo per omnia aequalia esse possunt simpliciter.* Dies sogenannte *princ. ident. indisc.*, das CUSANUS erneuert, war im Altertum erstmals von DIOGENES V. APOLLONIA ausgesprochen (Fragm. 5, DIELS), in der Stoa mit dem platonischen Lehrstück von der Teilhabe des Abbildes am Urbilde verbunden, und von SENECA ‹Ep.› 113, 16 so formuliert worden: *Etiam quae similia videntur, cum contuleris, diversa sunt . . . nullum non sua proprietate signatum.*

der *ratio*, die das bereits Vorhandene mißt, sondern Sache des *intellectus*, der das Entspringen des Vorhandenen sinnbildlich aufspürt (*symbolice investigare*), indem er auf das Geistige in sich selber blickt und den Hervorgang des Rationalen aus Überrationalem spekulativ für das Weltbild verwendet, also voraussetzt, daß das Erschaffen von Begriffen durch den Menschengeist analog ist dem Erschaffen von Existenzen durch den Weltgeist.

Ist die Philosophie in ihrer höchsten Sphäre ein sinnbildliches Aufspüren, so muß der Philosoph selber, um sich mitzuteilen, ein Sinnbild schaffen, das von der Wahrheit so redet wie PLATON in Mythen und wie das Evangelium in Gleichnissen. Cusanus hat in den ersten sechs Kapiteln seiner ‹Visio Dei› (1453) ein solches Sinnbild durchgeführt. Er forderte die Mönche von Tegernsee auf, sich ein Porträt vorzustellen, welches den Beschauer anblickt, wo immer er ist.[9] Steht der Beschauer, so geht der Blick mit. Aber das Bild sieht mich ‹aktuell› nur an, wenn ich es ansehe. Ich muß Auge in Auge zu ihm stehen, dann sieht es mich an, in der Art und Richtung und Intensität, wie ich es ansehe. Dies ist das Gleichnis für den ‹unbedingten Blick Gottes›, für die Sicht des Absoluten. In ‹Visio Dei› ist *Dei* zugleich Genetivus subiectivus und obiectivus: Er sieht nur, wenn er gesehen wird, und er wird richtig nur gesehen, wofern er durch seinen Blick jenes ‹Auge in Auge› ermöglicht. Im absoluten Blick ist *coincidentia* von Subjekt und Objekt, von Bewegtem und Unbewegtem, von Einem und Vielem. Dieses Gleichnis versinnbildlicht in einer ‹für Menschenkraft unübertroffenen Weise› die mystische Seite der *participatio* und *complicatio*: Der absolute Blick *complicat omnes rationes videndi.* Er ist nicht Summe und Inbegriff unserer expliziten vielen Blicke, sondern er ist die Seinseinheit, ohne welche die Vielheit unserer Blicke weder Richtung noch Gegenstand, weder Sinn noch Ziel hat, also noch gar nicht Blick ist. Auch der Begriff der wahren *concordantia* soll so verstanden werden: Die Zahl unserer möglichen Einzel-Blicke ist grenzenlos in ihrer Verschiedenheit, aber ein einziger Sinn ist in allen enthalten, und der ist durch die Richtung auf das Absolute begründet, welches allein wahrhaft unendlich ist. Unsere Blicke sind immer komparativ, näher oder ferner, freudiger oder trüber, klarer oder unklarer; Gottes Blick allein übersteigt alles Vergleichbare. Unsere Blicke sind so in Gott, daß wir in seiner ‹Vorsehung› sind. Der absolute Blick ist universeller Umblick, Über-

---

9 Diese Form des gemalten Blickes stammt ursprünglich aus byzantinischer Kunst: das große Auge CHRISTI als des Richters der Welt. In der zweiten Hälfte des 15. Jahrh. findet sich dieser Blick CHRISTI in deutscher Kunst häufig, auch auf dem Schweißtuch. Literarisch geht der Gedanke vom absoluten Blick als dem Symbol Gottes zurück auf BOETHIUS ‹Consol.› V, 4 (118 WEINBERGER).

blick, Vorblick. Und immer, wenn ich das Bild ansehe, ist mir, als ob sein Blick gerade nur auf mich allein gerichtet sei: Auge in Auge mit dem Absoluten stehen heißt, daß meine Seele mit ihm allein ist. Aber der Blick besagt noch mehr: Gott gibt das Sein, ohne welches das Einzelne nicht existent wäre, jedem so, wie der Blick des Bildes jedem Beschauer erst Sein verleiht: er ruft die Sicht und Hinwendung ins Dasein. Der absolute Blick ist potentiell dem Beschauer immer gegenwärtig; nie verläßt er ihn, er bleibt auch in Bereitschaft, wenn der Beschauer sich abwendet. Und trotzdem, der Grad von Gottes Gegenwärtigkeit richtet sich nach unserer Aktivität. So koinzidieren im unbedingten Blick auch Empfangen und Tun, Gnade und Freiheit. Ohne die Providenz des Unendlichen bleiben wir verloren in bloßer Relativität; aber durch die Providenz ist die Relativität zur Korrelation zwischen ihm und uns geworden. Und indem der unbedingte Blick Subjekt und Objekt zugleich ist, werden wir zu seinen Objekten wahrhaft erst dann, wenn wir uns zum Subjektsein entschlossen haben. Sähen wir uns nur untereinander an, so hätten wir nach PAULUS Spiegelerkenntnis in dem Sinne, daß wir Spiegelbilder sähen ohne zu wissen, was sich in ihnen spiegelt: es würden sich die anderen spiegeln, die auch nur relative Existenzen sind. Nimmt aber unser Blick Richtung auf den unbedingten Blick, so sehen wir, was sich in uns spiegelt: in unserm bedingten Blick der unbedingte, im Zeitlichen das Ewige.

Das Bild steht da, auch wenn keine Beschauer anwesend sind. Das Unbedingte des Blickes ‹ist› rein an und für sich. Kommen die Beschauer, dann koinzidieren im absoluten Blick Sehen und Gesehenwerden. Bevor aber die Beschauer kommen, ist der unbedingte Blick bereits der schöpferische Ursprung, aus dem nachher die *opposita* hervorgehen. An diesem Übergreifen des Schöpferischen war alle traditionelle Logik gescheitert, weil der bloßen Syllogistik die symbolische Denkform fern ist, der allein sich der Hervorgang des Endlichen aus Unendlichem erschließt. Lassen wir uns aber unterweisen, das Widerspruchsvolle zu denken, die Einung der Gegensätze, so kommen wir dahin, auch das noch zu denken, was den Gegensätzen als ihre Ursprungseinheit zugrunde liegt, und das ist das Unbedingte als *causa existentialis*, zu denken durch *super-latio, transcensus*, als *infinitum*, als *com-plicatum*. So wird die Symbolik zur Logik des Ursprungs. Und zugleich wird sie zur Logik des Nichts: Bekommt alles erst durch Gottes Blick die Richtung aufs Unbedingte, also erst wahres Sein, Bestimmung, Teilhabe am Ursprünglichen, so ist das Nichts alles das, worauf Gottes Blick nicht ruht: das Unsein. Die rationale Logik kann nur sagen: Das Nichts ist nicht und ist in gewissem Sinne dennoch (als notwendige Setzung des Gedankens); sie bleibt also bei den *opposita* stehen, was sie nicht dürfte, wenn sie den Satz vom Widerspruch zum höchsten Axiom macht. Sie kann nicht wissen, inwiefern das Negative sowohl ist als auch nicht ist; sie müht sich seit FREDEGIS vergeblich darum. Die neue Logik aber kommt weiter, sie kann auch hier die Koinzidenz des Widersprechenden deuten: Was nicht Auge in Auge zum Absoluten steht, hat sich des wahren Seins begeben, hat auf die Teilhabe am Unbedingten verzichtet, seine Negativität ist die Abwesenheit des providenten Blicks. Also ist die wahre *Unio* das Gegenteil davon: Rückkehr in das Blickfeld des Absoluten. Dies ist der neue Sinn der mystischen Vereinigung: Nicht Wesensverwandlung der bräutlichen Seele in Gott hinein, sondern Einung von *moveri* und *quiescere* im Geist, eine Bewegung des Geschöpfes, die gerade als Bewegung zugleich ein Ruhen im Schöpfer ist. [10]

Und noch ein anderes lehrt das Gleichnis: Jeder Beschauer sieht das Bild auf seine Weise an: in dieser oder jener durch Standort und Blickart bestimmten Weise, also jeder ist in eigentümlicher Weise befangen; die Befangenheit ist bei jedem verschieden geartet und dennoch der ganzen Gattung der Beschauer gemeinsam. Dies besagt: alle Menschen sind logisch befangen in den unserm endlichen Verstande eigentümlichen Kategorien. Wenn wir denken, denken wir immer in der Sphäre des Etwas; und alles Etwas muß so gedacht werden, daß wir es nach Größe oder Beschaffenheit, nach Zeit oder Raum, nach Haben oder Sein denken. Wir trennen also das eine Etwas vom andern Etwas, wir vergleichen es, wir bewegen uns in der komparierenden Sphäre; das Absolute aber ist nicht kategorial zu denken, es ist nicht durch Vergleichung, nicht durch Trennung von etwas zu denken, es untersteht keinen Kategorien, sondern steht über ihnen als der unendliche Maßstab, an dem wir unsere Kategorien messen und sie in demselben Grade für die Welt des Bedingten als tauglich, für das Unbedingte als unzulänglich erweisen können. Diese kritische Einsicht führt uns zu einem neuen Begriff der Offenbarung. Für die frühere Logik schien Gott selber sich dem Denken, den Begriffen, den Kategorien zu verhüllen. Erst wenn wir unser logisches Wissen methodisch als Unwissenheit begreifen, kann diese Unwissenheit zum Ansatz werden, um das Absolute seiner Verhüllung zu entkleiden. Unser Denken dient der Gotteserkenntnis nur, sofern es sich bewußt wird, wie sehr es als endliches Denken ihn verhüllt. Wie jede Farbe zwar Zeugnis ablegt vom Lichte, aber gerade, indem sie irgendwie überhaupt Licht bezeugt, gleichzeitig ‹das› eine Licht verbirgt, so legen unsere Begriffe zwar Zeugnis ab

---

10 GOETHES Symbolik des Unendlichen steht CUSANUS sehr nahe: ‹Und alles Drängen, alles Ringen ist ewige Ruh in Gott dem Herrn› (‹Zahme Xenien› VI).

von der Wahrheit, die sie fragmentarisch vertreten wollen, aber sie bezeugen die unbedingte Wahrheit gerade um so mehr, je mehr sie sich bewußt werden, daß sie, als endliche Begriffe, sie zugleich verbergen. Das ist die Offenbarung[11] der ‹symbolischen Logik›, daß das Denken die Aufweisung seiner Schranken als den sichersten Weg begreift, die freie Sicht ins Unendliche zu gewinnen. Wie aber vollzieht sich der Weg ins Freie? Unser Denken kann das Ewige nur im Spiegel des Zeitlichen sehen. Aber wie macht es das Denken, daß in diesem Spiegel das Ewige sichtbar wird?

Nehmen wir den Fall, daß mein sinnliches Auge (*oculus sensibilis*) einen Nußbaum sieht. Es sieht den entfalteten Baum mit seinen Zweigen und Nüssen. Meine Sicht aber kann tiefer dringen; ich kann den Baum, bevor er explizit wurde, im Samen komplizit angelegt sehen; ich sehe (mit dem *oculus mentis*) im Samen den virtuellen Baum und sehe zugleich, daß diese Virtualität im Samen unerschöpflich ist, nur dadurch beschränkt, daß sie ausschließlich Nußbäume ermöglicht. Meine Sicht kann aber noch tiefer dringen: ich schließe auf den Samen der Samen, auf die Kraft der Kräfte, die überhaupt nicht mehr beschränkt ist, sondern alles hervorbringen kann: die Natur aller Naturen. Auf sie schließe ich mit dem *oculus intellectus*. — Was ist erreicht? Der explizite Baum ist zum Bilde geworden einer *contracta virtus*, welche ihrerseits aus der *virtus absoluta* folgt. Ich sehe im Baum Gott, oder besser: ‹ich sehe im Baume Gott als Baum›. Ich sehe in Abbild und Erscheinung das Urbild als Symbol und die Wahrheit als Lebenskraft. Der Baum ‹folgt› logisch aus Gott (nicht *sequitur*, sondern *consequiter*). Dies bedeutet: Sinnbildliches Denken. Denn der ganze Weg vom Sensiblen über das Mentale zum Intellektualen ist nicht etwa der Weg zu Gott, sondern ein Symbol dafür. Ich sah im Baume Gott als Baum; aber ich muß in Gott den Baum als Gott sehen. Schon im Einzelorganismus muß ich den Teil als ‹Glied› sehen, also schon das Einzelne als Ganzes, z. B. im menschlichen Organismus die lebendige Hand[12] nicht als ein bloßes Stück des Körpers, sondern als sinnbildliche Ganzheit, in welcher der ganze Organismus lebt, und zwar ‹als Hand lebt›: so muß ich in Gott den Baum als Gott, im Ewigen das Vergängliche als ewig, im Absoluten das Bedingte als unbedingt, in Gottes Blick meinen Blick als Gottes Blick sehen. Und hieraus folgt nun die Hauptsache, die Cusanus in seiner Philosophie der sinnbildlichen Erkenntnis zu verkünden hat:

Wir haben gesehen, wie symbolisches Denken den Weg zu Gott

---

11 Mit diesen Ausführungen der ‹Visio Dei› vgl. die kleine Schrift ‹De Deo abscondito›.
12 Vgl. Doct. ignor. II, 5.

weist: es muß von der ‹Natur› ausgehen, um über sie zum Quell des Seins zu gelangen. Wir müssen von ‹Erde und Himmel› ausgehen, um *symbolice investigando* das Absolute dem überkategorialen Denken in Sicht zu bringen. Aber hiermit haben wir etwas Halbes ausgesagt. ‹Wir kommen über Himmel und Erde zu Gott› ist *identisch* damit, daß ‹Gott über Himmel und Erde zu uns kommt›. Gott gibt sich mir nur, sofern er mir auch Himmel und Erde gibt, d. h. sofern er mir das Subjekt-Sein schenkt, welches sich Auge in Auge zu Gott stellen kann, und all das gibt er nur dem, dem er das Ich gibt. ‹Sei du dein, dann bin ich dein!› Dieses Wort Gottes in der ‹Visio Dei› enthält den kategorischen Imperativ der cusanischen Philosophie in seiner ganzen Tragweite.[13] —

Der Begriff der Welt hatte erfordert, daß das Verhältnis zwischen ihr und dem Absoluten logisch von Grund auf neu untersucht wurde, mit dem Ergebnis, daß das All der Welt der Inbegriff des durchgängig und gleichartig Komparablen, Expliziten, Gegensätzlichen ist. Diese Welt darf in ihrer Ganzheit *unendlich* heißen, aber nicht im Sinne der absoluten Unendlichkeit des transzendent-Einen, sondern im Sinne des Ganzen der grenzenlosen Vielheit von Ausfaltungen in Zahlen und Maßen, in Arten, Gattungen und Individuen. Schon durch diesen Begriff der abbildlichen Unendlichkeit des Universums erhielt der Weltbegriff einen andern Charakter als den typisch-mittelalterlichen. Im grenzenlosen Weltraum kann nichts der Mittelpunkt sein, also auch nicht die Erde. Im durchgängig gleichartigen Weltall kann nichts wertvoller, nichts minderwertig sein; also Erde, Planeten, Fixsterne gehören einem in sich homogenen Weltleib an. Adlig (*nobilis*) wie der gesamte Kosmos ist auch unsere Erde. — Beruht die angemessene Form der endlichen Erkenntnis auf dem Urteil, das Urteil auf der Gleichung, die Gleichung auf der Vergleichung, so hat unter allen Arten der Naturerkenntnis die messende,

---

13 Ob die Mönche in Tegernsee das Gleichnis der ‹Visio Dei› verstanden haben, hängt davon ab, ob sie merkten, daß es sich um das *Selbstporträt* Gottes, also um ein *Christusbild* handelt (was in der Schrift wohl absichtlich nicht ausgesprochen ist, sondern von CUSANUS den Lesern als *aenigma* aufgegeben war). Nur in der einzigen ‹Ebenbildlichkeit› des Logos ist das Transzendente als unendliche Aufgabe der Welt immanent geworden. Das von CUSANUS eingangs seiner Schrift genannte Bild *Confluentiae in capella mea Veronicae* war der Schmerzensmann mit dem unbedingten Blick. CUSANUS war in Koblenz an St. Florin Dekan, bevor er 1432 zum Baseler Konzil ging. Das Bild befand sich in der Hauskapelle seiner Wohnung. Vgl. die Mitteilung von F. MICHEL in: Gottes Sehen. übers. v. E. BOHNENSTÄDT, S. 240. In einer Kapelle von St. Florin ist noch heute ein Fresko gleichen Gegenstandes sichtbar. Vgl. die (fragliche) Datierung bei F. MICHEL, Die Denkmäler der Stadt Koblenz (Düsseldorf 1937). S. 53.

also die mathematische den Vorrang: das Instrument der neuen Naturerkenntnis ist die *Waage*.[14] Cusanus weiß, daß er sich für seine mechanischen Versuche auf keinen Vorgänger berufen kann. Sein Experimentieren ist durch sein neues Philosophieren begründet. — Das Absolute, das in seiner Selbigkeit (*identitas*) transzendent bleibt, ist als Offenbarung seinem Sinnbilde, der natürlichen Welt, immanent geworden: Wo immer wir Werden beobachten, müssen wir kompliziten Gehalt voraussetzen, der sich durch Ausfaltung entwickelt. Hierdurch tritt an Stelle des mittelalterlich-hierarchischen Stufenkosmos das Bild eines organischen Weltganzen, in dem alles Einzelne aus derjenigen Einheit hervorgeht, durch die das Ganze, als Abbild des Absoluten, besteht: Das Ganze wird durch das Einzelne vertreten (*repraesentatur*) wie die unendliche Figur durch jede endliche: so auch das Ganze des unendlichen Körpers durch jedes einzelne seiner Glieder. Auf diese Weise wird ein neuer Universalismus möglich: Es handelt sich nicht mehr um ‹die Universalia›, sondern um ‹das Universum›; nicht darum, die Realität von Gattungsbegriffen der Exemplare zu erörtern, sondern einzusehen, daß im Universum die Vielheit des Individuellen das Lebenskennzeichen des Einen ist. So im Körperlichen wie im Geistigen: Selbst der Eine Gottesgedanke muß auf Erden in einer naturnotwendigen Vielheit von Religionen lebendig sich ausfalten, deren keine in ihrem Eigensein vernichtet, deren jede vielmehr gerade in ihrer Eigenart entwickelt werden soll, um an ihrem Teile die absolute Religion zu versinnbildlichen[15]: Das Christentum würde seinen höchsten Sinn erfüllen, wenn es die anderen Religionen überzeugen könnte, daß eine Einung aller unter christlicher Führung möglich ist. *Una religio in rituum varietate.* Dieser Grundsatz aber gilt im Ausmaß voller Allgemeinheit: Wie es das absolut-Eine nur einmal geben kann, so kann es im absoluten Sinne auch nur Eine Wahrheit geben; wie das Eine aber im Vielen lebt, so leuchtet die Eine Wahrheit in ihren verschiedenen Ausfaltungen in verschiedener Weise und hat gerade in dieser Verschiedenheit das Kennzeichen ihres wahren Lebens. Ist dem nun so, dann gibt es keinen Begriff, der durch die neue Art des Philosophierens in höherem Maße neuen Sinn erhielte als der Begriff der menschlichen *Individualität*, in ihm ist das neue Bild vom *Menschen* enthalten, das letztlich den originalen Sinn der cusanischen Philosophie ausmacht:

Cusanus war ausgegangen von dem Satze, daß zwischen Unendlichem und Endlichem keine ‹Proportion› besteht, vielmehr der grund-

---

14 *De staticis experimentis,* dritter Teil des ‹Idiota›, 1450.
15 Diesen Gedanken hat Cusanus in seiner Schrift ‹De pace fidei› 1453 durchgeführt. Vgl. auch ‹De coniect.› II, 15.

sätzliche Schnitt liegt.[16] Dieses Axiom gilt für das *transzendent-Unendliche*, dem der Begriff des Endlichen, Relativen, Vereinzelten kontradiktorisch widerspricht. Aber für das dem Weltganzen *immanent* gewordene Unendliche gilt jenes Axiom nicht nur nicht, sondern die Immanenz des Unendlichen bringt im Endlichen geradezu ‹Proportion› hervor. So gewiß die Welt (als das Begründete) niemals mit dem transzendent-Absoluten (als dem Grunde) identisch gesetzt werden darf, so gewiß muß es in der Welt ein Erkennungszeichen (*signum*) für die Immanenz des Unendlich-Einen geben; ist das Weltganze das Sinnbild des Einen, so muß der immanent gewordene einheitliche Sinn dem vielfältigen Weltall wie ein ‹Siegel› aufgeprägt sein. Und gerade die ‹Proportion› ist dieses Zeichen oder Siegel. Wenn einem vielheitlichen Ganzen Einheit zugrunde liegt, so ist ‹Harmonie› diejenige Form, in der jenes Verhältnis des Vielen zum Einen in Erscheinung tritt; in nichts aber prägt sich das Wesen der Harmonie angemessener aus als in der mathematischen Proportion, die das Verschiedene auseinanderhält, um es zugleich einheitlich zu verknüpfen. Die Proportion ist das sprechende Symbol dafür, wie Einheit, in Vielheit ausgefaltet, dieser Vielheit das Maß gibt. Proportionale Harmonie ist das Gefüge, in dem die Einheit des Absoluten dem Weltganzen sinnbildlich innewohnt, um als Natur des vielheitlichen Werdens ins Leben zu treten.

Es war also nach Cusanus ein Irrweg der Emanationslehre gewesen, anzunehmen, daß das Absolute ins Grenzenlose so ausströmt, daß der Erguß sich immer mehr vom Unendlichen entfernt und sich endlich im Nichtigen verliert. Dann wäre das Absolute das Maßlose, es ist aber gerade das Maß selber und macht in der Ausfaltung das Endliche des Ebenmaßes teilhaftig: Die Ausfaltung vollzieht sich daher innerhalb zweier durch das Unendliche selbst gesetzten Polaritäten. Diese sind das unendlich-Große und das unendlich-Kleine. Das Absolute offenbart sich im unendlich-Großen des Weltalls genau in gleichem Grade wie im unendlich-Kleinen des Individuums. Das Weltall ist nicht Abfall vom Unendlichen, sondern im Weltall lebt das Unendliche als Natur; und das Individuelle ist nicht Abfall vom Universellen, sondern allein im Individuellen wird das Universelle wirklich. Universum und Individuum sind von Anfang der Welt an miteinander vorhanden (‹D. ign.› II, 4 u. 5) und bilden die beiden Pole der allumfassenden Proportion, welche das weltliche *Sinnbild der absoluten Koinzidenz* ist. Der harmonische Einklang des Vielen

---

16 Die Formulierung des CUSANUS *infiniti ad finitum proportionem non esse* ist dem Wortlaut nach wie auch bei THOMAS aristotelisch: ‹De caelo› 274 a 7, 275 a 13. Dem Sinne nach folgt CUSANUS eher dem Axiom PLATONS: etwa ‹Conv.› 203 a; θεὸς δὲ ἀνθρώπῳ οὐ μυγνίται.

ist das Symbol der absoluten Einheit; die harmonische *Proportion* des Gegensätzlichen ist das Symbol ihres Hervorgehens aus koinzidenter *Identität*. Das Gefüge der harmonischen Proportion in der Welt aber, wenn man es arithmetisch darstellt, beruht immer auf der Vier: Wie das Universum sich zu den Gattungen verhält, so die Arten zu den Individuen. Wie Vernunft sich zu Verstand verhält, so das Vermögen der Vorstellung (*imaginatio*) zu dem der Sinnesempfindung (*sensus*). Dieser quaternarische Weg vom Universellen bis zum Individuellen ist der Weg des Unendlichen, das als Harmonie zwischen Größtem und Kleinstem das Leben der Welt ausmacht, indem die quaternarische Struktur für die Seinsordnung des Weltganzen ebenso das Maß gibt wie für die Denkordnung der menschlichen Erkenntnis. Die Drei symbolisiert das *absolute* Leben: Das Eine, das ihm Gleiche und die einende Lebendigkeit zwischen beiden; die Drei ist das Symbol der absoluten *complicatio*. Die Vier aber, als Zahl der Proportion, symbolisiert das *immanente* Leben; die Vier ist das Symbol der Welt gewordenen *explicatio*: Wenn sich a zu b verhält wie c zu d, so sind die beiden ersten Glieder von den beiden letzteren tmematisch abgehoben und dennoch sind die beiden polaren Glieder durch die beiden Mittelglieder maßgeblich gebunden. In der quaternarischen Proportion (und nur in ihr) sind Einheit, Andersheit, Gleichheit, Ganzheit vollzählig enthalten, aber nicht koinzident wie im Absoluten, sondern als explizite, durch Ebenmaß verbundene Reihe. Der proportionale Weg symbolisiert von oben nach unten das Sein als ein naturgesetzlich sich entfaltendes Werden, von unten nach oben die Denkerhebung als einen systematischen Aufstieg des Werdens zum Sein. Der Quaternar ist das Kennzeichen der dialektischen Methode, welche die Begriffe trennt und verbindet, nicht um sie zu zerschneiden und zusammenzusetzen, sondern um sie als Glieder eines organischen Begriffsganzen zu verstehen. Daher haben aus dem gleichen Grunde PLATON in der ‹Politeia›, ERIUGENA in der ‹Divisio naturae›, CUSANUS in ‹De coniecturis› die quaternarische Proportion zum Grundsymbol ihrer Systembildung gemacht.

Hierdurch zeigt sich erstens eindeutig die philosophiegeschichtliche Linie, auf der Cusanus selber seinen Standort [17] situiert: platonische Tmematik im christlichen Weltbilde; zweitens aber zeigt sich mit vollkommener Deutlichkeit das Neue, das Cusanus zu verkünden

---

17 Sein Platonismus hat eigene Prägung: als ἔν-Spekulation ist er durch PROKLOS bestimmt, als ἀγαθόν-Spekulation durch den Areopagiten, in der Auffassung des Werdens durch ERIUGENA, in der Dialektik durch die Schule von Chartres. Diese verschiedenen Platonismen aber sind für CUSANUS durch ECKHARTS religiöses Erlebnis der platonischen Idee in ein und dieselbe neue, tiefere Dimension verlegt, die ihn dem genuinen PLATON näher

hat: Das vierte und letzte Glied der Proportion wird nicht wie bei PLATON durch die schwankenden Erscheinungen trügerischer Sinnlichkeit vertreten; nicht wie bei ERIUGENA durch das Versinken der ganzen Ausfaltung ins Nichts; sondern an vierter Stelle der Proportion steht das ‹Kleinste›, das dem ‹Größten› korrespondiert, das Individuelle als Korrelat des Universellen, das persönlich-Besondere, in dem die Immanenz des Unendlichen ihren Weg des Werdens in der Welt vollendet. Der Mensch ist der individuelle Mikrokosmos, dessen Vernunft bestimmt ist, der ihr innewohnenden Unendlichkeit bewußt zu werden und auf dies Bewußtsein sein Handeln zu gründen.

Hierin gipfelt der Sinn der ‹Visio Dei›: Das Vernunftwesen ist erst dann ein Ich, wenn es aus Freiheit, das heißt aus eigenem Willen, Auge in Auge mit dem Unendlichen steht. Dann ist absolutes Leben inmitten aller Relativität, ewiges Leben inmitten endlicher Zeit. Das Diesseits vom Standort im Jenseits her betrachten bedeutet dann nicht mehr Weltverneinung und Absage, sondern unbedingte Bejahung des individuellen Lebens und eine der mittelalterlichen Philosophie gegenüber neue Art der Wirklichkeitsnähe. Die Welt hat eine neue Schönheit erhalten, der Mensch eine neue Ichheit; maßgebend für beide ist das Absolute.

So vollendet Cusanus diejenige Entwicklung, die von Mystik, Voluntarismus, Nominalismus (vgl. Kap. V, 1 ff) ausging. Aus allen drei Richtungen folgte das Problem der Individualität, das spezifisch christlich war: denn Christentum ist persönliche Religion. Mystik meint individuellen Durchbruch ins Absolute, Voluntarismus Freiheit des persönlichen Willens, Nominalismus Realität des besonderen Wesens. Das Problem als solches aber konnte erst Cusanus stellen, weil erst sein Unendlichkeitsbegriff das Mittel gab, christliches Individuum und antikes Universum als einander korrelat zu verstehen.

Beachtet man die philosophische Entwicklung, die Cusanus persönlich von der ‹Docta ignorantia› an bis zu seinen letzten Schriften durchgemacht hat, so zeigt sich, daß es vor allem ein bestimmter Begriff war, der in seinem Philosophieren zu immer stärkerer Auswirkung kam und der sein neues Bild vom Menschen immer deutlicher prägte: es ist der Begriff des ‹symbolischen› Denkens. In der Schrift über das Globusspiel lesen wir, der Mensch unterscheide sich

---

stehen läßt als das übrige Mittelalter und sogar die Renaissance: Die Cusanische Dialektik denkt nicht im Sinne PLOTINS mystisch, sondern im Sinne PLATONS symbolisch; dazu kommt: die anderen Platonisten führen nur die platonische Theologie weiter, CUSANUS aber setzt auch die auf Mathematik beruhende Naturerkenntnis fort und begründet damit Physik.

vom Tiere nicht etwa dadurch, daß er spielen kann; auch bei Tieren gibt es Spiele. Aber das Ereignis, daß ein Mensch (wie Cusanus) sich *vornimmt*, ein neues Spiel zu *erfinden*, und zwar, um durch dieses Spiel in besonderer Weise die Bedeutungen des Seins, des Erkennens, der Bewegung, der Zahlen usw. zu symbolisieren, dies ist allein dem Menschen möglich und charakterisiert seine Bestimmung. Der Mensch ist für Cusanus vor allem deshalb das in *Symbolen denkende Wesen*, weil das Erfinden von Symbolen den menschlichen Geist zu sich selber bringt: der Geist ist höher begabt als bloß rezeptiv wie die Sinnesorgane; er ist weniger als ein göttlich produktives Wesen, das Wirklichkeiten erschaffen könnte. Aber der Mensch vermag durch seine Symbolik über die empirische Sphäre emporzuklimmen (*transcendere*) und sich selber zum Bilde wahrer Schaffenskraft zu machen. Hiervon sollte nach Cusanus die ganze menschliche Kultur Zeugnis ablegen, nicht nur die theoretische Wissenschaft, sondern auch die Politik, Praktik und Technik.

Es ist an dieser Stelle nicht unsere Aufgabe, die vielfach verschlungenen Wege zu verfolgen, auf denen die cusanische Philosophie im Zeitalter der Renaissance, der Aufklärung und des deutschen Idealismus zu geschichtlichen Wirkungen gelangte.[18] Unsere Aufgabe war, zu zeigen, wie Cusanus die antike und christliche Philosophie als ein Ganzes auffassen und die Scholastik durch aristotelisch beeinflußten Platonismus reformieren wollte. Gott, Natur und Mensch treten wieder in Nähe zueinander wie nie seit PLATON. Philosophie und Religion wirken bei ihm wie zwei Sprachen, die in verschiedener Ausdrucksweise dasselbe besagen, und derselbe Mensch ist es, der beide spricht. Cusanus gibt dem Mittelalter eine durchaus neue Philosophie, aber eine solche, die selbst der mittelalterlichen Kultur angehören will: nirgends ein Punkt, wo er den Menschen aus den christlichen Bindungen entlassen wollte. Sein Denken steht im Absoluten, ohne das es ‹nichts› gäbe; aber eben darum haben wir, wenn wir im Absoluten stehen, zugleich das ‹Alles›. Seine Lehre ist Philosophie des *renasci*, aber im Sinne der Neugeburt der deutschen Mystik, nicht

18 Die Hauptnamen siehe unter NICCOLÒ DA CUSA in ‹Enciclop. Ital.› Ferner: Engsten Anschluß KASP. STEINBERGHS c. 1500 (Ms. 637 Lpz.) an Cus. fand JOS. KOCH. Europäisches Interesse bezeugt Ausgabe v. 1565 i. Vorwort. *Cus. u. Enea Silvio:* KALLEN, Veröff. d. Petrarcahauses Köln 1939, I, 4. *Cus. u. Pico:* GARIN, Pico. Florenz 1937. *Cus. u. Calvin:* BOHATEK, C.'s Lehre v. Staat u. Kirche. Breslau 1937. Der Zahlensymbolik folgt ATHAN. KIRCHER, Arithmologia. Rom 1665. Wirkung auf *Comenius u. Leibniz:* MAHNKE, Unendl. Sphäre u. Allmittelpunkt. Halle 1937 und Inneres Reich V, Heft 9. Dazu HONECKER, Philos. Jahrb. 1939, S. 49 ff. Wirkung auf *Fr. Schlegel:* Körner, Krisenjahre d. Frühromantik I. Lpz. 1936, S. 412. E. HOFFMANN, Nic. v. Kues, zwei Vorträge. Heidelberg 1947.

im Sinne der italienischen Befreiung von gotischer Form durch Er- neuerung des antiken Stils. Und sie ist Philosophie der *humanitas*, aber nicht im Sinne PETRARCAS, der den antiken Menschen als solchen aufs neue erlebt, sondern im Geiste von Deventer, wo das Altertum um des Neuen Testamentes willen studiert wird. Seine Zeitgenossen anerkannten, daß Cusanus an geschichtlichem Wissen mit den ita- lienischen, ja mit den griechischen Platonikern wetteifere. Aber sein Verständnis der Vergangenheit hatte nichts Klassizistisches; er wollte durch Philosophie grundsätzlich nur den reformatorischen Aufgaben seiner eigenen Zeit dienen durch Hinweisung auf das Ursprüngliche und Unvergängliche christlich-platonischer Wahrerkenntnis, die er gegenwärtig fühlte, wie etwa deutsche Maler Jerusalem als deutsche mittelalterliche Stadt darstellten. Sein Werk zeigt (im Gegensatz zu dem zeitlosen THOMAS A KEMPIS) überall die Züge jener geschicht- lichen Epoche seines Volkes, und zwar nicht nur im allgemeinen durch den Willen zur Reformation, sondern bis ins Historische hinein. Wenn damals die ganze Literatur, auch das Volkslied, in Deutschland eine Wendung zum Dramatischen nahm, derart, daß sogar das alte geist- liche Bühnenspiel nunmehr der Predigt gefährlich wurde, so zeugt auch diese dramatische Tendenz des Zeitalters von dem Verlangen nach lebendiger Bewegung statt erstarrter Tradition. Dies ist auch literarisch bei Cusanus spürbar: Seine Dialoge sind nicht mehr Ver- kleidung für scholastische Quaestionen und Responsionen, sondern sie haben die wirkliche Szenerie und das volle Leben des durchge- führten Gesprächs, wie beim Ackermann von Böhmen. Auch die große Naturnähe seines Denkens war dem volkstümlichen Interesse der Zeit gemäß, dem bereits KONRAD VON MEGENBERGS ‹Buch der Natur› hatte dienen wollen. Aus der lateinischen Sprache seiner Pre- digten im Gegensatz zum Deutsch MEISTER ECKHARTS einen Mangel an Volksverbundenheit herzuleiten, ist ganz verkehrt. Cusanus hat seine Predigten zwar lateinisch niedergeschrieben, aber deutsch ge- halten.[19]

Doch die Größe des Cusanus sprengte den Rahmen von Zeit und Zone. Sein Versuch, Sokratik und Christentum als die beiden uner- schöpflichen Prinzipien geistiger Wiedergeburt zu vereinen, wurde nirgends verstanden. Und doch lag darin der tiefste Sinn mittelalter- licher Philosophie beschlossen: antike Form des Südens mit christ-

---

19 In deutscher Sprache ist von CUSANUS nur die Predigt über das Vater- unser erhalten. — Daß geschriebenes Latein neben gesprochenem Deutsch damals populär war, zeigt z. B. die aus derselben Zeit stammende Hand- schrift des Trierer Osterspiels, die den gereimten deutschen Text noch mit der lateinischen Fassung abwechseln läßt. (Vgl. JANTZEN, Literaturdenk- mäler des 14. und 15. Jahrh. Sammlg. Göschen, S. 92.)

lich-germanischem Gehalt zur Vereinung zu bringen. Unverstanden blieb auch sein Leben, so sehr die Wahrheit seiner Philosophie gerade durch die Eigenart der gewaltigen Persönlichkeit bezeugt wurde, in der Erkennen und Glauben, Denken und Handeln Ausfaltungen eines und desselben innerlichsten Gehaltes waren. Was manchem widersprechend an ihm erscheinen mag — der Mann der Kirche und des freien Philosophierens, der Mann des neuen Weltbildes und der alten Gesellschaftsordnung —, beruht im Grunde auf der in seinem großen Geiste liegenden ‹Einfalt›, aus der das vielfältig Fruchtbare und nur scheinbar Gegensätzliche, auch in der Geschichte, hervorgeht.

ALLGEMEINE BIBLIOGRAPHIE ZUR PHILOSOPHIE DES MITTELALTERS

(für die Patristik s. die speziellen Angaben S. 9 ff)

Bibliographische Hilfsmittel

Als laufende Bibliographie vor allem: ‹Répertoire bibliographique› der ‹Revue néoscolastique de philosophie›; seit 1949 auch selbständig als Beilage der ‹Tijdschrift voor philosophie›. — Abgeschlossene Bibliographien: F. UEBERWEG, Grundriß d. Gesch. d. Philos. 2. Bd. 11. A. hrsg. v. B. GEYER, 1928 (Neudruck 1952 u. 1961). Bibliographia philosophica, 1934—45, ed. G. A. de Brie, 2 Bde. 1950—54. G. VARET, Manuel de bibliographie philosophique. 2 Bde. 1956 (vor allem für die Jahre 1914—34, um die Lücke zw. UEBERWEG u. DE BRIE zu schließen). Ergänzung zu UEBERWEG-GEYER vor allem durch M. DE WULF, Histoire de la philosophie médiévale. 3 Bde. [6]1934—47. L. J. PAETOW, A Guide to the Study of Medieval History. 2. A. v. MUNRO u. BOYCE, London 1931 (reiche Bibliogr.). L. HALPHEN-J. B. MAHN, Initiation aux études d'histoire du moyen âge. Paris 1940 (m. Bibliogr.). — Bibliograph. Einführungen: Bibliographische Einführungen in d. Studium d. Philos. hrsg. v. I. M. BOCHENSKI, 1948 ff, davon Bd. 17: F. W. VAN STEENBERGHEN, Philosophie des Mittelalters (1950). Weitere Bde. dieser Reihe s. bei den einzelnen Kapiteln. L. DE RAEYMAEKER, Introduction à la philosophie, 4. éd. 1956. — Nachschlagewerke: Dictionnaire de théologie catholique, Paris (zahlreiche ausgezeichnete Monographien für d. gesamte Gebiet). Clavis mediaevalis, Kl. Wörterbuch zur Mittelalterforschung, hrsg. v. O. MEYER, 1962. Tusculum-Lexikon griech. und lat. Autoren d. Altertums u. d. MA. 1963 (besonders sorgfältige Angabe der Textausg.).

149

J. E. Erdmann, Grundriß der Gesch. d. Philos. (S. Bd. I, S. 293). Ueberweg-Geyer (s. oben). M. de Wulf (s. oben). H. O. Taylor, The Mediaeval Mind. 2 Bde. 1911, [2] 1925. J. M. Verweyen, Die Philosophie des Mittelalters. 1921. E. Gilson, L'esprit de la philosophie médiévale. 1932, [2] 1962 (deu. Ausg. s. S. 8, Anm. 1). Ders., La philos. au moyen âge des origines patristiques à la fin du XIVe siècle. [2] 1944. A. C. MacGiffert. A History of Christian Thought. II: The West from Tertullian to Erasmus. 1948. H. Meyer, Gesch. d. abendl. Weltanschauung. II, 1953. — Kürzere Einführungen und Abrisse: Cl. Baeumker in der Teubnerschen ‹Kultur der Gegenwart›, I, 5, S. 288 bis 381. J. Geyser, in Dessoirs Lehrbuch (s. Bd. I, S. 294). M. Grabmann, Philos. des Mittelalters (Göschen). 1921. Joh. Hessen, Patrist. u. scholast. Philos. 1922. F. Copleston, A History of Philosophy. II, London 1950. E. Gilson-Ph. Boehner, Christliche Philosophie von ihren Anfängen bis Nikolaus von Cues. [3] 1954 (besonders gute Einführung in unmittelbarem Anschluß an die Quellen und nach dem Stande der neueren Forschung). Namhafteste Darstellungen von katholisch-philosophischer Seite: A. Stöckl, Gesch. d. Philos. des Mittelalters. [3] 1889 (streng orthodox), und O. Willmann, Geschichte des Idealismus. Bd. 2, [2] 1908. Vgl. auch: M. Grabmann, Die Gesch. d. mittelalterl. Theologie seit dem Ausgang der Väterzeit. 1933. Ders., Mittelalterliches Geistesleben, Abhandl. z. Gesch. d. Scholastik u. Mystik. 2 Bde. 1926, Nachdruck 1956. A. A. Maurer, Medieval Philosophy. 1962. P. Lehmann, Erforschung des MA. Ausgew. Abh. u. Aufs. 5 Bände. 1951–62.

Literatur zu Einzelgebieten der mittelalterl. Philosophie

Logik: C. Prantl, Gesch. d. Logik im Abendlande. Bd. II–IV, 1861 bis 70, Neudruck 1955. Th. Pilby, Barbara celarent. A Description of Scholastic Dialect. 1949. Ph. Boehner, Medieval Logic, An outline of its development from 1250 — c. 1400. 1952. *Erkenntnistheorie:* R. Hönigswald, Gesch. der Erkenntnistheorie. 1933. A. Schneider, Die Erkenntnislehre bei Beginn der Scholastik. 1921. *Psychologie:* H. Siebeck, Gesch. d. Psychologie. I, 2 v. Aristoteles bis Thomas. 1879, Neudr. 1961. *Ethik:* Theob. Ziegler, Gesch. der christl. Ethik (s. Bd. I, S. 294). O. Dittrich, Gesch. d. Ethik. II, 2 (1923), III (1926), mit ausführlicher Quellen- und Literaturangabe. A. Dempf, Die Ethik des Mittelalters (Handbuch d. Philos. III). 1927, [2] 1931. Vgl. auch Fr. Wagner, Der Sittlichkeitsbegriff in d. Ethik des Mittelalters. 1936. O. Lottien, Psychologie et morale aux XIIe et XIIIe siècles. 3 Bde., 1942

bis 49 (Hauptwerk). *Metaphysik:* A. DEMPF, Metaphysik des Mittelalters. 1930. Zum Zusammenhang der Metaphysik des Mittelalters und
der Neuzeit: H. HEIMSOETH, Die sechs großen Themen d. abendl. Metaphysik u. der Ausgang des Mittelalters. ² 1934. *Sozial- und Staatslehre:* R. W. and A. J. CARLYLE, A History of Medieval Political Theory in the West. 6 Bde. 1903—36 (Standardwerk). E. TROELTSCH, Die
Soziallehre der christl. Kirchen und Gruppen. 1912, ² 1923. B. JARRET,
Social Theories of the Middle-Ages. 1926. A. DEMPF, Sacrum imperium, Geschichts- u. Staatsphilos. des Mittelalters. 1929, ² 1954,
³ 1962. *Wissenschaftsgeschichte:* P. DUHEM, Le système du monde.
5 Bde. 1913—17, Neuausg. 1954 ff. L. THORNDIKE, History of Magic
and Experimental Science. 1923—56. C. H. HASKINS, Studies in the
History of Mediaeval Science. 1927/28. W. GANZENMÜLLER, D. Al-
chemie im MA. 1936. D. SALMAN, La conception scolastique de la
physique. Rev. Néosc. 39, 1936, 27 ff. Vgl. auch die S. 107 gen. Arbeiten v. A. MAIER.

   Zur Dogmen- und Kirchengeschichte: A. HARNACK, Lehrbuch der
Dogmengeschichte. 3 Bde. ⁵ 1931. F. LOOFS, Leitfaden z. Studium d.
Dogmengeschichte. 6. A. v. K. ALAND, 1959. R. SEEBERG, Lehrbuch
der Dogmengeschichte. 1940 ff. W. KOEHLER, Dogmengeschichte als
Geschichte des christlichen Selbstbewußtseins. 2 Bde. 1938, ³ 1951.
Handbuch der Dogmengeschichte hrsg. v. M. SCHMAUS, J. GEISEL-
MANN, H. RAHNER. 1950 ff. Vgl. zum Problem der Dogmengeschichte
auch W. SCHNEEMELCHER, Zeitschr. f. Theol. u. Kirche 1951, 63 ff.
M. WERNER, Die Entstehung d. christl. Dogmas. ² Bern 1954 (um-
stritten), auch Urban-B. 38, Stuttg. 1959. Neuere kirchengeschicht-
liche Werke: K. MÜLLER, Kirchengeschichte. 3. A. 1941. Histoire de
l'Église, hrsg. v. A. FLICHE u. E. JARRY, XIII: Le mouvement doctrinale du XIᵉ au XIV siècle, von A. FOREST, F. VAN STEENBERGHEN, M.
DE GANDILLAC. Paris 1951. K. BIHLMEYER-H. TÜCHLE, Kirchengeschichte, ¹⁷ 1961—62. H. LIETZMANN, Gesch. d. alten Kirche. 4 Bde. 1953.
Histoire de l'Église publ. sous la direction de A. FLICHE et V. MAR-
TIN. 1934 ff.

   Zur *Literaturgeschichte* des Mittelalters: Das Handbuch von M.
MANITIUS, Geschichte der lateinischen Literatur des Mittelalters.
Teil I—III. 1911—31. Ferner: J. DE GHELLINCK, Littérature lat. au
moyen âge. 2 Bde. 1939 (bis Anselm), und mit neuen Gesichtspunkten und reichem Material: E. R. CURTIUS, Europäische Literatur
und lateinisches Mittelalter. 1948, ² 1954, ³ 1961. — KARL STRECKER,
Einführung in d. Mittellatein. ³ 1939, engl. Übers. (u. Erweiterung)
ROB. B. PALMER, Introd. to Medieval Latin. 1957. K. LANGOSCH, Latein. MA. Einl. in Sprache u. Lit. Darmstadt 1963.

   Zur *allgemeinen Geistesgeschichte:* Das Mittelalter (Sammlung
von Vorträgen) 1930. W. VON DEN STEINEN, Vom heiligen Geist des

Mittelalters. 1926. DERS., Der Kosmos des Mittelalters. 1959. A. C. MACGIFFERT, A History of Christian Thought. 2 Bde. 1932/33. TH. STEINBÜCHEL, Christl. Mittelalter. 1935. P. VIGNAUX, La pensée au moyen âge. 1938. E. DE BRUYNE, Études d'esthétique médiéval. 3 Bde. 1946. M. DE WULF, Wijsbegeerte en Beschaving in de Middeleeuwen. 1947. G. COHEN, La grande clarté du moyen âge. 1947. GIORGIO FALCO, Geist des Mittelalters. 1958. H. DANNENBAUER, Grundlagen der mittelalterl. Welt. 1958. R. W. SOUTHERN, Gestaltende Kräfte des Mittelalters. 1960. — *Zum ma. Bildungswesen:* H. DENIFLE, Die Universitäten des MA. Nur Bd. I, 1895, Neudr. 1956. F. VAN STEENBERGHEN, Le mouvement des études médiévales. Rev. Néosc. 36, 1934, 475 ff. H. RASHDALL, The Universities of Europe in the Middle Ages. 2. A. v. F. M. POWICKE u. A. B. EMDEN, 1936. PH. DELHAYE, L'organisation scolaire au XIIe siècle. Traditio 5, 1947, 211 ff. H. GRUNDMANN, Vom Ursprung d. Univ. im MA. ² 1960. L. J. DALY, The Medieval University 1200—1400. 1961. — S. W. THOMSON, The Medieval Library. 1939 (Standardwerk).

Zu geistesgeschichtlichen Einzelfragen: E. HOFFMANN, Platonismus und Mittelalter. 1924. H. O. TAYLOR, The Classical Heritage of the Middle Ages. ³ 1911. DERS., Platonism and its Influence. 1924. R. KLIBANSKY, The Continuity of Platonic Tradition during the M. A. 1939. E. FRANCESCHINI, Aristotele nel medioevo latino. 1935. (Vgl. auch A. MANSION, Revue néoscol. 39, 1936.) — R. SCHWARZ, Leib und Seele in der Geistesgesch. des Mittelalters. Deu. Viertelj.schr. f. Lit. wiss. u. Geistesgesch. 16. M. GRABMANN, Die geist. Lebendigkeit der Philos. des Mittelalters. Zeitschr. f. deu. Geistesgeschichte 3, 1937. D. KNOWLES, The Evolution of Medieval Thougt. 1962 (Verbindung von ma. u. griech. Philos. üb. Neuplat., Augustin, Araber, Juden).

Quellen

Die *Quellentexte* der mittelalterlichen Philosophie bis heute zum größten Teil noch in der Sammlung des Abbé J. P. MIGNE, Patrologiae cursus completus. Paris 1844 ff; Series Latina (bis Innozenz III., gest. 1216), 221 Quartbände, und Series Graeca (bis 1493) mit lateinischer Übersetzung, 161 Bände, im Folgenden abgekürzt PL und PG. Die Textqualität vielfach ganz unzureichend; neuere kritische Ausgaben werden jeweils an der betreff. Stelle genannt, ebenso die Übersetzungen. Wichtige Texte auch in ‹Beiträge zur Geschichte der Philosophie und Theologie des Mittelalters› begründet von C. BAEUMKER, fortgeführt von M. GRABMANN, 1891 ff (zitiert ‹Beiträge›).

ANHANG:
QUELLENTEXTE

INHALTSVERZEICHNIS

I. ARISTIDES VON ATHEN

(Zur Zeit des Kaisers HADRIAN, 117–138 n Chr.)

WEDER DIE ELEMENTE NOCH DIE GESTIRNE KÖNNEN GÖTTER SEIN, DA SIE DEM MENSCHEN DIENSTBAR SIND

(‹Apologie›, übers. v. K. JULIUS in ‹Frühchristliche Apologeten und Märtyrerakten›, Bibliothek der Kirchenväter Bd. 12, Kösel-Verlag, München 1913, S. 31–34)

Gliederung: (a) Die Elemente sind im Gegensatz zu Gott Kreatur wie der Mensch. (b) Die Erde. (c) Das Wasser. (d) Das Feuer. (e) Die Winde. (f) Auch Sonne und Gestirne sind Gottes Werk und für den Menschen geschaffen.

IV.

(a) 1. Wenden wir uns jetzt, o Kaiser, den (einzelnen) Elementen selbst zu, um von ihnen zu beweisen, daß sie keine Götter sind, sondern vergängliche und veränderliche Kreatur, die dem Menschen nachgebildet ist. Gott aber ist unvergänglich, unveränderlich und unsichtbar, während er selbst alles sieht, wandelt und ändert.

(b) 2. Die nun glauben, die *Erde* sei Gott, sind [schon] im Irrtum. Wird sie doch ‹von den Menschen mißhandelt und dienstbar gemacht›, wird aufgegraben, ‹durchwühlt› und durchfurcht, und nimmt den kotigen Unflat von Menschen, wilden und zahmen Tieren auf. Zeitweise wird sie auch nutzlos; wird sie nämlich gebrannt, so wird sie tot, denn aus einer Scherbe wächst nichts. Wird sie ferner ‹übermäßig benetzt›, so verdirbt sie samt ihren Früchten. Ja sie wird von Menschen und Vieh zertreten und nimmt die blutige Unreinigkeit Ermordeter auf, sie wird aufgegraben und mit Toten angefüllt und wird (so) zum Leichenbehälter. 3. Es ist (nun) unmöglich, daß jene heilige, ehrwürdige, selige und unvergängliche Natur (Gottes) derartiges (in sich) aufnehme. Und eben daraus ist uns ersichtlich, daß die Erde nicht Gott, sondern eine Schöpfung Gottes ist.

V.

(c) 1. In gleicher Weise haben ferner die geirrt, die vom *Wasser* annehmen, daß es Gott sei. Denn das Wasser ist zum Gebrauch des Menschen geschaffen und ihm auf vielfache Weise dienstbar gemacht. Es verändert sich nämlich, nimmt Schmutz an, verdirbt und verliert seine Natur, indem es mit vielerlei Dingen gekocht wird und ihm nicht eigene Farben annimmt. Auch erstarrt es bei Frost und wird mit dem Kot von Menschen und Vieh und mit dem Blute Ermordeter ‹besudelt› und vermischt. 2. Von den Handwerkern wird es gezwungen, durch die Enge der Kanäle zu fließen und muß sich wider Willen in die Gärten leiten lassen und an andere Orte, um den Mist der Menschen hinauszuspülen, allen Schmutz abzuwaschen und das Bedürfnis der Menschen daran zu befriedigen. Deshalb kann das Wasser unmöglich Gott sein; es ist vielmehr ein Werk Gottes und ein Teil der Welt.

(d) 3. So haben auch die nicht wenig geirrt, die vom *Feuer* annehmen, daß es Gott sei; denn auch das ist zum Gebrauch der Menschen geschaffen und auf vielfache Weise ihnen dienstbar gemacht, (wie) zur Bereitung der

Speisen, zur Verfertigung von Schmucksachen u. s. w., womit Eure Majestät vertraut ist; dabei wird dasselbe auf vielfache Weise ausgelöscht und vernichtet.

(e) 4. Weiterhin sind auch die im Irrtum, die vom Wehen der *Winde* annehmen, es sei Gott. Für uns ist klar, daß die Winde einem andern dienstbar sind, da ihr Wehen bald zu-, bald abnimmt und aufhört auf Geheiß dessen, der sie dienstbar macht. Um des Menschen willen sind sie ja von Gott geschaffen worden, um das Bedürfnis der Bäume, Früchte und Samen zu befriedigen und die Schiffe auf dem Meere fortzutreiben, die für die Menschen den Bedarf an Waren von da, wo diese vorrätig sind, dorthin schaffen, wo sie nicht vorrätig sind, und (so) die Gegenden der Welt zu versorgen. 5. Nimmt ebendieses (Wehen) zeitweise zu und ab, so bringt es an dem einen Ort Gewinn und an dem andern Schaden je nach dem Wink des Lenkenden. Auch können es die Menschen mittels bestimmter Geräte einfangen und einschließen, damit es die Forderung erfüllt, die sie an es stellen. Aber über sich selbst hat es keinerlei Macht, und deshalb kann man die Winde unmöglich Götter nennen, sondern (nur) ein Werk Gottes.

VI.

(f) 1. So sind auch die im Irrtum, die von der Sonne annehmen, daß sie Gott sei. Denn wir sehen, wie sie sich aus Zwang [seitens eines andern] bewegt und dreht und läuft und ‹von einem (Tierkreis-) Zeichen zum andern› wandelt, indem sie täglich auf- und untergeht, um die Sprossen der Pflanzen und Gewächse zu erwärmen und an der mit ihr(em Licht) vermischten Luft alles junge Grün auf Erden sprießen zu lassen. 2. Und dieselbe hat [in der Berechnung] teil mit den übrigen Sternen auf ihrem Laufe. Und während sie ihrer Natur nach eine ist, ist sie, entsprechend dem Nutzen, den ihr Gebrauch den Menschen bringt, vielen Teilen beigemischt, und (zwar) nicht nach eigenem Willen, sondern nach dem Willen dessen, der sie lenkt. Deshalb ist die Sonne unmöglich Gott, sondern Gottes Werk. Und in gleicher Weise auch (nicht) der Mond und die Sterne.

II. TATIAN (um 160 n. Chr.)

Gott der Schöpfer und die Unsterblichkeit der Seele

(‹Rede an die Bekenner des Griechentums›, übers. v. R. C. Kukula in ‹Frühchristliche Apologeten und Märtyrerakten›, Bibliothek der Kirchenväter Bd. 12, Kösel-Verlag, München 1913, S. 27—28 und 40—42)

Gliederung: A. Gott als Schöpfer der Welt. (a) Der christliche Gottesbegriff: Gott ist der Schöpfer aller Dinge und keiner Materie verhaftet. (b) Das Wort, das aus Gott hervortrat, ohne daß Gott dadurch ärmer wurde, ist der Anfang der Welt.

B. Die Unsterblichkeit der Seele. (a) Sterblichkeit und Unsterblichkeit der Seele hängen davon ab, ob sie die Wahrheit, d. h. Gott, erkannt hat. (b) Der Geist Gottes ist der Logos, der die Seele erleuchtet und rettet. (c) Die vom Geist Gottes geschiedene Seele geht in die Irre, die mit ihm vermählte kündigt das Verborgene.

A. (a) *Unser Gott* hat seinen Anfang nicht in der Zeit; er allein ist anfangslos, zugleich aber aller Dinge Anfang. Ein Geist ist Gott, aber kein

Geist, der in der Materie waltet, sondern der Schöpfer der Geister und Formen, die an der Materie haften. Selbst unsichtbar und unantastbar, ist er der Vater alles Fühlbaren und Sichtbaren. Ihn erkennen wir aus seiner Schöpfung und nehmen das Unsichtbare seiner Kraft an den geschaffenen Werken wahr. Das Gebilde, das er unsretwegen geschaffen, will ich nicht anbeten. Sonne und Mond sind um unsretwillen geworden: wie sollte ich sie also anbeten, da sie mir dienstbar sind? Wie sollte ich Hölzer und Steine für Götter erklären? Denn der Geist, der in der Materie waltet, ist geringer als der göttliche Geist, und da er der Materie angeglichen ist, so darf er auch nicht in gleicher Weise wie der vollkommene Gott verehrt werden. Aber auch mit Geschenken darf man den unnennbaren Gott nicht behelligen; denn der keines Dinges bedarf, soll nicht von uns zu einem Bedürftigen entwürdigt werden. *Doch ich will unsere Lehren deutlicher auseinandersetzen.*

(b) Gott war im Anfang; der Anfang aber ist nach unserer Überlieferung die Kraft des *Logos* (des ‹Wortes›). Der Herr aller Dinge, der zugleich die Hypostase (der Urgrund) des Alls ist, war nämlich zu der Zeit, da es noch keine Schöpfung gab, allerdings allein: insofern aber jegliche Kraft alles Sichtbaren und Unsichtbaren bei ihm war, bestanden eben auch alle Dinge schon bei ihm vermöge der Kraft des Logos. Erst durch einen Willensakt Gottes, dessen Wesen einfach ist, trat der Logos hervor, aber nicht zwecklos ging er von ihm aus und ward des Vaters erstgeborenes Werk: wir wissen, daß er der Anfang der *Welt* ist. Seine Geburt erfolgte durch Teilung, nicht durch Abtrennung; denn was man abschneidet, ist von dem Ersten, zu dem es gehörte, für immer geschieden, das aber, was man teilt, wird nur wie in einer Hauswirtschaft da und dorthin gegeben, ohne denjenigen ärmer zu machen, von dem es genommen ist. Wie nämlich von *einer* Fackel viele Feuer entzündet werden, das Licht der ersten Fackel aber durch das Anzünden vieler anderer Fackeln nicht vermindert wird, so hat auch das Wort, indem es aus der Kraft des Vaters hervorging, seinen Erzeuger nicht des Wortes beraubt. Denn auch ich rede und ihr hört und doch wohl werde ich, der Redende, indem mein Wort zu euch übergeht, keineswegs des Wortes beraubt, sondern indem ich meine Stimme von mir gebe, ist es mein Vorsatz, die ungeordnete Materie in euch zu ordnen. Und wie der im Anfang gezeugte Logos seinerseits unsere Welt sich selber erzeugt hat, indem er die Materie bildete, so verbessere auch ich, der ich zur Nachahmung des Logos wiedergeboren und zur Aufnahme der Wahrheit geschaffen bin, die Unordnung der mitgeborenen Materie. Denn nicht anfangslos ist die Materie wie Gott, noch hat sie etwa ihrer Anfangslosigkeit wegen gottgleiche Macht; sie ist vielmehr geschaffen worden und von keinem anderen geschaffen als allein von dem Schöpfer aller Dinge.

B (a) Nicht unsterblich, ihr Bekenner des Griechentums, ist unsere ‹Seele› an sich, sondern sterblich: sie kann aber trotzdem dem Tode entrinnen. Denn *sie stirbt* und erfährt zusammen mit dem Körper ihre Auflösung, *wenn sie die Wahrheit nicht erkannt hat;* später, am Ende des Weltlaufs, steht sie freilich mit dem Körper auf, aber nur, um als Strafe den Tod in der Unsterblichkeit zu empfangen: *dagegen stirbt sie überhaupt nicht,* mag auch ihre zeitweilige Auflösung erfolgen, *wenn sie mit der Erkenntnis Gottes ausgerüstet ist.* (b) An und für sich ist sie Finsternis und kein Licht ist in ihr und hierauf eben bezieht sich das Wort: ‹Die Finsternis fasset nicht das Licht.› Denn nicht die Seele ist es, die den Geist rettet, sondern sie wird von ihm gerettet und ‹das Licht fasset die Finsternis›, wobei der Logos als das von Gott ausgehende ‹Licht›, als ‹Finsternis› aber die unkundige Seele zu verstehen ist. Wenn sie daher allein für sich lebt, so neigt sie sich niederwärts zur Materie und stirbt zugleich mit dem Fleische; hat sie aber Gemeinschaft mit dem göttlichen Geiste, so ist sie nicht hilflos, sondern steigt hinauf in jene Lande, zu denen sie der Geist führt: denn seine Wohnung ist in der Höhe, ihr Ursprung dagegen in der Tiefe. (c) Im Anfang also wohnte der Geist mit der Seele zusammen; der Geist aber hat sie verlassen, als sie ihm nicht folgen wollte. Doch da sie gleichsam einen Funken seiner Kraft behielt und nur infolge der Scheidung das Vollkommene nicht erschauen konnte, suchte sie Gott in der Irre und bildete sich viele Götter, indem sie den streitsüchtigen Dämonen folgte. Der Geist Gottes ist nun nicht mehr bei allen Menschen; bei einigen aber, deren Wandel gerecht war, ist er eingekehrt und vermählte sich mit ihrer Seele, um durch Weissagungen den übrigen Seelen das Verborgene kundzutun: und die Seelen, die der Weisheit folgten, zogen den verwandten Geist an sich, die aber nicht folgten und den Boten des Gottes, der gelitten hat, verschmähten, die zeigten sich mehr als Gottesfeinde denn als Gottesdiener.

III. IRENÄUS VON LYON (gest. 202 n. Chr. als Märtyrer)

Was ist die wahre Tradition der christlichen Lehre?

(‹Gegen die Häresien›, übers. v. E. Klebba, Bibliothek der Kirchenväter Bd. 3, Kösel-Verlag, München 1912, S. 211—214)

Gliederung: (a) Die wahre Tradition vertritt die von den Aposteln und ihren Nachfolgern gegründete Kirche. Es gibt keine Geheimlehren. (b) Die römische Kirche, von Petrus und Paulus gegründet, ist in Glaubensfragen entscheidend. (c) Die Richtigkeit der Lehre der römischen Kirche wird erwiesen durch die von den Aposteln ausgehende Folge rechtmäßiger Bischöfe von Rom. (d) Nur die von den Aposteln und ihren Nachfolgern Eingesetzten haben die wahre Tradition, die Ketzer aber sind Kinder des Satans.

III. Kapitel

1. (a) Die von den Aposteln in der ganzen Welt verkündete Tradition kann in jeder Kirche jeder finden, der die Wahrheit sehen will, und wir können die von den Aposteln eingesetzten Bischöfe der einzelnen Kirchen aufzählen und ihre Nachfolger bis auf unsere Tage. Diese haben von den Wahngebilden jener nichts gelehrt und nichts gehört. Denn wenn die Apostel verborgene Geheimnisse gewußt hätten, die sie in besonderem, geheimem Unterricht nur die Vollkommenen lehrten, dann hätten sie die Geheimnisse am ehesten denen übergeben, denen sie sogar die Kirchen anvertrauten. Ganz vollkommen nämlich und in allem untadelig wünschten sie die, denen sie ihren Lehrstuhl übergaben und die sie als ihre Nachfolger zurückließen, von deren gutem oder schlechtem Verhalten für das Wohl und Wehe der Ihrigen soviel abhing.

2. (b) Weil es aber zu weitläufig wäre, in einem Werke wie dem vorliegenden die apostolische Nachfolge aller Kirchen aufzuzählen, so werden wir nur die apostolische Tradition und Glaubenspredigt der größten und ältesten und allbekannten Kirche, die von den beiden ruhmreichen Aposteln Petrus und Paulus zu Rom gegründet und gebaut ist, darlegen, wie sie durch die Nachfolge ihrer Bischöfe bis auf unsere Tage gekommen ist. So widerlegen wir alle, die wie auch immer aus Eigenliebe oder Ruhmsucht oder Blindheit oder Mißverstand Konventikel gründen. Mit der römischen

Kirche nämlich muß wegen ihres besonderen Vorranges jede Kirche übereinstimmen, d. h. die Gläubigen von allerwärts, denn in ihr ist immer die apostolische Tradition bewahrt von denen, die von allen Seiten kommen.

3. (c) Nachdem also die seligen Apostel die Kirche gegründet und eingerichtet hatten, übertrugen sie dem Linus den Episkopat zur Verwaltung der Kirche. Diesen Linus erwähnt Paulus in seinem Brief an Timotheus. Auf ihn folgt Anacletus. Nach ihm erhält an dritter Stelle den Episkopat Klemens, der die Apostel noch sah und mit ihnen verkehrte. Er vernahm also noch mit eignen Ohren ihre Predigt und Lehre, wie überhaupt damals noch viele lebten, die von den Aposteln unterrichtet waren. Als unter seiner Regierung ein nicht unbedeutender Zwist unter den Brüdern in Korinth ausbrach, da sandte die römische Kirche ein ganz nachdrückliches Schreiben an die Korinther, riet ihnen eindringlich zum Frieden und frischte ihren Glauben auf und verkündete die Tradition, die sie unlängst von den Aposteln empfangen hatte. Es gebe einen allmächtigen Gott, der Himmel und Erde erschaffen und den Menschen gebildet und die Sintflut geschickt und den Abraham berufen habe; der das Volk aus dem Lande Ägypten hinausgeführt, zum Moses gesprochen, das Gesetz gegeben, die Propheten gesandt, dem Teufel und seinen Engeln aber das ewige Feuer bereitet habe. Daß dieser als der Vater unseres Herrn Jesu Christi von den Kirchen verkündet wird und dies als apostolische Tradition aufzufassen ist, können alle, die da wollen, aus jenem Brief entnehmen; denn der Brief ist älter als die neuen Falschlehrer, die sich über dem Weltenschöpfer und Demiurgen noch einen andern Gott zurechtlügen.

Auf genannten Klemens folgte Evaristus, auf Evaristus Alexander, als sechster von den Aposteln wurde Sixtus aufgestellt, nach diesem kam Telesphoros, der glorreiche Märtyrer, dann Hyginus, dann Pius, dann Anicetus. Nachdem dann auf Anicetus Soter gefolgt war, hat jetzt als zwölfter von den Aposteln Eleutherius den Episkopat inne. In dieser Ordnung und Reihenfolge ist die kirchliche apostolische Überlieferung auf uns gekommen, und vollkommen schlüssig ist der Beweis, daß es derselbe Leben spendende Glaube sei, den die Kirche von den Aposteln empfangen, bis jetzt bewahrt und in Wahrheit uns überliefert hat.

4. (d) Dasselbe hat auch Polykarp immer gelehrt, wie er es von den Aposteln gelernt und der Kirche es überliefert hatte, und wie es auch allein die Wahrheit ist. Er war nicht allein von den Aposteln unterrichtet und hatte noch mit vielen verkehrt, die unsern Herrn Christus gesehen haben, sondern war von den Aposteln auch zum Bischof von Smyrna für Kleinasien eingesetzt worden. Auch wir sahen ihn noch in unserer Jugend; denn er lebte gar lange und erlitt erst in hohem Greisenalter ein sehr ruhmreiches und denkwürdiges Martyrium. Mit seiner Lehre stimmen alle Kirchen in Asien und die Nachfolger des Polykarp überein, und sein Ansehen ist gewiß größer und sein Zeugnis zuverlässiger als das des Valentin und Markion und der übrigen Narren. Unter Anicet führte Polykarp bei seinem Aufenthalt in Rom viele von den genannten Häretikern in die Kirche zurück, indem er predigte, daß er einzig und allein die Wahrheit von den Aposteln empfangen habe, die auch von der Kirche überliefert worden ist. Noch leben die, welche ihn erzählen hörten, daß Johannes, der Schüler des Herrn, einst in Ephesus ein Bad nehmen wollte; wie er aber drinnen den Cerinth erblickte, sprang er ungebadet aus dem Bade heraus, indem er sagte, er fürchte, daß das Bad einstürze, wenn Cerinth, der Feind der Wahrheit, drinnen sei. So begegnete auch einst Polykarp dem Markion, und als dieser ihn fragte: ‹Kennst du mich?› antwortete er ihm: ‹Ich kenne dich, du Erstgeborener des Satans!› Eine solche Furcht hatten die Apostel und ihre Schüler, auch nur ein Wort mit denen zu wechseln, die die Wahrheit

geschändet hatten. Sagt doch auch Paulus: ‹Einen ketzerischen Menschen meide, wenn du ihn einmal (und zweimal) zurechtgewiesen hast, und wisse, daß ein solcher verkehrten Sinnes ist und frevelhaft und durch sich selbst verurteilt.› Auch hat Polykarp einen ganz vorzüglichen Brief an die Philippenser hinterlassen, aus dem die Art seines Glaubens und die Predigt der Wahrheit die entnehmen können, welche um ihr Heil besorgt sein wollen. Ebenso ist auch die Kirche von Ephesus, die von Paulus gegründet wurde, und in der Johannes bis zu den Zeiten des Trajan verweilte, ein treuer Zeuge der apostolischen Tradition.

IV. CLEMENS VON ALEXANDRIEN (ca. 150–211/16 n. Chr.)

A. ANTIKE BILDUNG UND CHRISTENTUM

1. Philosophie und Christentum

(‹Stromata, Teppiche wissenschaftlicher Darlegungen entsprechend der wahren Philosophie›, übers. v. O. STÄHLIN, 3 Bde., Bibliothek der Kirchenväter, 2. Reihe, Bd. 17, 19, 20, Kösel-Verlag, München 1936–38, Bd. 1; I, 28, 1 ff)

Gliederung: (a) Bedeutung der Philosophie als Propädeutik zur christlichen Wahrheitserkenntnis. (b) Die Philosophie und die freien Künste sind nicht zu verdammen, sie müssen aber in den einzigen, den göttlichen Weg der Wahrheit münden. (c) Der Christ verhält sich zur Philosophie wie Abraham zu Hagar.

28, 1. (a) Nun war vor der Ankunft des Herrn die Philosophie für die Griechen zur Rechtfertigung notwendig; jetzt aber wird sie nützlich für die Gottesfurcht, indem sie eine Art Vorbildung für die ist, die den Glauben durch Beweise gewinnen wollen. ‹Denn dein Fuß›, so heißt es, ‹wird nicht anstoßen›, wenn du alles Gute, mag es sich bei den Griechen oder bei uns finden, auf die Vorsehung zurückführst. 2. Denn Urheber alles Guten ist Gott; aber bei dem einen wie dem Alten und dem Neuen Testament ist das unmittelbar um seiner selbst willen der Fall; bei dem anderen wie der Philosophie ist es nur eine Folgeerscheinung. 3. Vielleicht wurde die Philosophie aber auch um ihrer selbst willen den Griechen gegeben zu jener Zeit, bevor der Herr auch die Griechen berufen hatte; denn auch sie erzog das Griechenvolk für Christus wie das Gesetz die Hebräer. Demnach bahnt die Philosophie den Weg und bereitet den vor, der von Christus vollendet werden soll. 4. So sagt Salomon: ‹Schütze die Weisheit wie mit einem Wall, und sie wird dich erhöhen; mit einem prächtigen Kranze wird sie dich schützen wie mit einem Schilde›, da ja auch du sie für die Sophisten unangreifbar machen wirst, wenn du sie durch die Philosophie und durch berechtigte Prunkentfaltung wie mit einem Wall befestigt hast.

29, 1. (b) Es gibt freilich nur einen einzigen Weg zur Wahrheit, aber in ihn münden wie in einen unversieglichen Strom die Gewässer von allen Seiten ein. 2. Mit göttlicher Weisheit ist daher gesagt: ‹Höre, mein Sohn, und nimm meine Worte auf›, so heißt es, ‹damit dir viele Lebenswege zuteil werden. Denn Weisheitswege will ich dich lehren, damit dir die Quellen nicht mangeln›, die aus der nämlichen Erde hervorsprudeln. 3. Jedoch hat er nicht nur bei einem einzigen Gerechten von mehreren Heilswegen geredet, er fährt vielmehr etwa folgendermaßen fort, wobei er auf viele andere Wege vieler Gerechter hinweist: ‹Die Wege der Gerechten leuchten gleich dem Licht.› Auch die Gebote und die Vorstufen der Bildung dürften ja Wege und Ausgangspunkte für das Leben sein. 4. ‹Jerusalem, Jerusalem, wie oft wollte ich deine Kinder sammeln wie eine Henne ihre Jungen!› Jerusalem wird aber mit ‹Gesicht des Friedens› übersetzt. Der Herr gibt also in prophetischer Weise zu verstehen, daß die friedlich Schauenden auf mancherlei Art für die Berufung erzogen worden sind. 5. Wie nun? Er wollte, aber er konnte nicht. Wie oft oder wo? Zweimal, durch die Propheten und durch sein Kommen. Als vielgestaltig erweist also die Weisheit der Ausdruck ‹wie oft›, und in jeder möglichen Gestalt sowohl hinsichtlich der Art und Weise als auch der Zahl der Wiederholungen rettet sie unter allen Umständen einige in der Zeit und in der Ewigkeit. ‹Denn der Geist des Herrn hat den Erdkreis erfüllt.› 6. Und wenn jemand den Text vergewaltigt und behauptet, mit den Worten: ‹Merke nicht auf ein schlechtes Weib; denn Honig träufelt von den Lippen der Dirne›, sei die griechische Bildung gemeint, so höre er die folgenden Worte: ‹und eine Zeitlang ergötzt sie deinen Gaumen›, wie es heißt; die Philosophie aber schmeichelt nicht. 7. Wen meint nun die Schrift mit dem Weib, das zur Dirne wurde? Sie sagt es ausdrücklich in den folgenden Versen: ‹Denn die Füße der Torheit führen die, die sich mit ihr abgeben, mit dem Tode in die Unterwelt; ihre Fußspuren haben keinen festen Stand. Nimm also deinen Weg fern von der törichten Lust; tritt nicht an die Türen ihrer Wohnung, auf daß du nicht andern dein Leben preisgebest!› 8. Und sie versichert noch dazu: ‹Dann wirst du es im Alter bereuen, wenn das Fleisch deines Körpers kraftlos geworden ist.› Denn dieses ist das Ende der törichten Lust. 9. Und so viel darüber. Wenn die Schrift aber sagt: ‹Verkehre nicht viel mit einem fremden Weibe!›, so ermahnt sie damit, die weltliche Weisheit zwar zu verwenden, aber sich nicht anhaltend mit ihr zu beschäftigen und nicht andauernd bei ihr zu verweilen. Denn nur ein auf das Wort des Herrn vorbereitender Unterricht ist in dem enthalten, was zur rechten Zeit jedem Geschlecht zu seinem Nutzen gegeben worden ist. 10. ‹Denn schon manche haben, von den Reizen der Dienerinnen berückt, die Herrin, die Philosophie, vernachlässigt und sind alt geworden›, teils in der Musik, teils in der Geometrie, teils in der Grammatik, die meisten aber in der Rhetorik.

30, 1. (c) Wie aber die allgemeinen Wissenschaften Beiträge für ihre Herrin, die Philosophie, liefern, so hilft auch die Philosophie selbst mit zum Erwerb der Weisheit. Denn die Philosophie ist eifrige Beschäftigung mit Weisheit; die Weisheit aber ist die Kenntnis göttlicher und menschlicher Dinge und ihrer Ursachen. Demnach ist die Weisheit Herrin über die Philosophie, so wie diese Herrin über die vorbereitenden Wissenschaften ist. 2. Denn wenn die Philosophie verspricht, die Beherrschung der Zunge, des Bauches und der Teile unter ihm zu lehren, und ihrer selbst wegen erstrebenswert ist, so wird sie noch erhabener und vorzüglicher erscheinen, wenn man sich der Ehre und der Erkenntnis Gottes wegen mit ihr beschäftigt. 3. Für das Gesagte wird die Schrift mit folgendem ein Zeugnis geben: Sara war schon lange unfruchtbar und war Abrahams Weib. Da Sara kein Kind gebiert, überläßt sie ihre Magd, die Ägypterin Hagar, dem Abraham, um mit ihr Kinder zu zeugen. 4. Die mit dem Gläubigen vermählte Weisheit (als gläubig aber und gerecht wurde Abraham erachtet) war also zu jener Zeit noch unfruchtbar und kinderlos und hatte dem Abraham noch nichts Tugendhaftes geboren; da hielt sie es begreiflicherweise für richtig, daß er sich, da es für ihn bereits Zeit zum Fortschritt war, zuerst mit der weltlichen Bildung vermähle (mit dem allegorischen Ausdruck Ägypten ist die Welt gemeint) und erst später sich mit ihr selbst verbinde, um entsprechend der göttlichen Vorsehung den Isaak zu erzeugen.

2. Nutzen der Künste, besonders der Dialektik für den Christen

(‹Stromata› I, 43, 1 ff)

Gliederung: (a) Die Wissenschaften und die Philosophie sind nützlich für die Festigung des Glaubens. (b) Nutzen des Wissens, besonders der Dialektik für den, der Gott erkennen will. (c) Die Dialektik ist nützlich zur Erkenntnis des vielfachen Sinnes der Schrift.

43, 1. (a) Einige Leute aber, die sich für besonders begabt halten, erklären es für richtig, daß man sich weder mit Philosophie noch mit Dialektik beschäftigt, ja daß man nicht einmal die Naturwissenschaft erlernt, und fordern einzig und allein den Glauben. Das ist aber gerade so, wie wenn sie, ohne irgendwelche Mühe auf die Pflege des Weinstocks verwendet zu haben, gleich von Anfang an die Trauben ernten wollten. 2. Mit dem ‹Weinstock› wird aber allegorisch der Herr bezeichnet, und von ihm muß man mit Sorgfalt und mit einer der Lehre entsprechenden Sachkunde die Frucht abernten. Man muß aber die Zweige beschneiden, graben, den Weinstock aufbinden und das übrige tun, und man braucht, meine ich, für die Pflege des Weinstocks Winzermesser und Hacke und die anderen landwirtschaftlichen Geräte, damit er uns die eßbare Frucht zeige. 3. Wie aber beim Ackerbau und bei der Heilkunde jener am besten unterrichtet ist, der sich mannigfachere Kenntnisse erworben hat, so daß er den Landbau besser betreiben und die Heilkunde besser ausüben kann, 4. so nenne ich auch hier den am besten unterrichtet, der alles mit der Wahrheit in Beziehung setzt, so daß er auch von der Geometrie und der Musik und von der Grammatik und von der Philosophie selbst das Brauchbare entnimmt und damit den Glauben unangreifbar gegen alle Anschläge macht. Verachtet wird auch der Kämpfer, der zum Wettkampf nichts als Körperkraft mitbringt.

44, 1. (b) So loben wir auch den vielerprobten Steuermann, der ‹vieler Menschen Städte sah›, und den Arzt, der Gelegenheit gehabt hat, vieles kennenzulernen; und dies ist auch das Kennzeichen, wonach manche den Empiriker bestimmen. 2. Wer nun alles mit dem rechtschaffenen Leben in Beziehung setzt und aus Griechentum und Barbarentum Vorbilder beibringt, der ist ein vielerfahrener Erforscher der Wahrheit und in der Tat ‹erfindungsreich›; gleich dem Probierstein (das ist ein lydischer Stein, der nach allgemeiner Überzeugung echtes und falsches Gold unterscheiden kann) ist er, unser ‹Vielwisser› und Sachverständiger (Gnostiker), fähig, zu scheiden die Sophistik von der Philosophie, die Putzkunst von der Gymnastik, die Kochkunst von der Heilkunst, die Rhetorik von der Dialektik und nach den andern auch die in der barbarischen Philosophie (d. i. dem Christentum) auftretenden Irrlehren von der eigentlichen Wahrheit. 3. Wie sollte es aber nicht nötig sein, daß derjenige über geistige Dinge philosophische Untersuchungen anstellt, der sich darnach sehnt, der Kraft Gottes teilhaftig zu werden? Wie sollte es ferner auch nützlich sein, die in den beiden Testamenten doppelsinnig oder (an verschiedenen Stellen) in verschiedener Bedeutung verwendeten Ausdrücke auseinanderzuhalten und zu erklären? 4. Denn mit dem Doppelsinn (von Schriftworten) überlistet der Herr zur Zeit der Versuchung den Teufel, und ich verstehe hier nicht mehr, wie denn dieser, der, wie manche annehmen, Erfinder der Philosophie und Dialektik ist, durch die Verwendung des Doppelsinns getäuscht und abgewiesen werden kann.

45, 1. (c) Wenn aber die Propheten und Apostel die Fächer nicht kennengelernt haben, in denen sich die philosophische Schulung betätigt, so verlangt doch der Sinn (der Worte) des weissagenden und belehrenden

Geistes, der verhüllt ausgesprochen wird, weil nicht alle das zum Verständnis geeignete Ohr besitzen, für das Verständnis die nötigen sachkundigen Erklärungen. 2. Denn ganz richtig hatten die Propheten und die Schüler des Geistes jenen Sinn erkannt; auf Grund ihres Glaubens nämlich faßten sie ihn so auf, wie der Geist ihn gesagt hat; aber es ist nicht möglich, daß man ihn leicht so auffaßt, wenn man nicht Jünger geworden ist. 3. ‹Die Gebote›, so heißt es, ‹schreibe dir doppelt auf, für Rat und Kenntnis, auf daß du Worte der Wahrheit denen antworten kannst, die dir eine Frage vorlegen.› 4. Was ist nun die Kenntnis, die das Antworten ermöglicht? Die gleiche, die auch beim Fragen hilft. Das wird aber wohl die Dialektik sein. 5. Wie nun? Ist nicht auch das Reden eine Tätigkeit, und ist nicht das Handeln eine Folge vom Reden und Überlegen? Denn wenn wir nicht mit Überlegung handeln, so ist unser Tun unüberlegt und unvernünftig. Jede vernünftige Tat wird aber entsprechend dem Willen Gottes vollführt. ‹Und nichts ist ohne es geworden›, so heißt es, nämlich ohne das Wort Gottes. Oder hat nicht auch der Herr alles durch sein Wort gemacht? 6. Es arbeiten aber auch die Haustiere, doch nur getrieben von dem Zwang der Furcht. Geraten aber nicht auch die sogenannten Orthodoxasten auf gute Werke, ohne zu wissen, was sie tun?

B. Das Wesen des Glaubens

1. Glauben und Wissen

(‹Stromata› II, 8, 4 ff)

Gliederung: (a) Glaube ist festes Überzeugtsein. (b) Glaube als Vorsatz zur Tat verschafft den Beweis, ehe er geführt ist. (c) Der Glaube ist von Vernunftgründen nicht zu erschütterndes Wissen. (d) Der Glaube ist vom beweisbaren Wissen wesentlich unterschieden.

8, 4. (a) Der Glaube aber, von dem die Griechen schlecht reden, da sie ihn für unbegründet und barbarisch halten, ist eine Annahme aus freiem Entschluß, eine zustimmende Anerkennung der Gottesfurcht, ‹ein zuversichtliches Vertrauen auf das, was man erhofft, ein festes Überzeugtsein von Dingen, die man nicht sieht›, nach den Worten des göttlichen Apostels. ‹Durch einen solchen Glauben› vor allem ‹haben sich die Alten ein gutes Zeugnis erworben; ohne Glaube aber ist es unmöglich, Gott wohlzugefallen.›

9, 1. (b) Andere aber definierten den Glauben als eine in Gedanken vollzogene Anerkennung einer ungewissen Sache, wie andererseits den Beweis als die offene Anerkennung einer unbekannten Sache. 2. Wenn nun der Glaube ein Vorsatz ist, der in dem Streben nach irgend etwas besteht, so handelt es sich hier um ein Streben, das in Gedanken vor sich geht; da aber der Vorsatz den Anfang zum Handeln bildet, so erweist sich der Glaube als Anfang zum Handeln, als die Grundlage für einen verständigen Vorsatz, indem man sich durch den Glauben schon im voraus den Beweis verschafft. 3. Wenn man sich aus freien Stücken auf die Seite des Zweckmäßigen stellt, so ist das der Anfang zur Einsicht. Einen großen Einfluß auf das Erlangen der Erkenntnis hat jedenfalls ein unerschütterlicher Vorsatz. So wird ein treues Festhalten am Glauben zu einem auf fester Grundlage aufgebauten Wissen. 4. (c) Was nun das Wissen (ἐπιστήμη) betrifft, so definieren es die Jünger der Philosophie als einen Zustand, der von Vernunftgründen (λόγος) nicht erschüttert werden kann. Gibt es nun einen anderen derartigen wahrhaften Zustand als die Gottesfurcht, in der der Logos allein unser Lehrer ist? Ich für meinen Teil glaube es nicht. 5. (d) Theophrastos aber sagt, die sinnliche Wahrnehmung sei der Anfang des Glaubens; denn von ihr gehen die ersten Wirkungen auf das Denken in uns und auf unsere Anschauung aus. 6. Wer also den göttlichen Schriften glaubt, hat einen unumstößlichen Maßstab für sein Urteil und erhält als unwiderleglichen Beweis die Stimme Gottes, der uns die Schriften gegeben hat. Der Glaube hört also auf, Glaube zu sein, wenn er auf festem Beweis beruht. ‹Selig sind also, die nicht sehen und doch glauben.› 7. Die Zauberlieder der Sirenen, die eine über alles menschliche Maß hinausgehende Wirkung ausübten, machten einen so gewaltigen Eindruck auf alle, die in ihre Nähe kamen, daß diese fast gegen ihren eigenen Willen begierig wurden, die Worte zu hören.

2. Der Glaube führt zur Erkenntnis des Ursprungs

(‹Stromata› II, 12, 1 ff)

Gliederung: (a) Der Glaube, auf dem Wort Gottes ruhend, macht gerecht ohne Gesetz. (b) Die von selbst einleuchtende Wahrheit ist das Ergebnis von Denken und sinnlicher Wahrnehmung. (c) Der Glaube ist der direkte Weg zur Wahrheit. (d) Auch die Prinzipien des Wissens sind unbeweisbar. (e) Nur der Glaube führt zum Uranfang aller Dinge, das Wissen geht, da es lehrbar ist, immer von vorher Bekanntem aus.

12, 1. (a) Wir aber, die wir durch die Heiligen Schriften von dem Herrn die Lehre überkommen haben, daß den Menschen die Möglichkeit selbständiger Wahl zwischen Annehmen und Ablehnen gegeben ist, wollen uns auf den Glauben als untrüglichen Maßstab unseres Urteils verlassen, da wir den Geist dadurch als ‹willig› bewiesen haben, daß wir das Leben wählten und zum Glauben an Gott durch das Wort des Herrn kamen. Und wer dem Wort des Herrn glaubte, der weiß, daß sein Inhalt wahr ist; denn Wahrheit ist das Wort (der Logos). Wer aber dem, der es verkündigt, den Glauben verweigerte, hat ihn Gott verweigert. 2. ‹Durch den Glauben verstehen wir, daß die Welt durch Gottes Wort hergestellt worden ist, auf daß nicht das Sichtbare aus sinnlich Wahrnehmbarem entstanden sei›, sagt der Apostel. ‹Durch den Glauben brachte Abel ein wertvolleres Opfer als Kain dar, und durch ihn erhielt er auch das Zeugnis, gerecht zu sein, indem Gott ihm Zeugnis über seine Opfergaben ablegte, und durch ihn redet er auch noch nach seinem Tode›, und die folgenden Verse bis ‹als einen augenblicklichen Vorteil von der Sünde zu haben›. Diese Männer also machte auch schon vor dem Gesetz der Glaube gerecht und setzte sie zu Erben der göttlichen Verheißung ein.

13, 1. (b) Warum soll ich also noch die Zeugnisse des Glaubens aus unserer Geschichte zusammensuchen und vorlegen? ‹Denn die Zeit wird mir fehlen, wenn ich von Gideon und Barak, Simson und Jephtha, David und Samuel und den Propheten erzählen wollte›, und was darauf folgt. 2. Da es nun vier Dinge gibt, worin sich die Wahrheit zeigen kann, die sinnliche Wahrnehmung, das Denken, das Wissen, das Vermuten, so ist von Natur das erste das Denken, für uns und mit Beziehung auf uns ist es die sinnliche Wahrnehmung; aus der sinnlichen Wahrnehmung und dem Denken entsteht das Wesen des Wissens; gemeinsames Ergebnis aber des Denkens und der sinnlichen Wahrnehmung ist die von selbst einleuchtende Wahrheit. 3. (c) Aber die sinnliche Wahrnehmung ist eine Vorstufe zum Wissen, der Glaube dagegen, der durch die sinnlich wahrnehmbaren Dinge seinen Weg nimmt, läßt das Vermuten hinter sich und schreitet rasch vorwärts zu dem Untrüglichen und bleibt schließlich bei der Wahrheit stehen. 4. (d) Wenn aber jemand behauptet, daß das Wissen fähig sei, mit Vernunftgründen zu beweisen, so soll er sich sagen lassen, daß auch die Grundsätze (die Prinzipien) unbeweisbar sind, denn sie sind weder der Kunst noch dem Verstand erkennbar. Denn dieser hat es nur mit dem zu tun, was sich auch anders verhalten könnte, jene aber ist nur fähig, etwas zu machen, nicht auch fähig, etwas wissenschaftlich zu betrachten.

14, 1. (e) Es ist also allein durch den Glauben möglich, zu dem Uranfang aller Dinge zu gelangen. Denn jedes Wissen ist lehrbar; alles Lehrbare aber beruht auf vorher Bekanntem. 2. Der Uranfang aller Dinge war aber den Griechen nicht vorher bekannt, weder dem Thales, der im Wasser den ersten Urstoff sah, noch den übrigen Naturphilosophen der Reihe nach. Denn wenn auch Anaxagoras als erster den Geist an die Spitze aller Dinge stellte, so hielt auch er nicht an dem alles bewirkenden Prinzip fest, indem er das Bild von gewissen, des Geistes baren Wirbeln vor die Augen malte, in Verbindung mit der Untätigkeit und Geistlosigkeit des Geistes. 3. Deshalb sagt auch das Schriftwort: ‹Ihr sollt auf der Erde niemand euren Lehrer nennen!› Denn das Wissen ist ein Verhalten, das mit Beweisen wirkt; der Glaube dagegen ist ein Gnadengeschenk, das aus Unbeweisbarem zum Allgemeinen das Einfache emporführt, das weder mit Stoff verbunden noch selbst Stoff noch vom Stoff abhängig ist.

3. Der Glaube ist Voraussetzung jedes Lernens

(‹Stromata› II, 17, 1 ff)

17, 1. Wie könnte jemand, der keine Vorstellung von dem hat, wonach er strebt, das lernen, was er erforschen will? Wenn er es aber gelernt hat, dann erst macht er die Vorstellung zu sicherem Wissen (zu einem festen Begriff). 2. Wenn aber der Lernende nicht lernen kann, ohne daß in ihm eine Vorstellung lebt, die fähig ist, das Gesagte aufzunehmen, so muß er selbst Ohren haben, die fähig sind, die Wahrheit zu hören. ‹Glücklich ist, der zu Leuten spricht, deren Ohren willig sind zu hören›, wie andererseits auch er selbst (der Hörende) glücklich ist deswegen, weil er hört. 3. Deutlich hören ist gleichbedeutend mit verstehen. Wenn nun der Glaube nichts anderes ist als eine im Denken gebildete Vorstellung hinsichtlich des Gesagten, und dies Gehorsam genannt ist und Verstehen und Überzeugtsein, dann wird auch niemand ohne Glauben lernen können, da er es auch nicht ohne Vorstellung (vorgefaßte Meinung) kann. 4. Demnach ist als überaus wahr das Wort des Propheten erwiesen: ‹Wenn ihr nicht glaubt, werdet ihr auch nicht verstehen.› Dieses Wort hat auch Herakleitos von Ephesos umschrieben, wenn er sagte: ‹Wenn er nichts Unverhofftes erhofft, wird er es nicht auffinden, da es unaufspürbar und unzugänglich ist.›

4. Der Glaube als Kenntnis des Urgrundes ist Gehorsam gegen Gott

(‹Stromata› II, 24, 1 ff)

Gliederung: (a) Die Kenntnis des Urgrundes der Dinge ruht auf Glauben, nicht auf Beweisen. (b) Der Glaube ruht im Horchen auf Gott, im Gehorsam.

24, 1. (a) Mit Recht heißt es also bei Salomon: ‹Weisheit im Munde der Gläubigen.› Denn auch Xenokrates nennt in seiner Schrift ‹Über den Verstand (φρόνησις)› die Weisheit das Wissen von den ersten Ursachen und von dem geistigen Sein, wobei er eine zweifache Art von Verstand annimmt, die eine, die auf das Handeln, und die andere, die auf das wissenschaftliche Denken gerichtet ist; darin besteht, wie er meint, die menschliche Weisheit. 2. Deshalb ist zwar die Weisheit eine Äußerung des Verstandes, jedoch nicht jede Äußerung des Verstandes Weisheit. Damit ist aber bewiesen, daß die Kenntnis des Urgrundes aller Dinge auf Glauben, nicht auf Beweisen beruht. 3. (b) Denn es wäre auch ungereimt, wenn zwar die Anhänger des Pythagoras von Samos bei ihren Untersuchungen Beweise ablehnen und das Wort ‹er selbst hat es gesagt› für ausreichenden Beweis (πίστις) halten und sich an diesem einzigen Worte für die Bestätigung dessen, was sie gehört haben, genügen lassen, dagegen diejenigen, ‹die die Wahrheit zu schauen bestrebt sind›, es wagen sollten, dem glaubwürdigen Lehrer, dem alleinigen Heiland-Gott, den Glauben zu versagen und von ihm Beweise für das Gesagte zu fordern. 4. Er sagt aber: ‹Wer Ohren hat, zu hören, der höre!› Und wer ist damit gemeint? Epicharmos soll es sagen:

‹Geist nur sieht und Geist nur höret; alles sonst ist taub und blind.›

5. Von einigen Ungläubigen sagt Herakleitos tadelnd: ‹Zu hören nicht fähig und nicht zu reden›, wobei er doch offenbar von Salomon abhängig ist: ‹Wenn du gern zuhörst, wirst du es in dich aufnehmen, und wenn du dein Ohr hineigst, so wirst du weise werden.›

5. Der Glaube ist etwas Göttliches

(‹Stromata› II, 30, 1 ff)

30, 1. Man darf also selbstverständlich den Glauben nicht mehr als etwas Geringes verleumden, als etwas leicht zu Beschaffendes und Gewöhnliches und dazu als etwas ganz Alltägliches; denn wenn die Sache von Menschen wäre, wie die Griechen annahmen, dann wäre sie wohl schon wieder verschwunden; der Glaube aber wächst, und es gibt keinen Ort, wo er nicht wäre. 2. Ich behaupte demnach, daß der Glaube, mag er nun seinen Grund in der Liebe haben oder auch, wie die Ankläger sagen, in der Furcht, etwas Göttliches ist, da er weder von einer anderen, weltlichen Zuneigung zerstört noch von einer etwa vorhandenen Furcht aufgelöst wird. 3. Denn die Liebe läßt durch die sie mit dem Glauben verbindende Freundschaft die Gläubigen entstehen; der Glaube aber ist Grundlage der Liebe, indem er seinerseits dazu veranlaßt, Gutes zu tun, während ja auch die Furcht, durch die das Gesetz erzieht, nur infolge davon, daß man sich fürchten zu müssen glaubt, die Grundlage ihres Daseins als Furcht im Glauben hat. 4. Wenn sich nämlich das Sein durch das Wirken erweist, die Furcht (das Gefürchtete) aber etwas Zukünftiges ist und nur droht, aber noch nicht wirksam und gegenwärtig ist, so ist sie Gegenstand des Glaubens; und da man an ihr Sein nur glaubt, kann sie nicht selbst Erzeugerin des Glaubens sein, da sie ja erst von diesem selbst als des Glaubens wert erwiesen wurde.

V. LUCIUS CAELIUS FIRMIANUS LACTANTIUS
(ca. 250–317 n. Chr.)

A. ‹VON DEN TODESARTEN DER VERFOLGER›

(übers. v. ALOYS HARTL, Bibliothek der Kirchenväter Bd. 36, Kösel-Verlag, München 1919, S. 4–7)

Gliederung: (a) Gott hat die Feinde seines Namens und Verfolger der Christen zu Grunde gerichtet. (b) Geschichte der Christenheit bis zu Neros Regierungsantritt. (c) Das Entstehen der Kirche in Rom und der Tod von Petrus und Paulus. (d) Das Ende Neros; der Glaube, er werde als Vorläufer des Teufels einst wieder erscheinen.

1. Widmung an Donatus

(a) Erhört hat der Herr deine Gebete, teuerster Donatus, die du täglich zu allen Stunden vor seinem Angesichte ergossest, sowie die Gebete unserer übrigen Brüder, die sich durch glorreiches Bekenntnis die immerwährende Krone für die Verdienste des Glaubens erworben haben. Siehe, nun sind alle Widersacher hinweggenommen, nun ist die Ruhe auf Erden wieder hergestellt; die unlängst zu Boden geschleuderte Kirche erhebt sich wieder, und in größerer Herrlichkeit wird der Tempel Gottes, den die Gottlosen umgestürzt hatten, durch die Barmherzigkeit des Herrn wieder aufgebaut. Denn Gott hat Herrscher auferweckt, welche die ruchlosen und blutigen Willkürbefehle der Gewaltherrscher abgeschafft und des menschlichen Geschlechtes sich angenommen haben, so daß nunmehr, gleich als hätte das Gewölk einer düsteren Zeit sich zerstreut, lieblicher und sonniger Friede alle Herzen erfreut. Nach den gewaltsamen Stürmen eines furchtbaren Ungewitters erstrahlt nun wieder sanfter Himmel und erwünschtes Licht. Durch ihre Bitten besänftigt, hat Gott seine Diener aus tiefer Drangsal durch himmlische Hilfe wieder aufgerichtet, hat die Verschwörung der Gottlosen zunichte gemacht und die Tränen der Trauernden abgewischt. Die wider Gott anstürmten, liegen darnieder; die den heiligen Tempel umgestürzt hatten, sind selbst in größerem Sturz zusammengesunken; die, welche die Gerechten zu Tode gequält, haben unter Schlägen von Gottes Hand in verdienten Qualen die schuldige Seele ausgehaucht. Zwar spät, aber schwer traf sie die Strafe und angemessen der Schuld. Denn Gott hatte ihre Züchtigung aufgeschoben, um an ihnen der Welt große und erstaunliche Beispiele zu zeigen, aus denen die späteren Geschlechter lernen sollten, daß es einen einzigen Gott gibt, der zugleich Richter ist und der gebührende Strafe über die gottlosen Verfolger verhängt. Von diesem Ausgang der Verfolger will ich nun Zeugnis ablegen, damit alle, die dem Schauplatz der Ereignisse ferne standen oder die später zur Welt kommen werden, erfahren, auf welche Art der höchste Gott seine Macht und Majestät in der Ausrottung und Vernichtung der Feinde seines Namens gezeigt hat. Doch wird es zweckdienlich sein, wenn ich von der ersten Gründung der Kirche an die Verfolger aufführe, die sich wider die Kirche erhoben haben, und der Strafen gedenke, mit denen die Strenge des himmlischen Richters sie heimgesucht hat.

(b) In den letzten Zeiten des Kaisers Tiberius — so lesen wir in den hl. Schriften — ist unser Herr Jesus Christus von den Juden gekreuzigt worden, und zwar am 23. März unter dem Konsulate der beiden ‹Zwillingsbrüder›. Am dritten Tage stand er wieder von den Toten auf und sammelte die Jünger um sich, welche die Furcht vor seiner Gefangennehmung verscheucht hatte; und während der vierzig Tage, die er noch bei ihnen weilte, erschloß er ihnen das Verständnis und legte ihnen die Schriften aus, die ihnen bis dahin dunkel und verhüllt waren. Er gab ihnen Anordnung und Unterweisung zur Verkündigung seiner Glaubenslehre und gründete die unverbrüchliche Verfassung des Neuen Bundes. Nach Erfüllung dieser Aufgabe umhüllte ihn eine Sturmwolke, entrückte ihn den Augen der Menschen und führte ihn gen Himmel empor. Die Jünger, deren damals elf waren, nahmen an Stelle Judas, des Verräters, Matthias und Paulus in ihre Zahl auf und zerstreuten sich über die ganze Erde, um das Evangelium zu verkünden, wie es ihnen ihr Herr und Meister geboten hatte. Und während der Zeit von fünfundzwanzig Jahren, bis zum Beginn der Herrschaft Neros, legten sie in allen Provinzen und Städten die Grundlagen der Kirche.

(c) Als Nero bereits die Herrschaft führte, kam Petrus nach Rom, und durch eine Anzahl Wunder, die er in der Kraft Gottes, vermöge der ihm übertragenen Vollmacht wirkte, bekehrte er viele zur Gerechtigkeit und gründete dem Herrn einen zuverlässigen und dauerhaften Tempel. Die Sache wurde dem Nero hinterbracht, und da er wahrnahm, daß täglich nicht bloß in Rom, sondern überall sich eine große Menge vom Dienste der Götter abwandte und der neuen Religion sich anschloß, so brach er als arger und ruchloser Tyrann mit Ungestüm hervor, um den himmlischen Tempel zu zerstören und die Gerechtigkeit zu vernichten; und indem er als der erste von allen die Diener Gottes verfolgte, ließ er Petrus ans Kreuz schlagen, Paulus mit dem Schwerte töten. (d) Doch ging es ihm nicht ungestraft hin; denn Gott schaute auf die Bedrängnis seines Volkes. Der zügellose Tyrann wurde der Herrschaft entsetzt und vom Gipfel der Macht herabgestürzt und war dann mit einemmale gänzlich verschwunden, so daß nicht einmal die Begräbnisstätte des Ungeheuers auf Erden zu finden war. Daraus entstand bei manchem der Aberglaube, daß Nero von der Erde hinweggenommen wurde und lebend aufbewahrt werde, um wie der erste, so auch der letzte Christenverfolger zu sein und dem Reiche des Antichrist voranzugehen gemäß der Weissagung der Sibylle, daß der flüchtige Muttermörder von den Enden der Erde kommen werde — was zu glauben nicht statthaft ist —; und wie die heiligen Schriftsteller verkünden, daß zwei Propheten lebend hinweggenommen wurden, um für die letzten Zeiten aufbewahrt zu werden, wenn Christus vor seiner heiligen und immerwährenden Herrschaft wieder kommen wird, so wähnen sie, daß auch Nero einst wieder kommen werde als Vorläufer und Vorbote des Teufels, wenn dieser zur Verwüstung der Erde und zur Ausrottung des menschlichen Geschlechtes erscheinen wird.

B. DAS LOS VON MENSCH UND TIER

(‹Gottes Schöpfung›, III. Hauptstück, übers. v. ALOYS HARTL, S. A.)

Gliederung: (a) These einiger Philosophen, der Mensch sei im Vergleich mit dem Tier schwach und unvollkommen. (b) Die Schöpfung ist so, wie sie ist, richtig, da sie Gottes Schöpfung ist. (c) Was fehlt denn dem Menschen, daß er nicht zur höchsten Entwicklung gelangen kann? (d) Vergleich der Menschen mit den Vögeln hinsichtlich der Erziehung der Jungen. (e) Der Mensch hat Vernunft mit körperlicher Schwäche, das Tier körperliche Stärke mit Vernunftlosigkeit. (f) Vernunft ersetzt Körperkraft, Körperkraft Vernunft. (g) Durch die Vernunft ist der Mensch den Tieren nicht nur nicht unterlegen, sondern sogar überlegen. (h) Die Menschennatur ist daher vorzuziehen und Gott dafür zu danken.

III. Hauptstück

§ 1. (a) Sie beklagen sich nämlich darüber, daß der Mensch im Vergleiche zu den Tieren allzu schwach und gebrechlich auf die Welt komme. Diese ständen gleich nach ihrem Eintritt in die Welt auf den Füßen, regten sich munter, könnten sofort dem Klima (Luft) widerstehen, weil sie mit ihrer natürlichen Kleidung zur Welt gekommen seien; der Mensch aber werde nackt und hilflos wie nach einem Schiffbruche in dieses Jammertal hineingestoßen, der Mensch, der sich nach der Geburt weder rühren, noch nach der Muttermilch verlangen, noch die Ungunst der Witterung ertragen könne.

§ 2. Demnach sei die Natur nicht die Mutter, sondern die Stiefmutter der Menschen, die den Menschen, während sie sich gegen die Tiere so gütig gezeigt habe, in einem Zustande in die Welt gesetzt habe, daß er, hilflos, schwach und hilfsbedürftig im höchsten Grade, seine Hinfälligkeit nur durch Schreien und Weinen andeuten könne, er, der im Leben so viele Leiden durchzumachen habe.

§ 3. Wegen dieser Behauptung glauben sie, was wunder wie weise zu sein; ich jedoch kann die Bemerkung nicht unterlassen, daß ihr Unverstand bei dieser Behauptung im grellsten Lichte erscheint.

§ 4. (b) Bei Betrachtung des Wesens der Dinge finde ich nämlich, daß es nicht anders hätte sein dürfen, um nicht zu sagen, es hätte nicht anders sein können, da ja doch Gott alles vermag — indes war es notwendig, daß jene höchst fürsehende Majestät das erschuf, was besser und dem Zwecke entsprechender war.

§ 5. (c) Es steht also an jene Tadler von Gottes Werken die Frage offen, was denn dem Menschen, da er so hinfällig zur Welt kommt, nach ihrer Meinung fehlt, ob die Menschen deshalb weniger bildungsfähig sind, ob sie deshalb weniger zur höchsten physischen Entwicklung gelangen können, ob die Hinfälligkeit entweder ihr Wachstum oder ihre Wohlfahrt hindere, während doch die Vernunft den Abgang aufwiegt?

§ 6. (d) Indes die Erziehung des Menschen, sagen sie, braucht sehr viele Mühe, die Tiere haben es besser, weil sie nach dem Werfen nur für ihre eigene Ernährung zu sorgen haben. So kommt es, daß, während die Euter sich füllen, den Jungen die Milchnahrung geboten wird, und daß diese aus Naturzwang, ohne daß die Weibchen sich darum zu kümmern brauchen, darnach verlangen.

§ 7. Wie, haben nicht die Vögel, die allerdings einer anderen Klasse angehören, große Mühe beim Aufziehen ihrer Jungen, daß es manchmal scheint, sie besäßen ein wenig menschlichen Verstand? Sie bauen sich nämlich Nester aus Lehm oder stellen solche aus Reisig und Laub her, sie sitzen (hocken) auf den Eiern, sogar ohne Nahrung zu nehmen, und da sie ihre Jungen von ihrem Leibe aus nicht ernähren können, so tragen sie ihnen Nahrung zu und verwenden den ganzen Tag auf Zu- und Fortfliegen; des Nachts aber verteidigen sie dieselben, schützen und wärmen sie.

§ 8. Was könnten die Menschen noch anderes tun, als fast nur noch dies allein, daß sie die erwachsenen Kinder nicht von sich stoßen, sondern in ständiger liebender Verbindung mit ihnen bleiben?

§ 9. Was soll ich dazu sagen, daß die Nachkommenschaft der Vögel viel mehr gefährdet ist als die der Menschen, da sie nicht lebende Junge gebären, sondern bloß Eier legen, aus denen erst durch sorgfältiges Ausbrüten von seiten des Weibchens das Tier hervorgeht? Indes ist dieses Wesen noch federlos und schwach und ist nicht nur nicht imstande zu fliegen, sondern nicht einmal imstande zu gehen.

§ 10. Müßte daher einer nicht sehr albern sein, wenn er glaubt, die Natur habe sich den Vögeln höchst feindselig erwiesen, fürs erste weil sie zweimal zur Welt kämen, hernach weil sie so schwach seien, daß sie noch durch die mühsam von den Alten gesuchte Nahrung erhalten werden müßten? Aber die Gegner führen nur die stärkeren Tiere an, die schwächeren übergehen sie.

§ 11. (e) Ich frage also die, welche das Los der Tiere dem ihrigen vorziehen, was sie wählen möchten, wenn Gott ihnen die Wahl ließe, ob sie die menschliche Vernunft vorziehen möchten in Verbindung mit der Schwäche oder die Kraft der Tiere mit der natürlichen Beschaffenheit derselben.

§ 12. Natürlich sind sie nicht soweit Tiere, daß sie nicht lieber eine noch weit gebrechlichere Natur wünschten, als sie jetzt besitzen, wofern sie nur eine menschliche ist, als die der Vernunft bare Stärke der Tiere. Aber natürlich die wunderbar gescheiten Leute wünschen sich weder die menschliche Vernunft mit der damit verbundenen Schwäche noch die Stärke der Tiere ohne die Vernunft.

§ 13. (f) Ja, es gibt nichts so Widersinniges, nichts so Verkehrtes als die Behauptung, es müsse sowohl die Vernunft als auch die Natur ein jedes Lebewesen entsprechend ausrüsten. Ist ein solches mit natürlichen Schutzmitteln versehen, so ist die Vernunft überflüssig. Was wird nämlich diese auszudenken, was zu tun, was auszuführen haben? Oder in welchem Stücke wird sie ihr geistiges Licht leuchten lassen können, da das, was der Vernunft zukommen dürfte, die Natur selber gewährt?

§ 14. Wenn aber ein solches Lebewesen mit Vernunft ausgestattet ist, wozu bedarf es noch der körperlichen Schutzwehr, da doch die Vernunft die Natur ersetzen kann? Die Vernunft dient in solchem Grade zum Schmucke und zur Auszeichnung des Menschen, daß ihm nichts Größeres, nichts Besseres von Gott hätte gegeben werden können.

§ 15. (g) Endlich ist der Mensch, obschon er einen unansehnlichen Körperbau besitzt, von schwachen Kräften, von hinfälliger Gesundheit ist, doch, weil er dieses Größere (die Vernunft) erhalten hat, besser ausgestattet und herrlicher beschaffen als die übrigen Lebewesen.

§ 16. Denn obschon er gebrechlich und hinfällig zur Welt kommt, so ist er doch vor den Tieren sicher, während die anderen stärkeren Lebewesen, auch wenn sie die Unbilden der Witterung, ohne Schaden zu nehmen, ertragen, doch nicht vor dem Menschen sicher sind.

§ 17. So ist es also der Fall, daß die Vernunft den Menschen mehr gewährt als die Natur den Tieren, weil bei diesen es weder ihre gewaltige Körperkraft noch ihr starker Bau hat verhindern können, von uns unterdrückt zu werden und unserer Macht untertan zu sein.

§ 18. (h) Kann also einer, der da sieht, daß sogar die Lukas-Ochsen [1] mit ihrem gewaltigen Körper und ihrer riesigen Kraft dem Menschen untertan sind, über Gott, den Weltenschöpfer murren, daß er ihm zu geringe Kräfte und einen zu schwachen Körper gegeben habe, und sollte ein solcher nicht

---

1 Elephanten.

vielmehr Gottes Wohltaten gegen seine Person nach Gebühr schätzen? Eine solche Klage zeugt eben nur von Undankbarkeit oder, besser gesagt, von Unverstand.

§ 19. Plato hat, glaube ich, der Natur gedankt, daß er als Mensch geboren worden sei.

§ 20. Wie vielmal richtiger und verständiger ist nicht die Behauptung desjenigen, der die Bemerkung machte, daß der Mensch besser daran sei, als die Behauptung derjenigen, welche als Tiere geboren zu sein wünschten! Wenn Gott sie in eben die Tiere, deren Los sie dem ihrigen vorziehen, verwandelte, sie würden sicherlich zurückzukehren wünschen und laut ihr früheres Los fordern, da Stärke und Körperkraft nicht soviel wert sind, um der Sprache entbehren zu können, und der unbehinderte Flug der Vögel in der Luft, um der Hände zu ermangeln. Denn die Hände sind mehr wert als der leichte Gebrauch der Flügel, und höher als die Körperstärke ist die Sprache zu veranschlagen.

§ 21. Was ist das also für ein Unverstand, das vorziehen zu wollen, was man im Falle, daß man es erhielte, anzunehmen sich weigern würde?

VI. AURELIUS AUGUSTINUS (354–430 n. Chr.)

1. ‹ÜBER DIE DREIEINIGKEIT›

(‹De trinitate libri XV›, übers. v. M. Schmaus, Bibliothek der Kirchenväter, 2. Reihe Bd. 13 und 14, Kösel-Verlag, München 1935/36, Bd. 14, S. 42–93 [Buch IX und X vollständig])

Buch IX: Geist, Selbsterkenntnis und Selbstliebe des Menschen als Abbild der göttlichen Dreieinigkeit.

Gliederung: (a) Ist die Dreieinigkeit Gottes einsehbar? (b) Die drei Momente der Liebe am Bilde des sich selbst liebenden Geistes. (c) Der sich liebende Geist hat sich notwendig selbst erkannt. (d) Geist, Liebe und Erkenntnis sind, wenn sie vollkommen sind, einander gleich. (e) Geist, Liebe und Erkenntnis sind Substanzen. (f) Liebe und Erkenntnis können nicht vom Geiste getrennt werden, ohne aufzuhören zu bestehen. (g) Geist, Liebe und Erkenntnis sind in ihrem Substanz-Sein einander gleich. (h) Geist, Liebe und Erkenntnis bestehen je in ihrem Selbst und sind doch ganz in einander. (i) Die Erkenntnis des Einzelnen, Wandelbaren ist verschieden von der Erkenntnis des Allgemeinen, Unwandelbaren. (k) Die Vorstellungsbilder werden nach von ihnen unabhängigen, unwandelbaren Regeln gebilligt oder mißbilligt. (l) Wir beurteilen die Einzeldinge nach den vom vernunftbegabten Geist geschauten Formen. (m) Diese geschaute Wahrheit wird, in Liebe empfangen, Grund für alles Handeln. (n) Die Liebe, in der das Wort empfangen wird, soll reine Liebe (caritas) sein. (o) Verschiedenheit des auf geistige Dinge bezogenen Wortes von dem auf die körperlichen Dinge bezogenen. (p) Wahrhaft Wort ist eine mit Liebe verbundene Kenntnis. (q) Jede Erkenntnis ist ihrem Gegenstande ähnlich, die Erkenntnis, das Wort des Geistes aber ist dem Geiste gleich. (r) Warum ist die Liebe nicht wie das Wort vom Geist gezeugt, d. h. warum ist nicht auch der Heilige Geist Sohn Gottes? (s) Die Liebe ist das, was als Verlangen erst die Geburt der Erkenntnis, des Wortes, ermöglicht, das dann, durch die Liebe mit dem Geist verbunden, ein Bild der göttlichen Dreieinigkeit darstellt.

1. (a) Wir suchen also auf jeden Fall die Dreieinigkeit, nicht eine beliebige, sondern jene Dreieinigkeit, die Gott ist, und zwar der wahre und höchste und einzige Gott. Warte also noch zu, wer immer du bist, der du dies hörst! Wir sind nämlich noch beim Suchen, und niemand darf einen, der solches sucht, mit Recht tadeln, wenn er nur von der festen Glaubensgrundlage aus sucht, was zu erkennen oder auszusprechen äußerst schwer ist. Wenn aber jemand anfängt, Behauptungen aufzustellen, so soll ihn schnell und gerecht tadeln, wer immer etwas Besseres sieht oder lehrt. ‹Suchet›, heißt es, ‹Gott, und eure Seele wird leben.› Und damit niemand sich allzu kühn darüber freut, daß er gleichsam schon ergriffen habe, heißt es: ‹Suchet sein Antlitz immer!› Und der Apostel sagt: ‹Wenn jemand glaubt, er habe erkannt, dann hat er noch nicht erkannt, wie man erkennen muß. Wer aber Gott liebt, der ist von ihm erkannt.› Er sagt also nicht: der hat ihn erkannt, was eine gefährliche Anmaßung wäre, sondern: ‹der ist von ihm erkannt.› So verbessert er auch anderswo sein Wort: ‹da ihr Gott erkannt habt› sogleich in: ‹Ja vielmehr ihr seid von Gott erkannt›. Am meisten trifft das zu an der Stelle: ‹Brüder, ich halte nicht dafür, daß ich es schon ergriffen habe, eines aber: Was hinter mir liegt, vergesse ich und strecke mich nach dem aus, was vor mir liegt; ich eile, das Ziel im Auge, dem Siegespreis zu, für den Gott im Himmel mich durch Christus Jesus berufen hat. Alle, die wir vollkommen sind, wollen wir so denken.› Vollkommenheit in diesem Leben nennt er nichts anderes als: vergessen, was zurückliegt, und sich nach dem, was vorausliegt, ausstrecken, dem Ziele entgegen. Am sichersten ist nämlich die Ausrichtung des Suchenden nach dem Ziele, bis das ergriffen wird, wohin wir uns richten und wohin wir uns ausrichten. Das aber ist die rechte Ausrichtung nach dem Ziele, welche vom Glauben ausgeht. Der sichere Glaube ist nämlich irgendwie ein Anfang des Erkennens. Die sichere Erkenntnis aber wird erst nach diesem Leben vollendet, wenn wir schauen von Angesicht zu Angesicht. So also wollen wir denken, auf daß wir erkennen, daß sicherer ist die Neigung, die Wahrheit zu suchen, als das Unerkannte für Erkanntes vorwegzunehmen. So also wollen wir suchen: als solche, die finden werden, und so wollen wir finden: als solche, die suchen werden. ‹Wenn› nämlich ‹der Mensch vollendet hat, dann beginnt er›. Über das, was zu glauben ist, wollen wir in keinerlei Unglauben zweifeln; über das, was einzusehen ist, in keinerlei Verwegenheit Behauptungen aufstellen. In jenem muß man sich an die Autorität halten, in diesem muß man die Wahrheit herausbringen. Was also unsere Frage betrifft, so wollen wir glauben, daß der Vater, Sohn und Heilige Geist der eine Gott ist, der Schöpfer und Lenker des geschaffnen Alls, daß der Vater nicht der Sohn ist, und daß der Heilige Geist nicht der Vater oder der Sohn ist, sondern daß es ist die Dreieinigkeit der aufeinander bezogenen Personen und die Einheit des gleichen Wesens. Das also wollen wir einzusehen suchen, indem wir von jenem, den wir einsehen wollen, Hilfe erflehen, und indem wir, was wir einsehen, soweit er es gewährt, mit solcher Sorgfalt und frommer Gewissenhaftigkeit zu erklären trachten, daß wir, auch wenn wir manches verwechseln, doch nichts Unwürdiges sagen. Wenn wir zum Beispiel vom Vater aussagen, was nicht dem Vater als Eigentümlichkeit zukommt, so soll es doch dem Sohne oder Heiligen Geiste oder der Dreieinigkeit zukommen. Oder wenn wir vom Sohne etwas aussagen, was für den Sohn als Eigentümlichkeit nicht paßt, dann soll es wenigstens für den Vater oder den Heiligen Geist oder die Dreieinigkeit passen. Ebenso soll, wenn wir vom Heiligen Geiste etwas aussagen, was für die Eigentümlichkeit des Heiligen Geistes sich nicht gehört, doch dem Vater oder dem

Sohne oder dem einen Gott, eben der Dreieinigkeit, nicht fremd sein. So verlangen wir etwa jetzt zu sehen, ob jene über alles erhabene Liebe im eigentlichen Sinne der Heilige Geist sei; wenn das nicht zutrifft, ob dann der Vater die Liebe ist oder der Sohn oder die Dreieinigkeit selbst: Wir können ja dem sicheren Glauben und der machtvollen Autorität der Schrift, die sagt: ‹Gott ist die Liebe›, nicht widerstehen — wir dürfen jedoch nicht auf den gottlosen Irrweg geraten, daß wir von der Dreieinigkeit etwas behaupten, was nicht dem Schöpfer, sondern eher dem Geschöpf zukommt, oder daß man sich in eitler Vorstellung eine leere Einbildung macht.

2. Kapitel

2. (b) Unter diesen Umständen wollen wir jene drei Dinge ins Auge fassen, die wir, wie uns scheint, gefunden haben. Noch nicht sprechen wir von den höheren Dingen, noch nicht von Gott Vater, Sohn und Heiligem Geiste, sondern von diesem ungleichen Bilde, aber immerhin vom Bilde, das heißt vom Menschen. Vertrauter nämlich und leichter ist vielleicht für die Ohnmacht unseres Geistes der Blick auf das Bild. Siehe, wenn ich, der ich diese Fragen stelle, etwas liebe, dann sind es drei: Ich, das, was ich liebe, und die Liebe selbst. Ich liebe ja nicht die Liebe, ohne sie als eine liebende zu lieben. Denn es gibt keine Liebe, wo nichts geliebt wird. Drei sind es also: der Liebende, das Geliebte und die Liebe. Wie? Sollte es etwa anders sein, wenn ich nur mich selbst liebe? Sind es da nicht bloß zwei: das Geliebte und die Liebe? Denn der Liebende und das Geliebte sind ja ein und dasselbe, wenn man sich selbst liebt, wie lieben und geliebt werden in der gleichen Weise ein und dasselbe ist, wenn jemand sich liebt. Der gleiche Vorgang wird ja zweimal ausgedrückt, wenn man sagt: Er liebt sich und er wird von sich geliebt. In diesem Falle ist nämlich nicht etwas anderes das Lieben, etwas anderes das Geliebtwerden, so wie nicht ein anderer ist der Liebende, ein anderer der Geliebte. Die Liebe hingegen und das Geliebte sind auch hier zwei. Es gibt ja, wenn sich jemand liebt, keine Liebe, außer es wird die Liebe selbst geliebt. Etwas anderes aber ist es, sich zu lieben, etwas anderes, seine Liebe zu lieben. Nicht wird ja die Liebe geliebt, es sei denn, sie liebe etwas. Denn wo nichts geliebt wird, ist keine Liebe. Zwei sind es also, wenn jemand sich liebt: die Liebe und das Geliebte. Das Liebende und Geliebte sind ja in diesem Falle eines. Es scheint daher nicht folgerichtig zu sein, überall dort, wo Liebe ist, an drei zu denken. Nehmen wir also aus unseren Überlegungen alles, woraus der Mensch besteht — es ist viel —, heraus und handeln wir, um das, was wir jetzt suchen, klar herauszufinden, soweit man in diesen Fragen überhaupt etwas finden kann, nur vom menschlichen Geiste. Wenn sich also der Geist liebt, dann weist er zwei Dinge auf: den Geist und die Liebe. Was aber heißt sich lieben anderes, als sich gegenwärtig sein wollen, um sich zu genießen? Und wenn das Maß dieses Willens dem Maße des Seins entspricht, dann ist der Wille dem Geiste gleich, und die Liebe ist dem Liebenden gleich. Und wenn die Liebe irgendwie eine Substanz ist, dann ist sie sicherlich keine körperliche, sondern eine geistige, und der Geist (mens) ist kein Körper, sondern eben Geist (spiritus).[1] Und doch sind Liebe und Geist nicht

---

1 Das Wort *spiritus* konnte Augustinus bei Porphyrius und in der Schrift lesen. Soweit er es in der Bedeutung verwendet, in welcher er es bei Porphyrius fand, heißt es das sinnliche Gedächtnis und steht zwischen Leben (*vita*) und Geist (*mens*). Verwendet er das Wort im Sinne der Schrift, dann bedeutet es den geistigen Teil der Seele, in dem sich der Mensch vom Tiere unterscheidet.

zwei Geister, sondern ein Geist, nicht zwei Wesen, sondern eines, und doch sind sie in ihrer Zweiheit eins, der Liebende und die Liebe, oder wenn man es so ausdrücken will: das Geliebte und die Liebe. Und diese zwei besagen in bezug aufeinander beziehentliche Wirklichkeiten. Der Liebende steht ja in Beziehung zur Liebe und die Liebe zum Liebenden. Der Liebende liebt ja irgendwie durch die Liebe, und die Liebe ist die Liebe eines Liebenden. Der Geist aber ist keine beziehentliche Wirklichkeit, sondern stellt das Wesen dar. Denn der Geist und die Geistseele (mens et spiritus) sind nicht Geist, weil sie Geist eines bestimmten Menschen sind. Auch wenn man nämlich die Tatsache, daß er Mensch ist, was durch Hinzufügung des Körpers zustande kommt, wegdenkt, wenn man also den Körper wegdenkt, bleibt der Geist und die Geistseele. Wenn man aber den Liebenden wegdenkt, dann bleibt keine Liebe; und wenn man die Liebe wegdenkt, dann bleibt kein Liebender. Sofern sie also aufeinander bezogen werden, sind sie zwei; sofern sie ihr eigenes Selbst sind, sind sie je Geist und beide zusammen nur ein Geist. Wo bleibt also die Dreiheit? Spannen wir uns also an, so gut wir können, und rufen wir das immerwährende Licht an, auf daß es unsere Finsternisse erhelle und wir in uns, soweit es uns verstattet ist, das Bild Gottes sehen!

3. Kapitel

3. (c) Der Geist kann sich nämlich selbst nicht lieben, wenn er sich nicht auch kennt. Denn wie kann er lieben, was er nicht kennt? Oder wenn jemand sagt, aus einer allgemeinen oder besonderen Kenntnis heraus halte er sich für derart, wie nach seiner Erfahrung andere sind, und deshalb liebe er sich, so ist das ein sehr törichtes Wort. Denn woher kennt der Geist einen anderen Geist, wenn er sich nicht kennt? Denn nicht ist es beim Geiste wie beim Auge des Leibes, das andere Augen sieht und sich nicht sieht, daß er also andere Geister kennt und von sich nichts weiß. Durch die Augen des Leibes sehen wir nämlich Körperhaftes, weil wir die Strahlen, die durch die Augen herausleuchten, und alles, was wir sehen, berühren, nicht auf sie selbst zurückbiegen und zurückdrehen können, es sei denn, wir schauten in einen Spiegel. Eine Erörterung hierüber müßte freilich sehr scharfsinnig und dunkel sein, bis klar bewiesen ist, daß es sich wirklich so verhält oder daß es sich nicht so verhält. Aber was es immer mit der Kraft, die unsere Augen sehen läßt, für eine Bewandtnis hat, diese Kraft selbst, möge sie nun in Strahlen oder etwas anderem bestehen, können wir mit den Augen nicht sehen, sondern wir suchen sie mit dem Geiste, und wenn das sein kann, begreifen wir sie auch mit dem Geiste. Wie also der Geist selbst durch die Sinne des Leibes die Kenntnis der körperhaften Dinge gewinnt, so gewinnt er die der unkörperlichen durch sich selbst. Also kennt er auch sich selbst durch sich selbst, da er ja unkörperlich ist. Denn wenn er sich nicht kennt, dann liebt er sich nicht.

4. Kapitel

4. (d) Wie aber zwei sind der Geist und seine Liebe, wenn er sich liebt, so sind zwei der Geist und seine Kenntnis, wenn er sich kennt. Also sind der Geist und seine Liebe und seine Kenntnis eine Art Dreiheit, und diese drei sind eins, und wenn sie vollkommen sind, sind sie gleich. Wenn nämlich der Geist sich weniger liebt, als seinem Seinsmaß entspricht, wenn sich zum Beispiel der Geist des Menschen so liebt, wie der Leib des Menschen

zu lieben ist, während er doch höher steht als der Leib, dann sündigt er, und seine Liebe ist nicht vollkommen. Ebenso ist es, wenn er sich mehr liebt, als seinem Seinsmaß entspricht, wenn er sich zum Beispiel so liebt, wie Gott zu lieben ist, während er doch unvergleichlich viel weniger ist als Gott; auch so sündigt er durch ein Zuviel, und er hat keine vollkommene Selbstliebe. Durch eine größere Verkehrtheit aber und Ungerechtigkeit sündigt er, wenn er den Leib so liebt, wie Gott zu lieben ist. Ebenso ist seine Kenntnis, wenn sie geringer ist als das Gekannte und dies voll gekannt werden kann, unvollkommen. Wenn sie aber größer ist, dann ist bereits größer die Natur, die kennt, als jene, die gekannt wird. So ist größer die Kenntnis des Leibes als der Leib selbst, der durch diese Kenntnis gekannt wird. Denn sie ist eine Art Leben in dem Verstande des Erkennenden. Der Leib aber ist kein Leben. Und jegliches Leben ist größer als jeglicher Körper, nicht an Masse, sondern an Kraft. Wenn der Geist sich selbst erkennt, dann überragt ihn seine Kenntnis nicht, weil er selbst erkennt und selbst erkannt wird. Wenn er also sich selbst ganz erkennt und nichts anderes mit sich, dann ist seine Erkenntnis ihm gleich, weil seine Erkenntnis auch nicht von einer anderen Natur ist, wenn er sich selbst erkennt. Und wenn er sich in seiner Ganzheit und sonst nichts erfaßt, dann ist seine Kenntnis nicht größer und nicht geringer als er selbst. Mit Recht haben wir daher gesagt, daß diese drei, wenn sie vollkommen sind, einander folgerichtig gleich sind.

5. (e) Zugleich werden wir auch darauf hingewiesen, wenn wir irgendwie es zu sehen vermögen, daß diese drei in der Seele vorhanden sind und daß sie, gleichsam zusammengefaltet, entfaltet werden, auf daß sie beachtet und gezählt werden nach Weise der Substanz oder, um mich so auszudrücken, nach Weise des Wesens, nicht so, als ob sie an einem Träger hafteten wie etwa die Farbe oder die Gestalt oder irgendeine andere Eigenschaft oder die Größe am Körper. Was nämlich derart ist, reicht nicht über den Träger hinaus, in dem es ist. Es kann ja nicht diese Farbe oder die Gestalt dieses Körpers Farbe oder Gestalt eines anderen Körpers sein. Der Geist aber kann durch die Liebe, mit der er sich liebt, auch etwas anderes außer sich lieben. Ebenso erkennt der Geist nicht nur sich, sondern auch vieles andere. Demgemäß sind Liebe und Erkenntnis im Geiste nicht wie in ihrem Träger. Sie haben vielmehr ein Sein nach Weise der Substanz wie der Geist selbst. Auch wenn sie nämlich in bezug aufeinander beziehentlich heißen, so sind sie doch in ihrem eigenen Selbst je eine Substanz. Sie werden nicht so in bezug aufeinander beziehentlich genannt wie Farbe und Gefärbtes, wo die Farbe im gefärbten Träger ist, ohne daß sie in sich selbst ein eigenes substantielles Sein besäße, da wohl der gefärbte Körper Substanz ist, die Farbe aber in der Substanz ist. Vielmehr heißen sie beziehentlich wie zwei Freunde, die auch zwei Menschen sind und damit zwei Substanzen. Als Menschen heißen sie nicht beziehentlich, als Freunde aber heißen sie beziehentlich.

6. (f) Obschon aber gleicherweise Substanz ist der Liebende und Wissende, Substanz ist das Wissen, Substanz ist die Liebe, der Liebende aber und die Liebe, der Wissende und das Wissen in bezug aufeinander beziehentlich genannt werden wie zwei Freunde — der Geist indes oder die Geistseele sind keine beziehentlichen Wirklichkeiten, wie auch die Menschen keine beziehentlichen Wirklichkeiten sind —, so können doch der Liebende und die Liebe, der Wissende und das Wissen nicht voneinander getrennt sein, so wie zwei befreundete Menschen voneinander getrennt sein können. Freilich auch Freunde scheinen nur körperlich voneinander getrennt werden zu können, nicht seelisch, sofern sie Freunde sind. Es kann jedoch auch vorkommen, daß ein Freund seinen Freund zu hassen beginnt und

eben dadurch aufhört, Freund zu sein, während sein Freund hiervon nichts weiß und zu lieben fortfährt. Wenn jedoch die Liebe, durch die der Geist sich liebt, zu bestehen aufhört, dann hört zugleich auch der Geist auf, ein liebender zu sein. Ebenso ist es, wenn die Kenntnis, durch die sich der Geist kennt, zu sein aufhört: da hört zugleich der Geist auf, ein erkennender zu sein. So ist das Haupt eines Behaupteten sicherlich Haupt, und die beiden heißen in bezug aufeinander beziehentlich, wenngleich sie auch Substanzen sind. Denn sowohl das Haupt ist ein Körper wie auch der Behauptete; und wo kein Haupt ist, ist auch kein Behaupteter. Aber sie können durch Abschneiden voneinander getrennt werden; jene können nicht voneinander getrennt werden.

7. (g) Wenn es Körper gibt, die überhaupt nicht auseinandergeschnitten und geteilt werden können, so bestehen sie doch aus Teilen; sonst wären sie keine Körper. Der Teil besagt also eine Beziehung zum Ganzen, weil jeder Teil Teil eines Ganzen ist und das Ganze durch die Gesamtheit der Teile ganz ist. Weil aber sowohl der Teil als auch das Ganze ein Körper ist, deshalb besagt beides nicht nur eine Beziehung, sondern beides besitzt auch die Seinsweise der Substanz. Ist also etwa der Geist das Ganze und sind die Liebe, durch die er sich liebt, und die Kenntnis, durch die er sich kennt, gleichsam die Teile, so daß das Ganze aus diesen zwei Teilen bestünde? Oder sind es drei gleiche Teile, durch welche dieses einheitliche Ganze zustande kommt? Indes kein Teil umfaßt das Ganze, dessen Teil er ist. Wenn aber der Geist sich in seiner Ganzheit erkennt, das heißt, wenn er sich vollkommen erkennt, dann umfaßt seine Kenntnis das Ganze des Geistes. Und wenn er sich vollkommen liebt, dann liebt er sich ganz, und seine Liebe umfaßt das Ganze des Geistes. Muß man etwa deshalb annehmen, daß, wie aus Wein, Wasser und Honig ein Trank wird und die einzelnen Elemente über das Ganze hin sich erstrecken und doch drei sind — es gibt ja keinen Teil des Trankes, in dem nicht diese drei wären; sie sind nämlich nicht nur miteinander verbunden wie Wasser und Öl, sondern vollständig ineinander gemischt. Jeder einzelne Bestandteil ist Substanz, und die ganze Flüssigkeit ist eine aus dreien zusammengesetzte Substanz —, daß in ähnlicher Weise Geist, Liebe und Kenntnis ein solches Gebilde sind? Indes Wasser, Wein und Honig sind nicht von einer Substanz, wenngleich aus ihrer Mischung die eine Substanz des Trankes geworden ist. Wie aber jene drei nicht von derselben Substanz sein sollen, sehe ich nicht ein, da doch der Geist selbst sich liebt und der Geist selbst sich kennt und da die Dreiheit so ist, daß nicht von einem anderen der Geist geliebt oder gekannt wird. Diese drei müssen also von einem und demselben Wesen sein. Wenn sie daher gleichsam durch Vermischung miteinander vermengt wären, dann wären sie auf keine Weise mehr drei und könnten nicht aufeinander bezogen werden. So ist es, wenn man aus einem und demselben Golde drei einander ähnliche Ringe macht, die miteinander zusammenhängen und aufeinander bezogen werden, weil sie ähnlich sind — jedes Ähnliche ist ja einem anderen ähnlich — und eine Dreiheit von Ringen sind und ein Gold. Wenn man sie aber untereinander vermischt, so daß die einzelnen Ringe eine unterschiedslose Masse bilden, so geht die Dreiheit verloren und wird in keiner Weise mehr bestehen; und man wird nicht mehr bloß von einem Golde sprechen, wie man bei jenen drei Ringen von einem Golde sprach, sondern so, daß man nicht mehr von drei goldenen Ringen spricht.

8. (h) In diesen Dreien aber, da der Geist sich kennt und sich liebt, bleibt die Dreiheit Geist, Liebe, Kenntnis und wird durch keine Vermischung vermengt, wenngleich jedes einzelne in seinem eigenen Selbst ist und in bezug auf die anderen ganz in jedem anderen als Ganzem, sei es, daß jedes einzelne in je zweien ist oder je zwei in jedem einzelnen sind, und so alles in allen. Denn der Geist ist sicherlich in seinem Selbst, weil er hinsichtlich seines in sich ruhenden Wesens Geist ist, wenngleich er als kennender oder gekannter oder erkennbarer in bezug auf seine Kenntnis eine Beziehung in sich schließt und als liebender und geliebter oder liebbarer auf die Liebe bezogen wird, durch die er sich liebt. Und auch die Kenntnis heißt, wenngleich sie auf den erkennenden oder erkannten Geist bezogen wird, doch hinsichtlich ihres in sich ruhenden Wesens gekannt und kennend. Denn nicht ist die Kenntnis, durch die sich der Geist selbst erkennt, sich selbst unbekannt. Und auch die Liebe ist, wenngleich sie auf den liebenden Geist bezogen wird, dessen Liebe sie ist, doch ebenfalls hinsichtlich ihres in sich ruhenden Wesens Liebe, so daß sie auch in sich selbst steht, da auch die Liebe geliebt wird und durch nichts anderes als durch die Liebe geliebt werden kann, das heißt durch sich selbst. So stehen die drei je in ihrem eigenen Selbst. Gegenseitig ineinander aber sind sie so, daß der liebende Geist in der Liebe ist und die Liebe in der Kenntnis des liebenden Geistes und die Kenntnis im erkennenden Geist. Jedes einzelne ist in je zweien, weil der Geist, der sich kennt und liebt, in seiner Liebe und Kenntnis ist, und die Liebe des sich liebenden und um sich wissenden Geistes im Geiste und in seiner Kenntnis ist, und die Kenntnis des um sich wissenden und sich liebenden Geistes im Geiste und in seiner Liebe ist, weil er sich als wissenden liebt und als liebenden kennt. Und darum sind auch je zwei in jedem einzelnen, weil der Geist, der sich kennt und liebt, mit seiner Kenntnis in der Liebe ist und mit seiner Liebe in der Kenntnis ist, da auch die Liebe selbst und die Kenntnis zugleich im Geiste sind, der sich liebt und kennt. Wie aber jedes ganz in jedem Ganzen ist, haben wir oben schon gezeigt. Der Geist liebt sich ja ganz und kennt sich ganz und kennt seine Liebe ganz und liebt seine Kenntnis ganz, wenn diese drei in ihrem eigenen Selbst vollkommen sind. Auf wunderbare Weise sind also diese drei untrennbar voneinander, und doch ist jedes von ihnen Substanz, und zusammen sind sie alle eine Substanz oder ein Wesen, während sie in bezug aufeinander Beziehungen in sich schließen.

6. Kapitel

9. (i) Wenn aber der menschliche Geist sich selbst kennt und sich selbst liebt, dann kennt und liebt er nicht etwas Unwandelbares, und anders spricht jeder einzelne Mensch seinen Geist in Worten aus, darauf achtend, was in ihm selbst sich begibt; anders wiederum bestimmt er den Menschengeist überhaupt in einer allgemeinen oder besonderen Erkenntnis. Wenn mir daher jemand von seinem eigenen Geiste sagt, daß er dies oder jenes einsehe oder nicht einsehe und ob er dies oder jenes wolle oder nicht wolle, dann glaube ich es. Wenn er aber über den menschlichen Geist überhaupt eine besondere oder allgemeine Wahrheit sagt, so anerkenne ich es und billige es. Daher ist klar, daß es etwas anderes ist, was jeder in sich sieht, was ihm ein anderer auf sein Wort hin glaubt, ohne es jedoch zu sehen, etwas anderes aber, was er in der Wahrheit selbst sieht — dies kann auch ein anderer schauen —, daß das eine wandelbar ist in der Zeit, das

andere aber in unwandelbarer Ewigkeit besteht. Nicht gewinnen wir ja, viele Geister mit leiblichen Augen sehend, auf dem Wege der Ähnlichkeit eine allgemeine oder besondere Kenntnis des menschlichen Geistes. Wir schauen vielmehr die unverletzliche Wahrheit, von der aus wir, so vollkommen wir können, bestimmen, nicht wie der Geist eines jeden einzelnen Menschen ist, sondern wie er nach seinen ewigen Wesenszügen sein muß.

10. (k) Darum wird auch unwiderleglich dargetan, daß wir die Vorstellungsbilder körperlicher Dinge, die wir durch den Leibessinn schöpften und die irgendwie in das Gedächtnis einströmten, auf Grund deren wir auch das, was nicht gesehen wurde, in künstlich hervorgerufenen Einbildungsbildern[1] uns vorstellen, mögen sie der Wirklichkeit widersprechen, mögen sie ihr zufällig entsprechen, nach ganz anderen Regeln, die jenseits unseres Geistes unwandelbar bestehen, bei uns billigen oder mißbilligen, wenn wir etwas mit Recht billigen oder mißbilligen. Denn wenn ich mir die Mauern Karthagos, die ich gesehen habe, ins Gedächtnis zurückrufe und von jenen Alexandriens, die ich nicht gesehen habe, mir ein Bild mache, und von eben diesen im Bilde vorgestellten Formen die einen den anderen vorziehe, so ziehe ich sie mit gutem Grunde vor. Lebendig wirkt und leuchtet von oben her das Urteil der Wahrheit, und es steht fest durch unzerstörbare Regeln eigenen Rechts. Und wenn es auch von körperlichen Bildern von einer dunklen Wolke durchwoben ist, so ist es doch nicht darin eingehüllt und zerrinnt nicht mit ihr.

11. (l) Aber es ist ein Unterschied, ob ich unter diesem oder in jenem Dunkel gleichsam vom durchsichtigen Himmel abgetrennt bin, oder ob ich, wie es einem auf hohen Bergen zu widerfahren pflegt, zwischen beiden der freien Luft mich freund, das heiterste Licht über mir, den dichtesten Nebel unter mir erblicke. Denn woran entzündet sich in mir das Feuer der Bruderliebe, wenn ich von irgendeinem Manne höre, daß er für die Schönheit und Unbeugsamkeit des Glaubens bittere Qualen erduldet hat? Und wenn mir dieser Mensch mit dem Finger gezeigt wird, dann bemühe ich mich, mit ihm in Verbindung zu treten, mich ihm bekanntzumachen, mit ihm Freundschaft anzuknüpfen. Wenn sich daher die Möglichkeit bietet, dann trete ich hinzu, spreche ihn an, fange ein Gespräch an, drücke meine Zuneigung zu ihm, so gut ich kann, in Worten aus, wünsche, daß umgekehrt auch in ihm Zuneigung zu mir entstehe und zum Ausdruck komme, und trachte darnach, daß die Seelen sich umfangen, im Glauben freilich, da ich sein Inneres nicht so schnell durchforschen und bis in die Tiefe hinein sehen kann. Ich liebe also den treuen und tapferen Mann mit einer lauteren und echten Liebe. Wenn er mir aber in unseren Gesprächen gesteht oder unvorsichtig auf irgendeine Weise verrät, daß er von Gott Unzutreffendes glaubt und von ihm auch die Erfüllung fleischlicher Wünsche erwartet und für einen solchen Irrtum jene Leiden ausstand, oder daß er ertrug aus gieriger Hoffnung auf Geld oder aus eitlem Verlangen nach Menschenlob, dann wendet sich sogleich die Liebe, von der ich zu ihm getrieben wurde, verletzt und gleichsam zurückgestoßen, von ihm wie von einem unwürdigen Menschen ab, dauert aber in jener Form weiter, aus der heraus ich ihn, im Glauben, er sei so, geliebt hatte. Es müßte denn sein, daß ich ihn nunmehr dazu liebe, daß er so werde, wie er nach meiner Erfahrung noch nicht ist. In diesem Menschen hat sich dabei nichts geändert; es kann jedoch ein Wandel eintreten, daß er wird, was ich bereits von ihm glaubte. In meinem

---

1 Augustinus verwendet den Begriff Phantasma. Er versteht darunter die künstliche hervorgerufene Vorstellung (Bild) nicht wahrgenommener Gegenstände, während er unter phantasia das im Gedächtnis aufbewahrte Bild eines wahrgenommenen Gegenstandes versteht (= *species, imago*).

Geiste aber hat sich sicherlich gewandelt meine Meinung über ihn, die anders vorher war und anders jetzt ist. Desgleichen wurde die Liebe von der Absicht, sich an ihm zu erfreuen, zu der Absicht, ratend zur Seite zu stehen, auf den von oben her kommenden Befehl der unwandelbaren Gerechtigkeit umgebogen. Die Form der unerschütterlich feststehenden Wahrheit selbst aber, in der ich mich an einem Menschen freue, an sein Gutsein glaubend, in der ich ihm auch ratend zur Seite stehe, daß er gut werde, durchströmt in unverrückbarer Ewigkeit mit einem und demselben Lichte unzerstörbarer und hellster geistiger Klarheit den Blick meines Geistes und jenes Dunkel der Vorstellungsbilder, das ich von oben her sehe, wenn ich mir einen Menschen, den ich sah, in der Vorstellung vergegenwärtige. Ebenso ist es, wenn ich einen schön und gleichmäßig geschwungenen Bogen, den ich zum Beispiel in Karthago gesehen habe, mir in die Erinnerung rufe: der Gegenstand, der durch die Augen dem Geiste kundgetan wurde und in das Gedächtnis eingeströmt ist, bewirkt eine bildhafte Vorstellung. Aber etwas anderes schaue ich im Geiste, gemäß dem mir jenes Werk gefällt; von dieser Schau aus würde ich, wenn es mir mißfiele, Kritik üben. Wir urteilen daher über diese Einzeldinge gemäß jener Form; sie schauen wir durch das Auge unseres vernunftbegabten Geistes. Diese Einzeldinge aber berühren wir, wenn sie gegenwärtig sind, mit dem Leibessinn; wenn sie abwesend sind, erinnern wir uns ihrer Bilder, die im Gedächtnis haften, oder wir bilden ihnen ähnliche Vorstellungen, die wir, wenn wir wollten und könnten, auch selbst im Werke ausführen würden. Etwas anderes jedoch ist es, wenn wir in unserer Seele die Bilder von Körpern formen oder durch den Leib Körper sehen, etwas anderes, wenn wir die Urgründe und die unaussprechlich schöne Kunst solcher Formen, die jenseits der Sehkraft unseres Geistes liegt, mit einfacher geistiger Schau fassen.

7. Kapitel

12. (m) In jener ewigen Wahrheit also, von der alles Zeithafte geschaffen wurde, erblicken wir in geistiger Schau die Form, nach der wir sind und nach der wir in uns oder in den Körpern in wahrer und richtiger Verständigkeit etwas wirken. Die von dort her empfangene wahrhafte Kenntnis der Dinge haben wir gleichsam als ein Wort bei uns, und indem wir sie innerlich sprechen, zeugen wir das Wort, und da es geboren wird, entfernt es sich nicht von uns. Wenn wir aber mit anderen sprechen, dann gewähren wir dem Worte, das innen bleibt, den Dienst der Stimme oder irgendeines körperlichen Zeichens[1], damit durch einen sinnfälligen Hinweis auch im Geiste des Hörenden etwas Ähnliches entsteht, wie es dem Geiste des Sprechenden nicht entweicht. Nichts also wirken wir mit den Gliedern des Leibes in unseren Taten und Worten, durch welche der menschliche Lebenswandel gebilligt oder mißbilligt wird; nichts also wirken wir, dem wir nicht mit einem im Innern hervorgebrachten Worte zuvorkämen. Niemand nämlich tut mit Willen etwas, was er nicht zuvor in seinem Herzen gesprochen hätte.

13. Das Wort nun wird in Liebe empfangen, sei es das Wort von einem Geschöpf, sei es das Wort vom Schöpfer, das heißt von der wandelbaren Natur oder von der unwandelbaren Wahrheit.

---

1 Daß die Worte auch selbst Zeichen sind, wenn auch nicht die einzigen, was ferner ein Zeichen bedeutet, behandelt Augustinus eingehend im Werke ‹De magistro› (Über den Lehrer).

(n) Diese Liebe (amor) ist also entweder Begehrlichkeit oder reine Liebe (caritas), nicht als ob man das Geschöpf nicht lieben sollte. Wenn aber diese Liebe auf den Schöpfer bezogen wird, dann ist sie nicht mehr Begehrlichkeit, sondern reine Liebe. Begehrlichkeit liegt nämlich dann vor, wenn das Geschöpf um seinetwillen geliebt wird. Dann hilft es nicht dem, der es gebraucht[1], sondern verdirbt den, der genießend in ihm ausruht. Da also das Geschöpf entweder uns gleich oder geringer ist als wir, so müssen wir das geringere gebrauchen und auf Gott hinordnen, das uns gleiche genießen, aber in Gott. Wie du nämlich dich selbst genießen darfst, aber nicht in dir, sondern in jenem, der dich schuf, so auch denjenigen, den du liebst wie dich selbst. Uns und die Brüder also wollen wir im Herzen genießen, und nicht wollen wir es wagen, von dort her zu uns selbst abzugleiten und gleichsam nach unten abzusinken. Geboren aber wird das Wort, wenn das, was ausgedacht ist, unser Gefallen findet, sei es zur Sünde, sei es zum Rechttun. Unser Wort also und unseren Geist, von dem es gezeugt wird, eint gleichsam als das Mittlere die Liebe; sie verbindet sich mit ihnen in unkörperlicher Umarmung ohne jede Vermengung als Drittes.

9. Kapitel

14. (o) Das empfangene und geborene Wort aber ist ein und dasselbe, wenn der Wille in der Kenntnis selbst ruht, was in der Liebe der geistigen Dinge geschieht. Wer nämlich zum Beispiel die Gerechtigkeit vollkommen kennt und vollkommen liebt, ist schon gerecht, auch wenn für ihn gar keine Notwendigkeit besteht, ihr entsprechend äußerlich mit den leiblichen Gliedern zu handeln. Bei der Liebe der fleischlichen und zeitlichen Dinge aber ist wie bei den leiblichen Zeugungen etwas anderes die Empfängnis des Wortes, etwas anderes seine Geburt. Hier wird nämlich, was durch Begehren empfangen wird, durch Erreichen geboren. Es genügt ja für den Geiz nicht, das Gold zu kennen und zu lieben, wenn man es nicht auch besitzt; und es genügt nicht die Speise und den Beischlaf zu kennen und zu lieben, wenn es nicht zur Ausführung kommt, ebenso nicht Ehren und Macht zu kennen und zu lieben, wenn sie sich nicht einstellen. Dies alles freilich genügt auch nicht, wenn es erreicht ist. Die Schrift sagt: ‹Wer nämlich von diesem Wasser trinkt, den wird wieder dürsten.›[2] Deshalb heißt es auch im Psalm: ‹Er hat den Schmerz empfangen und die Ungerechtigkeit gezeugt.›[3] Empfängnis von Schmerz und Mühsal wird es genannt, wenn empfangen wird, was zu kennen und zu wollen nicht genügt, und dessen Mangel die Seele entzündet und krank macht, bis sie es erlangt und gleichsam gebiert. Fein redet man daher in der lateinischen Sprache von parta, reperta und comperta (geboren, gefunden, erfahren). Alle diese Worte sind ihrem Klange nach gleichsam von partus (Geburt) herzuleiten. Wenn nämlich ‹die Begierlichkeit empfängt, dann gebiert sie Sünde›.[4] Deshalb ruft auch der Herr: ‹Kommet zu mir alle, die ihr mühselig und beladen seid!›[5] und an einer anderen Stelle: ‹Wehe denen, die in jenen Tagen schwanger sind

---

1 Die Ausdrücke *uti* (gebrauchen) und *frui* (genießen) kehren bei Augustinus öfter wieder. *Frui* heißt in liebender Vereinigung an jemandem sich freuen um seiner selbst willen, *uti* etwas gebrauchen als Mittel zu einem Ziele: ‹De doctrina christiana›, l. II c. 3, c. 5. ‹De diversis quaestionibus› 83, q. 30. ‹De civitate Dei›, l. XI c. 25.

2 Joh. 4, 13.　　3 Ps. 7, 15.　　4 Jak. 1, 15.　　5 Matth. 11, 28.

und säugen!›[1] Da also alles, sowohl die rechten Taten, wie die Sünden, auf die Geburt des Wortes zu beziehen ist, so sagt er: ‹Aus deinem Munde wirst du gerechtfertigt werden, und aus deinem Munde wirst du verdammt werden.›[2] Unter Mund will er dabei nicht das Sichtbare, sondern das unsichtbare Innere unseres Geistes und Herzens verstanden wissen.

10. Kapitel

15. (p) Mit Recht stellt man also die Frage, ob jede Kenntnis Wort ist oder nur die geliebte Kenntnis. Wir kennen ja auch das, was wir hassen. Doch darf man, was uns mißfällt, weder im Geiste empfangen noch geboren nennen. Denn nicht alles, was irgendwie an uns rührt, wird empfangen. Vielmehr ist uns manches nur bekannt, ohne daß es Wort genannt werden kann, wie etwa die Dinge, über die wir jetzt handeln. In anderem Sinne nämlich spricht man von Wort bei jenen Worten, die mit ihren Silben einen bestimmten Zeitraum einnehmen, mögen sie ausgesprochen, mögen sie bloß vorgestellt werden; in anderem Sinne nennt man jede Kenntnis ein unserer Seele eingeprägtes Wort, solange sie aus dem Gedächtnis hervorgeholt und umgrenzt werden kann, wenngleich die gekannte Sache selbst mißfällt; in anderem Sinne wieder spricht man von Wort, wenn das, was im Geiste empfangen wurde, gefällt. Gemäß dieser letzten Art von Worten muß man den Ausspruch des Apostels verstehen: ‹Niemand sagt: Herr Jesus, außer im Heiligen Geiste.›[3] Nach dem anderen Begriff von Wort können dies auch jene sagen, von denen der Herr selbst versichert: ‹Nicht jeder, der sagt: Herr, Herr, wird in das Himmelreich eingehen.›[4] Da indes das, was wir hassen, mit Recht mißfällt und von uns mit Recht mißbilligt wird, so wird seine Mißbilligung gebilligt, sie gefällt und ist ein Wort. Nicht die Kenntnis der Fehler mißfällt uns, sondern der Fehler selbst. Es gefällt mir doch, daß ich weiß und bestimmen kann, was Unmäßigkeit ist, und das ist das Wort von ihr. So kennt man in der Wissenschaft die Fehler, und mit Recht wird ihre Kenntnis gebilligt, wenn der Fachmann die Schönheit und den Mangel der Tugend unterscheidet wie ja und nein, sein und nicht sein; der Tugend ermangeln und in Fehler fallen, ist jedoch verwerflich. Die Unmäßigkeit bestimmen und so ihr Wort aussprechen, gehört zur Sittenlehre; unmäßig sein hingegen ist das, was von dieser Wissenschaft als Schuld bezeichnet wird. Ebenso gehört es zur Redekunst, zu wissen und zu bestimmen, was der Solœzismus[5] ist. Einen solchen zu begehen, ist jedoch ein Fehler, der eben von der Redekunst getadelt wird. Ein Wort ist also, wie wir jetzt auseinanderlegen und klarmachen wollen, eine mit Liebe verbundene Kenntnis. Wenn sich daher der Geist kennt und liebt, dann eint sich mit ihm in Liebe sein Wort. Und weil er seine Kenntnis liebt und seine Liebe kennt, ist sowohl das Wort in der Liebe wie auch die Liebe im Worte und beides im Liebenden und Sprechenden.

---

1 Ebd. 24, 19.   2 Ebd. 12, 37.   3 1. Kor. 12, 3.   4 Matth. 7, 21.
5 Unter Solœzismus versteht man eine fehlerhafte Konstruktion, z. B. *inter nobis* statt *inter nos* (so genannt nach den Bewohnern des kilikischen Soloi, die, vielfach im Ausland lebend, ihre eigene Sprache nur noch mangelhaft beherrschten). (Anm. d. Red.)

16. (q) Aber jede Wesenskenntnis ist ähnlich dem Gegenstande, den sie kennt. Es gibt nämlich auch eine andere Kenntnis, eine solche vom Fehlen einer Sache. Wenn wir dies mißbilligen, sprechen wir das Wort des Dinges aus. Diese Mißbilligung des Fehlens ist ein Lob und daher eine Billigung des Wesens. Die Seele hat also irgendeine Ähnlichkeit mit dem gekannten Wesen, mag es gefallen, mag sein Fehlen mißfallen. So sind wir, soweit wir Gott kennen, ihm ähnlich; aber nicht sind wir bis zur Gleichheit ähnlich, da wir ihn nicht so kennen, wie er selbst sich kennt. Wenn wir ferner durch den Leibessinn von Körpern sprechen, so entsteht in unserer Seele ein ihnen ähnliches Bild, das eine Vorstellung des Gedächtnisses ist. Denn nicht sind die Körper selbst schlechthin in der Seele, wenn wir sie uns vorstellen, sondern nur ihre Bilder. Wenn wir daher diese mit jenen verwechseln, irren wir: der Irrtum ist ja die Verwechslung eines Dinges mit einem anderen. Besser ist jedoch die Abbildung des Körpers in der Seele als das Wesen des Körpers selbst, sofern sich jene in einer besseren Natur befindet, das heißt in einer lebendigen Substanz, wie es die Seele ist. Wenn wir sonach Gott kennen, so werden wir zwar besser, als wir vor dieser Kenntnis waren, besonders dann, wenn diese Kenntnis auch unser Gefallen findet und gebührend geliebt wird und so Wort ist, und es entsteht durch diese Kenntnis irgendwie eine Ähnlichkeit mit Gott; sie ist jedoch niedriger als er, weil sie in einer niedrigeren Natur geschieht. Die Seele ist ja Geschöpf, Gott aber Schöpfer. Daraus läßt sich schließen: Wenn der Geist sich kennt und billigt, dann ist diese Kenntnis so sein Wort, daß es ihm ganz und gar gleich und gleichförmig ist und umgekehrt. Es ist ja nicht die Kenntnis eines niedrigeren Wesens wie des Körpers und auch nicht eines höheren, wie Gott es ist. Und da die Kenntnis Ähnlichkeit hat mit dem Ding, das sie kennt, das heißt, dessen Kenntnis sie ist, so wird die Ähnlichkeit bei jener Kenntnis, in der der erkennende Geist sich selbst kennt, zur vollkommenen Gleichheit. Und so ist die Kenntnis Bild und Wort, weil sie Ausdruck des Geistes ist, wenn sie sich ihm in der Erkenntnis angleicht, und das Erzeugte ist dem Erzeugenden gleich.

12. Kapitel

17. (r) Was ist es also mit der Liebe? Ist sie kein Bild, kein Wort, nicht gezeugt? Warum soll denn der Geist seine Kenntnis zeugen, wenn er sich kennt, seine Liebe aber nicht zeugen, wenn er sich liebt? Wenn er nämlich deshalb die Ursache seiner Kenntnis ist, weil er erkennbar ist, dann ist er auch die Ursache seiner Liebe, weil er liebbar ist. Warum er also nicht beides zeugt, ist schwer zu sagen. Auch diese Frage über die erhabene Dreieinigkeit, den allmächtigen Schöpfer Gott, nach dessen Bild der Mensch geschaffen ist, pflegt ja die Menschen zu bewegen, welche die Wahrheit Gottes durch das menschliche Wort zum Glauben einlädt: Warum glaubt oder erkennt man nicht auch vom Heiligen Geiste, daß er gezeugt ist, so daß er ebenfalls Sohn genannt werden kann? Das wollen wir jetzt im menschlichen Geiste irgendwie zu erspüren suchen, auf daß wir von dem tiefer stehenden Bild aus, in dem uns unsere eigene Natur, gleichsam befragt, vertrautere Antwort gibt, die so besser eingeübte Sehkraft des Geistes von dem erhellten Geschöpf zum unwandelbaren Lichte hinrichten. Dabei muß uns freilich die Wahrheit selbst die Überzeugung zuteil werden lassen, daß der Heilige Geist in der gleichen Weise die Liebe ist, wie der Sohn, woran kein Christ zweifelt, das Wort Gottes ist. Zu diesem Bilde

also, das das Geschöpf ist, das heißt zum verstandesbegabten Geiste wollen wir zurückkehren, um ihn noch sorgfältiger in dieser Sache zu befragen und zu betrachten. Dort offenbart uns die zeithaft bestehende Kenntnis mancher Dinge, die vorher nicht war, und die Liebe mancher Dinge, die vorher nicht geliebt wurden, deutlicher, was wir sagen sollen. Es ist ja auch für die an die Zeit gebundene Rede leichter, einen Gegenstand zu erklären, der in die Ordnung der Zeiten eingefügt ist.

18. (s) Erstlich also ist es klar, daß etwas wißbar sein kann, das heißt, daß es gewußt werden kann und doch nicht gewußt wird, daß aber unmöglich etwas gewußt wird, was nicht wißbar ist. Daher muß man offenkundig daran festhalten, daß jedes Ding, das wir erkennen, seine Kenntnis in uns mitzeugt. Von beiden nämlich wird die Kenntnis geboren, vom Erkennenden und vom Erkannten. Wenn daher der Geist sich selbst erkennt, dann ist er allein der Vater seiner Kenntnis. Er ist nämlich selbst das Erkannte und der Erkenner. Er war sich aber selbst erkennbar auch, bevor er sich kannte. Die Kenntnis seiner selbst aber war nicht in ihm, da er sich selbst noch nicht gekannt hatte. Wenn er sich also erkennt, dann zeugt er eine ihm gleiche Erkenntnis seiner selbst. Er kennt sich ja nicht weniger, als er ist; und seine Kenntnis ist nicht die eines anderen Wesens, nicht nur weil er selbst es ist, der kennt, sondern auch weil er sich selbst kennt, wie wir oben gesagt haben. Was soll ich also von der Liebe sagen? Warum scheint der Mensch, wenn er sich liebt, nicht auch die Liebe zu sich selbst gezeugt zu haben? Er war sich ja liebbar auch schon, bevor er sich liebte, weil er sich lieben konnte, wie er sich erkennbar war auch schon, bevor er sich kannte, weil er sich kennen konnte. Denn wenn er sich nicht erkennbar gewesen wäre, hätte er sich niemals erkennen können. Ebenso hätte er, wenn er sich nicht liebbar gewesen wäre, niemals sich lieben können. Warum also soll man nicht sagen, daß er durch seine Selbstliebe seine Liebe gezeugt hat, wie er durch seine Selbsterkenntnis seine Kenntnis gezeugt hat? Oder ist es so, daß durch diesen Sachverhalt zwar klar bekundet wird, daß jener der Urgrund der Liebe ist, von dem sie hervorgeht — sie geht ja vom Geiste selbst hervor, der sich liebbar ist, bevor er sich liebt, und so ist er der Urgrund seiner Liebe, durch die er sich liebt —, daß sie aber deshalb nicht mit Recht von ihm gezeugt heißt wie die Kenntnis seiner selbst, in der er sich kennt, weil durch die Kenntnis schon gefunden ist, was geboren oder entdeckt genannt wird (partum vel repertum)? Es geht ja oft eine Untersuchung voraus, die in der Kenntnis als ihrem Ziele zur Ruhe kommen will. Die Untersuchung ist ja das Verlangen, zu finden, was dasselbe ist wie zu entdecken. Was aber entdeckt wird, wird gleichsam geboren. Deshalb ist es einem Sprößling ähnlich. Wo anders als in eben der Kenntnis? Dort wird es ja gleichsam in einem Ausdruck geformt. Denn wenn auch die Dinge schon waren, welche wir durch Suchen finden, so war doch die Kenntnis selbst noch nicht, die wir gleichsam für einen Sprößling, der geboren wird, erachten. Jenes Verlangen also, das im Suchen liegt, geht vom Suchenden hervor, bleibt gewissermaßen in Schwebe und kommt am Ziele, nach dem es sich ausspannt, erst zur Ruhe, wenn das Gesuchte gefunden und mit dem Suchenden geeint ist. Dieses Verlangen, das heißt die Untersuchung, scheint zwar noch nicht Liebe zu sein, in der das, was gekannt ist, geliebt wird; auf die Erkenntnis wird ja erst noch hingezielt. Es ist jedoch etwas von der Art der Liebe. Es kann nämlich schon Wille genannt werden, da jeder, der sucht, finden will; und wenn etwas gesucht wird, was in den Bereich des Erkennbaren fällt, dann will jeder, der sucht, erkennen. Will er es glühend und heftig, dann sagt man, daß er sich eifrig müht. Insbesondere pflegt man sich so auszudrücken, wenn es sich um die Aneignung und den Erwerb bestimmter Wissenszweige handelt. Der Ge-

burt im Geiste geht also eine Art Verlangen voraus, durch welches das, was wir in Suchen und Finden kennen wollen, als Sprößling geboren wird, eben als Kenntnis; und eben deshalb kann dieses Verlangen, durch das die Kenntnis empfangen und geboren wird, nicht selbst mit Recht geboren und Sprößling genannt werden; und dasselbe Verlangen, darin man nach der Erkenntnis eines Dinges lechzt, wird zur Liebe des erkannten Dinges, da es nun den ersehnten Sprößling hält und umfängt, das heißt die Kenntnis mit dem Erzeuger verbindet. Und so besteht nun in einer gewissen Weise ein Bild der Dreieinigkeit: der Geist selbst, seine Kenntnis, die sein Sprößling und sein Wort von ihm selbst ist, und die Liebe als Drittes, und diese drei sind eins und eine Substanz. Der Sprößling ist nicht geringer, wenn nur der Geist sich so kennt, wie es seinem Seinsmaß entspricht; und die Liebe ist nicht geringer, wenn er nur so sich liebt, wie es seinem Kennen und seinem Sein entspricht.

Buch X: Von der Möglichkeit der Erkenntnis überhaupt und vom Geist, der sich selbst erkennt als Bild der göttlichen Dreieinigkeit.

Gliederung: (a) Die Liebe zur Erkenntnis setzt ein Wissen um den Gegenstand der Erkenntnis voraus. (b) Die Liebe zur Erkenntnis des Unbekannten ist nicht Liebe zum Unbekannten, sondern ruht in der Liebe zur bereits bekannten allgemeinen Form des Unbekannten. Beispiel: Das Studium der Sprache. (c) Selbst das Nichtwissen setzt also das Wissen um dieses Nichtwissen voraus. (d) Abschließende Zusammenfassung: Nichts Unbekanntes kann geliebt werden. (e) Das gleiche Problem bei der Liebe des Geistes, sich selbst zu erkennen: Er kann sich nur zu erkennen suchen, weil er sich als Suchenden kennt. (f) Da der Geist sich selbst ganz kennt, sucht er sich überhaupt nicht, weder als Ganzes noch teilweise. (g) Das Gebot der Selbsterkenntnis ist das Gebot, sich die Erkenntnis seines Wesens stets gegenwärtig zu halten. (h) Der Geist ist nämlich in Gefahr, sich selbst den Bildern der Dinge, die er in sich trägt, ähnlich zu halten. (i) Daraus entstehen die Irrtümer über die Substanz des Geistes bzw. der Seele. (k) Die Anschauung, der Geist sei eine körperliche Substanz, wird analog zu den Vorstellungsbildern der äußeren Dinge gewonnen. (l) Das Gebot der Selbsterkenntnis des Geistes bedeutet darum, daß der Geist sich von allen Vorstellungsbildern trennen und auf sich selbst konzentrieren soll. (m) Der Geist erkennt sich eben dadurch, daß er das Gebot, sich zu erkennen, versteht. (n) Der Geist ist sich seiner Einsicht, seines Seins und seines Lebens sicher. (o) Der Zweifel selbst zeugt von dieser Sicherheit. (p) Der Geist kann keine körperliche Substanz sein. (q) Die wesentliche Einheit von Gedächtnis, Einsicht und Wille im Geist und ihre relative Verschiedenheit. (r) Der Geist ist in Gedächtnis, Einsicht und Wille ein Bild der göttlichen Dreieinigkeit.

1. Kapitel

1. (a) Jetzt soll unsere Aufmerksamkeit geschärfter an die folgerichtige, deutlichere Erklärung dieser Fragen herantreten. Erstlich nun muß man, weil niemand eine vollständig unbekannte Sache irgendwie lieben kann, sorgfältig zusehen, welcher Art die Liebe der wissenschaftlich sich Mühenden ist, das heißt derer, die eine bestimmte Lehre noch nicht kennen, aber bereits kennenzulernen wünschen. Zu jenen Dingen also, bei denen man gewöhnlich nicht von wissenschaftlichem Bemühen spricht, scheint die Liebesneigung zu entstehen aus dem Hören, wenn nämlich durch das Ge-

rückt von irgendeiner Schönheit die Seele zum Sehen und Genießen entflammt wird, weil sie die Schönheit der Körper im allgemeinen kennt — sie hat ja viel Schönes gesehen — und ihr innerlich die Norm innewohnt, nach der das gebilligt wird, nach dessen äußerem Besitz sie lechzt. Wenn das geschieht, dann wird nicht die Liebe zu einer gänzlich unbekannten Sache erregt, da ja deren Art in der geschilderten Weise bekannt ist. Wenn wir aber einen guten Mann lieben, dessen Antlitz wir nicht gesehen haben, dann lieben wir ihn auf Grund der Kenntnis der Tugenden, die wir in der Wahrheit selbst kennen. Für die Erkenntnis von wissenschaftlichen Lehren aber entflammt uns meist das Ansehen jener, die sie rühmen und vertreten. Freilich, trügen wir nicht den Begriff einer jeden Wissenschaft flüchtig eingeprägt in der Seele, dann würden wir nie in Eifer entbrennen, sie kennenzulernen. Wer würde zum Beispiel auch nur die geringste Sorgfalt und Mühe auf die Erlernung der Redekunst verwenden, wenn er nicht zuvor wüßte, daß sie die Wissenschaft vom Reden ist? Manchmal ergreift uns auch Bewunderung für das Endziel der Wissenschaften selbst, von dem wir aus Erzählung oder Erfahrung wissen; wir werden so dazu entflammt, uns durch Lernen ihre Beherrschung anzueignen, damit wir so zu diesem Endziel gelangen können. Wenn man etwa jemandem, der die Buchstaben nicht kennt, erklärt, daß es wissenschaftliche Kenntnisse gibt, auf Grund deren jeder einem noch so weit entfernten Menschen Worte schicken kann, die er ganz im stillen mit seiner Hand bildete, die andererseits der Empfänger nicht mit seinen Ohren, wohl aber mit den Augen aufnimmt, und wenn er dies nun vor sich gehen sieht: wird so einer nicht, wenn er diese Kunst zu erlernen wünscht, zu all seinem Eifer um jenes Endziel bewegt eben von der Kenntnis, die er von ihm schon hat? So wird der wissenschaftliche Eifer der Lernenden entflammt. Was einer nämlich ganz und gar nicht kennt, kann er in keiner Weise lieben.

2. (b) So ist es auch, wenn jemand ein unbekanntes Zeichen hört, zum Beispiel den Klang eines Wortes, dessen Bedeutung er nicht kennt: er wünscht zu wissen, was es sei, das heißt, an welchen Gegenstand zu erinnern jener Klang bestimmt sei, so wenn er etwa das Wort temetum hört, es nicht kennt und nachfragt, was es bedeute. Er muß also vorher schon wissen, daß es ein Zeichen ist, das heißt, daß es nicht ein leerer Laut ist, sondern daß es etwas bedeutet. Abgesehen davon ist ihm schon bekannt, daß es sich um etwas Dreisilbiges dreht; dies prägt der Seele durch den Gehörsinn seine gegliederte Gestalt ein. Was ist nun noch weiter erforderlich, damit etwas, dessen einzelne Buchstaben und Klangteile alle bekannt sind, noch weiter erkannt werde? Was anderes, als daß zugleich erkannt werde, daß es ein Zeichen ist und daß es das Verlangen anregte, zu wissen, auf welche Wirklichkeit jenes Zeichen hinweist? Je umfassender also etwas bekannt ist, um so mehr verlangt die Seele, wenn es nur noch nicht voll gekannt wird, den Rest von ihm zu kennen. Wenn sie nämlich nur wüßte, daß es sich um jenen Klanglaut handelt, nicht aber wüßte, daß er Zeichen einer bestimmten Wirklichkeit ist, dann würde sie, wenn sie, so gut sie kann, den sinnfälligen Gegenstand in der Wahrnehmung erfaßt hat, nichts weiter suchen. Weil sie aber weiß, daß es sich nicht bloß um einen Klanglaut handelt, sondern daß dieser zugleich ein Zeichen ist, will sie vollkommene Kenntnis gewinnen. Kein Zeichen nun kennt man vollkommen, wenn man nicht erkennt, welche Wirklichkeit es bezeichnet. Wenn jemand brennende Sorge darauf verwendet, dies zu kennen, und von Eifer entflammt darauf besteht, kann man von dem sagen, daß er ohne Liebe ist? Was also liebt er? Sicherlich kann ja nur Bekanntes geliebt werden. Er liebt natürlich nicht jene drei Silben, von denen er schon Kenntnis hat. Wenn er an ihnen den Umstand liebt, daß sie, wie er weiß, etwas

bezeichnen, dann dreht es sich jetzt darum nicht. Denn dies ist es nicht, was er zu kennen sucht. Wir wollen vielmehr herausbringen, was er an jener Wirklichkeit liebt, um deren Wissen er sich erst bemüht. Er kennt sie tatsächlich noch nicht; und deshalb wundern wir uns, daß er sie liebt, da wir ja aufs bestimmteste wissen, daß nur Bekanntes geliebt werden kann. Woher anders also kommt seine Liebe als daher, daß er in den Wesensgründen der Dinge weiß und schaut, wie groß die Schönheit einer Wissenschaft ist, welche die Kenntnis aller Zeichen in sich schließt, und wie groß der Nutzen jenes Könnens ist, durch das die menschliche Gemeinschaft ihre Anschauungen sich gegenseitig mitteilt, damit für sie das menschliche Zusammenleben nicht schlimmer sei als irgendeine Einsamkeit, wenn die Menschen ihre Gedanken im Gespräch nicht austauschen könnten. Diese schöne und nützliche Form also schaut, kennt und liebt die Seele; sie in sich zur Vollendung zu bringen, so gut man kann, müht sich, wer immer die Bedeutung der Laute zu erforschen sucht, die er nicht kennt. Etwas anderes ist es nämlich, wenn jemand diese Form im Lichte der Wahrheit erblickt, etwas anderes, wenn er sie in seinem eigenen Können zu besitzen wünscht. Im Lichte der Wahrheit erblickt er nämlich, wie gut und groß es ist, alle Sprachen aller Völker zu verstehen und zu sprechen, keine als fremde zu vernehmen und selbst so zu sprechen, daß niemand einem den Fremden anmerkt. Das Herrliche einer solchen Kenntnis wird im Denken schon geschaut und als bekannte Sache geliebt. Diese wird nun so erblickt und entflammt so sehr den Eifer der Lernenden, daß sie ihretwegen in Bewegung geraten und in jeder Mühe, die sie für die Erlangung eines solchen Könnens aufwenden, nach ihr lechzen, daß sie sich auch in praktischer Übung mit dem befassen, was sie verstandesmäßig schon kennen; und so entbrennt, wer solchem Können in Hoffnung sich nähert, um so glühender in Liebe hierzu. Nach jenen Wissenschaften trachtet man ja mit heftigerem Eifer, an deren Erlangung man nicht verzweifelt. Wenn nämlich jemand gar keine Hoffnung hat, eine Sache zu erlangen, so liebt er sie nur lau oder er liebt sie gar nicht, so sehr er auch ihre Schönheit sieht. Weil daher fast niemand hofft, alle Sprachen beherrschen zu können, bemüht sich jedermann mit allem Eifer, vor allem die Sprache seines Volkes zu kennen. Wenn man sich auch für die vollkommene Aneignung der Sprache des eigenen Volkes nicht gewachsen fühlt, so ist doch niemand gegen diese Kenntnis so gleichgültig, daß er, wenn er ein unbekanntes Wort hört, nicht wissen will, was es bedeutet, und, wenn er kann, nicht darnach fragt und es lernen will. Wenn jemand so fragt, dann ist er sicherlich eifrig bemüht, zu lernen, und er scheint eine unbekannte Sache zu lieben. In Wirklichkeit ist es aber nicht so. Denn an die Seele rührt jene Form, die von ihr gekannt und gedacht wird, in welcher die Herrlichkeit der Gemeinschaft aufleuchtet, zu der die Seelen im Hören und Erwidern bekannter Lautzeichen verbunden werden. Sie ist es, die jenen entzündet, der zwar in Eifer sucht, was er nicht weiß, aber dabei die Form kennt, schaut und liebt, zu deren Bereich jenes Unbekannte gehört. Wenn also jemand zum Beispiel fragt, was temetum sei — dieses Beispiel hatte ich ja gewählt —, und man ihm sagt: Was geht das dich an? dann wird er erwidern: Ich möchte nicht etwa jemanden dies Wort aussprechen hören und es nicht verstehen oder es irgendwo vielleicht lesen und nicht wissen, was der Schriftsteller damit meinte. Wer möchte etwa einem solchen sagen: Verzichte darauf zu verstehen, was du hörst, zu wissen, was du liest? Fast alle verstandesbegabten Seelen sehen ja sogleich die Schönheit jener Kenntnisse, auf Grund deren die Menschen gegenseitig ihre Gedanken durch die Aussprache von bedeutungserfüllten Worten voneinander erfahren. Um dieser Herrlichkeit willen, die man kennt und die man liebt, weil man sie kennt, sucht man eifrig nach jenem unbekannten Worte. Wenn man nun hört und erfährt, daß temetum bei den Alten Wein hieß, daß aber das Wort jetzt in unserem Sprachgebrauch nicht mehr vorkommt, dann wird man doch die Kenntnis dieses ausgestorbenen Wortes vielleicht wegen einiger alter Bücher für notwendig erachten. Wenn man sie aber auch so für überflüssig hält, dann wird man es vielleicht auch nicht mehr für der Mühe wert halten, das Wort dem Gedächtnis einzuprägen, weil man sieht, daß es in keiner Weise zu jener Art von Kenntnissen gehört, die man im Geiste als etwas Bekanntes schaut und liebt.

3. (c) Daher ist alle Liebe einer eifrig sich mühenden Seele, das heißt eines Menschen, der wissen will, was er nicht weiß, nicht Liebe zu einem Gegenstande, den er nicht kennt, sondern zu einem Gegenstande, den er kennt und um dessentwillen er wissen will, was er noch nicht weiß. Wenn jemand so wißbegierig ist, daß er nicht von einer anderen ihm schon bekannten Ursache, sondern einzig und allein von der Liebe, Unbekanntes zu wissen, getrieben wird, dann ist dieser Wißbegierige zwar zu unterscheiden von dem, der den Namen eines eifrig sich Mühenden trägt, aber Unbekanntes liebt auch er nicht. Vielmehr sagt man zutreffender: Er haßt das Unbekannte, das es nach seinem Wunsche gar nicht geben soll, da er alles erkennen will. Damit uns indes niemand eine noch schwierigere Frage vorlege, indem er mit der Behauptung kommt, daß man ebensowenig hassen könne, was man nicht wisse, wie man lieben könne, was man nicht wisse, so wollen wir uns gegen die Wahrheit nicht sträuben; man muß aber verstehen, daß es nicht dasselbe ist, wenn man sagt: Er liebt Unbekanntes zu wissen, und wenn man sagt: Er liebt Unbekanntes. Das erste kann nämlich vorkommen, daß jemand Unbekanntes zu wissen liebt; daß er aber Unbekanntes liebt, kann nicht geschehen. Es ist nämlich nicht ohne Grund ‹zu wissen› hinzugefügt worden. Wer nämlich Unbekanntes zu wissen liebt, liebt nicht das Unbekannte, sondern eben das Wissen. Wenn ihm dies nicht bekannt wäre, könnte er zuversichtlich weder sagen, daß er ein Wissen besitzt, noch, daß er keines besitzt. Denn nicht nur, wer sagt: Ich weiß, und dabei die Wahrheit sagt, muß wissen, was Wissen ist, sondern auch derjenige, welcher sagt: Ich weiß nicht, und dies zuversichtlich und der Wahrheit gemäß sagt und weiß, daß er die Wahrheit spricht, muß sicherlich wissen, was Wissen ist. Er unterscheidet ja den Nichtwissenden vom Wissenden, wenn er der Wahrheit gemäß, in sich selbst hineinblickend, sagt: Ich weiß nicht. Und wenn er weiß, daß er dabei die Wahrheit sagt, woher sollte er dies wissen, wenn er nicht wüßte, was Wissen ist?

2. Kapitel

4. (d) Jeder eifrig sich Mühende also, jeder Wißbegierige, liebt nicht etwas Unbekanntes, auch nicht, wenn er mit brennendstem Verlangen darauf besteht, zu wissen, was er nicht weiß. Entweder hat er nämlich schon eine allgemeine Kenntnis dessen, was er liebt, und verlangt nun darnach, es auch in einem bestimmten Einzelding oder in verschiedenen Einzeldingen kennenzulernen, die er noch nicht kennt, die ihm aber vielleicht gerühmt werden, und er bildet sich nun in der Seele eine bildhafte Gestalt, durch die er zur Liebe erregt wird. Woher anders aber bildet er diese Gestalt als aus jenen Elementen, die er schon kennt? Wenn er jedoch das Ding, das ihm gerühmt wurde, dieser in der Seele gestalteten und im Gedanken ganz bekannten Form unähnlich findet, dann wird er es vielleicht nicht lieben. Wenn er es liebt, dann beginnt er es in dem Augenblick zu lieben, in dem er es kennenlernt. Kurz zuvor war ja das, was geliebt wurde, was die Seele

formte und sich selbst darzubieten pflegte, etwas ganz anderes. Wenn er
aber das Ding, von dem ihm Kunde geworden war, jener Form ähnlich findet, so daß er in Wahrheit zu ihm sagen kann: Ich liebte dich schon, auch
dann liebte er sicherlich nicht als etwas Unbekanntes, was er in jenem
ähnlichen Bilde schon gekannt hatte. Es kann auch sein, daß wir in der Gestalt des ewigen Wesensgrundes etwas sehen und es dort lieben, was wir
dann, wenn es in der Erscheinung eines zeitlichen Dinges zum Ausdruck
kommt, jenen, die es auf Grund ihrer Erfahrung loben, glauben und so
lieben: auch da lieben wir nicht etwas Unbekanntes — wir haben darüber
schon oben hinlänglich gehandelt. Oder wir lieben etwas Bekanntes, um
dessentwillen wir etwas Unbekanntes suchen. Dabei hält uns keineswegs
die Liebe zum Unbekannten gefangen, sondern zu jenem Bekannten, zu
dessen Kenntnis, wie wir wissen, die Kenntnis auch des Unbekannten gehört, das wir noch suchen. So ist es mit dem unbekannten Wort, von dem
ich eben vorhin sprach. Es kann auch sein, daß jemand das Wissen selbst
liebt, das keinem, der etwas zu wissen wünscht, unbekannt sein kann. Aus
diesen Gründen scheinen das Unbekannte jene zu lieben, die etwas wissen
wollen, was sie nicht wissen, und von denen man wegen ihres brennenden
Verlangens, das Unbekannte zu suchen, nicht sagen kann, daß sie ohne
Liebe seien. Daß aber die Sache anders liegt und daß schlechthin nichts Unbekanntes geliebt wird, das glaube ich für alle, die sorgfältig auf die Wahrheit schauen, überzeugend nachgewiesen zu haben. Weil aber die Beispiele,
die wir anführten, sich nur auf jene Fälle beziehen, wo jemand, was er
selbst nicht ist, zu wissen wünscht, muß man zusehen, ob nicht etwa eine
neue Sachlage auftaucht, wenn der Geist sich darnach sehnt, sich selbst
kennenzulernen.

3. Kapitel

5. (e) Was also liebt der Geist, da er sich inbrünstig sucht, um sich kennenzulernen, wenn er sich unbekannt ist? Siehe, der Geist sucht sich selbst,
um sich kennenzulernen, und wird zu diesem Bemühen entflammt. Er liebt
also. Aber was liebt er? Sich selbst? Wie kann das sein, da er sich noch
nicht kennt, und niemand lieben kann, was er nicht weiß? Hat ihm ein Ge-
rücht Kunde zugetragen von seiner Schönheit, wie wir in dieser Weise von
Abwesenden zu hören pflegen? Vielleicht liebt er also gar nicht sich selbst,
sondern liebt die Vorstellung, die er sich von sich macht, und die vielleicht
ganz anders ist als er selbst. Oder wenn der Geist eine ihm ähnliche Vorstellung von sich bildet und daher, wenn er diese Vorstellung liebt, sich
liebt, bevor er sich kennt, weil er etwas ihm Ähnliches schaut, dann kennt
er vielleicht andere Geister, auf Grund deren er sich eine Vorstellung von
sich selbst bildet, und ist sich eben in seinem Allgemeinwesen bekannt.
Warum also kennt er, da er andere Geister kennt, sich selbst nicht, ihm aber
doch nichts gegenwärtiger sein kann als er selbst? Wenn es so wäre wie
bei den Augen des Leibes, denen andere Augen bekannter sind als sie sich
selbst, dann würde er sich nicht suchen, da er ja niemals sich finden würde.
Niemals werden sich ja die Augen außerhalb des Spiegels sehen; und man
darf in keiner Weise glauben, daß man auch für die Schau unkörperlicher
Dinge solche Mittel anwenden kann, so daß der Geist sich gleichsam im
Spiegel kennt. Oder sieht er etwa in den Wesenszügen der ewigen Wahrheit, wie schön es ist, sich selbst zu kennen, und liebt er dann, was er sieht,
und bemüht sich darum, daß es in ihm selbst verwirklicht werde? Es wäre
dem Geiste dabei, wenn er auch sich selbst unbekannt ist, doch bekannt,
wie gut es ist, sich selbst bekannt zu sein. Indes da wäre doch sehr verwunderlich, daß der Geist sich selbst noch nicht kennt, ihm aber schon be-

kannt ist, wie schön es ist, sich zu kennen. Oder sieht er etwa ein sehr gutes Ziel, nämlich seine Geborgenheit und Seligkeit, durch irgendein geheimes Gedächtnis, das ihn, als er in die Fernen fortging, nicht verließ, und glaubt er nun, daß man zu diesem Ziele nur gelangen könne, wenn man sich selbst kennenlernt? Während er so das eine liebt, sucht er das andere; das eine liebt er als Bekanntes, um seinetwillen sucht er das Unbekannte. Warum aber konnte die Erinnerung an seine Seligkeit fortdauern, während mit ihr die Erinnerung an ihn selbst nicht zugleich fortdauern konnte, so daß er, der zum Ziele gelangen will, sich ebenso kennt, wie jenes Ziel, zu dem er gelangen will? Oder ist es so, daß er, wenn er es liebt, sich zu kennen, nicht sich, den er noch nicht kennt, sondern das Kennen selbst liebt, und daß er bitter daran trägt, daß er selbst seinem Wissen fehlt, mit dem er alles umfassen will? Er kennt aber, was Kennen ist, und indem er das liebt, was er kennt, wünscht er auch sich zu erkennen. Wie soll er also sein Kennen kennen, wenn er sich nicht kennt? Er kennt ja, daß er anderes kennt, sich aber nicht kennt; daher weiß er ja auch, was Kennen ist. Wie also weiß er sich als einen Wissenden, wo er von sich selbst nichts weiß? Er weiß ja nicht einen anderen Geist als Wissenden, sondern sich selbst. Er weiß also von sich selbst. Denn, wenn er sich sucht, um sich zu kennen, dann kennt er sich schon als Suchenden. Also kennt er sich schon. Deshalb kann er sich nicht ganz und gar nicht kennen, da er, wenn er sich als Nichtwissenden weiß, sich sicherlich weiß. Wenn er sich aber nicht als Nichtwissenden wüßte, dann suchte er sich nicht, um von sich zu wissen. Eben dadurch also, daß er sich sucht, wird dargetan, daß er sich mehr bekannt als unbekannt ist. Er kennt sich ja als einen Suchenden und Nichtwissenden, wenn er sich sucht, um sich zu kennen.

4. Kapitel

6. (f) Was sollen wir also sagen? Etwa, daß er sich teilweise kennt, teilweise nicht kennt? Es ist indes töricht zu behaupten, daß er nicht als ganzer weiß, was er weiß. Ich sage nicht, daß er das Ganze weiß, sondern daß er, was er weiß, als ganzer weiß. Wenn er also etwas von sich weiß, dann kann er es nur als ganzer wissen, und daher weiß er von sich in seiner Ganzheit. Er weiß aber, daß er etwas weiß, und er kann etwas nur als ganzer wissen. Also weiß er von sich in seiner Ganzheit. Was ist ihm sodann von sich selbst so bekannt wie die Tatsache, daß er lebt? Er kann aber nicht zugleich Geist sein und zugleich nicht leben, da er sogar noch darüber hinaus Einsicht hat. Leben besitzen ja auch die Seelen der Tiere, aber sie haben keine Einsicht. Wie also der Geist ganz Geist ist, so ist er auch als ganzer lebendig. Nun weiß er aber, daß er lebt. Also kennt er sich in seiner Ganzheit. Letztlich, wenn der Geist sich zu kennen sucht, dann weiß er schon, daß er Geist ist. Sonst wüßte er ja nicht, ob er sich sucht und nicht statt seiner etwas anderes sucht. Es könnte ja sein, daß er gar nicht Geist ist und daß er daher, indem er den Geist sucht, sich selbst gar nicht sucht. Wenn daher der Geist, da er sucht, was Geist ist, sich sucht, so weiß er in der Tat, daß er selbst Geist ist. Wenn er also von sich weiß, daß er Geist ist und daß er ganz Geist ist, so kennt er sich in seiner Ganzheit. Nehmen wir indes einmal an, der Geist wisse nicht, daß er Geist ist, wenn er sich aber sucht, dann wisse er nur, daß er sich sucht. So könnte er dann auch etwas anderes suchen, da er das Gesuchte nicht kennt; damit er aber nicht das eine statt des anderen sucht, weiß er ohne jeden Zweifel, was er sucht. Wenn er aber weiß, was er sucht, und sich selbst sucht, dann kennt er doch sicher sich selbst. Was soll er also noch weiter suchen? Wenn er sich teil-

weise kennt, teilweise aber sich noch sucht, dann sucht er nicht sich, sondern einen Teil von sich. Wenn nämlich von ihm selbst die Rede ist, dann ist von ihm in seiner Ganzheit die Rede. Wenn er sodann weiß, daß er von sich noch nicht ganz gefunden ist, dann weiß er, wie groß er in seiner Ganzheit ist. Und so sucht er, was ihm noch fehlt, wie wir gewöhnlich zu erreichen suchen, daß wieder in unseren Geist zurückkehre, was uns entfallen, aber doch noch nicht gänzlich entwichen ist — wenn es kommt, kann man ja feststellen, daß es das Gesuchte war. Wie kann indes der Geist in den Geist zurückkehren, gleich als ob der Geist nicht im Geiste sein könnte? Dazu kommt, daß der Geist, wenn ein Teil gefunden ist und er sich nicht in seiner Ganzheit sucht, sich doch als ganzer sucht. Also ist er sich als ganzer gegenwärtig, und es gibt weiter nichts zu suchen. Es ist nämlich nichts mehr da, was gesucht werden könnte; es ist nur noch der Geist da, der sucht. Wenn er sich also als ganzer sucht, dann fehlt ihm nichts von sich selbst. Wenn es aber so ist, daß er sich nicht als ganzer sucht, sondern so, daß der Teil, der gefunden ist, den Teil sucht, der noch nicht gefunden ist, dann sucht der Geist nicht sich, da ja kein Teil von ihm sich sucht. Der Teil nämlich, der gefunden ist, sucht sich nicht; der Teil aber, der noch nicht gefunden ist, sucht sich ebenfalls nicht, weil er von dem Teil, der schon gefunden ist, gesucht wird. Weil daher weder der Geist als ganzer sich sucht noch irgendein Teil von ihm sich sucht, sucht sich der Geist überhaupt nicht.

5. Kapitel

7. (g) Wozu wurde ihm dann das Gebot gegeben, daß er sich selbst erkennen soll? Ich glaube, damit er an sich selbst denke und seiner Natur gemäß lebe, das heißt, gemäß seiner Natur geordnet zu werden verlange, unter jenem nämlich, dem er sich zu unterwerfen hat, über jenem, über das er gesetzt sein soll, unter jenem, der ihm Herrscher sein muß, über jenem, dem er Herrscher sein muß. Vieles nämlich treibt er in verkehrter Gier so, als hätte er seiner selbst vergessen. Er sieht nämlich in seinem Innern manches Schöne in der über alles erhabenen Natur, die Gott ist. Während er aber dabei stehenbleiben sollte, um ihn zu genießen, wendet er sich, da er das Schöne sich selbst zuschreiben und nicht von Gott her Gott ähnlich sein, sondern aus sich selbst heraus sein will, was jener ist, von ihm ab, wird fortgetrieben und gleitet in das Weniger und Weniger, während er es für Mehr und Mehr hält, immer tiefer ab, während er vermeint, immer höher und höher zu steigen. Es kann je weder er noch irgend etwas ihm genügen, wenn er sich von dem entfernt, der allein genügt. Deshalb verlegt er sich, von seiner Not und seinem Mangel getrieben, allzusehr auf das eigene Handeln und auf die Vergnügungen mit ihrer Unruhe, die er aus dem Handeln gewinnt; und so verliert er in der Gier, Wissen zu erwerben aus den Dingen, die draußen sind, deren Art er kennt und liebt und von denen er doch fühlt, daß sie verlorengehen können, wenn man nicht alle Sorge auf sie verwendet, so verliert er das Gefühl der Geborgenheit und denkt um so weniger an sich selbst, je sicherer er ist, daß er sich nicht verlieren kann. (h) Da es also etwas anderes ist, sich nicht zu kennen, etwas anderes, nicht an sich zu denken — so sagen wir auch von einem, der in vielen Wissenschaften bewandert ist, nicht, daß er die Sprachkunde nicht kennt, weil er nicht daran denkt, da er in diesem Augenblick gerade an die Heilkunst denkt — da es also etwas anderes ist, sich nicht zu kennen, etwas anderes, nicht an sich zu denken, ist die Kraft der Liebe so groß, daß das, was er mit Liebe lange überdachte, und dem er mit sorgender Hingabe verhaftet war, ebenfalls mit herbeizieht, wenn er irgendwie zum Denken

seiner selbst zurückkehrt. Und weil es Körper sind, die er draußen durch die Leibessinne lieb gewann, und weil er in ihren lange dauernden, vertrauten Umgang verstrickt ist, in sein Inneres jedoch, also gleichsam in das Land der körperlosen Natur die Körper selbst nicht mitschleppen kann, hat er sich Bilder von ihnen aufgehäuft und reißt sie, die er aus sich selbst machte, in sich hinein. Er gibt ihnen nämlich, wenn er sie bildet, etwas von seiner Substanz. Er bewahrt aber auch etwas in sich, womit er über die Erscheinung solcher Bilder urteilt, und das ist in höherem Maße Geist, das heißt die des Denkens fähige Einsicht, die aufbewahrt wird, damit sie Urteile abgeben kann. Jene Seelenteile, welche durch die Bilder von Körpern geformt werden, haben wir ja auch, wie wir wissen, mit den Tieren gemeinsam.

6. Kapitel

8. Es irrt aber der Geist, wenn er sich mit diesen Bildern in einer so starken Liebe verbindet, daß er auch sich selbst für etwas Derartiges hält. So wird er ihnen nämlich irgendwie angeglichen, nicht in seiner Wirklichkeit, sondern in seiner Meinung, nicht als ob er sich für ihr Bild hielte, sondern indem er sich ganz und gar für das hält, dessen Bild er in sich trägt. Die Urteilskraft in ihm ist ja kräftig genug, um den Körper, den er draußen zurückließ, von dem Bilde zu unterscheiden, das er von ihm in sich trägt, es sei denn, daß eben diese Bilder so ausgeprägt sind, daß sie als draußen existierend empfunden, nicht im Innern vorgestellt werden, wie es bei Schlafenden oder Rasenden oder auch in irgendeiner Entrückung zu geschehen pflegt.

7. Kapitel

9. (i) Wenn sich also der Geist für etwas Derartiges hält, dann hält er sich für einen Körper. Und weil er sich gut seines Vorranges bewußt ist, nach dem er über den Körper herrscht, so kam es, daß manche fragten, was am Körper am meisten wert sei, und dies hielten sie dann für den Geist oder überhaupt für die ganze Seele. Die einen hielten so das Blut, die anderen das Gehirn, wieder andere das Herz — nicht wie die Schrift das Wort gebraucht, wenn sie sagt: ‹Ich preise dich, Herr, in meinem Herzen›[1], und: ‹Du sollst Gott, deinen Herrn, lieben aus deinem ganzen Herzen›[2]; hier wird nämlich das Wort mißbräuchlich oder in übertragenem Sinne vom Körper her auf die Seele angewendet, sondern ein Körperteilchen, wie wir es an zerrissenen Eingeweiden sehen können —, für ganz und gar eins mit der Seele. Andere glaubten, sie bestehe aus ganz kleinen, unteilbaren Körperchen, die sie Atome nannten, die sich gegenseitig anziehen und zusammenhängen. Andere sagten, ihre Substanz sei Luft, andere, sie sei Feuer. Andere glaubten, sie habe gar keine Substanz, da sie eine Substanz nur als Körper denken konnten und nicht fanden, daß sie ein Körper sei; sie sei vielmehr das Ordnungsverhältnis unseres Körpers oder der Zusammenhalt der Urstoffe, aus denen dieses Fleisch gleichsam gebaut ist. Folgerichtig glaubten auch alle Leute, sie sei sterblich; mag sie nämlich ein Körper sein, mag sie irgendein Gefüge des Körpers sein, auf keinen Fall kann sie unsterblich fortdauern. Diejenigen aber, die zu der Einsicht kamen, daß ihre Substanz eine Art Leben ist, und zwar kein körperliches — das Leben beseelt und belebt ja jeden lebendigen Körper —, versuchten folgerichtig

1 Ps. 9, 1; 110, 1; 137, 1.
2 Deut. 6, 5; Matth. 22, 37.

auch nachzuweisen, so gut es jeder konnte, daß sie unsterblich ist, weil das Leben das Leben nicht entbehren kann. Sie sagten nämlich, die Seele sei aus einem, ich weiß nicht welchem, fünften Stoff, den manche zu den bekannten vier Elementen dieser Welt hinzufügen. Ich glaube nicht, daß ich darüber an dieser Stelle lange handeln soll. Sie nennen nämlich entweder das gleiche Körper wie wir, jenes nämlich, von dem ein Teil, der einen bestimmten Raum einnimmt, kleiner ist als das Ganze — zu ihnen sind zu rechnen jene, die den Geist für eine körperliche Substanz hielten —, oder sie nennen Körper jede Substanz oder wenigstens jede wandelbare Substanz, da sie wissen, daß nicht jede Substanz in Höhe, Breite und Tiefe von Raum umschlossen ist. In diesem Fall will ich mich mit ihnen nicht in ein Wortgefecht einlassen.

10. (k) Wer aus all diesen Anschauungen herausfindet, daß die Natur des Geistes eine Substanz ist, und zwar keine körperliche, das heißt, daß sie nicht mit einem kleineren Teile von sich einen kleineren Raum einnimmt, mit einem größeren einen größeren, der muß zugleich sehen, daß diejenigen, welche den Geist für eine körperliche Substanz halten, nicht deshalb irren, weil der Geist ihrer Kenntnis fehlen würde, sondern weil sie etwas hinzufügen, ohne das sie sich eine Natur nicht denken können. Wenn man sie nämlich etwas ohne körperliche Vorstellungsbilder denken heißt, dann glauben sie, daß dies ganz und gar nichts sei. Daher sucht der Geist nicht nach sich, als ob er sich fehlen würde. Was sollte denn der Erkenntnis so gegenwärtig sein wie das, was dem Geiste gegenwärtig ist? Oder was wäre dem Geiste so gegenwärtig wie eben der Geist? Was klingt uns denn in dem, was wir Erfindung heißen, wenn wir dem Ursprung des Wortes nachgehen, anderes entgegen, als daß finden (invenire) soviel ist wie zu dem gelangen (venire), was gesucht wird? Daher ist es nicht ungebräuchlich von dem, was gleichsam von selbst in den Geist gelangt, zu sagen, daß es gefunden wird, wenngleich es erkannt genannt werden kann. Wir haben nicht suchend zu ihm hingetrachtet, daß wir zu ihm hingelangten (veniremus), das heißt es fanden (inveniremus). Wie daher das, was man mit den Augen oder irgendeinem anderen Leibessinn sucht, der Geist selbst sucht — er ist es nämlich, der auch dem Leibessinn Antrieb und Richtung gibt — und es dann findet, wenn eben dieser Sinn zu dem Gesuchten hingelangt, so findet er anderes, das er nicht durch die vermittelnde Kunde des Leibessinnes, sondern durch sich selbst erkennen muß, so findet er dies, wenn er zu ihm hingelangt; er findet es entweder in einer höheren Substanz, das heißt in Gott, oder in den übrigen Teilen der Seele — so wenn er über die Bilder der Körper ein Urteil fällt; sie findet er nämlich drinnen in der Seele, der sie durch Vermittlung des Leibes eingeprägt wurden.

8. Kapitel

11. (l) Wie sich also der Geist selbst sucht und findet, ist eine seltsame Frage. Wohin trachtet er, um zu suchen, wohin findet er, um ausfindig zu machen? Was ist so sehr im Geiste wie der Geist selbst? Weil indes die sinnfälligen Dinge, das heißt die Körper, an die er in Liebe denkt, eine liebe Gewohnheit geworden sind, vermag er ohne deren Bilder nicht in sich selbst zu sein. Von daher entsteht sein schmählicher Irrtum, da er die Bilder der wahrgenommenen Dinge nicht mehr von sich unterscheiden kann, auf daß er sich allein sähe. Sie hängen nämlich durch den Klebstoff der Liebe auf erstaunliche Weise mit ihm zusammen, und das ist seine Unreinheit, daß er, während er versucht, sich allein zu denken, sich für das hält, ohne das er sich nicht denken kann. Wenn ihm also die Weisung

wird, sich selbst zu erkennen, so soll er sich nicht suchen, als ob er sich selbst weggenommen worden wäre; er soll vielmehr wegnehmen, was er zu sich hinzufügte. Er ist nämlich innerlicher nicht nur als das Sinnfällige, das offenkundig draußen ist, sondern auch als dessen Bilder, die in einem bestimmten Teile der Seele sind – diesen haben auch die Tiere, wenngleich sie keine Einsicht haben, die eine Eigentümlichkeit des Geistes ist. Da also der Geist innerlicher ist, geht er gewissermaßen aus sich selbst heraus, wenn er die Zuneigung seiner Liebe ausschickt nach diesen sinnfälligen Dingen, die als die Spuren vieler Willenshinrichtungen im Geiste zurückbleiben. Diese Spuren werden gleichsam dem Gedächtnis eingeprägt, wenn man die körperlichen Dinge, die draußen sind, wahrnimmt, so daß auch, wenn sie abwesend sind, doch ihre Bilder für die Vorstellung gegenwärtig sind. Der Geist erkenne sich also selbst und suche sich nicht wie einen Abwesenden, sondern richte die Aufmerksamkeit seines Willens, die über andere Dinge hinschweifte, auf sich selbst und denke sich selbst. So wird er sehen, daß er niemals sich nicht liebte, niemals sich nicht kannte. Indem er aber anderes mit sich liebte, verwechselte er es mit sich und wuchs mit ihm gleichsam zusammen, und so hielt er für eines, was verschieden ist, indem er das Verschiedene so zusammenfügte, wie wenn es eines wäre.

9. Kapitel

12. (m) Nicht also wie einen Abwesenden suche er sich zu erblicken, sondern sorge darum, daß er sich wie einen Gegenwärtigen unterscheide. Und nicht erkenne er sich, als ob er sich noch nicht kennte, sondern von einem anderen, das er kennt, soll er sich wegkennen. Wenn er nämlich das Gebot hört: Erkenne dich selbst, wie wird er sich darum kümmern können, wenn er nicht weiß, was heißt: Erkenne, oder was heißt: dich selbst? Wenn er aber beides kennt, dann kennt er auch sich selbst. Es wird ja dem Geiste nicht in der Weise gesagt: Erkenne dich selbst, wie ihm gesagt wird: Erkenne die Cherubim und Seraphim! Von diesen nämlich, die ja selber abwesend sind, glauben wir, was uns verkündet wird, daß sie nämlich gewisse himmlische Mächte sind. Dies Gebot ergeht auch nicht so, wie es heißt: Erkenne den Willen dieses Menschen! Dieser ist nämlich sowohl unserer Wahrnehmung als auch unserer Einsicht nur gegenwärtig durch körperliche Zeichen, die er von sich gibt, und auch dann sind wir mehr auf den Glauben als auf die Einsicht angewiesen. Das Gebot steht auch nicht gleich der Aufforderung an einen Menschen: Schaue dein Antlitz! Das kann nur im Spiegel geschehen. Auch unser Antlitz ist ja für unser Auge abwesend, weil es da keinen Ort gibt, nach dem das Auge hingerichtet werden könnte. Wenn man aber dem Geiste sagt: Erkenne dich selbst!, so erkennt er sich eben in dem Augenblick, in dem er das Wort ‹dich selbst› versteht; er erkennt sich aus keinem anderen Grunde als deshalb, weil er sich gegenwärtig ist. Wenn er aber dieses Wort nicht versteht, dann wird er auch nicht nach diesem Gebot handeln. Das also zu tun wird ihm geboten, was er eben tut, wenn er das Gebot selbst versteht.

10. Kapitel

13. (n) Der Geist soll also nichts Fremdes zu seiner Selbsterkenntnis hinzufügen, wenn er vernimmt, daß er sich erkennen soll. Mit Sicherheit weiß er nämlich, daß er es ist, dem dieses Gebot gilt, er, der ist, liebt und einsieht. Sein hat indes auch der Leichnam, Leben auch das Tier, Einsicht aber

hat weder der Leichnam noch das Tier. Er weiß also, daß er so Sein und Leben hat, wie die Einsicht Sein und Leben hat. Wenn sich also der Geist etwa für Luft hält, dann glaubt er, daß die Luft Einsicht hat; er weiß jedoch, daß er Einsicht hat, daß er aber Luft sei, weiß er nicht, sondern glaubt es bloß. Er unterscheide also, was er von sich glaubt, er sehe zu, was er von sich weiß. Dann wird ihm verbleiben, was auch jene nicht bezweifeln können, die den Geist bald für diesen, bald für jenen Körper hielten. Nicht jeder Geist glaubt ja, daß er Luft sei, sondern die einen glauben, daß der Geist Feuer, die anderen, daß er Gehirn, wieder andere, daß er irgendein anderer Körper sei, wie wir oben erwähnten. Alle jedoch wissen, daß sie Einsicht, Sein und Leben haben. Das Einsehen ordnen sie dabei auf die Dinge hin, die sie einsehen, das Sein und Leben aber auf sich selbst. Niemandem ist ferner zweifelhaft, daß nur Einsicht hat, wer Leben hat, und daß nur Leben hat, wer Sein hat. Jeder weiß also, daß, was Einsicht hat, Sein und Leben hat, nicht wie der Leichnam Sein, aber kein Leben hat, nicht wie die Seele des Tieres Sein, aber keine Einsicht hat, sondern auf eine eigene und eben deshalb überragende Weise. Ebenso wissen alle, daß sie wollen, und in gleicher Weise wissen sie, daß dies niemand kann, der nicht Sein und nicht Leben hat; ebenso ordnen sie auch den Willen auf das hin, was sie mit dem Willen wollen. Auch daß sie Gedächtnis haben, wissen alle, und zugleich wissen sie, daß niemand Gedächtnis hat, der kein Sein und Leben hat; aber auch das Gedächtnis ordnen sie auf etwas hin, dessen wir uns mit dem Gedächtnis erinnern. In zweien von diesen dreien also, im Gedächtnis und in der Einsicht, ist die Kenntnis und das Wissen vieler Dinge enthalten; der Wille aber, auf daß wir durch ihn diese Dinge genießen oder gebrauchen. Jene Dinge nämlich genießen wir, wenn wir sie erkannt haben, in denen der Wille, an ihnen um ihretwillen sich freuend, ruht; jene hingegen gebrauchen wir, die wir auf andere, die man genießen soll, hinordnen. Das fehlerhafte und schuldhafte Leben der Menschen besteht in nichts anderem als darin, daß sie schlecht genießen und schlecht gebrauchen. Doch ist hier nicht der Ort, darüber zu handeln.

14. (o) Weil es sich jedoch um die Natur des Geistes handelt, wollen wir aus unseren Überlegungen alle Kenntnisse ausscheiden, welche von außen durch die Leibessinne gewonnen werden, und noch sorgfältiger unsere Aufmerksamkeit dem zuwenden, was, wie wir festgestellt haben, jeder Geist von sich selbst weiß und worüber er Sicherheit besitzt. Ob nämlich die Kraft, zu leben, sich zu erinnern, einzusehen, zu wollen, zu denken, zu wissen, zu urteilen, der Luft zukomme oder dem Feuer oder dem Gehirn oder dem Blute oder den Atomen oder einem von den vier gewöhnlichen Grundstoffen verschiedenen fünften von ich weiß nicht welcher stofflichen Beschaffenheit, oder ob das Gefüge oder die Ordnungsverhältnisse unseres Fleisches diese Vorgänge zu bewirken vermögen, darüber zweifelten die Menschen; der eine versuchte dies, der andere jenes zu behaupten. Wer möchte jedoch zweifeln, daß er lebe, sich erinnere, einsehe, wolle, denke, wisse und urteile? Auch wenn man nämlich zweifelt, lebt man; wenn man zweifelt, erinnert man sich, woran man zweifelt; wenn man zweifelt, sieht man ein, daß man zweifelt; wenn man zweifelt, will man Sicherheit haben; wenn man zweifelt, denkt man; wenn man zweifelt, weiß man, daß man nicht weiß; wenn man zweifelt, urteilt man, daß man nicht voreilig seine Zustimmung geben dürfe. Wenn also jemand an allem anderen zweifelt, an all dem darf er nicht zweifeln. Wenn es diese Vorgänge nicht gäbe, könnte er überhaupt über nichts zweifeln.

15. (p) Alle diese Vorgänge wollen jene, die den Geist für einen Körper oder für den Zusammenhalt oder die Ordnungsverhältnisse des Leibes

halten, in einem Träger sein lassen, so daß die Substanz die Luft oder das Feuer oder irgendein anderer Körper wäre, den sie mit dem Geiste gleichsetzen, die Einsicht hingegen diesem Körper anhafte als seine Eigenschaft; das eine wäre so der Eigenschaftsträger, das andere im Eigenschaftsträger; der Geist nämlich, den sie für einen Körper halten, wäre der Eigenschaftsträger; im Eigenschaftsträger aber wären die Einsicht oder die sonstigen Vorgänge, von denen wir, wie wir oben erwähnten, Sicherheit besitzen. Eine ähnliche Anschauung vertreten auch jene, die den Geist nicht für einen Körper halten, sondern für das Gefüge oder das Ordnungsverhältnisse des Leibes. Der Unterschied liegt nur darin, daß die einen den Geist selbst als die Substanz bezeichnen, in der die Einsicht als in ihrem Eigenschaftsträger ist, die anderen aber behaupten, der Geist selbst sei in einem Eigenschaftsträger, im Körper nämlich, dessen Zusammenhalt und Ordnungsverhältnis er ist. Was sollten sie daher folgerichtig anders glauben, als daß auch die Einsicht in dem gleichen Körper als ihrem Eigenschaftsträger ist.

16. Alle diese Leute beachten nicht, daß der Geist sich kennt, auch wenn er sich sucht, wie wir schon gezeigt haben. In keiner Weise aber kann man mit Recht von einer Sache behaupten, daß man sie kennt, wenn man ihre Substanz nicht kennt. Wenn sich daher der Geist kennt, dann kennt er seine Substanz; und wenn er von sich Sicherheit besitzt, dann besitzt er über seine Substanz Sicherheit. Sicherheit aber besitzt er über sich, wie meine obigen Ausführungen dartun. Nicht besitzt er völlige Sicherheit darüber, ob er Luft oder Feuer oder sonst etwas Körperhaftes ist. Er ist also nichts von all dem. Und das ganze Geheiß, sich selbst zu erkennen, hat es darauf abgesehen, daß er Sicherheit gewinne, daß er nichts von dem sei, worüber er keine Sicherheit hat, daß er andererseits Sicherheit gewinne, daß er nur das sei, was allein zu sein er Sicherheit hat. In der gleichen Weise nämlich denkt er Feuer oder Luft oder, was er sonst Körperhaftes denkt. Es könnte aber auf keine Weise geschehen, daß er das, was er selbst ist, so dächte, wie er das denkt, was er selbst nicht ist. Durch die Einbildungskraft denkt er ja dies alles, sei es das Feuer, sei es die Luft, sei es dieser oder jener Körper oder auch dieser Teil, sei es das Gefüge oder das Ordnungsverhältnis des Körpers. Freilich sagt man nicht, daß der Geist dies alles ist, sondern, daß er etwas hiervon ist. Wenn er aber etwas hiervon wäre, dann dächte er dies anders als das übrige, nicht nämlich durch eine bildhafte Vorstellung der Einbildungskraft, wie Abwesendes gedacht wird, das vom Leibessinn berührt wurde, mag es selbst oder mag etwas von derselben Art gedacht werden, sondern in einer Art innerer, nicht eingebildeter, sondern wahrer Gegenwart — nichts ist ihm nämlich gegenwärtiger als er sich selbst —, wie er denkt, daß er lebt, Gedächtnis hat, einsieht, will. Er kennt nämlich dies alles in sich und er stellt sich nicht durch seine Einbildungskraft vor, daß er es gleichsam außer sich mit dem Sinn berührte, wie alles Körperhafte berührt wird. Wenn er sich nun von solchen Gedanken nichts andichtet, daß er sich für Derartiges hielte, dann ist er allein das, was ihm von sich noch übrigbleibt.

11. Kapitel

17. (q) Wenn wir also das übrige, dessen der Geist in bezug auf sich sicher ist, ein wenig wegdenken, dann bleiben für unsere Überlegung und Behandlung vorzüglich diese drei: Gedächtnis, Einsicht und Wille. Aus diesen dreien pflegt man auch die Begabung der kleinen Kinder zu ersehen, welche Anlage immer sie aufweisen. Je treuer und leichter nämlich das Gedächtnis

eines Knaben ist, je schärfer seine Einsicht, je brennender sein Eifer, um so lobenswerter ist seine Begabung. Wenn man aber nach der Fachkenntnis eines Menschen fragt, dann fragt man nicht nach der Sicherheit und Leichtigkeit des Gedächtnisses oder nach der Schärfe der Einsicht, sondern nach dem Inhalte des Gedächtnisses und nach dem Inhalte der Einsicht. Und weil das Urteil über die Lobwürdigkeit des Geistes nicht bloß von seinen Kenntnissen, sondern auch von seinem Gutsein abhängt, achtet man nicht nur auf den Inhalt seines Gedächtnisses und seiner Einsicht, sondern auch auf die Richtung seines Willens, zunächst also nicht auf das Feuer des Willens, sondern auf den Inhalt, dann erst auf die Kraft des Wollens. Nur dann nämlich ist ein heftig liebender Geist zu loben, wenn das, was er liebt, eine heftige Liebe verdient. Wenn man also von diesen dreien spricht, von der Begabung, den Fachkenntnissen und dem praktischen Gehaben, so hängt das Urteil über die erste ab von der Kraft des Gedächtnisses, der Einsicht und des Willens. Das zweite ist zu beurteilen nach dem Inhalt, den man im Gedächtnis und in der Einsicht besitzt, und nach der Richtung, in die der eifrig sich mühende Wille trachtet. Dazu kommt aber als drittes das im Willen sich vollziehende praktische Gehaben. Der Wille verfügt ja über das, was im Gedächtnis und in der Einsicht enthalten ist, sei es, daß er es auf etwas anderes hinordnet, sei es, daß er in ihm, sich an ihm als dem Endziele freuend, ruht. Gebrauchen heißt nämlich etwas in das Vermögen des Willens aufnehmen, genießen aber heißt gebrauchen mit Freude, nicht in der Hoffnung, sondern in der Wirklichkeit. Jeder also, der genießt, gebraucht; er nimmt ja etwas in das Vermögen des Willens auf mit dem Endziele der Lust. Nicht jeder aber, der gebraucht, genießt, wenn er nämlich das, was er in das Vermögen des Willens aufnimmt, nicht um dieses Dinges selbst willen, sondern um eines anderen willen erstrebte.

18. Diese drei also, Gedächtnis, Einsicht und Wille, sind, da sie nicht drei Leben sind, sondern ein Leben, und nicht drei Geister, sondern *ein* Geist, folgerichtig auch nicht drei Substanzen, sondern *eine* Substanz. Das Gedächtnis besagt ja, soferne es Leben, Geist und Substanz heißt, eine in sich selbst ruhende Wirklichkeit. Sofern es indes als Gedächtnis betrachtet wird, besagt es eine beziehentliche Wirklichkeit. Das gleiche möchte ich auch von der Einsicht und vom Willen behaupten. Auch Einsicht und Wille besagen ja eine Beziehung. Leben aber ist jedes in seiner beziehungslosen, in sich selbst ruhenden Wirklichkeit, ebenso Geist und Wesen. Diese drei sind daher dadurch eins, daß sie ein Leben, ein Geist, ein Wesen sind; und was man immer sonst noch von ihnen hinsichtlich ihrer in sich ruhenden Wirklichkeit aussagt, gilt auch von ihnen zusammen nicht in der Mehrzahl, sondern in der Einzahl. Drei indes sind sie dadurch, daß sie aufeinander bezogen werden. Wenn sie nicht gleich wären, nicht nur jedes einzelne jedem einzelnen, sondern auch jedes einzelne ihrer Gesamtheit, so würden sie einander sicherlich nicht gegenseitig fassen. Es wird ja nicht bloß jedes einzelne von jedem einzelnen, sondern auch ihre Gesamtheit von jedem einzelnen erfaßt. Ich erinnere mich nämlich, daß ich Gedächtnis, Einsicht und Willen habe; ich sehe ein, daß ich einsehe, will und mich erinnere; ich will, daß ich will, mich erinnere und einsehe; ich erinnere mich zugleich meines ganzen Gedächtnisses, meiner ganzen Einsicht und meines ganzen Willens. Wessen ich mich nämlich aus dem Inhalt meines Gedächtnisses nicht erinnere, das ist nicht in meinem Gedächtnis. Nichts aber ist so sehr in meinem Gedächtnis wie das Gedächtnis selbst. Also erinnere ich mich seiner in seiner Ganzheit. Ebenso weiß ich, daß ich einsehe, was immer ich einsehe, und weiß, daß ich will, was immer ich will; was ich aber weiß, dessen erinnere ich mich. Also erinnere ich mich meiner ganzen Einsicht und meines ganzen Willens. Ebenso sehe ich, wenn ich

diese drei einsehe, sie in ihrer Ganzheit ein. Von Einsichtigem sehe ich nämlich nur das nicht ein, was ich nicht weiß; was ich aber nicht weiß, dessen erinnere ich mich auch nicht, das will ich auch nicht. Was immer ich daher von Einsichtigem nicht einsehe, dessen erinnere ich mich folgerichtig auch nicht, das will ich auch nicht. Wessen immer an Einsichtigem aber ich mich erinnere, was immer ich will, das sehe ich folgerichtig auch ein. Auch mein Wille umfaßt meine ganze Einsicht und mein ganzes Gedächtnis, wenn ich nur die Gesamtheit dessen, was ich einsehe und wessen ich mich erinnere, gebrauche. Wenn daher alle insgesamt in ihrer Ganzheit von jedem einzelnen erfaßt werden, dann ist jedes einzelne in seiner Ganzheit jedem anderen einzelnen in seiner Ganzheit gleich; ebenso ist jedes einzelne in seiner Ganzheit zugleich allen in ihrer Gesamtheit gleich, und diese drei sind eins, ein Leben, ein Geist, ein Wesen.

12. Kapitel

19. (r) Dürfen wir es also nunmehr wagen, unter Anspannung unserer Kräfte, seien sie wie immer, zu jenem hohen und erhabenen Wesen emporzusteigen, dessen ungleiches Abbild der menschliche Geist ist, dessen Abbild er aber doch ist, oder müssen diese drei in der Seele noch deutlicher erklärt werden durch jene Tatbestände, die wir draußen mit dem Leibessinn erfassen, wobei in einem zeithaften Vorgang die Kenntnis körperlicher Dinge sich einprägt? Der Geist enthüllte sich ja bei dem Gedächtnis, der Einsicht und dem Wollen seiner selbst als ein solcher, daß er, da er immer sich kennt und immer sich will, wie sich ersehen ließ, zugleich, wie sich ebenfalls ersehen läßt, immer sich seiner erinnert, immer sich selbst einsieht und liebt, wenngleich er sich nicht immer in seiner Verschiedenheit von dem erkennt, was nicht ist, was er ist. Deshalb ist es auch schwer, in ihm das Gedächtnis seiner selbst und die Einsicht seiner selbst voneinander wegzukennen. Es entsteht nämlich in der Wirklichkeit, in der beide innig miteinander verbunden sind und keines dem anderen zeitlich irgendwie vorangeht, der Anschein, als ob sie nicht zwei wären, sondern eines, das mit zwei Namen benannt wird. Und auch die Existenz der Liebe wird nicht so gefühlt, da sie durch kein Bedürfnis verraten wird, wo, was geliebt wird, immer gegenwärtig ist. Es werden daher diese Sachverhalte auch Geistern von langsamerer Fassungskraft aufleuchten können, wenn man behandelt, was an die Seele in der Zeit herantritt und was ihr zeithaft widerfährt, da sie sich dessen erinnert, dessen sich vorher nicht erinnerte, sieht, was sie vorher nicht sah, liebt, was sie vorher nicht liebte. Die Abhandlung hierüber verlangt jedoch einen neuen Beginn, damit diesem Büchlein sein Maß gewahrt bleibt.

2. Wandelbarkeit der Dinge und Unwandelbarkeit der göttlichen Wahrheit

(‹De vera religione›, übers. v. C. J. Perl, Verlag F. Schöningh, Paderborn, 1957, S. 45—52)

Gliederung: (a) Jede Erkenntnis des Sichtbaren soll Stufe sein zur Erkenntnis des Unsichtbaren. (b) Vorzug der belebten Substanz vor der unbelebten. (c) Vorzug des Vernünftigen im Menschen vor dem Sinnlichen. (d) Frage nach der Kunst als Ausbildung der Vernunft. (e) Der natürliche Grund der Kunst. (f) Das Gefallen beruht auf Übereinstimmung, die mit dem begrifflichen Verstande geschaut wird. (g) Das Gesetz der Schönheit ist unwandelbar, es ist Wahrheit, während die schönen Dinge, ja selbst unser Geist dem Wandel unterworfen sind. (h) Drei Stufen der Natur: Das, was beurteilt wird, das, was beurteilt, und das, wonach beurteilt wird. (i) Das über allem stehende Gesetz der göttlichen Wahrheit.

52 (a) Da wir, soweit es gegenwärtig genügen dürfte, über den wohltätigen Nutzen der Autorität gesprochen haben, wollen wir nun sehen, wie weit die Vernunft vom Sichtbaren fortschreiten kann zum Unsichtbaren, wie hoch sie sich aufzuschwingen vermag vom Zeitlichen zum Ewigen. Nicht grundlos und auch nicht umsonst soll man die Schönheit des Himmels betrachten, die Ordnung der Gestirne, den Glanz des Lichtes, den Wechsel der Tage und Nächte, die Monatslaufbahn des Mondes, die vierfach geordneten und den vier Elementen entsprechenden Jahreszeiten, die so große Kraft der Samen, aus der die Arten und Zahlen hervorgehen, um sich jeweils das eigene Maß und die eigene Natur zu bewahren. Eine solche Betrachtung dient freilich mitnichten einer eitlen und vorübergehenden Neugierde, sie soll vielmehr zur Stufe gemacht werden, um uns zum Unsterblichen und Immerbleibenden zu führen. (b) Das vorerst Wichtigste ist, die lebendige Natur als solche zu erkennen, die all das empfindet und die jedenfalls, da sie ja dem Leibe das Leben gibt, besser sein muß als er. Denn keine wie immer geartete Masse, mag sie auch mit dem sichtbaren Lichte leuchten, ist hoch zu achten, wenn sie des Lebens ermangelt. Sondern jede beliebige Substanz wird kraft des Naturgesetzes vor jeder beliebigen leblosen Substanz den Vorzug haben.

53 (c) Niemand bezweifelt, daß auch die vernunftlosen Wesen leben und empfinden, aber deshalb ist das Trefflichste im menschlichen Wesen nicht das, womit der Mensch das Sinnenhafte empfindet, sondern das, womit er darüber urteilt. Sehen doch die meisten Tiere schärfer und nehmen mit den übrigen leiblichen Sinnen die körperlichen Dinge lebhafter wahr als die Menschen. Aber das Urteilen über körperliche Dinge ist nicht die Sache eines nur empfindenden, sondern auch eines vernünftigen Lebens: das ist den Tieren versagt und unser Vorzug. Es ist bereits leicht einzusehen, daß ein Urteilsvermögen rangmäßig höher zu werten sein muß als die Sache, über die geurteilt wird. Nun urteilt die vernünftige Seele nicht nur über das Sinnenhafte, sondern auch über die Sinne selbst. Sie weiß, warum das Ruder im Wasser gebrochen scheinen muß, obwohl es gerade ist, und warum es die Augen notwendig so empfinden. Der Blick des Auges kann nur melden, was er sieht, beurteilen aber kann er es keinesfalls. Daraus ergibt sich mit Klarheit, daß das empfindende Leben den Leib übertrifft, das vernünftige Leben aber beide.

54 (d) Würde die vernünftige Seele nur ihrem Wesen gemäß urteilen, wäre kein Wesen besser als sie. Weil es aber klar ist, daß sie wandelbar ist, da sie ja einmal kundig, ein andermal unkundig angetroffen wird, um so besser urteilt, je kundiger sie ist, und um so kundiger, je mehr sie Teil hat an der Kunst, der Lehre und der Weisheit: deshalb muß nach dem Wesen der Kunst selbst gefragt werden. Ich möchte allerdings nicht, daß man darunter jene Kunst versteht, die durch Erfahrungen und Übung wahrgenommen wird, denn ich spreche von der Kunst, die durch Vernunft erforscht wird. Denn was weiß schon einer Großartiges, der erfahren hat, daß der Mörtel, der aus einer Mischung von Kalk und Sand besteht, die Steine haltbarer verbindet als der einfache Lehm? Oder gehört ein besonderes Wissen dazu, so zierlich zu bauen, daß mehrfache Glieder als gleiche

mit gleichen übereinstimmen, was aber einzeln ist, die Mitte einzunehmen hat? Immerhin liegt dieser Sinn bereits der Vernunft und der Wahrheit sehr benachbart. (e) Gebieterisch stellt sich jedoch schon die Frage, warum es uns verletzt, wenn etwa von zwei Fenstern, die nicht übereinander, sondern nebeneinander liegen, das eine größer oder kleiner ist, während sie beide gleich groß sein könnten. Wenn hingegen die beiden Fenster übereinander liegen und ungleich sind, aber im Verhältnis von eins zu einhalb: warum verletzt uns dann eine solche Ungleichheit nicht? Warum kümmern wir uns gar nicht so sehr darum, um wieviel das eine größer, das andere kleiner ist, solange es ihrer nur zwei sind? Bei dreien aber scheint der Sinn selbst zu fordern, daß sie entweder alle gleich seien, oder daß zwischen dem größten und dem kleinsten das mittlere im gleichen Verhältnis zum größten stehe wie das kleinste zu ihm. So wird gleichsam die Natur zuerst befragt, was sie gutheißt. Hieraus ergibt sich vor allem die Feststellung, daß etwas, solange es allein betrachtet wird, weniger Mißfallen hervorruft, als wenn es im Vergleich mit Besserem Ablehnung erfährt. Im übrigen erweist es sich, daß die alltägliche Kunst nichts andres ist als Erinnerung an erprobte und gefällige Dinge, zu der sich eine gewisse Übung des Leibes und bestimmte Handgriffe gesellen. Die braucht ein Mensch nicht zu können, um dennoch in der Lage zu sein, über die Werke zu urteilen, was viel trefflicher ist, obwohl er nicht die Fähigkeit besitzt, Kunstwerke selbst zu machen.

55 (f) In allen Künsten ist es die Übereinstimmung, die das Gefallen hervorruft. Durch sie allein ist alles heil und schön. Die Übereinstimmung selbst aber dringt auf Gleichheit und Einheit, sei es mit Hilfe der Ähnlichkeit gleicher Teile, sei es durch Abstufung innerhalb der ungleichen. Wen gibt es nun, der in den Körpern jemals das Äußerste an Gleichheit entdeckte oder zu sagen wagte, wenn er einen Körper sorgfältig betrachtet hat, daß er in Wahrheit und schlechthin ein einziger sei? Es gehen doch alle Dinge aus einer Gestalt in eine andre über, sie wechseln von Ort zu Ort und verändern sich dabei; sie setzen sich aus Teilen zusammen, die jeweils ihren eigenen Ort einnehmen, wodurch sie dem Raume nach gesondert werden. Es kann ja die wahre Gleichheit und Ähnlichkeit ebensowenig wie die wahre und erste Einheit mit leiblichen Augen gesehen oder mit irgendeinem andern fleischlichen Sinn wahrgenommen werden, sondern nur mit dem begrifflichen Verstand. Denn mit welchem Mittel könnte irgendeine Gleichheit bei körperlichen Dingen gefordert oder wodurch würde ein überzeugender Beweis erbracht werden, wie weit eine solche Gleichheit abweicht, wenn nicht sie, die vollendet ist, durch den Verstand allein geschaut würde? Vorausgesetzt, daß man etwas vollendet nennen darf, das trotzdem nicht verfertigt ist.

56 (g) Die sinnenhaft schönen Dinge, gleichviel ob von der Natur hervorgebracht oder durch Künste verfertigt, sind an ihrem Ort und zu ihrer Zeit schön: etwa ein Körper oder eine Körperbewegung. Hingegen ist jene Gleichheit und Einheit, die nur vom Verstand erkannt wird und nach der durch Vermittlung des Sinnes über alle körperliche Schönheit geurteilt wird, weder im Räumlichen schwankend noch im Zeitlichen unbeständig. Denn es wäre unrichtig zu sagen, daß nach ihr zwar die Rundung eines Radreifens oder die Rundung eines Gefäßes, nicht aber die einer Geldmünze beurteilt werden kann. Und lächerlich wäre es, in bezug auf Zeiten und Bewegungen der Körper zu erklären, daß nach ihrer Norm etwa gleiche Jahre abgeschätzt würden, nicht aber gleiche Monate oder gleiche Tage. Sondern was immer sich verhältnismäßig durch lange Zeiträume, durch

Stunden oder auch nur durch kurze Augenblicke bewegt, wird durch ebendieselbe eine unwandelbare Gleichheit beurteilt.

Wenn also der kleinere oder größere Umfang von Gestalten und Bewegungen nach demselben Gesetz der Gleichheit, Ähnlichkeit und Übereinstimmung beurteilt wird, muß die Macht dieses Gesetzes größer sein als alle diese Dinge. Und es ist selbst von jeder Bestimmung im Räumlichen oder Zeitlichen unabhängig, ist weder ‹größer› noch ‹kleiner›; denn wäre es größer, könnten wir nach ihm nicht Kleineres beurteilen, wäre es kleiner, nicht Größeres. Auf diese Weise besitzen wir etwa das allgemein verbindliche Gesetz der Quadratur, nach dem wir das viereckige Forum genau so beurteilen wie einen Quaderstein, das viereckige Tafelbild genauso wie eine Gemme. Dasselbe gilt vom allgemeinen Gesetz der Gleichheit, wonach beurteilt wird, wie zum Beispiel die Beine einer laufenden Ameise oder die Schritte eines Elefanten jeweils untereinander in Übereinstimmung sind. Wer würde zweifeln, daß dieses Gesetz in bezug auf Raum und Zeit weder größer noch kleiner ist, jedoch mit seiner Macht alles überragt? Da nun dieses Gesetz, unter dem alle Künste stehen, völlig unwandelbar ist, der menschliche Geist hingegen, dem dieses Gesetz zu erkennen vergönnt ist, die Wandelbarkeit des Irrtums erleiden muß, liegt es wohl klar auf der Hand, daß dieses Gesetz, das die Wahrheit genannt wird, über unsern Geist erhaben ist.

57 (h) Und auch das ist bereits nicht mehr zu bezweifeln, daß die unwandelbare Natur, die über der vernünftigen Seele west, Gott sein muß, und daß dort erstes Leben und erstes Sein ist, wo erste Weisheit ist. Denn sie ist jene unwandelbare Wahrheit, die mit richtigem Namen Gesetz aller Künste und Kunst des allmächtigen Meisters heißt. Die Seele spürt sehr genau, daß sie nicht nach sich selbst Gestalt und Bewegung der Körper beurteilt, und zugleich muß sie auch erkennen, daß ihre Natur vorzüglicher ist als jene, über die sie urteilt, vorzüglicher aber als sie selbst diejenige Natur ist, nach der sie urteilt, und daß sie über diese auf keine Weise urteilen kann. Ich kann freilich sagen, warum sich ähnliche Glieder jedes Leibes zu beiden Seiten entsprechen sollen, weil ich mich an der höchsten Gleichheit ergötze, die ich aber mitnichten mit den Augen des Leibes, sondern des Geistes anschaue. Darum lautet auch mein Urteil dementsprechend, daß die Dinge, die ich mit den Augen sehe, um so viel besser sind, je mehr sie ihrer Natur nach denen verwandt sind, die ich mit dem Geist erkenne. Warum sie aber so sind, kann keiner sagen, und niemand würde, wenn er nüchtern überlegt, sagen, daß sie so sein müßten, als könnten sie etwa nicht auch anders sein.

58 (i) Aber auch warum sie uns gefallen und warum wir sie je vernünftiger wir sind, um so inniger lieben, wird kaum einer, wenn er sie richtig erkennt, zu sagen wagen. So wie wir und mit uns alle vernünftigen Seelen richtig nach der Wahrheit über die geringfügigen Dinge urteilen, ebenso urteilt allein die Wahrheit über uns, sobald wir ihr anhangen. Über die Wahrheit selbst jedoch urteilt nicht einmal der Vater, da sie nicht geringer ist als er; was daher der Vater beurteilt, das beurteilt er durch sie. Alle Dinge haben ein Streben nach Einheit, sie haben diese Regel, diese Form, dieses Vorbild, oder wie immer man die Wahrheit nennen mag, die ja allein die Ähnlichkeit mit dem in sich enthält, von dem sie das Sein empfangen hat, vorausgesetzt daß man hier überhaupt von einem ‹Empfangen› reden kann anstelle jener Bezeichnung, mit der sie ‹Sohn› genannt wird, weil der nicht aus sich selbst ist, sondern aus dem ersten und höchsten Ursprung, der ‹Vater› heißt, ‹von dem jede Vaterschaft im Himmel

und auf Erden ihren Namen empfängt› (Eph. 3, 15). ‹Der Vater› daher ‹richtet niemand, sondern hat alles Gericht dem Sohne übergeben› (Jo. 5, 22). Und ‹der Geistige beurteilt alles, doch er selbst wird von niemand beurteilt› (1 Kor. 2, 15), das heißt: von keinem Menschen, sondern allein von dem Gesetz selbst, nach dem er (der Geistige) alles beurteilt, denn auch das ist in voller Wahrheit gesagt: ‹Denn wir alle müssen erscheinen vor dem Richterstuhl Christi› (2 Kor. 5, 10). ‹Alles› also sagt er, weil er über allem ist, wenn er mit Gott ist. Mit ihm aber ist er, sobald seine Erkenntnis ganz rein ist und er mit ganzer Liebe das Erkannte liebt. So wird er, freilich in seinen Grenzen, selbst zum Gesetz, nach dem er alles beurteilt, über das aber keiner urteilen kann.

So ist es auch mit den zeitlichen Gesetzen, obgleich die Menschen, wenn sie sie verfassen, über sie urteilen: sobald sie verfaßt und bestätigt sind, steht es keinem Richter mehr zu, über sie zu urteilen, vielmehr hat er nach ihnen zu urteilen. Nichtsdestoweniger wird sich der Begründer zeitlicher Gesetze, wenn er ein guter und weiser Mann ist, immer erst Rat holen bei dem ewigen Gesetz, über das zu urteilen keiner Seele vergönnt ist, damit er nach jenen unwandelbaren Regeln unterscheidet, was für seine Zeit zu befehlen und zu verbieten ist. Das Recht der reinen Seelen ist es also, das ewige Gesetz zu erkennen, es zu beurteilen aber ist nicht ihr Recht. Der Unterschied besteht darin, daß es zum Erkennen genügt, wenn wir sehen, etwas ist so oder nicht so; beim Beurteilen aber fügen wir noch etwas hinzu, wodurch wir anzeigen, daß es auch anders sein kann, wenn wir zum Beispiel sagen: So muß es sein, oder so hat es sein müssen, oder so wird es sein müssen. So tun es ja zum Beispiel die Künstler bei ihren Werken.

VII. DIONYSIUS AREOPAGITA

(Pseudonym, die Schriften stammen aus dem späten 5. Jahrhundert n. Chr.)

1. DIE NAMEN GOTTES

(Übers. v. W. TRITSCH in ‹D. A., Mystische Theologie›, O. W. Barth-Verlag, München-Planegg 1956, S. 27—36)

Gliederung: A. Die Unaussprechbarkeit und Unausdenkbarkeit Gottes.
(a) Thema der Untersuchung und ihr Maß: Die Heilige Schrift gilt mehr als Menschenvernunft. (b) Das Unerkennbare der Gottheit ist nur so weit erkennbar, als Gott sich selbst offenbart. (c) Mit Hilfe der Heiligen Schrift ist es darum möglich zu fassen, was alle Erkenntnis übersteigt. (d) Die Unaussprechbarkeit und Unausdenkbarkeit Gottes.
B. Die Möglichkeit, Gott in seinem Abglanz zu schauen.
(a) Die Entrücktheit Gottes. (b) Die Möglichkeit, durch die Güte Gottes ihn in seinem Abglanz zu schauen.
C. Die Erkenntnis Gottes im Symbol seiner Namen.
(a) Die Namen Gottes sind Lobpreisungen. (b) Gott als Monas. (c) Gott als Trias. (d) Gott als Ursache des Seins. (e) Gott als die Liebe. (f) Jeder Name Gottes ist eine Gestalt des Gestaltlosen, er ist notwendig, damit der Mensch etwas von Gott erkennt. (g) Wirkliche Schau Gottes und Vereinigung mit ihm nach dem Tode. (h) In diesem Leben ist Schau Gottes nur möglich in Symbolen und in Offenbarung.
D. Die Namen Gottes als Preis Gottes.
(a) Wie kann man über die Namen Gottes, des Unnennbaren, reden? (b) Das Wesen des Göttlichen ist unerkennbar. (c) Die einzige Möglichkeit,

Gott zu nennen, ist die Negation jeglicher Benennung. (d) Als Urgrund alles Seins muß Gott aber gepriesen werden. (e) Gott wird gepriesen, namenlos und mit jeglichem Namen.

KAPITEL I

1.

A (a) An die ‹Theologischen Grundlinien› möchte ich nun eine andere Schrift anschließen: ich will Dir jetzt, mein glückseliger Freund, die Namen Gottes zu enthüllen versuchen, so weit meine bescheidenen Kräfte reichen.

Auch hier soll unser festes Maß nur das Gesetz der Heiligen Schrift sein: wir wollen niemals die Wahrheit eines von Gott ausgesagten Wortes durch überredende Menschenvernunft zu behaupten suchen; wir wollen jedes solche Wort stets nur durch die Offenbarungen des Heiligen Geistes erweisen, der die Verfasser dieser Schriften erleuchtete. Er allein gab ihnen die Kraft, uns ohne viele Worte und ohne viel Wissen dem Unsagbaren und Unkennbaren näherzubringen, dem Unendlichen, das jedes Fassungsvermögen unseres Verstandes und Willens übersteigt und dem wir uns nur einen können, wenn unsere Hingabe ebenso unendlich ist wie seine Gnade.

(b) Es ist dies überhaupt für uns ein Grundgesetz, daß wir über das Unfaßlich-Allumfassende und Unaussprechlich-Geheime der Gottheit nichts anderes aussagen oder auch nur zu denken wagen, als was von Gott selbst in den Heiligen Schriften uns offenbart wird. Denn Ziel und Gegenstand unseres Suchens ist ja gerade dieses Unkennbare der Gottheit, erhaben über jedes Wissen und Verstehen, erhaben auch über Nichtwissen, erhaben über Sein, Werden, Wesen: darum soll unser Suchen auch beim Wesenhaft-Umgrenzten sich nicht bescheiden — und doch dürfen wir unsere Augen zum Unzugänglichen nur emporheben, soweit ein Strahl der göttlichen Erleuchtung selbst es ist, der aus den Heiligen Schriften in uns herüberdringt: nur ein höherer unirdischer Glanz kann uns zu demütig-schlichter Schau des Unschaubaren befähigen, indem er uns zu heiliger Scheu vor dem Göttlichen stimmt.

(c) Nur wenn wir von den heiligen und durchaus wahrhaften Lehren der Heiligen Schriften uns leiten lassen, nur dann enthüllt sich uns das Göttliche, jedem von uns nach dem Maße seines Fassungsvermögens, und wir erschauen es dann. Unmeßbar und unbegreiflich ist die Güte Gottes, aber in liebender Schonung unserer Unzulänglichkeiten hüllt sie sich für uns in das Gewand des Meßbaren, stellt sie sich für uns im Endlichen dar. So wie das nur durch Vernunft Erkennbare unfaßlich für die Sinne ist, nicht zu schauen, nicht zu greifen, und wie das Einfache dem Gegliederten, das Unbildliche dem Bildlichen unerreichbar bleibt, das Unkörperliche dem Körperlichen unbekannt ist, das Umfassende im Gestalteten nie endgültig zu gestalten wäre, ebenso wahrhaft und nach dem gleichen Gesetz erwiesen reicht das Unendliche über alles Wesen hinaus, entzieht sich das Unbegrenzte allem Seienden, im Sein begrenzten, unfaßbar für alle Vernunft, und die Ur-Einheit, die allem Geistigen erst Sinn gibt, bleibt ebenso allem nur Geistigen entrückt.

(d) Unausdenkbar für jede Denktätigkeit ist das über alles Denken erhabene Eine, und unaussprechlich für jede Rede ist das alle Rede übersteigende Gute, denn es handelt sich um das Ur-Eine, welches in jeder Einheitlichkeit erst Einssein bewirkt: eine Wesenhaftigkeit ist es, die jenseits von allen Wesen hinausreicht über alles Wesenhafte; eine wissende Weisheit ist es, die keiner wissenden Weisheit vernünftiger Wesen mehr zugänglich ist; mit einem Wort, der Logos, also das Wort selbst ist es, das durch keine menschlichen Worte mehr ausgedrückt werden kann, ein Nicht-wort, Nichtwissen, Nichtwesen, Nichtname, kurz alles, was in keiner Art zu irgend etwas gehört oder irgend etwas ist, Grund des Seins für alle Dinge und doch selbst nicht Ding und nichts Seiendes; es ist erhaben über alle Wesenheit, ausgeschlossen von aller Wesenheit, denn es stellt sich nicht dem Endlichen. Und es ist so beschaffen, daß es nur selbst über sich selbst Auskunft geben kann, ureigentlich und jenseits von allem Wissen, jenseits von aller Macht und jenseits von allem So- und Nur-So-Sein.

2.

B (a) Wie gesagt: von der Gottheit, die über alle Wesen erhaben und über alle Geheimnisse geheim ist, kann man nichts Endliches behaupten, ja man darf es nicht einmal zu denken wagen: Man muß sich streng an das halten, was uns die Heilige Schrift hierüber nach Gottes Willen heilig offenbart. Denn jedes Wissen oder Schauen von dem, was die Gottheit ist, wird allen Lebenden immer unzugänglich bleiben — als das Ungeschaffene ist sie allem Geschaffenen stets entrückt: gütigerweise hat uns dies ja die Gottheit selbst in diesen Heiligen Schriften von sich selbst überliefert.

(b) Unter den Hagiographen wirst du viele finden, die sie nicht bloß als unsichtbar und unfaßbar und unbegreiflich gefeiert haben, sondern auch als unerforschbar und unaufspürbar, denn es kann keine Spuren von dem geben, was an die uns verborgene und unzugängliche Unermeßlichkeit Gottes hinanreicht. Und dennoch — das Gute ist wahrhaftig nicht unmittel-bar: es kann durch endliche Wesen anderen endlichen Wesen weitergegeben werden. Es läßt den Strahl hervorleuchten, den es in sich selbst beharrlich und unentwegt erzeugt, und in seiner Güte verwandelt es diesen Strahl in natürlichen Glanz, welcher den einzelnen endlichen Wesen entspricht. Es hebt die vom Heiligen Geist Getroffenen nach ihrer Möglichkeit zu sich empor, gewährt ihnen eine Schau seines Abglanzes, schenkt ihnen Gemein-schaft mit diesem Abglanz und leitet sie an, ihn möglichst nachzubilden. So wird geheiligten Geistern auf erlaubte und heilige Weise eine Berüh-rung des Unendlichen zuteil, die sie nicht über ihr Können erhebt, sie auch nicht vermessentlich nach einem höheren Grad der Gottesschau streben läßt als der Theophanie, die eben ihrer eigenen Ordnung gewährt werden kann.

(c) Sofern diese zur Erleuchtung Geführten nicht durch Nachgiebigkeit gegen das Schlechtere abwärts gleiten und festen Standes und unbeugsam zu dem ihnen entgegenleuchtenden Strahl ihre Augen empor richten, und sofern sie dies in Liebe tun, mit heiliger Ehrfurcht, bescheiden und fromm, der ihnen verstatteten Einstellung gemäß, können sie also vom Unend-lichen geistig beflügelt werden.

4.

C (a) In solche Erkenntnisse weihen uns die Heiligen Schriften ein. Du wirst finden, daß sozusagen die ganze heilige Hymnologie der Hagiogra-phen — fast alle Lobschriften der alten Propheten und Väter der Kirche — die Namen Gottes tatsächlich in solcher Weise offenbaren: als aufklärende Lobpreisungen, im Einklang mit den ausdrücklichen Hinweisen, welche von der urgöttlichen Güte unmittelbar oder durch Mittler aufklärend ausge-gangen sind.

(b) So sehen wir, wie fast in jedem der heiligen Bücher die Urgottheit auf heilige Weise als Monas und Henas geschildert wird, als das Eine in sich selbst Unveränderliche und Unteilbare und Glied- und Grenzenlose, als das Nicht-Vielfältige — als die alles Wesenhafte zu Einheiten gestaltende Kraft, durch die auch wir in die Einheit wiedererhoben werden, auch wir zu einer Gott nachbildenden Monas verdichtet, auch wir zu der von Gott vorgegebenen Übereinstimmung der Elemente geläutert, wobei alle in uns auseinandergegliederten Verschiedenheiten sich wieder zu einer höheren Einheit zusammenschließen: und zwar zu einer Einheit, die dann nicht mehr nur unserer eigenen Welt angehört, sondern der höheren jener höheren Monaden, die nach Gottes Vorbild geschaffen sind.

(c) Oder wir sehen, wie die Urgottheit als *Trias* gefeiert wird. Hier ist dann die vor jede Schöpfung gesetzte Schöpfungskraft gemeint, aus welcher jegliche Vaterschaft in Himmel und auf Erden stammt, in drei personifizierten Hypostasen sichtbar, in drei Offenbarungsformen wirksam, daher Ihr Name: Dreifaltigkeit.

(d) Als Ursache alles Seins finden wir sie auch gepriesen, weil ihre wesenhafte Güte es ist, die alles was ist, ins Dasein rief. Als Weise und Schön, weil alles Geschaffene voll göttlicher und heiliger Schönheit ist, sofern es nur die Züge der ihm entprechenden und ihm verliehenen Natur unversehrt bewahrt.

(e) Der vorzüglichste aller Namen der Urgottheit ist aber die Liebe: und ist es nicht eine ganz und gar wunderbare Menschenliebe, welche veranlaßt, daß eine der drei Hypostasen in wahrhaft vollkommene Lebensgemeinschaft mit unserem Menschengeschlecht eintrat? Sie hat die äußerste Niedrigkeit des menschlichen Zustandes auf sich genommen und dadurch die ganze Menschheit zu sich emporgehoben. Denn aus dieser Niedrigkeit hat Jesus tatsächlich die Elemente seiner Verschmelzung mit dem urgöttlich-Einfachen ohne Vorbehalte in sich einbezogen. Der Ewig ist, empfing eine zeitliche Zutat, wurde bis in den Grund unserer Menschennatur selbst hineingeboren, Er, dessen Wesenheit über allem Wesenhaften ist und alle Stufen der Seinsschöpfung und des Alls überragt und der unvermischt und unveränderlich alles nur Ihm Eigentümliche auch hierbei unantastbar bewahrte.

(f) Diese Erleuchtung, sowie anderes solcher Art, die das Geheimnis des göttlichen Wirkens betreffen, wurde uns in Übereinstimmung mit den Heiligen Schriften durch unsere gotterfüllten Lehrer übermittelt, uns in geheimer Überlieferung erklärt, und so wurden auch wir beschenkt und eingeweiht. Jetzt sind wir darum in den Stand gesetzt, in einer unseren Kräften entsprechenden Weise auch durch die heiligen Schleier hindurchzusehen. Jetzt wissen wir, daß die Heiligen Schriften und hierarchischen Überlieferungen sich in menschenfreundlicher Güte solcher Schleier bedienen, um das Geistige im Sinnlichen auszudrücken und das Überseiende im Seienden gnädig zu verhüllen: sie legen Gestalt und Bild um das, was weder Gestalt noch Bild hat, sie vervielfältigen die über jede Darstellung und Konfiguration erhabene Einfachheit, sie malen durch die bunte Mannigfaltigkeit der Teilsymbole aus, was über alle Natur und Sagbarkeit und Vorstellung ist.

(g) Dereinst aber, wenn wir in die Unvergänglichkeit und Unsterblichkeit zurückgekehrt sind, wenn wir zur allerseligsten Ruhe bei Christus gelangt sind, werden wir immerdar mit dem Herrn vereint sein, wie die Schrift sagt, werden wir ganz erfüllt von der heiligen Schau Seiner uns wieder sichtbar gewordenen Theophanie sein; wir werden wieder in seinen lichtesten Strahlen aufgefangen wie ehedem in seiner heiligen Gegenwart die Jünger aufglänzten. Aller Leidenschaften und aller Stofflichkeit ledig, wird unser Geist an den Geist zeugenden Lichtspenden des strahlenden göttlichen Geistes Anteil nehmen können, wir werden uns zu göttlicher Nachahmung der überhimmlischen Geister befähigt finden, in übergeistiger Einung, mit jener allein erleuchteten unkennbaren Kraft, deren göttliche Berührung uns stärker sehend macht als das stärkste Licht. So werden wir, wie die Schrift sagt, in Wahrheit engelgleich sein und Söhne Gottes, weil Söhne der Auferstehung.

(h) In diesem Leben aber müssen wir uns geeigneter Symbole zur Erkenntnis des Göttlichen bedienen, nach unseren Möglichkeiten, kraft heiliger Analogien: Wir können uns von diesen Symbolen dann Stufe für Stufe zur einfachen Wahrheit erheben, zur höheren Einheit geistigen Schauens. Und nach jeder Erkenntnis der göttlichen Dinge, wie sie unserem Fassungsvermögen entsprechen mag, müssen wir unsere Suche nach gedanklichen Auslegungen bezähmen und die Ratio ruhen lassen, sobald uns der Strahl getroffen hat, der von jenseits der geschaffenen Welt kommt. In solchem Strahl sind alle Bereiche aller einzelnen Erkenntnisse und Möglichkeiten schon vorgegeben. Nur auf völlig unaussprechliche Weise kann uns dies unmittelbar zu erkennen verstattet sein, obschon es gewöhnlich für endliche Wesen und Geister und Sinne unkennbar und unausdrückbar und unschaubar bleibt. Denn das Unendliche ist uns über alles Endliche hinaus entrückt und bleibt über alles Wesentliche hinaus unkennbar. Der Strahl aus dem Jenseits enthält alle Erkenntnisse über das Sein und Nichtsein der Dinge, begreift alle Kräfte von Wesen und Nichtwesen in sich ein, seine Macht ist nicht zu fassen, ist auch noch über jene Geister erhaben, die über allen Himmeln sind, und thront jenseits des Alls.

Zumal wenn alle Erkenntnisse zu ihrem Gegenstande haben und auf Seiendes hinzielen — dann ist der Strahl, der vor allen Seienden war und über allem Seienden bleibt, auch allem Erkennen entrückt.

5.

D (a) Wenn aber der göttliche Strahl erhaben über jede Aussage ist und über jede Erkenntnis, und wenn überhaupt nicht einmal die Kategorien von Verstehen und Erkennen auf ihn anwendbar sind — denn wenn er auch alles umfaßt, verbindet, einschließt, und im voraus enthält, bleibt er doch selbst durchaus unfaßbar — und wenn es für uns keine Sinneswahrnehmung von ihm geben kann und keine Vorstellung, kein Bild von ihm und keine Phantasie von ihm, keine Meinung von ihm und kein Wissen, keine Berührung mit ihm und keinen Namen für ihn und kein ihm angemessenes Wort — ja, wie kann denn dann eigentlich eine Abhandlung über die Namen Gottes von uns verfaßt werden? Wenn doch die Gottheit jenseits von allen Geschaffenen ist, über alles Wesenhafte hinaus, also auch unbenennbar? Und wenn sie sich als über jeden Namen erhaben erweist?

(b) Freilich können wir das Eine, das Unerkennbare, das über jedes Wesen Unendliche, das Gute an sich weder aussprechen noch erkennen — was es nämlich in Wirklichkeit ist —: das habe ich schon in den ‹Theologischen Grundlagen› darzulegen versucht. Ich meine, unerkennbar bleibt die dreipersönliche Einheit, ihre einzige Gottheit und einfache Güte. Aber auch die von den Engelnaturen gemäße Einheitlichkeit heiliger Mächte ist für uns unerkennbar und nicht in Worte zu kleiden, gleichgültig ob wir diese Einheit als Berührung und Zusammenhang auffassen oder als Empfangen und Aufnehmen der göttlichen Güte, deren Klarheit über alles Licht und deren Unendlichkeit über alles Erkennen geht: diese Einheitlichkeit heiliger Mächte ist nur in den Engeln selbst wirksam, soweit sie über engelsgemäße

Kenntnis hinaus solcher Einheit gewürdigt worden sind. Erst wenn ihre Geistseelen durch solche Berührung oder Aufnahme engelsgleich mit Gott geeint sind, soweit es ihnen irgend möglich ist — und es ist ihnen erst möglich, wenn solche Einigung der vergötterten Geister mit dem übergöttlich Unerschaffenen Licht jenseits aller Denktätigkeit sich vollzog — erst dann vermögen sie auf zutreffende Weise den Urstrahl des göttlichen Lichtes preiswürdig zu preisen: Sie verzichten auf die Erkenntnis jedes Seienden, um über jedes nur Seiende hinaus, mit Wahrheit erleuchtet, Ihn als die übernatürliche Ursache von allem Geschaffenen dankend zu feiern, als den Urgrund, der selbst nicht geschaffen und nicht endlich und überhaupt nichts von allem Seienden ist, allem Nur-Wesenhaften enthoben.

(c) Gemäß solcher Wesenheit jenseits von allem Wesenhaften und solcher Übergüte des Urguten über alle Güte hinaus darf darum niemand das unfaßlich Urgöttliche als Wort oder Kraft oder Geist oder Leben oder Wesen preisen — wenigstens wenn wir Liebhaber jener Wahrheit sind, die alle Wahrheiten übersteigt. Wir können nur sagen, daß die Urgottheit überhoch über alles Sagbare hinaus gerückt ist, über jegliche Beschaffenheit oder Bewegung oder Eingebung, Erleuchtung oder Meinung oder Erkenntnis, über jegliches Leben oder Wort, oder Wesen, über jeglichen Namen oder Gedanken, über Stand und Stellung, über Vielheit und Einigung, Anfang und Ende, ja über die Unendlichkeit selbst noch hinaus: kurz über alles was ist oder werden kann.

(d) Weil aber die Gottheit in ihrer allübersteigenden Güte unmittelbar durch ihr Sein die Ursache von allem Seienden ist, so muß diese urgütige Vorsehung der Urgottheit von allen verursachten Wesen würdig gepriesen werden. Denn durch Sie und um Ihretwillen ist alles ringsumher, und Sie selbst ist vor allem, und in Ihr hat das All seinen Bestand. Ihr Sein ist es, durch welches alle Schöpfung und aller Bestand des Weltalls begründet ist, nach ihr strebt alles hin, die geistigen und denkenden Wesen auf geistige und denkende Weise, die ihnen untergeordneten Leben auf dem Wege der Sinneswahrnehmungen, die übrigen durch ihre Bewegung oder durch ihr Sein und Wesen, oder sei es auch bloß durch ihren angemessenen Zustand oder durch sonstige gemäße Beschaffenheit.

6.

(e) Weil die Verfasser der Heiligen Schriften mit diesem Wissen vertraut sind, feiern sie die Gottheit bald als namenlos, bald mit jeglichem Namen.

Als namenlos preisen sie alles Göttliche, wenn sie zum Beispiel erzählen, die Urgottheit selbst habe in einem jener mystischen Gesichte der sinnbildlichen Theophanie einen Tadel ausgesprochen, als da einer fragte: ‹Welches ist Dein Name?› und wie wenn sie ihn von jeglicher Erkenntnis der Gottesnamen abbringen wollte, ihm erwidert: ‹Warum fragst du nach meinem Namen — der ist ein Wunder für dich.› Und ist dies nicht auch in Wirklichkeit das Wunder der Wunder, der Name über alle Namen, der namenlose Name, über jeden nennbaren Namen erhaben, sei es in dieser Weltzeit, sei es in einer künftigen?

Als vielnamig loben sie Gott, wenn sie Ihn hienieden also redend einführen: Ich Bin, Der Ich Bin, oder Der Ich Sein Werde, oder Der das Werden macht, oder das Leben, das Licht, das Wort, oder der Einzige, der Gott, die Wirklichkeit. Oder wenn die, welche von Gott wissen, den Urheber von allem selbst mit vielen Namen nennen auf Grund aller verursachten Dinge, als gut, als schön, als weise, als liebespendend, als Gott aller Götter, als Herrn aller Herren, als Heiligen aller Heiligen, als den Ewigen, der die

Zeit in die Zeit und aus der Zeit hebt, als Seienden, der das Sein macht, und als Ursache aller Weltenäonen, als Spender des Lebens, als Weisheit, Vernunft, Logos, als allwissenden Kenner, als Hort aller Schätze jeglicher Einsicht, überreich an Wissen, als Macht aller Mächte, als König aller Könige, als Ältesten jeglicher Tage, als den Nichtalternden und Unveränderlichen, als Heil- und Gerechtigkeitsbringer, als Heiligung- und Erlösungbringer, als den Übergroßen, größer als alle Unendlichkeit, und als den sich Offenbarenden in jedem gelindesten Säuseln der Luft. Er ist sowohl in den Geistern — so sagen sie — als auch in den Seelen: und doch ist Er — so sagen sie auch — stets Ebenderselbe, in Ebendemselben und in allem, innerweltlich, außerweltlich, um- und überweltlich, über allen Wesen und über allen Himmeln, Sonne, Stern, Feuer, Wasser, Hauch, Tau, Wolke, Urgestein, Fels, oder Kristall — kurz alles, was ist, und doch nichts von dem, was ist.

2. MYSTISCHE THEOLOGIE

(Übers. v. W. TRITSCH, O. W. Barth-Verlag, München-Planegg, jetzt Weilheim/Obb., 1956, S. 161—163 und 165—166)
Gliederung: A. Die mystische Schau Gottes

(a) Anrufung des Urgrundes alles Seins und mystischer Preis. (b) Voraussetzung zu mystischem Schauen ist Verzicht auf Sinne, Verstand und jedes Unterscheiden. (c) Erst in völligem Leersein ist reine Ekstase möglich. (d) Unmöglichkeit, Gott zu erkennen. (e) Unmöglichkeit, Gott durch logisches Schließen begreiflich zu machen.
B. Wie man Gott preisen soll
(a) Gott ist immer jenseits aller Kenntnis. (b) Man muß Gott außerhalb alles Geschaffenen stellen. (c) Nur die negative Prädikation kann Gott gerecht werden.

KAPITEL I

A (a) Dreieinigkeit, über alles Wesenhafte hinaus, mehr als göttlich und mehr als gut: du, die du über alle christliche Gottesweisheit wachest, führe uns nicht nur jenseits von Licht und Dunkel, sondern auch über das Unkennbare hinaus bis nahe an die höchsten Gipfel des mystisch deutenden Wortes, bis dorthin, wo die einfachen, absoluten unversehrbaren Mysterien des Gotteswissens offenbar werden und wo die Dunkelheit des Schweigens über alles Licht hinaus die Wahrheit erhellt: denn — tatsächlich! — in diesem Schweigen enthüllen sich die Geheimnisse des Dunkels.
O Dunkel des Schweigens! Es wäre nicht genug, von dir zu sagen, daß du vor lauter Finsternis in strahlendstem Licht aufglänzest, nicht genug, von dir zu glauben, daß dein Glanz sich immer gleich bleibe, unstörbar und unzerstörbar, nie zu sehen und nie zu erreichen. Es wäre auch nicht genug, von dir zu sagen, daß du, Dunkelheit des Urgrunds, jenen vollkommenen Geist, der die Augen des Daseins und die Augen des Seins zu schließen vermöchte, mit der Leuchtkraft deiner Fülle bis zum Bersten blendest und schöner bist als die Schönheit selbst.
(b) Dies ist mein Gebet. Du aber, o mein geliebter Timotheus, lasse nicht davon ab, dich in mystischer Schau zu üben, entsage den Künsten des Verstandes, tue ab von dir, was immer noch den Sinnen oder der Klugheit verhaftet ist, befreie dich vollkommen von allem Sein oder Nichtsein, und erhebe dich, wenn du es kannst, bis zur Höhe des Nichts-mehr-unterscheidens, über das All hinaus, bis dicht an die Schwelle des Verschmelzens mit Dem, der über jedem Wesen und über jedes Wissen ist.

(c) Denn erst wenn du dich von allem ganz entäußert hast, vornehmlich aber von dir selbst, unaufhaltsam und absolut, und ohne jeden Rest leer bist, erst dann wirst du dich in reinster Ekstase bis zu jenem dunkelsten Strahl erheben können, der aus der Urgottheit vor aller Erschaffung kam, jenseits von aller Welt und jenseits von allem Sein, entblößt auch noch von dem, was jedes und dich selbst erst zum Wesen macht.

(d) Doch gib acht! Daß dich niemand höre, von denen, die nicht eingeweiht sind. Ich will sagen, von jenen Ahnungslosen, die noch irgendwo im Sein haften (oder gar: im Dasein!) — und die sich nicht vorstellen können, daß es über alle Wesen hinaus ein Nichtsmehr-nichtsein geben muß, ein erst Wesenschaffendes, ein Überhaupt, und die sich einbilden, auf den Wegen des Erkennens Dem nahen zu können, der sich die Dunkelheit als Heimat und als Quelle seines Lichts gewählt hat.

(e) Aber wenn die Enthüllung der Geheimnisse Gottes sogar auch denen noch unerreichbar bleibt, die sich so weit vorgewagt haben — was ist von jenen anderen noch ahnungsloseren Profanen zu sagen, die töricht genug sind, zu meinen, sie könnten den übersinnlichen Urgrund alles Geschehens und Seins mit Hilfe der niedrigsten, handgreiflichsten Schlüsse sinnfällig machen? Weil sie glauben, daß auch die Wahrheit nicht aus anderem Stoff bestünde als ihre Fetische und Idole es sind, von denen sie sich so viele Götzenbilder machen? Während es dem Urgrunde des Alls eher gemäß wäre, wenn wir von ihm diese Weisheit sagten: weit mehr als alle Eigenschaften jedes Seins (die alle aus ihm erst stammen) gebühre ihm die Verneinung aller Eigenschaften des Seins — und auch aller Eigenschaften des Nichtseins, die doch immer Bestimmungen sind und Begrenzungen und Trennungen von anderen Eigenschaften und Verzicht auf dieses und jenes, begrenzbarer Bezug und begrenzbarer Nichtbezug, während der Urgrund immer unendlich ist und alle Eigenschaften und Seinsweisen und Nichtseinsweisen und Möglichkeiten des Seins und des Nichtseins in sich einbegreifen und in sich auflösen muß. Ohne daß du deshalb etwa glauben darfst, daß diese Verneinungen jenen Bejahungen widersprechen! Denn ist nicht die Urgottheit erhaben über jedes Nein, erhaben über jedes Ja, enthält sie nicht alle Eigenschaften und alle Enthebungen von Eigenschaften, deren Fülle und deren Sprengung bis in alle Unendlichkeit?

KAPITEL II

B (a) Möchten wir doch — auch wir! — in jenes Dunkel eindringen können, das heller ist als alles Licht, möchte es auch uns gelingen, auf jedes Wissen und auf jedes Erkennen zu verzichten, möchten wir doch wenigstens erkennen, daß niemand Den kennen kann, der jenseits von aller Sicht und von aller Erkenntnis bleibt.

(b) Denn dies allein ist eine wahrhafte Sicht und eine echte Erkenntnis: nur durch die Tatsache selbst, daß man auf alles verzichtet, was ist oder nicht ist, und sich außerhalb des Geschaffenen stellt, feiert man würdig und wahr das Unerschaffene Licht, das erschaffend stets im Unerschaffenen bleibt.

(c) So etwa wie ein Bildhauer, um zu einer Wesensgestaltung zu gelangen, mit Hammer und Händen den Marmor von aller Materie reinigen muß, die dem reinen Anschauen der in ihm noch gänzlich verborgenen Form im Wege stünde: unsere einzige ausführbare Tat ist das Wegräumen solcher materieller Hindernisse! Nur dies negative Aberkennen kann uns erlauben, die verhüllte Schönheit des unbekannten Bildes zu offenbaren.

Aber um die absprechenden Verneinungen heilig zu feiern, werden wir auch, so glaube ich, einen Weg einschlagen müssen, der genau dem entgegengesetzt ist, den wir wählen, wenn wir zusprechende Eigenschaften bejahen: für diese müssen wir allerdings mit den einfachsten, allgemeinsten Eigenschaften beginnen, und von da können wir dann über die mittleren zu den niederen und handgreiflicheren Konkretionen Stufe für Stufe hinabsteigen. Für die Verneinungen nicht. Hier ist unumgänglich, gerade mit den äußerlich faßlichsten zu beginnen, um dann Stufe für Stufe zu den Höhen des Allgemeinsten aufzusteigen und dann das Urerste des Wesens durch Weghauen aller nicht zutreffenden Beschränkungen würdig herauszulösen. Dann erst werden wir hüllenlos jene Unkenntnis begreifen, die in jedem geschaffenen Wesen unserer Endlichkeit die Kenntnis des Unbegreiflichen verhindert. Denn die Lichter des Seienden verdecken das dunkle Urlicht des Schöpferischen, das doch das unvergleichlich hellere ist.

VIII. ANSELM VON CANTERBURY (1033–1109)

Vernünftiger Beweis von der Existenz Gottes

(‹Monologion›, übers. v. R. Allers in ‹A. v. C., Leben, Lehre, Werk›, Thomas-Verlag Jakob Hegner, Wien 1936, S. 256–265)

Gliederung: (a) Anselm will zeigen, daß ein Mensch, der von Gott nichts weiß, durch die bloße Vernunft sich von Gottes Dasein überzeugen könne. (b) Alle Güter erhalten ihren Wert auf Grund eines Guten, das ihnen gleichermaßen zukommt. (c) Alles Gute wird ausgesagt auf Grund von Nutzen und Würdigkeit. (d) Alles Gute, Nützliche und Würdige erhält seinen Wert auf Grund des Höchsten, das diese Qualitäten durch sich selbst besitzt. (e) Wie ein Höchstes, so muß es auch ein Größtes und Bestes geben. (f) Alles Seiende hat sein Sein auf Grund eines einzigen Seins. (g) Dieses Sein hat sein Sein durch sich selbst und ist von allen Seienden das Höchste und Größte. (h) In der Rangordnung der Wesen muß es notwendig ein höchstes geben. (i) Dieses höchste Wesen ist notwendig eines. (k) Es gibt also ein durch sich seiendes, höchstes und bestes Wesen, durch welches alle anderen Wesen sind. (l) Dieses Seiende ist aus sich selbst, alles andere, was ist, ist aus ihm. (m) Das höchste Sein hat weder einen Erzeuger noch einen Stoff noch ein Mittel, wodurch es entstanden wäre. (n) Das höchste Sein kann weder Nichts sein noch aus dem Nichts entstanden sein, es hat sein Sein durch sich selbst und aus sich selbst. (o) Vergleich dieses durch sich und aus sich seienden Seins mit dem im Leuchten leuchtenden Licht.

I. Kapitel

(a) Nehmen wir an, es sei da ein Mensch, der wisse nichts davon, daß es ein Wesen, das höchste von allen, die da sind, gibt, das sich selbst in seiner ewigen Glückseligkeit genügt, das allen anderen Dingen durch seine Allmacht und Güte verleiht und gibt, daß sie überhaupt sind und daß sie in irgendeiner Weise gut sind, ein Mensch, der also von alledem und von dem vielen anderen, was wir von Gott und Seiner Schöpfung notwendig glauben, nichts wisse, weil er nichts davon gehört hat oder nicht daran glaubt; ich denke, solch ein Mensch müßte, wenn er nur einigermaßen bei Verstand ist, sich durch seine bloße Vernunft davon zu überzeugen vermögen. Er könnte dabei auf mancherlei Art zu Werke gehen; ich will nur einen Weg beschreiben, den ich für den gangbarsten halte. Alle streben nämlich nur nach dem Genusse dessen, was ihnen gut erscheint; so liegt es nahe, daß man zuweilen das geistige Auge forschend der Frage zuwende, woher denn jene Güter kämen, die man nur anstrebt, weil man sie eben für gut ansieht, und daß man, solcherart der Leitung der Vernunft folgend, in Gedanken zu jenen Erkenntnissen gelange, die man bisher gedankenloserweise außer acht gelassen hat. Sollte ich indes in den folgenden Darlegungen etwas sagen, das keine größere Autorität beweist, so möchte ich dahin verstanden sein, daß sich die betreffende Meinung zwar aus den mir einleuchtenden Gründen notwendig ergibt, darum aber nicht schlechthin notwendig sei; sie soll nur als einstweilen bündig erscheinend angesehen werden.

(b) Es kann also leicht jemand auf diesen Gedanken kommen: Es gibt eine große Mannigfaltigkeit zahlloser verschiedener Güter; davon überzeugt uns sowohl die Erfahrung der Sinne unseres Körpers als auch die Vernunft unseres Geistes; müßte man nun nicht annehmen, daß es irgendein Etwas gäbe, durch das alle Güter ihren Wert erhalten, oder sollte man annehmen, daß die verschiedenen Werte auch verschiedene Ursachen haben? Sobald man darauf achtet, wird jedem einsichtig, daß alles das, was man ein Gut nennt, diese Eigenschaft [ein Gut zu sein] bald in größerem, bald in geringerem oder in gleichem Maße an sich trägt; diese Aussage gründet sich auf etwas, das nicht da und dort jeweils ein anderes ist, sondern vielmehr, mag es als gleich oder ungleich gelten, bei aller Verschiedenheit der Güter immer als dasselbe aufgefaßt wird. Wenn man von gerechten Handlungen spricht – mögen sie nun diesen Namen mehr oder weniger verdienen –, so können sie gerecht nur heißen zufolge der Gerechtigkeit; diese aber ist in all den verschiedenen Fällen immer ein und dieselbe. Ist es nun klar, daß alle Güter, untereinander verglichen, in verschiedenem Grade gut sind, so folgt ebenso, daß sie ihr Gut-Sein auf Grund von irgendetwas haben, das ihnen allen – so verschieden sie auch sein mögen – gleichermaßen zukommt, obwohl ihnen des öfteren Wert anscheinend aus verschiedenen Gründen beigelegt wird.

(c) Denn es scheint wohl, daß ein Pferd je aus einem anderen Grunde gut genannt wird, wenn man seine Kraft, und wenn man seine Schnelligkeit preist. Zwar spricht man beide Male von ‹guten› Pferden, aber offenbar ist Kraft keineswegs dasselbe wie Schnelligkeit. Indes, wenn das Pferd gut heißt, weil es kräftig oder schnell ist, wieso ist dann ein Räuber vermöge derselben Eigenschaften böse? Es steht doch wohl so, daß der Räuber in dem Maße böse ist, als er kräftig und schnell ist, weil er schadet, und daß das starke und schnelle Pferd darum gut ist, weil es nützt. Nichts gilt in der Tat gemeinhin als gut, außer wegen irgendeines Nutzens, wie denn Gesundheit und alles ihr Zuträgliche gut heißen, oder wegen irgendeiner Würdigkeit, wie etwa die Schönheit und alles, was sie befördert, als gut gilt.

(d) Zufolge der schon errungenen und unabweislichen Einsicht ergibt sich mit Notwendigkeit, daß auch alles Nützliche oder Würdige, soferne es ein Gut ist, vermöge eben desselben Grundes gut sein müsse, der für jedes beliebige Gut ausschlaggebend ist. Wer aber könnte daran zweifeln, daß das, wodurch alles seinen Wert erhält, selbst ein großes Gut sein müsse? Da dieses Etwas nun allem, was da gut ist, seinen Wert verleiht, so muß es auch durch sich selbst sein Gut-Sein empfangen. Daraus folgt weiter, daß alle anderen Güter gut sind vermöge von etwas, das von ihnen unterschieden ist, und daß nur dieses Etwas das Gut-Sein durch sich selbst hat. Auch kann kein Gut, das seinen Wert einem anderen verdankt, jenem gleichkommen oder gar es übertreffen, das durch sich gut ist. Es kann daher nur das allein in höchstem Grade gut sein, das durch sich selbst gut ist. Den höchsten Grad nimmt nämlich ein, was alles andere derart überragt, daß es weder seinesgleichen, noch irgendetwas über sich hat. Was aber in höchstem Grade gut ist, muß auch in höchstem Grade groß sein. Es gibt also etwas höchst Gutes und höchst Großes, sohin ein Höchstes unter allem, was da ist.

II. Kapitel

(e) Auf die gleiche Weise wie der Beweis für die Existenz eines höchsten Gutes — weil alles Gute durch etwas gut sein muß, das durch sich selbst gut ist — ergibt sich zwingend, daß es ein Größtes geben müsse, weil alles Große durch etwas groß ist, was sein Groß-Sein sich selbst verdankt. Ich spreche hier nicht von räumlicher Ausdehnung, wie sie den Körpern zukommt, sondern von Größe in dem Sinn, wie etwas um so besser oder um so würdiger ist, je größer es ist, wie dies etwa von der Weisheit gilt. Da nun nur das im höchsten Grade groß sein kann, das auch in höchstem Grade gut ist, so muß es notwendig ein Größtes und Bestes geben, als das Höchste unter allem, was da überhaupt ist.

III. Kapitel

(f) Es folgt aber schließlich auch, daß nicht nur alles Gute durch ein und dasselbe gut, oder daß alles Große durch ein und dasselbe groß ist, sondern auch, daß alles, was immer überhaupt ist, anscheinend durch ein und dasselbe sein Sein haben müsse. Alles, was ist, hat sein Sein entweder durch etwas oder durch nichts. Aber durch das Nichts kann nichts sein. Man kann ja nicht einmal den Gedanken fassen, daß irgendetwas sein Sein nicht von einem anderen Etwas haben sollte. Was also ist, kann nur durch irgendetwas sein. Demnach muß alles, was überhaupt ist, das Sein entweder durch eines oder durch mehreres haben. Wenn aber durch mehrere [Seinsursachen], so müssen diese wiederum in Beziehung zu etwas stehen, wodurch sie sind; entweder ist von diesen mehreren jedes einzelne Seiende durch sich, oder sie verdanken ihr Sein einander. Wenn aber mehrere Seiende durch eines sind [einen gemeinsamen Seinsgrund haben], so ist kaum anzunehmen, daß alles Seiende auf mehrere Seinsgründe, sondern vielmehr, daß alles überhaupt auf ein und denselben zurückgehe, der jenen gemeinsam ist. Haben aber mehrere einzelne Seiende den Grund ihres Seins in sich selbst, so müssen sie offensichtlich eine Kraft oder Eigenschaft des durch-Sich-Selbst-Seins besitzen, um durch sich selbst sein zu können. Dann aber ist klar, daß sie durch eben dieses Eine sind, wodurch sie ihr durch-Sich-Selbst-Sein haben. Also ist es richtiger zu sagen, daß alles sein Sein durch ein und dasselbe hat, als durch mehrere; denn diese können ohne dieses Eine ihrerseits nicht sein. Daß aber mehrere voneinander das Sein empfangen hätten, kann nicht angenommen werden; denn es ist widersinnig zu denken, daß ein Ding auf Grund dessen sei, dem es selbst erst das Sein verliehe. Nicht einmal die Glieder einer Beziehung sind derart durcheinander. Zwar sind Herr und Knecht aufeinander bezogen, aber die Menschen selbst, die in dieser Beziehung stehen, sind keineswegs der eine durch den anderen, und die Beziehungen, in denen sie stehen, sind gleichfalls nicht durcheinander, denn sie sind überhaupt nur auf Grund der sie tragenden Seienden. So also ist wahrhaft die Annahme einer Mehrheit von Seinsgründen, vermöge deren alles ist, ausgeschlossen, und man muß notwendig zu der Auffassung gelangen, daß das, vermöge dessen alles, was ist, sein Sein hat, ein Einziges sei.

(g) Da nun alles, was ist, sein Sein von ein und demselben hat, so muß offenbar dieses sein Sein durch sich selbst haben. Was es sonst alles geben mag, hat sein Sein durch anderes und nur jenes [Einzige] hat sein Sein durch sich. Nun ist aber alles, was durch etwas anderes ist, geringer als jenes Etwas, durch das alles sonstige Sein ist und das allein sein Sein durch sich hat. Folglich ist das, was durch sich selbst ist, das Allergrößte. Es gibt also ein Etwas, das allein das Größte und Höchste aller Seienden ist. Das, was das Allergrößte ist und dem alles Seiende sein Gut- oder sein Groß-Sein oder überhaupt sein Irgendetwas-Sein verdankt, muß notwendig höchst gut und höchst groß und der äußerste Gipfel alles Seins sein. Daher gibt es in Wirklichkeit Etwas, mag man es Wesen oder Selbstand oder Natur nennen, das von allem überhaupt Seienden das beste, größte und höchste ist.

IV. Kapitel

(h) Des Ferneren. Wenn man sich das Wesen der Dinge vergegenwärtigt, so wird man unweigerlich gewahr werden, daß sie nicht alle auf der gleichen Stufe des Wertes stehen, sondern daß sich manche durch die Verschiedenheit der Rangstufe unterscheiden. Zweifelte jemand daran, daß ein Pferd seinem Wesen nach besser sei als ein Holz oder daß der Mensch höher stehe als ein Pferd, so verdiente dieser wahrlich nicht, ein Mensch zu heißen. Man kann also nicht bestreiten, daß manche Wesen besser seien als andere; doch die Vernunft gewinnt unschwer die Überzeugung, es werde unter allen diesen Wesen eines derart hervorragen, daß es darüber kein noch Höheres gebe. Wäre nämlich die Folge der verschiedenen Rangstufen in der Weise unbegrenzt, daß nirgends eine angetroffen würde, über der sich nicht abermals eine höhere fände, so würde die Menge der Wesen nirgends durch irgendein Ende abgeschlossen sein. Nur ein Tor wird aber eine solche Behauptung anders als höchst töricht nennen wollen. Es muß also notwendig irgendein Wesen geben, welches derart jedem beliebigen anderen überlegen ist, daß es keinem untergeordnet sei.

(i) Von einem so beschaffenen Wesen gibt es entweder nur ein einziges oder aber deren mehrere und gleichartige. In dem zweiten Falle aber können diese Wesen nicht zufolge je verschiedener Gründe gleichartig sein; es muß vielmehr ein und dasselbe die Gleichheit ausmachen. Dieses Eine, wodurch jene gleichermaßen groß sind, ist entweder das, was sie selbst sind, also ihr eigenes Sein, oder etwas davon Verschiedenes. Ist jenes aber nichts anderes als eben das Sein jener, so gilt: wie deren Sein nicht ein mehrfaches, sondern nur eines ist, so ist auch ihr Wesen nicht mehrfach, sondern eines. Sein und Wesen fallen für meine Betrachtung nämlich hier zusammen. Ist aber das, wodurch diese Wesen so groß sind, etwas von ihrem Sein Verschiedenes, so sind sie sicherlich geringer als das, dem sie ihre Größe verdanken. Was immer auf Grund eines anderen groß ist, ist kleiner als dieses, wodurch es so groß ist. Daher können solche Wesen nie so groß sein, daß es nicht etwas anderes gäbe, größer als sie. Wenn aber weder auf Grund ihres eigenen Seins noch auf Grund etwas anderen mehrere Wesen solcher Art möglich sind, daß es über ihnen nichts mehr gibt, so können überhaupt mehrere Wesen solcher Art nicht existieren.

(k) Sohin bleibt nur übrig, anzunehmen, daß es ein einziges und einheitliches Wesen gebe, das allen anderen überlegen und keinem anderen untergeordnet wäre. Was aber so beschaffen ist, ist das Größte und das Beste von allem, was da ist. Also gibt es ein Wesen, das das Höchste von allen Seienden ist. Dieses Wesen kann aber nicht sein, außer es sei durch sich selbst, was es ist, und alles, was ist, muß dann sein Sein und Wesen durch jenes erhalten. Eben zuvor wurde klar, daß jenes Etwas, das durch sich selbst ist und durch das alles andere ist, das Höchste unter allen, was da existiert, sei: umgekehrt ist das, was das Höchste ist, durch sich selbst und alles andere Sein durch es, oder aber es gibt eine Mehrheit von höchsten Wesen. Daß das Letztere unmöglich sei, hat sich gezeigt. Es gibt also irgendein Wesen, ein Seiendes, ein in sich Beruhendes, das durch sich gut und groß und durch sich eben das ist, was es ist, und durch das alles, was wahrhaft gut oder groß oder überhaupt etwas ist, sein Sein hat und das das beste Gut, die größte Größe, das höchste Sein oder der höchste Seinsträger ist, also das Höchste von allem, was da ist.

V. Kapitel

(l) Da nun das bisher Gefundene klargestellt ist, wird man nützlicherweise fragen, ob eben dieses Wesen und alles andere, beliebige Seiende nicht ebenso aus ihm seien, wie sie nur durch es sein können. Man kann nun offenbar sagen, daß, was aus einem anderen sei, auch durch dieses sei, und umgekehrt, daß, was durch etwas sei, auch aus diesem sei; wie man ja sagen kann, es sei etwas aus einem Stoff und durch einen Werkmann entstanden, aber ebensowohl, es sei durch den Stoff und aus dem Werkmanne entstanden, weil es durch beide und aus beiden sein Sein hat, obzwar es auf eine andere Weise durch den Stoff und aus ihm ist, als durch den Werkmann und aus ihm. Folglich: wie alles, was ist, durch das höchste Wesen sein Sein hat, dieses selbst aber sein Sein durch sich selbst, alles Sonstige aber durch ein anderes, so sind auch alle Seienden aus eben diesem höchsten Wesen; sohin ist dieses aus sich selbst, alles Sonstige aber aus einem anderen.

VI. Kapitel

(m) Da nun die Rede, es sei etwas durch ein anderes oder aus ihm, nicht immer den gleichen Sinn hat, muß man genauer erforschen, in welcher Weise alles Seiende durch das höchste Wesen oder aus ihm ist. Da weiterhin das durch sich selbst Seiende und das, was durch etwas anderes ist, nicht in der gleichen Weise als wirklich daseiend begriffen werden noch ein und denselben Seinsgrund haben können, soll zuerst nach dem höchsten, durch sich selbst seienden Wesen gefragt werden und dann erst nach jenen Wesen, die durch ein anderes sind.

Es steht also fest, daß jenes, was es ist, durch sich selbst, und daß das Sein alles anderen durch jenes ist. In welcher Weise ist nun jenes durch sich? Wenn man von irgend etwas sagt, es sei durch etwas, so scheinen nur folgende Fälle in Betracht zu kommen: entweder ist jenes durch ein Wirkendes oder durch einen Stoff oder durch sonst ein Mittel, wie etwa ein Werkzeug; was immer aber irgendwie auf eine dieser drei Weisen zustande gekommen ist: es ist durch etwas anderes und nach diesem und daher irgendwie geringer als das, durch das es sein Sein hat. Das höchste Wesen jedoch ist auf keine Weise durch etwas anderes und auch nicht nach etwas anderem oder geringer als es selbst oder als sonst ein Ding. Daher konnte das höchste Wesen weder von sich selbst noch von einem anderen erzeugt werden; auch diente weder es selbst noch etwas anderes ihm als Stoff, aus dem es entstanden wäre, und es hat weder sich selbst noch hat ihm sonst ein Ding als Mittel dazu verholfen, damit sei, was vordem noch nicht war.

(n) Wie nun? Wenn es weder einen Erzeuger noch einen Stoff noch irgendwelche Mittel gibt, die das Sein herbeigeführt hätten, so scheint wohl das Etwas, für das solches zuträfe, entweder Nichts zu sein oder, wenn es ist, durch das Nichts und aus dem Nichts zu sein. Nun halte ich dafür, daß solche Meinung — nach allen schon vorgelegten einleuchtenden Anmerkungen über das höchste Wesen — in gar keiner Weise zutreffen könne; nichtsdestoweniger will ich eine genauere Prüfung dieses Punktes nicht außer acht lassen. Mich hat zwar diese meine Überlegung rasch auf eine große und erfreuliche Höhe geführt; aber ich will doch an keinem noch so einfachen oder nahezu törichten Einwand vorbeigehen, den ein Gegner vorbringen könnte, schon darum, weil der Fortgang meiner Erwägungen um so bündiger wird, wenn ich alle Zweideutigkeit vermieden habe; und wenn ich etwa einen von der Richtigkeit meiner Gedanken überzeugen will, so soll auch jedes noch so geringe Hindernis erst beseitigt sein, so daß auch ein jeglicher, selbst träger, Verstand das Vorgetragene leicht erfassen könne.

Die Behauptung nun, jenes Wesen, ohne das es überhaupt kein anderes gäbe, sei nichts, ist ebenso falsch, wie es widersinnig wäre zu sagen, es sei alles Seiende — nichts. Aber auch durch das Nichts kann jenes Wesen nicht sein, weil es völlig uneinsehbar ist, daß je ein Seiendes durch das Nichts sei.

Wäre es aber irgendwie aus dem Nichts: so müßte es dies sein entweder durch sich selbst oder durch etwas anderes oder durch nichts. Es ist aber schon klar, daß durch das Nichts keinerlei Sein zustande kommen kann. Durch sich selbst aber kann nichts aus dem Nichts entstehen; denn wenn dies der Fall sein könnte, so müßte das, was ist, vorher schon sein. Da aber jenes Wesen in gar keinem Sinne vor sich selbst ist, kann es überhaupt nicht durch sich selbst aus dem Nichts geworden sein. Sagte man, es sei durch ein anderes Wesen aus dem Nichts entstanden, so wäre es nicht das höchste, vielmehr geringer als ein zweites, und es wäre dann auch nicht durch sich selbst, was es ist, sondern durch ein anderes. Ferner: ist das erwähnte Wesen aus dem Nichts durch ein anderes hervorgebracht worden, so ist dieses ein sehr großes Gut, da es ja die Ursache von einem so hohen Gut ist. Es kann aber kein Gut gedacht werden, das vor jenem Gut wäre, ohne das es überhaupt kein Gutsein gibt. Es ist aber hinreichend klar, daß diese Bestimmung auf eben jenes höchste Wesen, von dem die Rede ist, zutreffe. Sohin kann diesem Wesen kein Ding vorangegangen sein — nicht einmal der bloße Gedanke daran ist sinnvoller Weise möglich —, wodurch jenes aus dem Nichts hervorgebracht worden wäre. Es ergibt sich schließlich: wenn jenes Wesen entweder durch das Nichts oder aus dem Nichts ist, so hat es sein Sein entweder nicht durch sich und nicht aus sich, oder es muß selbst Nichts genannt werden. Beider Behauptungen völlige Verkehrtheit nachzuweisen, ist offenbar ganz überflüssig. Wiewohl also das höchste Sein nicht ist durch irgendein Wirkendes oder aus einem Stoffe oder vermittels irgendwelcher Ursachen, die an seinem Zustandekommen beteiligt wären, so ist es dennoch in gar keiner Weise durch das Nichts oder aus dem Nichts: es hat sein Sein durch sich selbst und aus sich selbst.

(o) Wie aber sind nun doch diese Ausdrücke: ‹durch sich, aus sich› zu verstehen, wenn jenes Wesen weder sich gemacht, noch sich als Stoff gedient hat, noch sich irgendwie dabei behilflich war, daß sei, was vordem nicht war? Vielleicht darf man dies so verstehen, wie man sagt, das Licht leuchtet oder etwas ist durch sich selbst und aus sich selbst leuchtend. Wie sich nämlich diese drei: Licht, Leuchten und Leuchtendes zueinander verhalten, so verhalten sich Wesen, Sein und Seiendes, d. h. Daseiendes, Existierendes oder [den Eigenschaften, Erscheinungsweisen] Zugrundeliegendes. Höchstes Wesen, höchstgradiges Sein und wirklichstes Seiendes, d. h. also vollstes Dasein, stehen zueinander in einer Beziehung nicht unähnlich der zwischen Licht, Leuchten und Leuchtendem.

IX. BONAVENTURA (1221–1274)

‹Pilgerbuch des Geistes zu Gott›

(*Itinerarium mentis in Deum*, übers. v. J. Kaup OFM und Ph. Böhner OFM, Franziskus-Druckerei, Werl/Westf., 1932, S. 10–13 und 59–68.)

Bonaventura will den Weg aufzeigen, auf dem der Mensch zur Vereinigung mit Gott gelangen kann. Den sieben Schöpfungstagen entsprechend beschreibt er in sieben Kapiteln, wie der Mensch, den sechs im ersten Kapitel genannten Erkenntnisstufen folgend, endlich zur Ruhe in Gott gelangt. Ausgewählt wurden Teile des programmatischen ersten Kapitels und das fünfte Kapitel.

Gliederung:
  A. Die Stufen zur Erkenntnis Gottes.
  (a) Der dreistufige Weg der Erkenntnis. (b) Die dreifache Seinsweise der Dinge. (c) Die drei Vermögen des Menschen: Sinnlichkeit, Geist, Vernunft. (d) Der sechsstufige Weg der Erkenntnis. (e) Die den sechs Stufen entsprechenden Erkenntnisvermögen des Menschen.
  B. Die Erkenntnis Gottes als absolutes Sein.
  (a) Die drei Weisen der Erkenntnis Gottes und die beiden Stufen der Erkenntnis des Ewigen in Gott. (b) Die beiden Namen Gottes: Der Seiende und der Gute. (c) Die Vollkommenheit des göttlichen Seins. (d) Die Unfähigkeit des geistigen Auges, das reine Sein zu sehen. (e) Die Bestimmungen des absoluten Seins. (f) Die innere Abhängigkeit der Bestimmungen des Seins von einander. (g) Weitere Folgerungen für das Sein aus seinen Bestimmungen. (h) Zusammenfassung der Aussagen über das Sein und das Glück dieser Erkenntnis.

1. Kapitel

2. A (a) Durch dieses Gebet werden wir erleuchtet und erkennen die Stufen des Aufstieges zu Gott. Für uns Menschen im Pilgerstande ist nämlich die Gesamtheit der Dinge eine Leiter, die zu Gott emporführt. Von den Geschöpfen nun sind die einen Spur, die anderen Bild, die einen körperlich, die anderen geistig, die einen zeitlich, die anderen ewig und somit die einen außer, die anderen in uns. Um nun zur Betrachtung des Urgrundes zu gelangen, der ganz geistig, ewig und über uns ist, müssen wir zunächst der Spur nachgehen, die körperlich, zeitlich und außer uns ist, das heißt ‹geführt werden auf dem Wege Gottes›. Sodann müssen wir in unsere Seele eintreten, die das Bild Gottes, unsterblich, geistig und in uns ist; und das heißt ‹wandeln in der Wahrheit Gottes›. Endlich müssen wir zum Ewigen, ganz Geistigen hinaufsteigen, das über uns ist, und aufschauen zum Urprinzip; und das heißt ‹sich freuen in der Erkenntnis Gottes und der Ehrfurcht vor seiner Majestät›.

3. (b) Dies ist also der dreitägige Weg in der Wüste, das ist die dreifache Beleuchtung eines Tages. Die erste ist wie der Abend, die zweite wie der Morgen, die dritte wie der Mittag. Und dies bedeutet auch die dreifache Daseinsweise der Dinge, nämlich in der Materie, im Geiste und in der ewigen Kunst (des Schöpfers), so wie geschrieben steht: es werde, er schuf es und es ward. Hierauf bezieht sich auch die dreifache Substanz in Christo, der uns eine Stufenleiter ist, nämlich die körperliche, geistige und göttliche Substanz.

4. (c) Diesem dreifachen Fortschreiten entsprechen drei Hauptausblicke unserer Seele. Einer geht auf das Körperlich-Äußere, und danach wird sie Sinnlichkeit genannt. Der andere richtet sich auf die Seele selbst, und als solche heißt sie Geist. Der dritte führt über sie hinaus, und danach nennt man sie Vernunft. — Mit all diesen muß sich die Seele für den Aufstieg zu Gott rüsten, um ihn zu lieben ‹aus ganzer Seele, aus ganzem Herzen und aus ganzem Gemüte›. Darin besteht die vollkommene Erfüllung des gesamten Gesetzes und zugleich die christliche Weisheit.

5. (d) Jede von diesen drei angeführten Möglichkeiten kann aber wieder doppelt verstanden werden. Man kann nämlich Gott einmal betrachten als das Alpha oder Omega; ferner können wir auf jede dieser drei Weisen Gott entweder wie *durch* einen Spiegel oder wie *im* Spiegel schauen. Endlich kann die eine dieser Erkenntnisweisen mit einer anderen verbunden oder rein in sich betrachtet werden. So müssen sich dann diese drei Hauptstufen zur Sechszahl erweitern. Wie also Gott das Weltall in sechs Tagen vollendete und am siebten ruhte, so wird auch die Kleinwelt in sechs stufenweise aufsteigenden Erleuchtungen in bester Ordnung zur Ruhe der Beschauung geführt. — Ein Vorbild dessen sind die sechs Stufen, auf denen man zum Throne Salomons emporschritt; die Seraphim, die Isaias schaute, hatten sechs Flügel; nach sechs Tagen rief der Herr Moses aus der Mitte der Finsternis, und Christus führte, wie es bei Matthäus heißt, die Jünger nach sechs Tagen auf den Berg und ward vor ihnen verklärt.

6. (e) Diesen sechs Stufen des Aufstieges zu Gott entsprechen sechs aufeinander aufgebaute Seelenkräfte, mit denen wir vom Tiefsten zum Höchsten, vom Äußeren zum Inneren, vom Zeitlichen zum Ewigen empordringen. Es sind die Sinne, die Einbildungskraft, die Vernunft, der Verstand, die Einsicht, die Seelenhöhe oder der Funke der Synderesis[1]. Diese Stufen werden in uns grundgelegt durch die Natur, verunstaltet durch die Schuld und wiederhergestellt durch die Gnade; sie müssen gereinigt werden durch Gerechtigkeit, ausgebildet durch Wissenschaft, vollendet werden durch Weisheit.

5. Kapitel

1. B (a) Gott vermögen wir nicht nur außer uns und in uns, sondern auch über uns zu schauen: außer uns durch die Spuren, in uns durch das Ebenbild und über uns durch das Licht, das über unserem Geiste aufgeleuchtet ist. Es ist dies das Licht der ewigen Wahrheit, denn ‹unser Geist wird von ihr selbst unmittelbar unterwiesen›. Wer in der ersten Weise erfahren ist, trat bereits in den Vorhof vor dem Zelte ein; wer in der zweiten bewandert ist, hat schon das Heiligste betreten; wer aber bis zum dritten fortgeschritten ist, steht mit dem Hohenpriester im Allerheiligsten. Hier thronen auf der Bundeslade die Cherubim der Herrlichkeit und überschatten den Gnadenstuhl. In ihnen erkennen wir zwei Stufen oder Weisen, wie wir das Unsichtbare und Ewige in Gott schauen. Die eine davon geht auf das Wesenhafte in Gott, die andere auf das Eigentümliche der Personen.

2. (b) Jene heftet den Blick an erster Stelle und hauptsächlich auf das Sein und sagt: Der Seiende ist der erste Gottesname. Die zweite sieht auf das Gute und spricht: Dieses ist der erste Gottesname. Der erste Name steht in besonderer Beziehung zum Alten Testamente, das vor allem die Einheit des göttlichen Wesens verkündet. Darum ward auch dem Moses gesagt: ‹Ich bin der Seiende›. Der andere Name findet sich vor allem im Neuen

---

[1] Von Scholastik und Mystik vom eigentlichen Gewissen (*conscientia*) unterschiedener angeborener Drang zum Guten. (Anm. d. Red.)

Testamente, das die Mehrheit der Personen offenbart, indem es im Namen des Vaters und des Sohnes und des Heiligen Geistes tauft. Als darum unser Lehrmeister, Christus, den Jüngling, der das Gesetz beobachtet hatte, zur evangelischen Vollkommenheit führen wollte, hat er Gott in erster Linie und ausdrücklich den Namen ‹der Gute› beigelegt. ‹Niemand›, so sprach er, ‹ist gut als Gott allein.› Damaszenus folgt Moses und lehrt: ‹Der da ist›, ist der erste Name des Herrn. Dionysius hält sich an Christus und sagt: ‹Der Gute› ist sein Hauptname.

3. (c) Wer also das Unsichtbare Gottes, und zwar die Einheit des Wesens betrachten will, der hefte zunächst das Auge auf sein Sein, und siehe: Dieses Sein ist in sich so gewiß, daß man es sich nicht als nichtseiend denken kann, denn eben dieses lauterste Sein tritt uns nur als die völlige Ausschließung des Nichtseins entgegen, wie auch das Nichts nur als jeglicher Mangel an Sein. Wie nun das reine Nichts vom Sein und seinen Eigenschaften nichts an sich hat, so hat auf der anderen Seite das *Sein selbst* nichts vom Nichtsein, weder in der Möglichkeit noch in der Wirklichkeit, weder der Wahrheit noch unserer Meinung nach an sich. Da aber das Nichtsein ein Mangel des Seins ist, so kommt es nur durch das Sein in unseren Verstand, während das Sein durch sich selber eingeht; denn alles, was gedacht wird, wird entweder als nichtseiendes, als mögliches oder wirkliches Sein gedacht. Das Nichtsein kann also nur durch ein Sein, das Mögliche nur durch ein Wirkliches erkannt werden. Wenn ferner das Sein reine Wirklichkeit besagt, dann gelangt es als erstes in unseren Verstand, und dieses Sein ist eben die reine Wirklichkeit selbst (actus purus). Dieses ist aber kein Einzelsein; denn ein solches wäre, weil mit Möglichkeit untermischt, ein beschränktes. Es ist aber auch erst recht kein analoges Sein; dieses ist ja der Wirklichkeit am entferntesten, weil es den geringsten Anteil am Sein hat. Also ist es nur das göttliche Sein.

4. (d) Unglaublich ist also die Blindheit unseres Verstandes, der nicht beachtet, was er doch zuerst sieht und ohne welches er nichts erkennen kann. Ähnlich wie ein Auge, das auf die mannigfachen Unterschiede der Farben achtet, das Licht nicht sieht, wodurch es all dieses erst wahrnimmt, und wenn es das Licht aufnimmt, es nicht beachtet, so schaut auch das Auge unseres Geistes auf das einzelne und allgemeine Sein und achtet nicht auf jenes, das über jeder Art steht. Und doch bietet sich dieses dem Geiste zuerst dar und dadurch erst das andere.

Nur zu wahr ist darum, daß, ‹wie das Auge der Fledermaus zum Lichte, so sich unser Geist zu dem verhält, was an sich das Offenbarste ist›. Er ist eben nur an das Dunkel der Sinne und die Trugbilder des Sinnenfälligen gewöhnt. Wenn er darum das Licht des höchsten Seins erblickt, so vermeint er nichts zu sehen. Er begreift nicht, daß diese Dunkelheit des Geistes höchste Erleuchtung ist. Es ist, wie wenn das Auge das reine Licht sieht; es scheint ihm dann, als sähe es nichts.

5. (e) Schau also das lauterste Sein, wenn du es vermagst, und du wirst finden, daß du es nicht denken kannst, als habe es (sein Sein) von einem anderen erhalten. Somit wird es notwendig als absolut erstes erfaßt, das weder aus dem Nichts, noch von einem anderen stammen kann. Was wäre denn überhaupt durch sich, wenn nicht das *Sein selber* durch sich selbst und aus sich selber wäre? — Du wirst auch finden, daß ihm jegliches Nichtsein abgeht; darum fängt es niemals an, noch hört es jemals auf, es ist vielmehr ewig. — Du siehst also ein, daß es das Sein schlechthin und darum durchaus nicht zusammengesetzt, sondern absolut einfach ist. — Sodann erkennst du, daß es frei von jeder Möglichkeit ist; denn alles Mögliche hat irgendwie etwas vom Nichtsein an sich. Also ist es das wirklichste Sein. — Ferner drängt sich dir auch auf, daß es nichts Mangelhaftes an sich hat.

Somit ist es das vollkommenste Sein. — Endlich findest du noch, daß es keine Verschiedenheit aufweist; also ist es ganz eins.

Das lauterste schlechthinnige, absolute Sein ist demnach das Erste, Ewige, Einfachste, Wirklichste, Vollkommenste und ganz Einheitliche.

6. (f) All dieses ist so gewiß, daß keiner, der das Sein selber denkt, es sich ohne diese Vorzüge vorstellen kann, und daß diese sich gegenseitig notwendig fordern. Denn weil es eben das Sein schlechthin ist, ist es das absolut Erste. Weil es schlechthin das Erste ist, deshalb ist es von keinem anderen geschaffen, noch konnte es aus sich selbst entstehen; folglich ist es ewig. Weil es ferner das Erste und Ewige ist, darum ist es auch nicht aus anderen (Dingen); folglich ist es das Einfachste. Als das Erste, Ewige und Einfachste ist in ihm die Wirklichkeit mit keiner Möglichkeit vermischt; folglich ist es das Wirklichste. Weil es weiterhin das Erste, Ewige, Einfachste und Wirklichste ist, so ist es das Vollkommenste. Einem solchen fehlt durchaus nichts, noch kann ihm etwas hinzugefügt werden. Und endlich ist es als das Erste, Ewige, Einfachste, Wirklichste und Vollkommenste auch das absolut Einzige. ‹Was nämlich in mehrfacher Steigerung ausgesagt werden kann, das gilt von vielen; was aber in absoluter Steigerung ausgesagt wird, kann nur auf eines zutreffen?›. Wenn Gott also das ewige, einfachste, vollkommenste Sein bedeutet, dann kann er nicht als nichtexistierend und muß als einer gedacht werden. Höre darum, Israel, dein Gott ist ein einziger. — Wenn du dieses mit lauterster Einfalt des Herzens einsiehst, dann wirst du schon etwas mit der Erleuchtung des ewigen Lichtes übergossen werden.

7. (g) Du hast demnach Grund genug, dich zur Bewunderung aufzuschwingen. Denn das Sein schlechthin ist das Erste und Letzte, das Ewige und Gegenwärtigste, das Einfachste und Größte, das Wirklichste und Unwandelbarste, das Vollkommenste und Unermeßliche, das ganz Eine und Allseitige. — Wenn du dieses reinen Herzens anstaunst, wirst du mit noch hellerem Lichte überflutet, sobald du auch siehst, daß es gerade deshalb, weil es das Erste, auch das Letzte ist. Als erstes nämlich wirkt es alles seinetwegen. Darum muß es das letzte Ziel, Anfang und Vollendung, Alpha und Omega sein. — Weil es das Ewige ist, ist es das Gegenwärtigste. Als Ewiges kommt es nicht von einem anderen, vergeht nicht aus sich, noch geht es aus einem Zustande in einen anderen über. Es hat folglich kein vergangenes oder zukünftiges, sondern nur ein gegenwärtiges Sein. — Weil es das Einfachste ist, ist es auch das Größte. Ist doch das Einfachste im Wesen das Größte der Kraft nach. Je geschlossener nämlich diese ist, desto unendlicher ist sie. Als das Wirklichste ist es darum noch das Unveränderlichste; denn als solches ist es reiner Akt, erwirbt nichts Neues, noch verliert es etwas, was es besaß; darum aber kann es sich nicht ändern. — Als das Vollkommenste ist es unermeßlich. Über einem solchen kann ja nichts Vollkommeneres, Erhabeneres, Wertvolleres und damit nichts Größeres gedacht werden. Es ist also unermeßlich. — Als ganz einheitliches ist es auch allseitig. Als ganz eines ist es ja der allgemeine Urheber jeglicher Vielheit. So ist es darum für alles die allgemeine Wirk-, Vorbild- und Zielursache, wie auch Seinsgrund, Erkenntnisgrund und Lebensnorm›. Es ist also allseitig, nicht als ob es die Wesenheit von allem wäre, wohl aber als aller Wesenheiten erhabenste, allgemeinste und hinreichendste Ursache. Weil ihre Kraft in der Wesenheit nun aber ganz geeint ist, ist sie in ihrer Wirksamkeit die unendlichste und vielfältigste.

8. (h) Wiederholen wir: Weil das lauterste und absoluteste Sein, das Sein schlechthin das erste und letzte Sein ist, deshalb ist es aller Dinge Ursprung und vollendendes Ziel. — Als das Ewige und Gegenwärtigste umfaßt es jede Zeit und durchdringt sie und ist gleichsam ihre Mitte und

ihr Umkreis zugleich. — Als das Einfachste und Größte ist es ganz in allem und ganz außer allem ähnlich ‹einer geistigen Kugel, deren Mittelpunkt überall und deren Umkreis nirgends ist›. Als das Wirklichste und Unwandelbarste ist es unbeweglich und bewegt selbst das All. — Als das Vollkommenste und Unermeßliche ist es in allem, aber nicht eingeschlossen, außer allem, doch nicht ausgeschlossen, über allem, aber nicht (räumlich) erhoben, unter allem, aber doch nicht (räumlich) darunter. Weil es vollends ganz eins und allseitig ist, so ist es ‹alles in allem›, mag auch das Alles ein Vieles und es selbst ein Eines sein. Und zwar herrscht in ihm infolge der einfachsten Einheit, der klarsten Wahrheit und der aufrichtigsten Güte alle Kraft, Urbildlichkeit und Mitteilsamkeit. Darum ist ‹aus ihm, durch es und in ihm alles›, weil es allmächtig, allwissend und ganz gut ist. Dieses nun vollkommen einsehen, heißt glücklich sein, weil dem Moses gesagt wurde: ‹Ich will dir alles Gute zeigen.›

X. THOMAS VON AQUIN (1225/27–1274)

1. Die Beschaffenheit der heiligen Wissenschaft

(‹Die katholische Wahrheit› oder ‹Die theologische Summe› des Hl. Thomas von Aquin, übers. v. Cl. M. Schneider, 12 Bde. Regensburg, 1886–1892, Bd. I, S. 84–91 und 93–97)

Thomas von Aquin stellt in seiner Summe der Theologie Glaubenssätze zur Diskussion. Sie stellen das Thema der einzelnen Artikel dar. Unter a) führt Thomas zunächst diesem Glaubenssatz widersprechende Sätze auf, sodann mit den Worten ‹Auf der anderen Seite . . .› Sätze, die den Glaubenssatz bestärken. Unter b), mit den Worten ‹Ich antworte . . .› erweist Thomas selbst die Richtigkeit des zur Diskussion gestellten Glaubenssatzes, um unter c) die Argumente, die gegen diesen Satz sprechen, zu widerlegen. Es erübrigt sich hier wegen der auch äußerlich streng durchgeführten Gliederung des Autors eine besondere Gliederung.

Erster Artikel

Die Notwendigkeit der heiligen Wissenschaft

a) Gegen die Behauptung, daß die heilige Wissenschaft für den Menschen notwendig sei, scheinen die Schrift, die Vernunft und die Erfahrung zu sprechen. Denn die *Schrift* warnt: ‹Forsche nicht nach dem, was über deine Vernunft und über deine Natur hervorragt.› (Eccli. 3.) Die *Vernunft* ferner hat zum Gegenstande ihrer Forschung das Sein im allgemeinen; dieses Sein aber erläutern nach allen Richtungen hin die philosophischen Wissenschaften, also erscheint eine weitere Wissenschaft als diese letztgenannten nicht notwendig. Dazu kommt, daß gemäß der *Erfahrung* aller Jahrhunderte es immer ein Wissen über Gott bereits gegeben hat, welches demnach auch ‹theologia›, Theodicee, genannt worden ist. Es scheint also eine Notwendigkeit für die Existenz einer besonderen ‹Theologie›, einer sogenannten heiligen Wissenschaft, gar nicht zu bestehen.

Auf der anderen Seite aber heißt es II. Tim. 3, 16.: ‹Jegliche von Gott eingegebene Schrift ist nützlich, um zu lehren, zu überzeugen, zu bessern, zu erziehen zur Gerechtigkeit.› Die heilige Schrift aber, welche hier als Quelle einer gewissen Kenntnis genannt wird, ist außerhalb aller Zweige der Philosophie, die von der natürlichen menschlichen Vernunft erfunden worden sind. Also erscheint eine solche Kenntnis, die nicht zur natürlichen Philosophie gehört, wenigstens als *nützliche*.

b) Ich antworte, es sei für das Heil der menschlichen Natur *notwendig*, daß außer den philosophischen Wissenszweigen, welche die *menschliche Vernunft* zum Gegenstande hat, eine Wissenschaft bestehe, die sich auf die *göttliche Offenbarung* stützt und in dieser ihr leitendes Prinzip sieht. Die Gründe sind folgende:

1. Der Mensch hat zu Gott Beziehung als zu einem *Endzwecke*, welcher die Begriffskraft der Vernunft überragt. Denn es steht geschrieben: ‹Das Auge hat nicht geschaut, o Gott, ohne Dich, was Du bereitet hast denen, die Dich lieben.› (Jsai 64.) Der Endzweck aber, soll anders der Mensch seine innere Meinung und sein Handeln danach einrichten und zum betreffenden Zwecke hinlenken, muß notwendigerweise vorher erkannt werden. Deshalb war es eine *Notwendigkeit*, daß, diesen Endzweck vorausgesetzt, dem Menschen einige Wahrheiten durch Offenbarung mitgeteilt wurden, welche die Begriffskraft der menschlichen Vernunft überragen.

2. Zudem war es auch nach einer anderen Seite hin notwendig, daß der Mensch durch Offenbarung von seiten Gottes unterrichtet würde: nämlich für das leichtere Verständnis der rein natürlichen Wahrheiten. Denn was für Wahrheiten die menschliche Vernunft über Gott erforscht hat, das wissen verhältnismäßig nur *wenige*; und zwar erkennen sie es mit Zuverlässigkeit erst nach *längerer Zeit*; und noch dazu *unter Beimischung mannigfacher Irrtümer*; — und doch hängt von der Kenntnis dieser Wahrheiten das Gesamtwohl des Menschen ab, das ja in Gott besteht. Damit also die Menschen ihr Heil mit mehr Sicherheit und größerer Leichtigkeit fänden, war es notwendig, daß sie über die göttlichen Dinge vermittelst der göttlichen Offenbarung unterrichtet würden. Somit erhellt die Notwendigkeit, daß außer den rein philosophischen Wissenschaften, in denen die *natürliche* Vernunft Maß und Richtschnur ist, auch eine *heilige* Wissenschaft es gebe, welcher als Stütze, Maß und Richtschnur die Offenbarung dient.

c) Daraus ergibt sich zugleich die Erwiderung auf die Gegengründe. Was die *Schrift* betrifft, so erklärt sie sich an der bezeichneten Stelle selber. Denn sie sagt unmittelbar darauf: ‹Vieles, was die auf die Sinne angewiesene natürliche Vernunft des Menschen übersteigt, ist dir gezeigt worden.› Die *Vernunft* wäre allerdings *gegen* die *Notwendigkeit* der heiligen Wissenschaft in dem Falle, daß diese auf Prinzipien sich stützte, welche bereits die reine natürliche Vernunft an die Hand gibt; nach dieser Seite hin wäre nämlich durch die verschiedenen philosophischen Wissenszweige vorgesorgt. Dieser Fall tritt aber hier nicht ein. Vielmehr sind die Prinzipien, aus denen die heilige Wissenschaft vorgeht, von Gott im *Glauben* offenbart; und liegt der Vernunft in der heiligen Wissenschaft nur ob, dieselben auf die verschiedenen natürlichen Verhältnisse anzuwenden. Wo aber die Prinzipien, welche einem Wissen zu Grunde liegen, verschieden sind, da ist auch das Wissen selber verschieden. Was schließlich auf Grund der *Erfahrung* entgegengehalten worden ist, das hält auch nicht die Probe aus. Denn die Verschiedenheit der Wissenschaften hängt ab, wie eben gesagt wurde, von der Verschiedenheit der maßgebenden Beweisgründe oder Prinzipien. Sowohl der Astronom als auch der bloße Naturphilosoph z. B. beweist, daß die Erde rund ist. Aber der erstere beweist dies aus mathematischen Gründen, also durch Prinzipien, die an und für sich von einem *bestimmten* Stoffe absehen; der Naturphilosoph aber, der sich mit den stofflichen Dingen als bestimmt stofflichen, d. h. unter den Schranken von Zeit und Ort stehenden Dingen beschäftigt, beweist diese selbe Wahrheit mit solchen Gründen und vermittelst solcher Prinzipien, welche unmittelbar aus dem bestimmten Stoffe geschöpft sind, somit vom bestimmten Stoffe nicht absehen, sondern ihn als solchen voraussetzen. Deshalb sind die Astronomie und die Naturphilosophie, immerdar verschiedene Wissenschaften, mag auch das Ergebnis ihres Forschens materiell derselbe Satz sein; denn von verschiedenen Arten von Gründen geht in ihren Beweisen die eine und die andere aus. Somit kann wohl auch die *natürliche* Philosophie über göttliche Dinge forschen und über sie Behauptungen aufstellen; und trotzdem ist sie deshalb nicht die gleiche Wissenschaft wie die *heilige*, selbst mit Rücksicht auf die für beide gemeinschaftlichen Behauptungen, wie z. B. die Existenz Gottes dies ist. Denn die *Prinzipien* für eine jede von beiden sind verschieden: bei der einen ‹Theologie› sind diese Prinzipien reine Erzeugnisse der *natürlichen Vernunft*; bei der anderen sind sie vom *Glauben* geoffenbart.

ZWEITER ARTIKEL

Die heilige Wissenschaft hat den Charakter wahrer Wissenschaft

a) Daß die heilige Wissenschaft wahrhaft Wissenschaft sei, scheint aus zwei Gründen geleugnet werden zu müssen.

I. Dem Wissen als solchem ist es wesentlich eigen, vom Bekannteren zum Unbekannteren vorzuschreiten; und daraus folgt, daß schließlich jeglicher wahren Wissenschaft Prinzipien zu Grunde liegen müssen, welche durch und aus sich allein anerkannt sind, nämlich keinerlei weiteren Beweises bedürfen, also als allgemein bekannt vorausgesetzt werden; wie z. B. ‹das Ganze ist größer als einer von seinen Teilen› oder ‹ein und dasselbe kann nicht zugleich tatsächlich bestehen und nicht bestehen›. Die heilige Wissenschaft aber geht von den Glaubensartikeln als ihren Prinzipien aus, die nicht aus und durch sich selbst klar, also nicht allgemein bekannt sind; denn ‹nicht alle haben den Glauben›, heißt es II. Thess. 3.

II. Dem Wissen ist es ferner wesentlich eigen, daß es sich nicht auf das *Einzelne*, sondern auf das *Allgemeine* richtet. Nicht z. B. ist der einzelne Mensch Petrus an und für sich Gegenstand des Wissens, sondern der einzelne Mensch ist es auf Grund der *allgemeinen* Gattung ‹Mensch›; soweit der einzelne nämlich an dieser Gattung teilnimmt und in ihr den formalen Grund seines Seins hat. Die heilige Wissenschaft aber behandelt einzelne Tatsachen als einzelne und nicht unter dem Gesichtspunkte der Allgemeinheit; wie z. B. die Handlungen Abrahams, Isaaks und Jakobs und ähnliche. Also scheint ihr der Charakter wahrer Wissenschaft nicht zuzukommen.

Auf der anderen Seite sagt jedoch Augustin (14. de Trin. cap. 1.): ‹Dieser Wissenschaft kommt alles jenes zu, wodurch der im höchsten Grade heilbringende Glaube erzeugt, genährt, verteidigt, gestärkt wird.› Das kommt aber keiner anderen Wissenschaft zu als eben der heiligen. Nach Augustin also und ebenso gemäß dem Grunde, den er anführt, muß die heilige Wissenschaft den Charakter wahren Wissens haben.

b) Ich antworte, daß die heilige Wissenschaft wirklich eine Wissenschaft ist. Es muß dabei bemerkt werden, daß es eine doppelte Art von Wissenschaften gibt. Denn die einen, wie die Arithmetik, Geometrie und ähnliche, gehen von Prinzipien aus, welche durch und aus sich klar und somit für das natürliche Licht der Vernunft annehmbar sind. Andere Wissenschaften aber gehen von Prinzipien aus, die nur kraft des Lichtes einer höheren Wissenschaft an und durch sich bekannt, d. h. evident sind; wie z. B. die Perspektive von Prinzipien ausgeht, welche die Geometrie ihr leiht und die nur in der letzteren wissenschaftlich gerechtfertigt werden; die also in der

Wissenschaft der Perspektive nicht erwiesen, sondern als gewiß vorausgesetzt sind; und in eben solchem Verhältnisse steht die Musik zur Arithmetik. Zur Art dieser an zweiter Stelle genannten Wissenschaften gehört die heilige Wissenschaft. Denn sie geht aus von Prinzipien, die zwar nicht von ihr begriffen und erwiesen werden, also ihr auch nicht speziell aus sich allein heraus bekannt sind; — sondern ihre Prinzipien sind aus sich heraus klar nur im Lichte einer höheren Wissenschaft; nämlich der Gottes und der Seligen. Gleichwie daher die Musik annimmt und glaubt jene Prinzipien, welche die Arithmetik ihr gibt; so nimmt die heilige Wissenschaft an und glaubt die Prinzipien, welche von Gott geoffenbart worden.

c) I. Es wird demgemäß auf den ersten Gegengrund erwidert, daß die innerhalb einer Wissenschaft maßgebenden Prinzipien entweder aus sich heraus bekannt sind oder dadurch, daß sie auf eine höhere Wissenschaft zurückgeführt werden, in welcher sie evident sind und von welcher die untergeordnete Wissenschaft sie empfängt. Zu der Art der letzteren gehören die Prinzipien der heiligen Wissenschaft; sie verbinden unmittelbar mit Gott, denn da, nämlich in Gott, wird *geschaut*, was hier *geglaubt* wird; und der einzige feststehende Grund in der heiligen Wissenschaft ist die Evidenz der Glaubensartikel in Gott.

II. Was aber die einzelnen Tatsachen anbelangt, welche in der heiligen Wissenschaft vorkommen; so ist es zurückzuweisen, wenn gemeint werden sollte, dieselben seien *Hauptgegenstand* der heiligen Erkenntnis. Sie werden vielmehr nur als *Beispiele* benützt, wenn es sich um ein tugendhaftes Leben handelt, wie in der Moralwissenschaft; oder sie dienen zur Empfehlung der Autorität jener Männer, welche die sichtbaren Träger der Offenbarung gewesen.

DRITTER ARTIKEL

Die heilige Wissenschaft ist eine durchaus einheitliche

a) Es scheint zuvörderst gegen einen Grundsatz des Aristoteles zu sein, daß der heiligen Wissenschaft wesentliche Einheit innewohnen sollte.

I. Denn, sagt Aristoteles, ‹nur dann ist die Wissenschaft eine einige, wenn ihr Gegenstand oder Subjekt von einer und derselben Art ist›. In der heiligen Wissenschaft aber wird gehandelt vom Schöpfer und von den Geschöpfen. Da kann also gewiß nicht von einer einheitlichen Art des Subjekts die Rede sein.

II. Dasselbe geht hervor aus der Analogie mit den philosophischen Wissenschaften. Denn die heilige Wissenschaft handelt von den Engeln, von den körperlichen Geschöpfen und von den Sittenregeln für die Menschen. Über dieselben Gegenstände aber handeln verschiedene philosophische Wissenschaften, wie die Metaphysik, Physik, Ethik. Also scheinen auch verschiedene heilige Wissenschaften angenommen werden zu müssen.

Auf der anderen Seite sagt jedoch die Schrift: ‹Und Er gab ihm die Wissenschaft der Heiligen› (Sap. 10.), spricht also wie von einer durchaus einheitlichen Wissenschaft.

b) Ich antworte, daß die heilige Wissenschaft nur *eine* sei. Es ist nämlich allerdings die Einheit eines Vermögens oder einer Fähigkeit gemäß dem entsprechenden Gegenstande des Vermögens oder der Fähigkeit zu beurteilen; — jedoch darf dieser Gegenstand nicht nach seinem einzelnen subjektiv-materialen Bestande genommen werden, sondern danach, was in ihm der Natur oder dem Wesen der betreffenden Fähigkeit oder des fraglichen Vermögens entspricht. So z. B. besteht im Menschen, im Esel und im Steine gleichmäßig der Formalgrund für den Gegenstand des Auges: das Farbigsein; — und danach sind diese verschiedenen Materialobjekte alle zusammen ein einziges Formalobjekt für das Auge, insofern sie alle farbig sind und das Auge ein jedes von denselben nur sieht auf Grund der Farbe. Nun betrachtet aber die heilige Schrift und demgemäß auch die heilige Wissenschaft alle ihre Gegenstände unter dem formalen Gesichtspunkte des von Gott Geoffenbarten; denn gerade die Offenbarung liefert ihr die maßgebenden Prinzipien und somit den ganzen Grund ihres Seins. Und somit ist allem, was dem Geoffenbarten untersteht und von ihm sich ableitet, oder was ihm unterstehen und von ihm sich ableiten *kann*, *gemeinsam* der formale Gesichtspunkt für die Offenbarung oder für die Beziehung dazu. Deshalb ist also gemäß diesem einheitlichen Formalobjekt des Geoffenbarten auch die darauf gerichtete heilige Wissenschaft nur *eine*.

c) I. Danach fällt der erste Gegengrund. Die heilige Wissenschaft betrachtet nämlich Gott und die Geschöpfe nicht, insofern Gott ein eigenes selbständiges Sein hat und die Geschöpfe ebenfalls ein eigenes Sein, wie etwa das Auge sieht und das Ohr hört; sondern die Geschöpfe sind nur darum Gegenstand der heiligen Wissenschaft, weil sie zu Gott als ihrem ersten wirkenden Grunde und ihrem letzten Zwecke Beziehung haben.

II. Aus der Analogie mit den philosophischen Wissenschaften kann gleichfalls das Gewünschte nicht geschlossen werden. Denn nichts steht dem entgegen, daß mehrere *niedrige* Fähigkeiten erfordert sind für mehrere Gegenstände, wie das Tischlerhandwerk für die Holzarbeit, das Schmiedehandwerk für die Eisenarbeit; während eine *einzige* höhere Fähigkeit all diese Gegenstände unter einem einheitlichen Gesichtspunkte auffaßt, wie dies im gegebenen Beispiele die Baukunst tut. So ist auch der Gegenstand des Auges die Farbe, der des Ohres der Ton; der Gemeinsinn, sensus communis, aber im Innern des Menschen erstreckt sich auf alle Sinne, weil er eine höhere Fähigkeit ist, er urteilt über Farbe, Ton, Geschmack, Gefühl, Geruch; indem er das eine vom anderen unterscheidet. In derselben Weise faßt die heilige Wissenschaft als die höhere die zahlreichen Gegenstände der verschiedenen philosophischen Wissenschaften unter einem gemeinsamen einheitlichen Gesichtspunkte auf. Ihr Formalgrund und deshalb ihr Haupt- und leitender Gegenstand ist das Geoffenbarte und was zu demselben in Beziehung treten kann. In diesem Sinne ist sie eine alle Gegenstände der Kunst und Wissenschaft umfassende; denn alles kann Bezug haben zur Offenbarung. Und trotzdem ist sie eine streng einige; denn sie betrachtet alles unter *einem* einigen formalen Gesichtspunkte. Sie ist ein reines Abbild der göttlichen Wissenschaft, die im höchsten Grade einfach ist und doch alles durchdringt.

Die heilige Wissenschaft überragt an innerem Adel alle anderen Wissenschaften

a) Das scheint nicht so zu sein. Denn der Adel jeglicher Art Wissenschaft hängt ab I. von dem Grade der *Gewißheit*, die sie beanspruchen kann; und II. von dem Grade ihrer *Selbständigkeit*.

I. Was die zuverlässige *Gewißheit* anbelangt, so erscheinen die philosophischen Wissenschaften in demselben Grade damit mehr ausgestattet, als ihre leitenden Grundprinzipien unzweifelhaft sind, wie z. B. das Widerspruchsprinzip: Von einem und demselben Dinge kann nicht zugleich und im selben Sinne Sein und Nichtsein ausgesagt werden. Die Glaubensartikel.

aber, also die Prinzipien der heiligen Wissenschaft, können bezweifelt werden.

II. Mit Rücksicht auf die *Selbständigkeit* steht eine Wissenschaft auf einer niedrigen Stufe, welche von einer anderen ihre Beweisgründe entlehnt. Letzteres tut aber die heilige Wissenschaft gegenüber den philosophischen Wissenschaften. Denn so sagt Hieronymus (ep. 84.): ‹Die älteren Lehrer in der Kirche hätten ihre Bücher mit so vielen Belegstellen aus der Lehre der Philosophie angefüllt, daß du nicht weißt, was in denselben mehr zu bewundern ist, ob die Kenntnis der profanen Wissenschaften oder die der heiligen Schriften.› Somit scheint die heilige Wissenschaft nach beiden Seiten hin tiefer zu stehen als die anderen.

Auf der anderen Seite jedoch heißt es in den Sprichwörtern (9, 5.): ‹Sie (die göttliche Weisheit) sandte aus ihre Mägde, damit sie den einladenden Ruf ertönen ließen, zur Burg zu kommen›; wobei unter den ‹Mägden› die profanen Wissenschaften zu verstehen sind, die mit daran teilnehmen sollen, die Menschen zur Eroberung der festen Burg der ewigen Herrlichkeit einzuladen.

b) Ich antworte, daß die Wissenschaft, um welche es sich hier handelt, schon deshalb an Adel alle anderen, sowohl die spekulativen als die praktischen Wissenschaften, weit überragt, weil sie in ihrer Einheit das spekulative Element und zugleich das praktische in sich begreift.

Denn der Adel einer *spekulativen* Wissenschaft bemißt sich nach der Stufe der zuverlässigen Gewißheit, auf der sie steht; und ebenso nach der Erhabenheit ihres Gegenstandes. Nach beiden Seiten steht die heilige Wissenschaft höher als alle übrigen. Denn die letzteren leiten ihre *Gewißheit* ab vom natürlichen Lichte der menschlichen Vernunft, die da irren kann; unsere Wissenschaft hier aber hat ihre Stütze im Lichte des göttlichen Wissens, wo ein Irrtum unmöglich ist. Aber auch der *Gegenstand* der heiligen Wissenschaft ist erhaben über den aller übrigen. Denn sie behandelt in erster Linie das, was kraft seiner Erhabenheit alles menschliche Denken und Begreifen übersteigt.

Unter den *praktischen*, auf die menschliche Tätigkeit gerichteten Wissenschaften aber steht jene höher an Würde, welche dem höheren Zwecke dient. So erkennt z. B. die Militärwissenschaft die politische als die höhere an; denn letztere verfolgt als Zweck das Wohl des *gesamten* Staates, während die andere zunächst nur auf das Wohl des *Heeres* gerichtet erscheint. Die heilige Wissenschaft aber verfolgt den ohne weiteres höchsten Zweck, die Erreichung der ewigen Seligkeit, wohin die Zweckrichtungen aller anderen Wissenschaften leiten. Also ist die heilige Wissenschaft unter allen Umständen an Adel die vornehmste.

c) Die Gegengründe widerlegen sich damit leicht. I. Der erste unterscheidet nicht zwischen der *Gewißheit*, insoweit sie für *uns*, nämlich wegen der Schwäche unseres Verstandes, keine zuverlässige ist, und der Gewißheit, insoweit sie *an sich betrachtet* in der reinsten Evidenz besteht, also in ihrer Natur die höchste Zuverlässigkeit verbürgt. ‹Unserem Verstande ist es ja eigen›, sagt Aristoteles (II. metaph.), ‹daß er zu dem, was der inneren Natur nach am klarsten ist, in demselben Verhältnisse steht, wie das Auge der Eule zum Lichte der Sonne.› Unser Verstand kann eben zu große Lichtfülle nicht ertragen; denn er ist an den Stoff gebunden und erkennt die Wesenheit nur, insoweit diese mitten im Stoffe ist; während die reine Erkennbarkeit um so größer wird, je mehr sie vom Stoffe sich entfernt. Nicht also, weil ihr Inhalt an sich nicht zuverlässig sei, werden Glaubensartikel bezweifelt, sondern weil die menschliche Vernunft für das reine Licht zu schwach ist. Und doch ist es nach Aristoteles mehr wert, auf der geringsten Stufe irgendwie die erhabensten Dinge zu erkennen, als die sicherste und zuverlässigste Kenntnis zu haben von den tiefsten Dingen. (11. de animal.)

II. Auch ist es durchaus nicht wahr, daß diese Wissenschaft von den philosophischen Wissenschaften etwas empfange, weil sie dessen bedürfe. Aber sie bedient sich der profanen Gelehrsamkeit, um ihre Wahrheiten dem Geiste der Hörer näher zu bringen und sie ihnen gemäß dem, was letztere bereits kennen, deutlicher zu machen. Denn sie entlehnt ihre Prinzipien nicht der natürlichen Wissenschaft, sondern sie hat dieselben vermittelst der Offenbarung. Vielmehr gleichwie die Baukunst sich der Schreinerei und Schlosserei usw. bedient, wie die Politik die Militärwissenschaft zu ihrem Zwecke gebraucht, wie die Königin ihre Mägde hat; — in diesem Verhältnisse steht die heilige Wissenschaft zu den übrigen. Sie benutzt dieselben wegen der Schwäche unseres Verstandes, der vermittelst dessen, was er an natürlichem Wissen hat, leichter befähigt wird für die Auffassung dessen, was über die Vernunft ist.

SIEBENTER ARTIKEL

Gott ist der Gegenstand der heiligen Wissenschaft

a) Diese Behauptung scheint gegen das tiefste Wesen jeder Wissenschaft zu sein. Denn die erste Voraussetzung dafür, daß überhaupt eine Wissenschaft bestehe, ist die, daß man weiß, was denn eigentlich der Gegenstand, den sie behandelt, seiner Natur nach sei. Das quid ist von einem Gegenstande muß nach Aristoteles (2. Posterior.) gewußt werden, damit dieser Gegenstand für eine Wissenschaft Subjekt sei. Gottes Natur oder Wesen aber ist hier auf Erden unbekannt. Damascenus drückt dies mit den Worten aus: ‹Zu sagen, was Gott seinem Wesen nach sei, ist unmöglich.› (3. de fid. 24.) Also fehlt jede Voraussetzung dafür, daß Gott für die heilige Wissenschaft Subjekt oder Gegenstand sein könne. Davon bildet zumal die heilige Schrift selber das einschneidendste Zeugnis. Denn sie handelt nicht nur von Gott, sondern von vielem anderem, wie z. B. von den Geschöpfen und von den Sitten der Menschen.

Auf der anderen Seite aber wird ‹Subjekt einer Wissenschaft› jenes Sein genannt, von welchem hauptsächlich die Rede ist. In der heiligen Wissenschaft aber ist hauptsächlich die Rede von Gott; sie heißt demnach auch *Theologie*. Also ist Gott das ‹Subjekt dieser Wissenschaft›.

b) Ich antworte, daß Gott das ‹Subjekt› oder der Gegenstand der heiligen Wissenschaft ist. Denn so verhält sich das Subjekt zu einer Wissenschaft wie der Gegenstand der Tätigkeit zu einem Vermögen oder einem Zustande. Nun wird Gegenstand eines Vermögens jenes genannt, unter dessen Gesichtspunkte alles Übrige zum selben Vermögen Beziehung hat; wie z. B. der Mensch und der Stein zur Sehkraft Beziehung haben unter dem Gesichtspunkte und dem Formalgrunde des Farbigseins; das Farbigsein also ist der Gegenstand der Sehkraft. Alles aber wird in der heiligen Wissenschaft behandelt unter dem Gesichtspunkte Gottes. Denn entweder handelt sie über Gott selber oder über das, was auf Gott Beziehung hat als auf den Urgrund und den letzten Endzweck. Daraus folgt, daß Gott das ‹Subjekt› dieser Wissenschaft ist. Dieses selbe wird auch offenbar aus den Prinzipien dieser Wissenschaft, welche die Glaubensartikel sind. Denn diese sind ganz und gar über Gott. Ein und dasselbe ‹Subjekt› aber gilt für die Prinzipien einer Wissenschaft und für die ganze Wissenschaft; da ja in den Prinzipien die ganze Wissenschaft der Kraft nach wie in einem Samenkorne enthalten ist.

Manche gaben nun allein acht auf das, was in der heiligen Wissenschaft behandelt wird; nicht aber, *unter welchem Gesichtspunkte* dies alles behandelt wird. Sie bezeichneten deshalb ein anderes Sein als ‹Subjekt› dieser Wissenschaft: nämlich den wirklichen Inhalt und die äußeren Zeichen (Sakramente); oder die Tätigkeit der Erlösung; oder den ganzen Christus, Haupt und Glieder. Davon ist allerdings wohl die Rede in dieser Wissenschaft; aber nur insoweit dies alles Beziehung hat auf Gott.

c) Es verschlägt deshalb durchaus nichts, wenn wir von Gott als dem ‹Subjekt› der heiligen Wissenschaft nicht wissen, was Er *seiner Natur* nach ist. Er bleibt trotzdem immer nach seinem wirklichen Sein, nach seiner reinsten, alles überragenden Tatsächlichkeit und nicht bloß als Grund dessen, daß etwas über die natürliche Vernunft hinaus offenbart werden kann, das ‹Subjekt› der Theologie. Es handelt sich ja in unserer Theologie hier auf Erden zuvörderst darum, daß wir überhaupt Gott *finden*. Und dazu ist es vollauf genügend, wenn wir auf Grund der Offenbarung wissen, wie alles zu Gott zu führen geeignet ist, wie alles zu Gott Beziehung hat als zum unerschöpflichen Urgrunde und zum letzten Endzweck. Wir gebrauchen also in dieser Wissenschaft nicht zwar das *Wesen* oder die *Natur* Gottes selber als Ausgangspunkt und Grundlage, sondern die Beziehungen, welche die *Werke* Gottes, sei es im Bereiche der Natur, sei es im Bereiche der Gnade, zu Ihm haben. Das geschieht aber auch in so manchen philosophischen Wissenschaften, daß betreffs der Ursache etwas bewiesen wird auf Grund der *Wirkung*, daß man also anstatt der Begriffsbestimmung oder des inneren Wesens der Ursache die Wirkung setzt.

Das angerufene Zeugnis der Schrift hat hier gar keinen Belang. Denn in der heiligen Wissenschaft ist alles andere, alles, was außer Gott existiert, mitinbegriffen; nicht etwa wie selbständige Teile derselben oder als Untergattungen oder wie zum Wesen des Gegenstandes der Theologie von außen her hinzutretende Eigenschaften; wie etwa die Mathematik geteilt wird in Geometrie, Trigonometrie, Stereometrie etc.; — vielmehr ist alles andere Gegenstand der Theologie, weil es in irgendeiner Weise auf Gott zeigt.

Achter Artikel

Die heilige Wissenschaft geht beweisend vor

a) Das Gegenteil scheint wahr zu sein, daß nämlich Beweise in der heiligen Schrift keine Stätte finden. Dies behauptet ausdrücklich Ambrosius, der da sagt: ‹Verzichte auf Beweise, wo Glauben erfordert wird.› In der heiligen Wissenschaft aber wird vor allem Glauben erfordert, weshalb es bei Johannes (20, 31.) heißt: ‹Das ist geschrieben, damit ihr glaubt.› Aber auch angenommen, die Theologie gehe beweisend vor, so ruht ihre Beweiskraft entweder in der angerufenen *Autorität* oder in der *Vernunft*. Das erstere paßt jedenfalls nicht zu ihrem Adel; denn, wie Boëthius sagt, sind Beweise, welche allein auf Autorität, also auf den Ausspruch irgendeines anderen sich berufen, die wenigst wertvollen (com. super Topica Cic. lib. 6.), locus ab auctoritate est infirmissimus. Soll aber die Beweiskraft der Theologie sich auch auf die Vernunft stützen, so scheint das gegen ihren Zweck zu verstoßen. Denn ‹der Glaube hat da kein Verdienst, wo die menschliche Vernunft den Beweis führt›, wie Gregor der Große sagt (hom. 26. in Eu.). So würde man also schließen müssen, daß die heilige Wissenschaft auf wirkliche Beweise verzichtet.

Auf der anderen Seite aber sagt der Apostel (ad Tit. I. 19.) vom Bischofe, ‹er solle danach streben, mit größter Treue auszudrücken, was die wahre Lehre in sich enthält, damit er so geeignet sei, zu ermahnen auf Grund gesunder Lehre und die, welche entgegen sind, mit Beweisen zu widerlegen.›

b) Ich antworte, daß keine Wissenschaft Beweise hat, um ihre Prinzipien, von denen sie nämlich ausgeht, und auf die allein sie sich stützt, als wahre darzutun; jede vielmehr beweist in ihrem Bereiche *aus* ihren Prinzipien heraus andere Punkte. So auch will die Theologie keineswegs ihre Prinzipien, also die Glaubensartikel, durch Beweise als wahre dartun; sondern sie geht umgekehrt von ihnen aus, um etwas anderes zu beweisen. So z. B. beweist der Apostel (I. Kor. 15.) aus der Auferstehung des Herrn Jesus Christus die allgemeine Auferstehung des Fleisches.

Dabei ist jedoch zu berücksichtigen, daß die untergeordneten philosophischen Wissenschaften weder ihre Prinzipien beweisen noch gegen denjenigen, der sie leugnet, disputieren, sondern dies der höheren überlassen, welche diese Prinzipien beweist; wie z. B. die Arithmetik dies tut gegenüber den Prinzipien der Musik. Die *höchste* philosophische Wissenschaft aber, die Metaphysik, führt nur dann Beweise ins Feld; sie disputiert gegen jenen, der ihre Prinzipien leugnet, nur dann, *wenn der Gegner wenigstens etwas zugibt*. Gibt derselbe jedoch gar nichts zu, so hört jeder Streit auf, der mit Gründen geführt werden soll; denn es ist keinerlei gemeinsamer Boden mehr da. Sie kann nur die Gründe des Gegners als nichtige dartun.

Ähnlich verhält es sich mit der heiligen Schrift oder Theologie. Da sie keine untergeordnete Wissenschaft, sondern vielmehr die höchste ist, stellt sie demjenigen, der ihre Prinzipien, also die Glaubensartikel, leugnet, Gründe ihrerseits entgegen, wenn der Gegner *etwas* zugibt von dem, was der Offenbarung gedankt wird. So z. B. kämpfen wir gegen die Irrlehrer und ihre Anhänger kraft der Aussprüche der heiligen Schrift und der Väter; kraft dessen nämlich, was beide Teile als maßgebend anerkennen; und den einen gemeinsam anerkannten Glaubensartikel stellen wir jenem entgegen, welcher den anderen leugnet, ohne welchen schließlich der erste gemeinsam anerkannte auch nicht bestehen bleiben kann. Glaubt aber der Gegner gar nichts von dem, was geoffenbart ist, so können ihm von seiten der heiligen Wissenschaft positive Gründe nicht mehr entgegengestellt werden; nimmt er doch nichts vom Fundamente und von der einzigen Existenzberechtigung der letzteren an. Es bleibt dann nur übrig, jene Gründe, welche er gegen den Glauben anführt, als nichtige darzulegen. Das aber ist immer und zwar von vornherein — a priori möglich. Denn da der Glaube auf der unveränderlichen Wahrheit beruht, die niemals irren kann, so ist es offenbar, daß die Gründe, welche gegen seine Wahrheit ins Feld geführt werden, keine wirklichen Beweise enthalten, sondern nichtig und in ihrer Wertlosigkeit darzulegende Argumente sind.

c) Demgemäß verwechselt der Gegengrund, welcher an erster Stelle steht, die Glaubensartikel als Prinzipien der heiligen Lehre mit den Anwendungen derselben auf anderes. Ihre eigenen Prinzipien beweist keine Wissenschaft und also auch nicht die Theologie. Wohl aber *beweist* dieselbe aus ihren Prinzipien die Existenz anderer Wahrheiten.

Was nachher entgegnet wird, ist wohl der Sache nach richtig, aber es wird dabei übersehen, daß es sich nicht um eine *menschliche*, sondern um die *göttliche* Autorität als den Ausgangspunkt und die Stütze der theologischen Beweise handelt. Nun ist wohl sehr schwach und ohnmächtig, was in der Autorität *menschlicher* Aussprüche, also in der Vernunft eines anderen Menschen, begründet ist; was aber seinen Halt und sein Fundament in der *Offenbarung* besitzt, das ist überaus fest und entbehrt nicht im mindesten der Würde des Adels.

Gleichwohl bedient sich die heilige Wissenschaft nicht bloß der göttlichen Autorität, sondern auch der menschlichen Vernunft; zwar nicht, um die Glaubensartikel zu beweisen; ein solcher Beweis würde allerdings jegliches *Verdienst* des Glaubens ausschließen; — sondern um manches andere deutlich zu machen, was von der heiligen Wissenschaft gelehrt wird. Da also die Gnade durchaus nicht die Natur zerstört, sondern sie vielmehr vollendet; so muß auch die natürliche Vernunft dem Glauben dienen, gleichwie die natürliche gute Neigung des Willens der Liebe nachfolgt. Deshalb sagt auch der Apostel (II. Kor. 10.): ‹Wir nehmen gefangen jeglichen Verstand, auf daß derselbe Christo diene.› Und daher kommt es, daß die heilige Lehre auch die Aussprüche der Philosophen verwertet in Fällen, wo sie mit ihrer natürlichen Vernunft die Wahrheit erkennen konnten; wie z. B. Paulus (act. 17, 28.) als Beleg seiner Worte einen Ausspruch des Philosophen Aratus anführt: ‹So haben ja auch manche euerer Dichter gesagt: Das Geschlecht Gottes sind wir.› Dergleichen Aussprüche gebraucht jedoch die heilige Lehre bloß *als von außen her* gegebene, gleichsam fremde, nicht aus ihren eigenen inneren Prinzipien von selbst fließende und deshalb nur als *etwelche Wahrscheinlichkeit* verleihende Beweisgründe. Der Stellen der kanonischen Schriften bedient sich die Theologie als *zwingender* und *maßgebender* Autoritätssprüche. Stellen aber aus den anderen Lehrern der Kirche führt sie an, wohl als Autoritäten, die *ihrem eigenen Schatze,* dem der heiligen Lehre nämlich, entnommen sind und nicht als ihr äußerliche, fremde; jedoch trotzdem will sie damit keinen zwingenden Schluß zuwege bringen, sondern nur eine gewisse *Wahrscheinlichkeit* begründen. Denn unser Glaube stützt sich auf die Offenbarung, welche den Aposteln und den Propheten geworden; — und nicht auf etwaige andere Offenbarungen, welche einzelne Lehrer der Kirche erhalten hätten. Deshalb sagt Augustin (ad Hier. ep. 19. cap. 1.): ‹Nur jenen Schriften habe ich gelernt, volle und ungeminderte Ehrfurcht zu erweisen, welche *kanonische* genannt werden; von ihnen glaube ich mit aller Festigkeit, daß keiner von jenen, der sie geschrieben, geirrt hat. Andere Schriftsteller lese ich in der Weise, daß, mögen sie auch große Heiligkeit und tiefe Gelehrsamkeit besitzen, ich doch deshalb nicht ohne weiteres für wahr halte, was sie behauptet oder geschrieben.›

2. ÜBER DEN GLAUBEN

(‹Die katholische Wahrheit› oder ‹Die theologische Summe› des Hl. Thomas von Aquin . . . Bd. 7, S. 7–13)

Zur Gliederung vgl. das zu 1. Gesagte.

ERSTER ARTIKEL

Der Gegenstand des Glaubens ist die erste Wahrheit

a) Dies scheint nicht ausreichend. Denn:

I. Was uns zu glauben vorgestellt wird, ist nicht einzig die erste Wahrheit; sondern auch Solches, was zur Menschheit Christi gehört oder zu den Sakramenten oder zur Erschaffung der Kreaturen.

II. Glaube und Ungläubigkeit richten sich auf den nämlichen Gegenstand. Wer aber etwas leugnet von dem, was die heilige Schrift sagt, wird bereits als ein Ungläubiger erachtet. Also auf Alles, was in der heiligen Schrift enthalten ist, erstreckt sich der Glaube, worin doch Vieles über Menschen und überhaupt über Geschöpfe gesagt wird.

III. Der Glaube erstreckt sich so weit wie die heilige Liebe. Diese aber hat nicht Gott allein, sondern auch den Nächsten zum Gegenstande. Nicht also die erste Wahrheit allein ist Gegenstand des Glaubens.

Auf der anderen Seite sagt Dionysius (7. de div. nom.): ‹Der Gegenstand des Glaubens ist die einfache und immer existierende Wahrheit›; also die erste.

b) Ich antworte, der Gegenstand eines jeden Erkenntniszustandes könne nach zwei Seiten hin betrachtet werden: 1. nach dem *materialen* Bestande dessen, was erkannt wird; insoweit nämlich das betreffende Ding noch der es zu einem erkennbaren machenden, also eingehender bestimmenden und vollendenden Form bedarf; — 2. nach dem *formalen* Bestande; insoweit nämlich Jenes erwogen wird, wodurch etwas bestimmt erkennbar hingestellt erscheint. So bilden den *materialen* Gegenstand der Geometrie die Schlußfolgerungen; den *formalen* die Beweisgründe, wodurch dieselben als geometrische Wahrheiten erkannt werden; — und für das Auge sind die Körper die *materialen* Gegenstände, die Farbe ist der *formale* Gegenstand.

Sprechen wir also beim Glauben vom *formalen*, zum Erkennen bestimmenden Gegenstande, so ist dieser nichts Anderes wie die *erste Wahrheit*. Denn der bestimmende Grund in Allem, was man glaubt, also in jeglicher Wahrheit, der infolge des Glaubens zugestimmt wird, ist die erste Wahrheit; nämlich der Umstand, daß es von Gott geoffenbart worden. Der vermittelnde Beweisgrund demnach, auf den der Glaube sich stützt, ist die erste Wahrheit selber. Sprechen wir aber von den Gegenständen des Glaubens nach der *materialen* Seite hin, also insofern etwas bestimmt wird, um erkannt zu werden durch die erste Wahrheit, so ist nicht Gott allein der Gegenstand des Glaubens, sondern *vieles Andere*; jedoch immer nur, insoweit etwas Beziehung hat zu Gott, insoweit also durch einzelne Wirkungen Gottes der Mensch unterstützt wird, um nach der seligen Anschauung Gottes zu streben.

Also auch von dieser Seite her ist am Ende immer die *erste Wahrheit* es allein, die da Gegenstand des Glaubens ist, inwieweit nämlich etwas einzig als in Beziehung stehend zu Gott geglaubt wird. So ist z. B. der Gegenstand der ärztlichen Wissenschaft die Gesundheit, denn nichts wird von ihr betrachtet außer mit Beziehung auf die Gesundheit.

c) I. Durch die Menschheit Christi, die Sakramente etc. werden wir zu Gott hingeordnet; und wir stimmen diesen Wahrheiten zu auf Grund Gottes als der ersten Wahrheit.

II. Ebenso.

III. Auch die Liebe liebt den Nächsten wegen Gott; ihr eigentlicher Gegenstand ist also Gott. (Kap. 25.)

Gegenstand des Glaubens sind gewisse aus Subjekt und Prädikat zusammengesetzte Sätze

a) Dies scheint nicht. Denn:

I. Die erste Wahrheit, der Gegenstand des Glaubens, ist etwas Unzusammengesetztes. Also.

II. Die Darlegung des Glaubens ist im Symbolum enthalten. Da sind aber die Glaubensgegenstände nicht in der Weise von Sätzen niedergelegt, sondern wie *Tatsachen*. Es wird z. B. nicht gesagt: Gott ist allmächtig; sondern: Ich glaube an Gott den Allmächtigen. Das sind aber nur einfache Ausdrücke und nicht formulierte Sätze. Also.

III. Dem Glauben entspricht das Schauen, nach 1. Kor. 13.: ‹Wir sehen jetzt im Rätsel wie durch den Spiegel, dann aber von Angesicht zu Angesicht; jetzt erkenne ich teilweise, dann aber werde ich erkennen wie ich erkannt bin.› Das Schauen nun hat zum Gegenstande etwas durchaus Einfaches, die göttliche Wesenheit; also auch der Glaube auf dem Pilgerwege.

Auf der anderen Seite liegt der Glaube in der Mitte zwischen Wissen und Meinen. Was aber in der Mitte liegt, gehört derselben Art an wie die beiden äußersten Punkte. Da also Wissen und Meinen sich in Sätzen ausdrücken, so ist dies auch beim Glauben der Fall. Und so ist der Gegenstand des Glaubens etwas Zusammengesetztes; er ist nämlich ausgedrückt in einem aus Subjekt und Prädikat zusammengesetzten Satze.

b) Ich antworte, das Erkannte sei im Erkennenden nach Weise des Erkennenden. Die Weise der menschlichen Vernunft aber in der Erkenntnis ist die, daß sie zusammensetzt und trennt und daß sie so die Wahrheit erkennt. Was also an und für sich einfach ist, das erkennt die menschliche Vernunft nur, indem sie in gewisser Weise zusammensetzt; wie die göttliche Vernunft umgekehrt in einfacher Weise erkennt, was an sich zusammengesetzt ist.

Wird also der Gegenstand des Glaubens von der Sache aus betrachtet, die man glaubt, so ist er etwas durchaus *Einfaches*; wird er vom *Glaubenden* aus betrachtet, so ist er ein aus Subjekt und Prädikat *zusammengesetzter* Satz.

c) I. Dieser Einwurf geht von der Sache aus, die geglaubt wird.

II. Was im Symbolum enthalten ist, das steht da ausgedrückt wie der Abschluß des Glaubensaktes. Der Glaubensakt wird aber abgeschlossen durch die Sache, die geglaubt wird; nicht durch einen Satz. Denn wir bilden nur Sätze zu dem Zwecke, um vermittelst derselben Kenntnis zu haben von den betreffenden Sachen; und wie dies in der Wissenschaft ist, so auch im Glauben.

III. Das Schauen in der Heimat vollzieht sich nicht vermittelst eines Satzes, sondern geht auf das Geschaute wie dieses *tatsächlich* ist; nach 1. Joh. 3.: ‹Wir wissen, wenn Er erscheinen wird, werden wir Ihm ähnlich sein; denn wir werden Ihn schauen, wie Er ist.› Das ist aber nicht beim Glauben der Fall.

DRITTER ARTIKEL

Der Glaube kann nichts Falsches enthalten

a) Das Gegenteil wird dargetan:

I. Glaube, Hoffnung und Liebe stehen auf der nämlichen Stufe. Viele aber hoffen, das ewige Leben zu erhalten, und werden es nicht erhalten; viele auch werden geliebt als gute, die trotzdem nicht gut sind. Also kann man auch etwas glauben, was nicht der Wahrheit entspricht.

II. Abraham glaubte, Christus werde geboren werden, nach Joh. 8.: ‹Abraham, euer Vater, frohlockte, daß er sehen würde meinen Tag; er sah ihn und freute sich.› Nach den Zeiten Abrahams aber konnte Gott auch nicht Mensch werden; denn allein kraft seines Willens nahm Er Fleisch an. Also konnte falsch sein das, was Abraham glaubte.

III. Der Glaube der Alten war, Christus werde geboren werden; und dieser Glaube dauerte bei vielen bis zur Predigt des Evangeliums. Also war es falsch, dies zu glauben von der Zeit der Geburt Christi an bis zur Predigt des Evangeliums.

IV. Wenn die Konsekration in der heiligen Messe nicht richtig war, glaubt jener, der da Christum unter den Gestalten von Brot und Wein anbetet, etwas Falsches; denn es ist nur Brot und Wein gegenwärtig, nicht der Leib und das Blut Christi. Also kann der Glaube etwas Falsches enthalten.

Auf der anderen Seite richtet sich keine von den Tugenden, welche die Vernunft vollenden, auf etwas Falsches. Denn das Falsche ist ein Übel für die Vernunft, die Tugend aber geht ihrer Natur nach auf das Gute. Der Glaube nun vervollkommnet die Vernunft. Also kann demselben nichts Falsches innewohnen.

b) Ich antworte, nichts sei in einem Vermögen, in einem Zustande oder in einer Tätigkeit enthalten, außer vermittelst des formalen Grundes im Gegenstande; wie z. B. keine Farbe sichtbar ist für das Auge, außer vermittelst des formalen Grundes für das Sehen, nämlich vermittelst des Lichtes, und wie eine Schlußfolgerung nur gewußt wird vermittelst des Beweisgrundes. Nun ist dieser Formalgrund für den Glauben die *erste Wahrheit*. Nichts kann also im Glauben enthalten sein, außer insoweit es unter der ersten Wahrheit steht als dem bestimmenden Momente. Unter dieser aber kann nichts Falsches stehen; ebensowenig wie Sein Nichtsein, das Gute ein Übel sein kann. Der Glaube also kann nichts Falsches enthalten.

c) I. Das *Wahre* ist wohl das Gut für die *Vernunft*, nicht aber an sich für den *begehrenden Teil*. Alle Tugenden, die in der *Vernunft* ihren Sitz haben, schließen also ganz und gar das Falsche aus; denn zum Wesen der Tugend gehört es, nur auf das Gute sich zu richten. Die Tugenden aber im *begehrenden* Teile schließen nicht ganz und gar das Falsche aus; denn jemand, der gerecht oder mäßig ist, kann ganz gut eine falsche Meinung haben betreffs dessen, was er tut. Und danach steht der Glaube, der die Vernunft vollendet, nicht auf der gleichen Stufe wie die Hoffnung und die Liebe, welche den Willen vollenden.

Und trotzdem kann auch in der *Hoffnung* nichts Falsches enthalten sein. Denn der da wirklich hofft, meint nicht, er werde gemäß der eigenen natürlichen Kraft das ewige Leben erhalten (das wäre Vermessenheit), sondern gemäß dem Beistande der Gnade. Verharret er nun in dieser Hoffnung, so wird er es erhalten.

Ebenso gehört es *zur Liebe*, Gott zu lieben, in wem auch immer Gott ist. Deshalb kommt es da nicht darauf an, ob in dem, der wegen Gott geliebt wird, nun tatsächlich Gott ist.

II. An *sich* betrachtet war die Menschwerdung nur immer noch möglich und nicht unfehlbar gewiß, auch nach der Zeit Abrahams. Aber nicht in dieser Weise ist sie Gegenstand des Glaubens gewesen, sondern insoweit sie dem *Wissen Gottes* unterliegt; und so war sie unfehlbar gewiß.

III. Zum Glauben gehörte nur, Christus werde zu einer gewissen Zeit geboren werden. Jene Bestimmung der Zeit aber, in welcher der betreffende sich täuschte, war nicht aus dem Glauben, sondern eine Folge menschlicher Berechnung. Darin also konnte Falsches sein.

IV. Der Glaube erstreckt sich nicht auf diese bestimmten Brot- und Weingestalten, sondern darauf, daß der Leib und das Blut Jesu gegenwärtig sind, wenn die Konsekration richtig war. Ist letzteres nicht der Fall, so erstreckt sich damit der Glaube nicht auf etwas Falsches.

Etwas Geschautes kann nicht insoweit Gegenstand des Glaubens sein

a) Dagegen heißt es:

I. Joh. 20.: ‹Weil du mich geschaut, Thomas, hast du geglaubt.› Also auf das Nämliche richtet sich das Schauen und das Glauben.

II. 1. Kor. 13.: ‹Wir *schauen* nun durch den Spiegel im Rätsel›; und der Apostel spricht da vom *Glauben*.

III. Der Glaube ist ein geistiges Licht; durch das Licht aber wird immer etwas geschaut.

IV. ‹Jeder Sinn wird in gewisser Weise als *Sehen* bezeichnet› sagt Augustin (de verb. Dom. 33.). Der Glaube aber richtet sich auf das *Gehörte* nach Röm. 10, 17. Also erstreckt sich der Glaube auf die geschauten Dinge.

Auf der anderen Seite sagt Paulus (Hebr. 11.): ‹Der Glaube ist der Beweis dessen, was nicht geschaut wird.›

b) Ich antworte, der Glaube sei ein Zustimmen der Vernunft zu dem, was geglaubt wird. Solches Zustimmen geschieht aber 1. deshalb, weil die Vernunft vom *Gegenstande* selber her zum Zustimmen bestimmt wird; sei es, daß dieser unmittelbar durch sich selbst gekannt wird, wie bei den ersten Grundprinzipien, sei es daß derselbe durch Anderes gewußt wird, wie bei den Schlußfolgerungen, welche die Wissenschaft umfaßt. Dann stimmt 2. die Vernunft zu etwas zu; nicht als ob der eigens entsprechende Gegenstand sie genügend dafür bestimmt, sondern weil sie *mittels freier Wahl* weit mehr den einen Teil für wahr hält als den anderen. Geschieht dies nun mit Zweifel und mit einer gewissen Furcht, der Gegenpart könne wahr sein, so ist dies *Meinung*; geschieht es mit Gewißheit, ohne solche Furcht, so ist es *Glaube*.

Geschaut nun werden jene Gegenstände, welche *von sich aus* die Vernunft oder den Sinn bestimmen. Weder *Glauben* noch *Meinen* also kann auf etwas Geschautes gehen, mag es um den Sinn oder um die Vernunft sich handeln.

c) I. Thomas hat etwas Anderes geschaut und etwas Anderes geglaubt. Den ‹Menschen› hat er *geschaut* und seinen *Glauben* an Gott hat er *bekannt*; denn er sagte: ‹Mein Herr und mein Gott.›

II. Was im Glauben enthalten ist, das kann in zweifacher Weise betrachtet werden: *einmal* im besonderen; und so kann nicht das Nämliche zugleich Gegenstand des Glaubens und des Schauens sein; — *dann* im allgemeinen, nämlich unter dem allgemeinen Gesichtspunkte des Glaubwürdigen; und so ist geschaut das, was jemand glaubt. Denn er würde nicht glauben, wenn er nicht schaute, daß das Nämliche glaub*würdig* sei entweder wegen der Evidenz der Wunder und wegen Ähnlichem.

III. Das Licht des Glaubens macht, daß man das schaut, was man glaubt; d. h. was man glaub*würdig* findet. Denn wie durch andere Zustände von Tugenden der Mensch das schaut, was ihm gemäß jenem Zustande zukömmlich ist; so wird durch den Zustand des Glaubens der menschliche Geist hingeneigt, um zuzustimmen dem, was dem rechten Glauben entspricht und nicht etwas Anderem.

IV. Das Gehör richtet sich auf die *Worte*, welche ausdrücken und bezeichnen, was Gegenstand des Glaubens ist; nicht aber richtet es sich auf die *Dinge selbst*, welche geglaubt werden; und sonach dürfen solche Dinge nicht geschaut sein.

Die Gegenstände des Glaubens sind nicht Gegenstände des Wissens

a) Dies scheint aber der Fall sein zu können. Denn:
I. Was nicht gewußt wird, ist ungekannt. Unwissenheit nämlich steht dem Wissen gegenüber. Was aber Gegenstand des Glaubens ist, das ist nicht ungekannt; denn die Unwissenheit darin ist Ungläubigkeit, nach 1. Tim. 1.: ‹Unwissend tat ich es in Ungläubigkeit.› Also was geglaubt wird, kann zugleich gewußt werden.

II. Wissenschaft erlangt man durch Gründe. Die heiligen Autoren aber begründen das, was sie als zu glauben vorstellen. Also.

III. ‹Der Beweis ist ein Syllogismus, der ein Wissen verursacht.› Manches aber, was geglaubt wird, beweisen die Philosophen; wie z. B. daß Gott existiert, daß Gott ein einziger ist und Ähnliches.

IV. Das Meinen ist vom Wissen weiter entfernt als das Glauben, da letzteres in der Mitte liegt zwischen Wissen und Meinen. Meinen und Wissen aber können den nämlichen Gegenstand haben. (1. Post. ult.) Also kann um so mehr der nämliche Gegenstand gewußt und geglaubt werden.

Auf der anderen Seite sagt Gregor (hom. 26. in Evgl.): ‹Was offenbar erscheint, wird nicht geglaubt, sondern anerkannt.› Worüber aber *Glauben* ist, das wird *nicht* anerkannt oder geschaut; sondern das, was *gewußt* wird. Also was gewußt wird, das wird nicht geglaubt.

b) Ich antworte, jegliches Wissen werde erlangt vermittelst einiger Prinzipien, welche *durch sich selbst* bekannt und somit Gegenstand des Wissens sind; was also gewußt wird, das ist immer gewissermaßen geschaut. Es ist aber nicht möglich, daß das Nämliche vom Nämlichen geschaut sei und geglaubt wie oben nachgewiesen. Also kann auch nicht das Nämliche gewußt und geglaubt sein. Es kann jedoch der Fall sein, daß das, was der eine glaubt, der andere weiß. Denn was wir z. B. über die Dreieinigkeit glauben und was wir zu schauen hoffen, nach 1. Kor. 12., das schauen bereits die Engel. Und so kann es auch auf dem Pilgerwege vorkommen, daß das, was der eine Mensch bereits weiß, der andere glaubt, welcher davon keinen genügenden Beweis kennt.

Was aber insgemein allen als zu glauben vorgestellt wird, das ist für niemanden Gegenstand des Wissens; und das sind Dinge, welche schlechthin und ohne weiteres Gegenstand des Glaubens sind. Glauben und Wissen also richten sich nicht auf das Gleiche.

c) I. Die Ungläubigen sind in Unkenntnis rücksichtlich dessen, was zu glauben ist; weil sie dies weder *schauen* noch erkennen, daß es glaubenswert sei. Die Gläubigen aber haben davon Kenntnis; nicht als ob sie den Beweisgrund des zu Glaubenden wüßten, sondern sie erkennen, dies sei kraft des Glaubenslichtes zu glauben.

II. Die Gründe, welche die Heiligen für die Glaubensgegenstände anführen, sind nicht streng beweisende, sondern offenbaren nur, es sei nicht unmöglich das, was der Glaube vorstellt; oder sie gehen von den Prinzipien des Glaubens aus, nämlich von der Autorität der heiligen Schrift, wie Dionysius zeigt. (2. de div. nom.) Vermittelst dieser Prinzipien aber wird für die Gläubigen in ähnlicher Weise etwas bewiesen, wie aus den durch die natürliche Vernunft bekannten Prinzipien etwas für alle insgemein bewiesen wird. Deshalb ist die Theologie ebenfalls eine Wissenschaft, wie I. Kap. 1, Art. 2 gezeigt worden.

III. Was streng bewiesen werden kann, wird zu den Glaubenspunkten nicht deshalb gezählt, weil rücksichtlich dessen schlechthin bei allen Glauben wäre, sondern weil es eine Voraussetzung ist für den Glauben. Und so muß es von denen, welche den Beweis dafür nicht kennen, wenigstens durch den Glauben festgehalten werden.

IV. ‹Von seiten *verschiedener* Menschen kann rücksichtlich des gleichen Punktes zugleich ein Meinen und ein Wissen bestehen› (1. c.), wie dies oben auch gesagt worden für das Wissen und Glauben. Von seiten *ein und derselben Person* aber kann rücksichtlich ein und desselben Gegenstandes wohl ein Meinen und Wissen zugleich bestehen; jedoch dann nach verschiedenen Seiten hin, so daß nämlich jemand über ein und dieselbe Sache eine Eigentümlichkeit oder eine Beziehung bestimmt *weiß* und von einer anderen Eigentümlichkeit oder Beziehung nur ein *Meinen* hat. Und ähnlich kann rücksichtlich Gottes jemand *wissen*, daß Er ein einiger ist; und *glauben*, daß Er in drei Personen subsistiert. Schlechthin über *ein und dasselbe, d. h. unter ein und derselben* Beziehung aber kann nicht zugleich ein Meinen bestehen und ein Wissen; oder Glauben und Wissen. Denn was das bloße Meinen betrifft, so ist es dem Wesen des Wissens entsprechend, daß man der Überzeugung ist, die Sache könne sich nicht anders verhalten; dem Wesen des Meinens jedoch ist es entsprechend, daß man annimmt, die Sache könne sich auch anders verhalten. Was aber den Glauben anbelangt, so ist das Geglaubte wohl auch mit zuverlässiger Gewißheit ausgestattet, jedoch ist das *Gewußte* geschaut, das *Geglaubte* nicht geschaut.

XI. MEISTER ECKHART (1260–1327)

‹BÜRGELIN-PREDIGT›

(übers. v. H. KUNISCH in ‹Ein Textbuch aus Altdeutscher Mystik›, Rowohlts Klassiker Bd. 31, S. 46—52)

Gliederung: (a) Der Mensch, der Christus empfängt, muß jungfräulich sein. (b) Wer aber recht empfängt, muß ein Weib sein in aller Fruchtbarkeit. (c) Wer nach seinem Eigenwillen handelt, gleicht den Eheleuten und bringt geringe und wenig Frucht. (d) Eine Seele, die Jungfrau und Weib ist, bringt aus der Vereinigung mit Jesus viele und große Frucht. (e) Die zeitlose Kraft des Geistes, in der der Mensch mit Gott vereinigt ist. (f) Es gibt eine Kraft des Geistes, in der Gott immer gegenwärtig ist und durch die der Mensch das Leiden um Gottes willen zu ertragen vermag. (g) Bestimmung des Bürgleins der menschlichen Seele.

> *Intravit Jesus in quoddam castellum et*
> *mulier quaedam, Martha nomine, ex-*
> *cepit illum in domum suam. Lucae II.*

(a) Ich habe soeben ein Wörtlein auf lateinisch gesprochen, das steht geschrieben in dem Evangelium und lautet also auf deutsch: ‹Unser Herr Jesus Christus, der ging hinauf in ein Städtchen und wurde empfangen von einer Jungfrau, die ein Weib war.›

Eia, nun beachtet mit Sorgfalt dieses Wort: es muß notwendigerweise sein, daß sie eine Jungfrau war, dieser Mensch, von dem Jesus empfangen wurde. Jungfrau, das heißt soviel wie ein Mensch, der von allen fremden Bildern frei ist, so sehr frei, wie er es gewesen ist, da er noch nicht war. Sehet, nun könnte man fragen, wie der Mensch, der geboren ist und hineingegangen ist in ein vernünftiges Leben, wie der so gar frei sein könne aller Bilder, wie da, als er noch nicht war; denn er weiß doch vieles, und das sind alles Bilder. Wie vermag er dann frei zu sein? Nun achtet auf diese Auslegung; ich will es euch klarmachen. Wäre meine Vernunft so beschaffen, daß alle die Bilder vernunftmäßig in mir vorhanden wären, die alle Menschen je empfangen haben und die auch in Gott selbst sind, besäße ich die ohne Eigennutz, so daß ich ihrer keines um eigener Dinge ergriffen hätte, weder im Tun noch im Lassen, weder mit Vor noch mit Nach, vielmehr: wenn es so wäre, daß ich in diesem gegenwärtigen Augenblick frei und ledig stünde, wie es dem liebsten Willen Gottes entspräche, und bereit wäre, ihn zu tun ohne Unterlaß, wahrhaftig, dann wäre ich eine Jungfrau, ohne gehindert zu sein von irgendwelchen Bildern, so völlig, als ich da war, da ich noch nicht war.

(b) Ich spreche weiterhin: daß der Mensch Jungfrau ist, das nimmt ihm nichts von all den Werken, die er je getan hätte; es läßt ihn nur jungfräulich und frei stehen und ohne an der obersten Wahrheit irgend gehindert zu sein, so wie Jesus ledig und frei ist und jungfräulich in ihm selber. So wie die Meister sagen, daß nur gleich und gleich Ursache der Einswerdung sein können, aus eben dem Grunde muß der Mensch Magd sein, Jungfrau, der den magdlichen Jesus empfangen soll. Nun merket auf und beachtet es mit Fleiß! Wenn nun der Mensch immerfort Jungfrau wäre, so würde keine Frucht von ihm kommen. Soll er fruchtbar werden, so muß es von Not geschehen, daß er ein Weib sei. Weib ist das edelste Wort, das man der Seele zulegen kann, und es ist viel edler als Jungfrau. Daß der Mensch Gott in sich empfängt, das ist gut, und in diesem Empfangen ist er Magd. Daß aber Gott in ihm fruchtbar werde, das ist besser; denn daß das Gegebene fruchtbar werde, das alleine bedeutet Dank für das Gegebene, und in der wiedergebärenden Dankbarkeit ist der Geist ein Weib, wenn er nämlich Jesum Gott zurückgebiert in das väterliche Herz.

Viele gute Gaben werden in Jungfräulichkeit empfangen und werden nicht wieder hineingeboren in Gott in weiblicher Fruchtbarkeit und danksagendem Lob. Diese Gaben verderben und werden völlig zunichte, so daß der Mensch niemals seliger noch besser davon wird. Es ist ihm seine Jungfräulichkeit zu nichts nütze, wenn er nicht über die Jungfräulichkeit hinaus ein Weib ist in ganzer Fruchtbarkeit. Daran liegt der Schaden. Darum habe ich gesprochen: ‹Jesus ging hinauf in ein Städtchen und wurde empfangen von einer Jungfrau, die ein Weib war.› So muß es von Not sein, wie ich euch dargelegt habe.

(c) Eheliche Leute bringen in einem Jahr nicht mehr als eine Frucht hervor. Ich aber meine nun dieses Mal andere eheliche Leute: nämlich alle die, die um ihrer selbst willen, mit Eigenwillen gebunden sind an Gebete, Fasten, an Nachtwachen und allerlei äußerliche Übungen und Kasteiungen. Jede Beschaffenheit irgendeines Werkes, die dir die Freiheit nimmt, in diesem gegenwärtigen Augenblick auf Gott zu achten und ihm alleine zu folgen in dem Licht, mit dem er dich führt zu Tun oder Lassen in einem jeden Augenblick frei und neu, als ob du nichts anderes habest noch wollest noch vermögest: ein jegliches Beharren auf dem Eigenen oder einem eigensüchtig vorgenommenen Werk, das dir diese Freiheit alle Zeit immer von neuem fortnimmt, das nenne ich nun ein Jahr. Denn [in solcher Verfassung] bringt deine Seele keine Frucht, sie habe denn das Werk getan, an das du dich mit Eigenwillen gebunden hast, noch traust du weder Gott noch dir selber, wenn du nicht dein Werk vollbracht hast, das du mit Eigenwillen ergriffen hast, denn anders hast du keinen Frieden. Darum bringst du auch keine Frucht, du habest denn dein Werk getan. Das verstehe ich unter einem Jahr, aber die Frucht ist dennoch klein, denn sie ist hervorgegangen aus eigennützigem Streben nach dem Werke und nicht aus Freiheit. Solche nenne ich eheliche Leute, denn sie stehen gebunden in ihrem eigennützigen Willen. Sie bringen wenig Früchte hervor und zudem sind diese noch gering, wie ich gesprochen habe.

(d) Eine Jungfrau aber, die ein Weib ist, und die frei ist und nicht gebunden in Eigenwilligkeit, die ist Gott und sich selbst alle Zeit gleich nahe. Eine solche bringt viele Früchte hervor, und die sind groß, weder weniger noch mehr, als Gott selber ist. Eine solche Frucht und eine solche Geburt bringt diejenige Jungfrau hervor, die ein Weib ist, und sie bringt alle Tage hundert- oder tausendmal Frucht und ist ohne Zahl gebärend und fruchtbar werdend aus dem alleredelsten Grunde, ja, noch besser gesprochen: fürwahr aus demselben Grunde, aus dem heraus der Vater sein ewiges Wort gebiert, aus dem wird sie fruchtbar und mitgebärend. Denn Jesus, das Licht und der Glanz des väterlichen Herzens — wie Sankt Paulus spricht, daß er sei eine Ehre und ein Glanz des väterlichen Herzens, und daß er durchleuchte mit Gewalt das väterliche Herz —, dieser Jesus ist mit ihr vereint und sie mit ihm, und sie leuchtet und glänzt mit ihm wie ein einiges Ein und wie ein lauteres helles Licht in dem väterlichen Herzen.

(e) Ich habe schon mehrfach davon gesprochen, daß eine Kraft in der Seele sei, die weder Zeit noch Fleisch berührt. Sie fließt heraus aus dem Geist und bleibt in dem Geist und ist durch und durch geistig. In dieser Kraft ist Gott ganz und gar wachsend und blühend in aller der Freude und aller der Ehre, mit der er in sich selber ist. Da ist dann eine solche herzliche Freude und eine so unbegreiflich große Freude, daß niemand davon hinreichend zu sprechen vermag. Denn der ewige Vater gebiert seinen ewigen Sohn in dieser Kraft [der Seele] ohne Unterlaß, und zwar auf die Weise, daß diese Kraft in eins gebärend ist sowohl den Sohn des Vaters wie sich selber als eben diesen Sohn in der einzigen Kraft des Vaters. Besäße ein Mensch ein ganzes Königreich oder allen Reichtum der Erde, und er gäbe das gänzlich hin um Gottes willen und würde der ärmsten Menschen einer, der je auf Erden gelebt hat, und gäbe ihm dann noch Gott so viel zu leiden, als er je einem Menschen gab, und er litte alles dieses bis an seinen Tod, und gäbe ihm Gott dann noch eine Erleuchtung, mit einem Male zu schauen, wie er in dieser Kraft ist: so würde seine Freude so groß, daß alles dieses Leidens und dieser Armut noch zu wenig gewesen wäre. Wahrlich, gäbe ihm sogar Gott hernach nicht mehr das Himmelreich, so hätte er dennoch gegenüber dem, was immer er gelitten hatte, einen allzu großen Lohn empfangen. Denn in dieser Kraft ist Gott enthalten wie in dem ewigen Nun. Wäre der Geist alle Zeit in dieser Kraft mit Gott vereint, so vermöchte der Mensch nicht zu altern; denn das Nun, darin Gott den ersten Menschen erschuf, und das Nun, in dem der letzte Mensch vergehen soll, und das Nun, darin ich spreche, die sind in Gott völlig gleich, und es ist da nichts als ein Nun. Jetzt bedenket, ein solcher Mensch wohnt in einem Licht mit Gott; darum ist ihm weder Leiden noch ein Fortschreiten, sondern eine gleichbleibende Ewigkeit. Von diesem Menschen ist in der Wahrheit alles Verwundern hinweggenommen, und alle Dinge beruhen wesenhaft in ihm. Darum empfängt er nichts Neues von künftigen Dingen noch von irgendeinem unwesentlichen Geschehen, denn er wohnt in einem Nun immer wieder neu und ohne Unterlaß. Solche göttliche Herrlichkeit lebt in dieser Kraft.

(f) Es ist noch eine andere Kraft, die ist auch unleiblich; sie fließt aus dem Geiste und bleibt in dem Geiste und ist ganz und gar geistlich. In dieser Kraft ist Gott ohne Unterlaß glimmend und brennend mit all seiner Fülle, mit all seiner Süßigkeit und mit aller seiner Wonne. Wahrlich, in dieser Kraft ist solch große Freude und solche große, unmäßige Wonne, daß niemand hinlänglich davon sprechen noch sie offenbaren kann. Ich sage aber: gäbe es irgendeinen Menschen, der mit seiner Vernunft hierinnen für einen Augenblick in der Wahrheit die Wonne und die Freude schauen würde, die darin ist: alles was er leiden könnte und wovon Gott wollte, daß er es gelitten hätte, das wäre ihm alles gering, ja vielmehr ein Nichts; ich sage noch mehr: es wäre ihm gänzlich eine Freude und eine Ruhe.

Willst du auf rechte Weise wissen, ob dein Leiden dein sei oder Gottes, das sollst du daran merken: leidest du um deiner selbst willen, in welcher Weise es immer sein mag, so tut dir das Leiden weh, und es wird dir schwer, es zu tragen. Leidest du aber um Gottes willen und allein um Gottes willen, ein solches Leiden tut dir nicht weh, und es wird dir auch nicht schwer, denn Gott trägt die Last. In ganzer Wahrheit! Gäbe es einen Menschen, der um Gottes willen leiden wollte und nur um Gott alleine, und fiele alles Leiden auf einmal auf ihn, das alle Menschen je gelitten haben und das die ganze Welt zusammen trägt, das würde ihm nicht weh tun, noch wäre es ihm schwer, denn Gott trüge die Last. Wenn mir jemand einen Zentner auf meinen Nacken lüde, ein anderer aber trüge auf meinem Nakken, dann würde ich ebenso gerne hundert Zentner hinauflegen als einen, denn es wäre mir nicht beschwerlich und es täte mir auch nicht weh. Kurz gesagt: was immer der Mensch leidet um Gottes willen und um Gott alleine, das macht ihm Gott leicht und süß, wie ich in dem ersten Wort gesagt habe, womit wir unsere Predigt begonnen haben: ‹Jesus ging hinauf in ein Städtlein und wurde empfangen von einer Jungfrau, die ein Weib war.› Aus welchem Grunde? Es mußte von Not so sein, daß sie eine Jungfrau war und gleichzeitig ein Weib. Bis jetzt habe ich euch gesagt, daß Jesus empfangen wurde; ich habe euch aber noch nicht gesagt, was das Bürglein sei. Davon aber will ich nun sprechen.

(g) Ich habe zuweilen gesagt, es sei eine Kraft in dem Geiste, und die alleine sei frei. Zuweilen habe ich gesagt es sei eine Hut des Geistes, zuweilen habe ich gesagt, es sei ein Licht des Geistes, zuweilen habe ich gesagt, es sei ein Fünklein. Jetzt aber sage ich: es ist weder dieses noch das; dennoch ist es ein Etwas, das höher erhoben ist über dies und das als der Himmel über der Erde. Darum benenne ich es nun in einer edleren Weise, als ich es je genannt habe; aber es widerruft selbst diese Edelkeit und diese Besonderheit, denn es ist weit darüber. Es ist von allen Namen frei und von allen Formen bloß, ganz ledig und frei, wie Gott ledig und frei ist in ihm selber. Es ist so völlig eins und einfaltig, wie Gott eins und einfaltig ist, daß man in keiner Weise darauf hinzuschauen vermag. Dieselbe Kraft, von der ich gesprochen habe, darinnen Gott blühend und wachsend ist mit aller seiner Gottheit und der Geist in Gott, in eben dieser selben Kraft ist der Vater seinen eingeborenen Sohn gebärend ebenso wahrhaft wie in ihm selbst; denn er lebt wahrhaft in dieser Kraft, und der Geist gebiert mit dem Vater denselben eingeborenen Sohn und sich selber als denselben Sohn, und er ist derselbe Sohn in diesem Lichte, und er ist die Wahrheit. Könntet ihr mit meinem Herzen vernehmen, so verständet ihr wohl, was ich spreche, denn es ist wahr und die Wahrheit selber spricht es.

Sehet und vernehmet nun! So eins und einfaltig ist das Bürglein in der Seele, von dem ich euch spreche und das ich meine, und so über alle Weise hinaus, daß diese edle Kraft, von der ich gesprochen habe, dessen nicht würdig ist, daß sie je zu einem einzigen Male auch nur für einen Augenblick in dieses Bürglein hineinsehe; und auch die andere Kraft, von der ich gesprochen habe, darinnen Gott glimmend und brennend ist mit all seiner Fülle und mit all seiner Wonne, auch die darf nimmermehr da hineinsehen. So völlig eins und einfaltig ist dies Bürglein und so hinaus über alle Weise und alle Kräfte ist dieses einige Ein, daß niemals Kraft noch Weise darauf zu schauen vermag noch Gott selbst. Mit ganzer Wahrheit und so wahrhaft, wie Gott lebt! Gott selbst schaut niemals da hinein für einen Augenblick, und noch nie sah er dahinein, insofern er sich besitzend ist nach der Weise und in der Eigenschaft seiner Person. Dies ist gut zu begreifen, denn

237

dieses einige Ein ist ohne Weise und ohne Eigenheit. Und deshalb: soll Gott jemals dahinein schauen, so muß es ihn alle seine göttlichen Namen kosten und sein Eigensein als Person. Alles das muß er völlig davor lassen, soll er jemals dahinein schauen. Nur soweit als er einfaltiges Ein ist, ohne alle Weise und Eigenheit, ist er weder Vater noch Sohn noch Heiliger Geist in diesem Sinne, und ist doch ein Etwas, das weder dies noch das ist.

Sehet, so weit als er eins und einfaltig ist, kommt er in das Eine, das ich da ein Bürglein in der Seele nenne, und auf keine Weise sonst kommt er dahinein; sondern nur so kommt er dort hinein, und ist er darin. Mit diesem Teil ist die Seele Gott gleich und auf andere Weise nicht. Was ich euch gesagt habe, das ist wahr; dessen setze ich euch die Wahrheit zu einem Zeugen und meine Seele zu einem Pfande.

Daß wir so ein Bürglein seien, in dem Jesus aufwärts geht und empfangen werde und ewiglich in uns bleibe in der Weise, wie ich gesagt habe, dazu helfe uns Gott! Amen.

XII. TAULER (1300–1361)

Von der Seele, die sich von Gott finden lässt

(‹Que mulier habens dragmas decem et cetera›, übers. v. H. Kunisch in ‹Ein Textbuch aus Altdeutscher Mystik›, Rowohlts Klassiker Bd. 31, S. 79 bis 86)

Gliederung: (a) Der Mensch muß ein Lamm sein in Unterworfenheit und Hingabe. (b) Die symbolische Bedeutung des Evangeliums. (c) Der Pfennig als Seele des Menschen. (d) Das Licht der wahren, brennenden Minne. (e) Das äußere Suchen nach Gott in guten Werken und das innere Suchen im Innersten der Seele. (f) In der Umkehrung der inneren Suche wird die Natur überwunden und die Seele gefunden. (g) Der Mensch muß sich umkehren und finden lassen, dann wird er über alle Dinge geführt. (h) Die Seele, die sich finden läßt, wird aus Gnade, nicht von Natur, wie Gott. (i) Wer sich so finden läßt, wird mit Gott vereinigt, wer nicht, der geht ewiglich verloren.

Que mulier habens dragmas decem et cetera [Luk. 15, 8]

(a) Am heutigen Tage kündete ich euch aus dem Evangelium, wie ihr es wohl vernommen habt, daß die Sünder sich unserem Herrn nahten und daß das verlorene Schaf gesucht wurde und daß es wieder gefunden wurde.

Kinder, wendet es, wie immer ihr wollt, ihr müßt Schafe sein in wahrer Sanftmut, in Stillheit und aller Gelassenheit, in Hingabe, damit ihr habet ein Gemüt, das unterworfen ist unter Gott und um seinetwillen unter alle Kreaturen in hingebender Weise, wann immer dich Gott sucht oder suchen will — in welcher Weise er es will und durch wen er es will, es sei durch sich selber oder durch die Menschen oder durch den Teufel oder durch alle Kreaturen im Himmel oder auf Erden, durch greuliches hartes Reden oder Benehmen, in welcher Ungestümheit man dir entgegentritt —, daß du dann nicht dagegen aufbegehrst. Und darin sollst du nachfolgen dem allerminniglichsten Vorbild, unserem lieben Herrn Jesus Christus, der das allersanftmütigste Lämmlein war und seinen Mund nicht auftat, als er vor den Scherer geführt wurde.

Also, liebes Kind, man wird dich scheren mit harten Worten und Werken, worin der Herr dich suchen will: dann wirst du ihm gleich und wirst das minnigliche Schäflein, das er auf seiner Schulter tragen wird von der vergotteten Menschheit, dessen Vorbild du nachgefolgt bist, bis in die überweseliche Gottheit, wo ganze vollkommene Weide ist. Kinder, dieses muß vor allen Dingen notwendigerweise geschehen.

Nun wisse, wenn du so ein Schäflein geworden bist und dem minniglichen Vorbild, unserm Herrn Jesus Christus nachgefolgt bist, wie es notwendigerweise sein muß, dann erst bist du wohl ein guter heiliger Mensch. Aber sollst du ein edler Mensch werden, so wisse, daß das, über das du noch hinüberklimmen mußt, noch ohne Maß höher ist.

(b) Kinder, dieses Evangelium sprach davon, daß eine Frau einen Pfennig verloren hatte und ein Licht anzündete und den Pfennig suchte.

Diese Frau, das ist die Gottheit.

Das Licht, das ist die vergottete Menschheit.

Der Pfennig, das ist die Seele.

(c) Dieser Pfennig muß drei Eigenschaften haben, und gebricht es ihm an einer, so ist es kein rechter Pfennig. Er soll sein Gewicht haben und seine Materie und seine Prägung und sein Bild: dies alles muß er notwendigerweise haben. Er muß von Gold oder von Silber sein: das ist seine Materie.

Ach Kinder, was Wunders ist es um diesen Pfennig! Er ist wohl ein goldener Pfennig, und es ist etwas Unmäßiges und Unbegreifliches um diesen minniglichen Pfennig.

Dieser Pfennig soll sein Gewicht haben. Wisse: das Gewicht dieses Pfennigs, das ist unwägbar; er wiegt mehr als Himmelreich und Erdreich, und alles, was darin beschlossen ist. Denn Gott ist in diesem Pfennig, und darum wiegt er soviel wie Gott.

Die Materie dieses Pfennigs ist die hineingesunkene Gottheit, die sich mit dem Übersein in ihrer unaussprechlichen Minne in diesen Geist [des Menschen] hineinversenkt hat und diesen herwiederum ganz und gar in sich selbst verschlungen und ertränkt hat. Wenn das geschehen soll, so mußt du wahrhaftig einen viel näheren und einen viel behenderen Weg gehen, der weit hinaus ist über das, was der äußere Mensch zu suchen vermag, [weithinaus über] alle Übungen des äußeren Menschen, es sei in leidender oder in wirkender Weise, oder wie immer man es nennen will, es sei in Bildern oder in Formen. Wie denn aber? Die Frau entzündete ein Licht, und sie kehrte das Haus völlig um.

(d) Dieses Licht wird von der ewigen Weisheit entzündet, und was hier entzündet wird, darunter verstehen wir die wahre göttliche Liebe: die soll entzündet sein, sie soll brennen. Liebe Kinder, ihr wißt nicht, was Liebe ist. Ihr glaubt, das sei Liebe, wenn ihr große Empfindung und Genuß und Freude habt: das nennt ihr Liebe. Nein, das ist nicht Liebe. Das ist ihre Weise nicht. Aber das ist Liebe, wenn man im Brennen verspürt in Entbehrung und in Beraubung, in einem Verlassensein. Wenn da eine stete, unbewegliche Qual ist und man darin verharrt in rechter Gelassenheit, und wenn in der Qual ein Hinschmelzen [geschieht] und ein Verdorren in dem Brande dieser Entbehrung, und das in gleichmütiger Gelassenheit: das ist Minne; aber nicht so, wie ihr glaubt. Dies ist die Entzündung dieses Lichtes.

(e) Nun kehrt sie das Haus um und sucht den Pfennig. Wie geht dieses Suchen vor sich, das in dem Menschen geschieht? Das eine geschieht wirkend in ihm, und das andere leidend. Das wirkende [Suchen] geschieht darin, daß der Mensch sucht; in dem anderen [Suchen] wird er gesucht. Das [Suchen], womit der Mensch sucht, das ist zweierlei. Das eine Suchen, womit der Mensch sucht, das ist äußerlich, und das andere, das ist innerlich; und es erhebt sich das eine über das andere, wie der Himmel ist über der Erde, und beide sind völlig ungleich. Das äußerliche Suchen, womit der Mensch Gott sucht, geschieht in äußerlichen Übungen guter Werke, in mancherlei Weise, so, wie er von Gott gemahnt und angetrieben wird und von seinen Freunden angeleitet wird, und es [geschieht] allermeist in Übungen der Tugend wie der Demut, Sanftmut, Stillheit, Gelassenheit und aller anderen Tugenden, die man übt oder üben kann.

Das andere Suchen aber, das ist weit über jenes hinaus. Das besteht darin, daß der Mensch hineingeht in seinen eigenen Grund, in das Innerste, und daß er da den Herrn sucht, wie er es uns selbst gewiesen hat, als er sprach: ‹Das Reich Gottes, das ist in euch.› Wer das Reich finden will — das ist Gott mit all seinem Reichtum und in seiner ihm eigenen Wesenheit und Natur —, der muß es da suchen, wo es ist: das ist in dem innersten Grunde, wo Gott der Seele weit näher und inwendiger ist, als sie sich selbst ist. Dieser Grund muß gesucht und gefunden werden. In dieses Haus muß der Mensch hineingehen und allem Seinen entfallen und dem, was sinnlich ist, und allem dem, was mit den Sinnen herzugetragen wird und hineingetragen wird an Bildern und an Formen und allem, was die Phantasie und die Einbildungskraft und alle sinnlichen Vorstellungen je in eigener Weise hineingetragen haben, ja auch allen vernünftigen Bildern und den Wirkweisen der Vernunft nach vernünftiger Weise und ihrer Tätigkeit. Wenn der Mensch in dieses Haus kommt, und dort Gott sucht, so wird das Haus umgekehrt, und dann sucht Gott ihn und kehrt das Haus um und um, wie einer, der da sucht; der wirft das eine hierhin und das andere dorthin, bis er gefunden hat, was er sucht.

Geradeso geschieht diesem Menschen: wenn der Mensch hineinkommt in dieses Haus und Gott gesucht hat in diesem innersten Grunde, dann kommt Gott und sucht den Menschen und kehrt das Haus gänzlich um und um.

(f) Nun will ich einen Gedanken aussprechen, den nicht jeder versteht, und doch spreche ich immer gut deutsch. Vielmehr verstehen ihn nur die, denen etwas davon aufgeglänzt ist und denen etwas davon eingeleuchtet ist, und anders niemand.

Dieses Hineingehen ist nämlich nicht so, daß man [nur] zuweilen hineingehe und dann wieder herausgehe und mit den Kreaturen zu schaffen habe. Dieses Umkehren des Hauses und dieses Suchen, mit dem Gott den Menschen hier sucht, das ist nichts anderes, denn daß alles Entgegentretende in jeder Weise, in der ihm Gott hier entgegentritt, wenn er in diesen inwendigen Grund kommt, in dieses Haus — daß ihm das sogleich völlig genommen wird, und daß er so völlig umgekehrt wird, wie er es noch niemals je erfahren hat; und wieder und wiederum, alle die Weisen, alle die Lichter und alles das, was da gegeben und geoffenbart wird oder sich je zugetragen hat, das wird in diesem Suchen vollständig umgekehrt. Und wenn es der Natur zu erleiden möglich wäre, daß dieses Umkehren während des Tages und der Nacht siebenmal siebzigmal geschehen könnte, wenn er das aushalten und sich da hineingeben könnte, das wäre ihm nützlicher, als ihm alles gewesen wäre, das er je verstanden hätte oder das ihm je gegeben wurde. In dieser Umkehrung wird der Mensch auf so unaussprechliche Weise weit geführt, wenn er sich nur dahineingeben könnte, weiter als in allen den Werken und Weisen und Vorsätzen, die je erdacht oder je erfunden wurden. Fürwahr, die auf die rechte Weise hierher geraten, die werden die allerminniglichsten Menschen, und sie werden gar so schwerelos, daß sie zu jedem Augenblick, wenn immer sie es wollen, sich in sich zurückziehen und ganz über die Natur hinwegfliegen. Diese ist in vielen Menschen so zäh und will immer etwas haben, woran sie hangen könne und das ihr Halt sei. Viele Menschen sind so ungelassen und klebrig, mit denen steht es genauso wie mit denen, die eine Tenne bereiten sollen, um darauf zu dreschen. Die ist dann völlig rauh und höckerig, und wenn das so ist, so muß man einen starken harten Besen nehmen und [sie] scharf und hart ausfegen und bearbeiten, bis daß sie eben und glatt wird. Wo aber eine glatte Tenne ist, da ist nichts anderes nötig, als daß man mit einem Federwisch darüber fahre. Etliche Menschen sind so höckerig und so ungelassen: über die muß Gott wegstreichen mit dem harten Besen vielfacher Versuchungen und Leiden, damit er sie lehre, daß sie sich lassen. Aber die minniglichen Menschen, die eben und gelassen sind, deren Sache geht von selber, und daraus werden solche minnigliche Menschen geboren, die allem entsinken und entfallen, allem, woran die Natur sich halten möchte oder wollte, und sie dringen über sich weg in den Grund, ohne sich an irgend etwas zu hängen oder zu halten, und sie verweilen in wahrer Gelassenheit in der Armut und Bloßheit.

Kind, daß du dich auf diese Weise suchen ließest und dein Haus umkehren ließest, so bloß, so blind, so gelassen, wie der Herr es wollte, und ganz und in der Weise, wie er es wollte –, dann würde der Pfennig gefunden werden, weit über das hinaus, was je ein Mensch erdenken oder erkennen könnte.

(g) Ach Kinder, wer sich in dieser Weise umkehren ließe, das würde weit hinausgehen über alle die Vorsätze und alle die Werke und Weisen, die die ganze Welt zu wirken vermöchte in sinnlicher Weise und sinnlichem Werk. Dies bestätigte unser Herr, als er sprach: ‹Wer zu mir kommen will, der entäußere sich seiner selbst und komme zu mir.› Also muß sich der Mensch entäußern seiner selbst und allen Festhaltens, das ihn an dem wahren Fortgang hindern könnte.

Dann kommen die ungelassenen Menschen in große Prüfung, und sie werden mit dem harten scharfen Besen gefegt; dann dünkt es sie, daß alles verloren sei, und dann kommen sie in große, heftige Versuchungen, Zweifel und grauenhafte Furcht. Dann sprechen sie: ‹Nein Herr, es ist alles verloren. Ich bin alles Lichtes, aller Gnaden beraubt.› Wärest du ein wohl geebneter, gelassener Mensch, so würde es dir auf keine andere Weise wohl sein, noch würde dir hier Gutes geschehen, als daß du darin Genügen hättest, daß der Herr dich suchte. Darinnen hättest du wahren Frieden. Wollte er dich blind, wollte er dich finster, wollte er dich kalt, wollte er dich warm, wollte er dich arm, oder wie immer es ihm gefiele in allen Weisen, im Haben oder im Entbehren: in allem, worinnen er dich heimsuchte, würdest du dich finden lassen.

Ach Kinder, die diesem Wege folgen würden und sich auf diese Weise von innen und von außen ließen, wie glaubt ihr, daß Gott mit solchen Menschen verfahren würde? Ach, er würde sie minniglich hinüberführen über alle Dinge. Ihr lieben, biederen Leute, fürchtet euch nicht, es gibt auch Menschen, und die leben auch, die Wasser trinken und gutes Gerstenbrot essen. Die kommen auch zum Ziele; wenn ihr nicht höher kommen wollt, so braucht ihr euch nicht zu fürchten.

(h) Dieser Pfennig, der muß seine Schwere und sein Gewicht haben. Seine Schwere, damit er wieder in den Grund hineinfalle und hineinsinke, sowie er herausgefallen ist, in aller Lauterkeit, in aller Unbefleckheit, so bloß und unbeschmutzt, als er herausgeflossen ist.

Er hat sein Bild entblößt. Dieses Bild meint nicht nur, daß die Seele nach Gott gebildet sei, sondern es ist eben dasselbe Bild, das Gott selber ist in seinem eigenen, lauteren göttlichen Wesen; und eben hier in diesem Bilde da liegt Gott, da erkennt Gott sich selber und genießt seiner selbst; und so lebt und west und wirkt Gott in der Seele.

Darin wird die Seele gänzlich gottfarbig, göttlich, göttig. Sie wird alles das von Gnaden, was Gott ist von Natur, in der Vereinigung mit Gott, in dem Hineinsinken in Gott, und sie wird über sich selbst hinweggeholt in Gott. Sie wird darin so völlig gottfarbig; könnte es geschehen, daß sie sich selber sähe, so erblickte sie sich völlig als Gott. Oder wenn jemand sie sähe, so sähe er sie in dem Kleide, in der Farbe, in der Weise und in dem Wesen Gottes und dies auf gnadenhafte Weise, und er wäre selig in diesem Anblick; denn Gott und sie sind in dieser Vereinigung eins, freilich von Gnaden und nicht von Natur. Aber hinwiederum, wer eine Seele erblickte in ihrem Grunde, die ihre Meinung und ihren Grund mit Willen nach den Kreaturen gebildet hätte, ohne allen Zweifel, sie wäre nicht anders gestaltet als der Teufel, der doch so greulich und so unleidlich beschaffen ist: geschähe es, daß irgendein Mensch ihn [den Teufel] sehen könnte in seiner rechten Gestalt, so würde er fliehen vor all der Greulichkeit; und in dieser Greulichkeit wird die Seele selber ihn ewiglich ansehen, ohne Ende und ohne Unterlaß, falls es so mit ihr steht, daß ihr Grund als kreatürlich erfunden wird, ebenso unnütz und angsterregend, wie der Teufel ist. Und die lautere, göttliche, ledige Seele, die wird ewiglich angesehen werden wie Gott, wie sie alle ihre Seligkeit in ihr und außer ihr besitzt in dieser Vereinung, und sie wird sich selber als Gott erblicken, denn Gott und sie sind in dieser Vereinung eins.

(i) Ach Kinder, wie sind die so selig und überselig, die sich so suchen und finden lassen, daß der Herr sie auf diese Weise hineinführe in sich und sie auf unaussprechliche Weise mit ihm vereine. Das geht weit hinaus über alle Begriffe und alles Verstehen und alles das, was man in Worten aussprechen oder denken kann.

Kinder, wer dahin gelangen will, der muß mit Sorgfalt diesen Weg und diese Straße gehen, so kann er sich nicht verirren. Tut er es aber nicht und verharrt er in seinen Absichten und in den Kreaturen und in den geschaffenen Dingen, so muß er von Not jetzt und ewiglich verloren gehen.

Daß wir nun alle [dem rechten Weg] folgen mögen, dazu verhelfe uns der Herr! Amen.

XIII. HEINRICH SEUSE (1295–1366)

EINE ANTWORT, WIE GOTT IST UND WO GOTT IST

(Aus der ‹Vita› Seuses, übers. v. H. KUNISCH, in ‹Ein Textbuch aus Altdeutscher Mystik›, Rowohlts Klassiker Bd. 31. S. 110–118)

Gliederung: A. Wo ist Gott?
(a) Schwierigkeit, Gott, der ganz Sein ist, zu erkennen. (b) Dieses Sein ist in höchster Einfältigkeit und Vollkommenheit. (c) Dieses Sein ist Ursache aller verursachten Wesen und umfaßt in ständiger Gegenwärtigkeit alle Dinge.
B. Wie kann Gott einfältig und dreifältig sein, wie kann der Mensch Gott erfassen?
(a) Die Entgießung Gottes in die göttliche Dreifaltigkeit: Vater, Sohn und Heiliger Geist. (b) Die Einheit des göttlichen Seins bei Verschiedenheit der Personen. (c) Der Heilige Geist als die Entgießung der Liebe. (d) Der Mensch muß nicht entgottet werden, aber entgeistet, d. h. seinen menschlichen Geist vergessen und nur auf das göttliche Sein gerichtet sein. (e) Gott wird in der Schau erfaßt, die ihre Gewißheit in sich selbst trägt.

A. (a) Die edle Tochter sprach: ‹Herr, ich habe nun wohl gefunden, daß Gott ist; aber wo Gott ist, das wüßte ich gern.› Er sprach: Das sollst du hören.

Die Meister sagen, Gott habe kein Wo, er sei ganz in allem. Nun tu die inneren Ohren deiner Seele auf und höre genau zu. Dieselben Meister sprechen in der Logik, man komme zuweilen zur Kenntnis eines Dinges mit Hilfe seines Namens. Ein Lehrer spricht, daß der Name *Sein* der erste Name Gottes sei. Zu diesem Sein in seiner lauteren Einfältigkeit kehre deine Augen, damit du dieses und jenes geteilte Sein fallen lassest. Nimm allein Sein, wie es in sich selbst ist, wie es unvermischt ist mit Nichtsein. Denn wie das Nichtsein alles Sein verleugnet, ebenso tut das Sein, wie es an sich ist: es verleugnet alles Nichtsein. Ein Ding, das noch werden wird oder gewesen ist, das ist jetzt nicht in seinshafter Gegenwärtigkeit. Nun vermag man aber vermischtes Sein oder Nichtsein nicht anders zu erkennen als mit einem Erkennen des ungeteilten Seins. Dieses ist kein zerteiltes Sein dieser oder jener Kreatur, denn das geteilte Sein ist immerfort vermischt mit irgendwelchem Anderssein, das heißt mit dem Vermögen, etwas anderes zu empfangen. Darum muß denn das namenlose göttliche Sein in sich selbst ein ungeteiltes Sein sein, das alles zerteilte Sein mit seiner Gegenwärtigkeit erhält. Es ist eine seltsame Blindheit der menschlichen Vernunft, daß sie das nicht erwägen kann, ohne welches sie nichts zu erkennen noch zu sehen vermag. Ihr geschieht wie dem Auge: wenn es dem ernst ist, die Mannigfaltigkeit der Farben zu erkennen, so nimmt es das Licht nicht wahr, durch welches es alles andere zusammen sieht; sieht es aber das Licht, so nimmt es seiner doch nicht wahr. So ist es auch mit dem Auge unseres Gemütes; wenn es den Blick richtet auf dieses oder jenes Sein, so verachtet es jenes Sein, das da über alles hinaus lauteres einfältiges Sein ist, und es nimmt jenes nicht wahr, durch dessen Kraft es die anderen in sich aufnimmt. Deshalb spricht ein weiser Meister, daß sich das Auge unserer Erkenntnis seiner Schwachheit wegen zu dem Sein, das an sich selbst am meisten erkennbar ist, verhält wie das Auge einer Fledermaus zu dem klaren Licht der Sonne. Denn die zerteilten Sein verdecken und blenden das Gemüt, so daß es die göttliche Finsternis nicht zu sehen vermag, die an sich selbst die allerhellste Klarheit ist.

(b) Nun tu deine inneren Augen auf und betrachte, wenn du es kannst, das Sein, in seiner einfältigen Lauterkeit genommen, dann erfährst du geschwind, daß es von niemandem herkommt und kein Vorher noch Nachher hat und daß es weder innen noch außen eine Veränderlichkeit hat und daß es nur einfältiges Sein ist. Dann erfährst du, daß es das Allerwirklichste, das Allergegenwärtigste, das Allervollkommenste ist, in dem kein Mangel noch Anderssein ist, und daß es nur ein einiges Sein ist in einfältiger Bloßheit. Und diese Wahrheit ist der erleuchteten Vernunft so bekannt, daß sie nichts anderes zu denken vermag; denn das eine beweist und bringt mit sich das andere. Deshalb, weil es einfältiges Sein ist, muß es notwendigerweise das erste sein und von niemandem herstammen und ewig sein; und da es das erste ist und ewig und einfältig, muß es auch das gegenwärtigste sein. Es steht in der allerhöchsten Vollkommenheit und Einfältigkeit, der nichts hinzugefügt noch etwas genommen werden kann.

(c) Wenn du dies verstehen kannst, was ich dir von der bloßen Gottheit gesagt habe, so wirst du recht weit hineingeführt in das göttliche Licht der göttlichen verborgenen Wahrheit. Dieses einfältige lautere Sein ist die erste und oberste Ursache aller verursachten Wesen, und wegen seiner anwesenden Gegenwärtigkeit umschließt es alle zeitliche Gewordenheit als ein Anfang und ein Ende aller Dinge. Es ist ganz in allen Dingen vorhanden und ist auch ganz außerhalb aller Dinge. Darum spricht ein Meister: ‹Gott ist wie ein zirkelhafter Ring; dieses Ringes Mittelpunkt ist überall und sein Umkreis nirgendwo.›

B. (a) Die Tochter sprach: ‹Gott sei gelobt! Ich bin belehrt, so weit als es mir möglich ist, daß Gott ist und wo Gott ist. Nun wüßte ich gerne, da er denn so gänzlich einfältig ist, wie er trotzdem dreifältig sein kann.›

Er hob wiederum an und sprach: Ein jegliches Wesen, je einfältiger es an sich selbst ist, um so mannigfaltiger ist es in dem Vermögen seiner Kräfte. Was nichts in sich hat, das gibt nichts; was viel hat, das vermag viel zu geben. Nun ist vorher gesagt worden von dem einfließenden und dem überfließenden Gut, das Gott in sich selber ist; dessen grundlose, übernatürliche Gutheit zwingt sich selbst, daß er diese nicht allein besitzen will, sondern daß er es auch frei in sich und aus sich teilen will. Nun muß es notwendigerweise sein, daß das oberste Gut die höchste und die nächste Entgießung innerhalb seiner selbst habe; das aber vermag nicht zu sein, sie geschehe denn in einer Gegenwärtigkeit und sie sei innerlich, substanzlich, persönlich, natürlich und in ungezwungener Weise notwendig, und sie sei endlos und vollkommen. Jede andere Entgießung, die in der Zeit oder in der Kreatur geschieht, die kommt aus dem Widerschein der ewigen Entgießung der grundlosen göttlichen Gutheit. Deswegen sprechen die Meister, daß zu dem Ausfluß der Kreatur aus dem ersten Ursprung ein kreisförmiges Zurückbeugen des Endes auf den Anfang gehört; denn wie das Ausfließen der Personen aus Gott ein formhaftes Bild des Ursprunges der Kreatur ist, also ist es auch ein Vorspiel des Zurückfließens der Kreatur in Gott.

(b) Nun achte auf den Unterschied der Entgießung der Kreatur und Gottes. Da die Kreatur ein zerteiltes Sein ist, so ist auch ihr Geben und ihr Ergießen geteilt und gemessen. Der menschliche Vater gibt seinem Sohne in der Geburt einen Teil seines Seins, aber nicht gänzlich das, was er ist, denn er selbst ist nur ein geteiltes Gut. Da es nun offenkundig ist, daß die göttliche Entgießung so viel inniger und edler ist, eben nach der Weise der Größe des Gutes, das Gott selbst ist, und da er auf grundlose Weise alles andere Gut übertrifft, so muß es notwendig sein, daß auch die Entgießung dem Sein gleich sei, und das kann nicht sein ohne Entgießung seines Seins nach der Eigenheit der Personen.

Kannst du mit einem geläuterten Auge hineinblicken und anschauen die lauterste Gutheit des obersten Gutes, die da in ihrem Sein ein gegenwärtiger wirkender Anfang ist, sich selber natürlich und williglich zu lieben, dann erblickst du die überschwengliche übernatürliche Ergießung des Wortes aus dem Vater, durch dessen Gebären und Aussprechen alle Dinge hervorgesprochen und gegeben werden; und du siehst auch, daß notwendigerweise in dem obersten Gut und in der höchsten Entgossenheit die göttliche Dreifaltigkeit entspringt: Vater, Sohn, Heiliger Geist. Und da die höchste Entgossenheit von der obersten seinshaften Gutheit ausgeht, so muß in der ausgeflossenen Dreifaltigkeit die alleroberste und nächste Mitwesenheit sein, die höchste Gleichheit und Selbstheit des Seins, das die Personen in sich tragen in innebleibender Ausgegossenheit nach der ungeteilten Substanz, der ungeteilten Allmächtigkeit der drei Personen in der Gottheit.

Die Tochter sprach: ‹Waffen![1] Ich schwimme in der Gottheit, wie ein Adler in der Luft!›

Er sprach: Wie die Dreifaltigkeit der göttlichen Personen in der Einheit

---

[1] Ein in der mhd. weltlichen Literatur oft vorkommender Ausruf des Erstaunens, der großen Überraschung oder des Wehes.

eines Seins zu stehen vermag, das vermag niemand mit Worten zu erklären. Wieviel man auch davon sprechen mag, wichtig ist, was St. Augustinus gesagt hat, daß der Vater sei ein Ursprung der ganzen Gottheit des Sohnes und des Geistes, sowohl nach der persönlichen wie nach der seinshaften Weise. Dionysius sagt, daß in dem Vater sei ein Ausfluß und ein Quell der Gottheit, und dieser Quell entgießt sich auf natürliche Weise in dem herausblühenden Worte, das ein natürlicher Sohn ist. Und er entgießt sich ferner nach der liebreichen Freigebigkeit des Willens, das da der heilige Geist ist.

Diese verborgenen Bedeutungen schließt uns auf und beweist uns das klare Licht, der liebe St. Thomas, der Lehrer, und er spricht so: ‹In der Entgießung des Wortes aus dem Herzen und der Vernunft des Vaters geschieht es notwendigerweise, daß Gott mit seiner lichtreichen Erkenntnis auf sich selber blickt mit einem Zurückneigen auf sein göttliches Sein; denn wäre der Vorwurf [1] der Vernunft des Vaters nicht das göttliche Sein, so könnte das empfangene Wort nicht Gott sein, sondern es wäre ein Geschöpf. Das wäre falsch. Aber in dieser Weise ist es göttliches Sein aus Sein. Und der Widerblick des göttlichen Seins in der Vernunft des Vaters muß geschehen mit einer die naturhafte Gleichheit nachbildenden Weise; anders wäre das Wort nicht der Sohn.› Hier hat man Einheit des Seins bei Verschiedenheit der Personen. Und als gutes Zeugnis eben dieser Auslegung sprach der hochfliegende Adler St. Johannes: ‹Das Wort war im Anfange bei Gott.›

(c) Von der Entgossenheit des Geistes muß man aber ferner wissen, daß die Substanz der göttlichen Vernunft ein Erkennen ist, und diese muß gemäß der Form, die in der Vernunft empfangen ist, eine Neigung nach ihrem Ende haben. Diese Neigung ist der Wille, und dessen Begehrung ist Verlangen haben nach dem Besten. Nun merke ferner, daß der Gegenstand des Geliebten in dem Liebenden ist nicht nach der Ähnlichkeit der natürlichen Form, wie es der Gegenstand der Vernunft ist in dem Licht der Erkenntnis. Und wenn dieses Wort herausfließt aus dem Ausleuchten des Vaters gemäß der Form der Natur mit persönlichem Unterschied, so heißt seine Entgießung aus dem Vater eine Geburt. Da aber die Weise des Ausfließens des Willens und der Liebe nicht ebenso ist, deshalb kann die dritte Person, die in dem Fluß der Minne entgossen ist, sowohl aus dem Vater als auch aus seinem ausgedrückten Bild, aus seinem innigsten Abgrunde, weder Sohn heißen noch geboren genannt werden. Und da die Liebe vernünftiglich oder geistlich im Willen vorhanden ist als eine inwendige Neigung oder ein Minneband in dem Liebenden zu dem hin, was er liebt, darum ist der dritten Person zugehörig der Ursprung, der, gemäß der Liebeweise des Willens, so beschaffen ist, daß er Geist heiße. Hier wird der Mensch überbildet von dem göttlichen Licht in der Heimlichkeit, die niemand zu fassen vermag, als der dieses empfunden hat.

(d) Die Tochter sprach: ‹Ach Herr, wie ist das eine so überschwengliche christliche Lehre! Aber es gibt doch etliche vernünftige Menschen, die leugnen das alles ab, was hier von Gott gesagt worden ist, und sie meinen, wer zu dem Nächsten kommen wolle, dem sei Gott ein schädliches Hindernis; er müsse entgottet werden, er müsse auch entgeistet sein und alle Visionen von sich stoßen, und sich allein zu der einleuchtenden Wahrheit kehren, die er selber ist.›

Er sprach: Diese Rede ist falsch nach allgemeiner Verlautbarung. Darum mach dich von ihr frei und vernimm, was christliche Wahrheit hiervon hält. Nach gewöhnlicher Weise zu reden, so nimmt man Gott als einen

---

1 Gegenwurf, objectum.

Herrn der ganzen Welt, der keine Bosheit ungestraft hingehen läßt, noch irgendein gutes Werk ungelohnt. Deswegen, wer Sünde tut, dem ist Gott ein furchtbarer Gott, wie der gute Job sprach: ‹Ich habe Gott alle Zeit gefürchtet, wie die Schiffer die großen Wellen.› Wer aber um großen Lohnes willen Gott dient, der hat einen großen Gott, der ihn auf große Weise zu belohnen vermag. Aber ein wohlgeübter, verständiger Mensch, der sich von sündhaften Dingen, die Gott haßt, in mannigfaltigem Sterben losgemacht hat und Gott aus inbrünstiger Liebe alle Zeit dient, der nimmt Gott in seinem Herzen, aber nicht Gott in den vorher genannten Weisen; er ist ihm wohl entgottet, er nimmt ihn wie ein herzliches minnigliches Lieb, da die knechtliche Furcht abgefallen ist, wie St. Paulus sagt. Also bleibt dem göttlichen Menschen Gott auf wahrhafte Weise Gott und Herr; aber steht seiner doch ledig in dieser groben Ergreifung, denn er hat ein Höheres ergriffen.

Höre nun die Erklärung, wie denn der Mensch entgeistet werden soll. Wenn ein Mensch in seinem Anfang zu merken beginnt, daß er ein Geschöpf von Leib und Seele ist und daß der Leib sterblich, die Seele aber ewiger Geist ist, dann gibt diese dem Leibe und all seinem tierischen Wesen Urlaub und hält sich zu dem Geist und macht den Leib dem Geist untertan; und all sein inwendiges Wirken ist mit Betrachtung gerichtet auf den überwesentlichen Geist, wie er diesen findet, wie er ihn begreife und seinen Geist mit jenem Geist vereine. Und solche Menschen heißen geistliche, heilige Menschen. Wem nun hier, wenn er sich lange Zeit darin geübt hat, das Rechte widerfährt, und ihm der überwesentliche Geist alle Zeit mit seinem Licht geleuchtet hat, ihm aber doch die Möglichkeit des Erfassens abgeht, dann beginnt der kreatürliche Geist sein eigenes Unvermögen einzusehen und sich der ewigen und göttlichen Kraft in einem Entsunkensein seiner Selbstheit gänzlich hinzugeben und sich diesem zuzukehren, weg von sich selbst in einer Verachtung der Seinsheit hinein in die Ungemessenheit des obersten Seins; und in dieser Entnommenheit kommt der Geist, ich weiß nicht auf welche Weise, in eine Vergessenheit und Verlorenheit seiner selbst, wie Paulus sprach: ‹Ich lebe, aber nicht mehr ich›, und wie Christus sprach: ‹Selig sind die Armen des Geistes.› Also bleibt der Geist seiner Wesenheit nach, aber er wird entgeistet, was seine Eigenart als Besitzer seines Seins angeht.

(e) Ich will dir noch den Unterschied erklären zwischen der lauteren Wahrheit und den zweifelhaften Visionen erfahrungsmäßiger und erkenntnismäßiger Gegenstände. Ein unmittelbares Schauen der bloßen Gottheit, das ist ohne alle Zweifel die rechte lautere Wahrheit; und um so vernunftmäßiger und bildloser und eben dieser bloßen Schau ähnlicher irgendeine Vision ist, um so edler ist sie. Etliche Propheten hatten bildreiche Visionen, wie Jeremias und andere. Solche bildreichen Visionen geschehen noch häufig Gottes vertrauten Freunden, zuweilen wachend, zuweilen schlafend, und in der stillen Ruhe und Abgeschiedenheit der äußeren Sinne. Und es spricht ein Lehrer, daß die Gegenwart englischer Wesen vielen Menschen häufiger im Schlaf erscheint als im Wachen, und zwar deswegen, weil der Mensch im Schlaf von dem äußeren mannigfaltigen Wirken mehr befreit ist als im Wachen.

Wann aber eine Vision, die dem Menschen im Schlaf zuteil wird, eine wahrsagende Vision genannt werden kann oder soll — wie etwa im alten Testament dem König Pharao von den sieben fetten und den sieben mageren Kühen träumte und wie dergleichen viele Träume sein mögen, von denen die Heilige Schrift erzählt —, wie man also hier das Merkmal der Wahrheit herausfinden kann, da doch die Träume sehr oft trügen, aber auch ohne allen Zweifel zuweilen die Wahrheit sagen, dazu sollst du wissen, was St. Augustinus von seiner heiligen Mutter sagt: daß diese ihm mitteilte, sie hätte die Gabe von Gott; wenn ihr irgend etwas von Gott zuteil würde im ganzen Schlaf oder im halben Schlaf, so würde ihr gleichzeitig damit von innen die Unterscheidungsmöglichkeit gegeben, so daß sie wohl erkennte, ob es nur ein gemeiner Traum gewesen wäre, den man nicht zu achten brauche, oder ob es eine bildhafte Vision gewesen sei, der man sich zukehren müsse. Und welchem Menschen Gott eben diese Gabe verleiht, der vermag um so besser hierin das Richtige zu treffen. Niemand kann es einem anderen mit Worten vermitteln; denn nur der begreift es, der es erfahren hat.

XIV. NIKOLAUS VON CUES (1401–1464)

1. Der Laie über den Geist

(Übers. v. M. Honecker und H. Menzel-Rogner, Schriften des Nikolaus von Cues, im Auftrag der Heidelberger Akademie der Wissenschaften in deutscher Übersetzung herausgegeben von Ernst Hoffmann, Heft 10, Philosophische Bibliothek Bd. 228, Felix Meiner Verlag, Hamburg 1949, Seite 9–18)

Gliederung: A. Über das Wesen des Geistes.
(a) Der Geist ist das Maß aller Dinge (mens von mensurare). (b) Seele ist der einen Körper beseelende Geist.
B. Über die Namen der Dinge.
(a) Die Benennung trifft ihren Gegenstand nur annähernd. (b) Gesetzmäßigkeit und Willkürlichkeit der Benennung. (c) Die menschliche Kunst als Abbild der göttlichen Kunst. (d) Alle menschliche Kunst hat ihre Grenzen, ist endlich. (e) Allein der Urgrund (absolutum principium) ist ewig und unendlich und Grund alles Endlichen. (f) Alle endliche Kunst stammt also von der unendlichen Kunst. (g) Der Löffelschnitzer arbeitet nach einer Idee in seinem Geiste, seine Kunst ist also mehr als bloße Nachahmung. (h) Die wahre Form des Löffelseins kann nur im Löffel selbst, aber nie vollkommen gezeigt werden. (i) Der Name ist natürlich, insofern er an die Form eines Dinges gebunden ist, willkürlich, insofern der Verstand beliebige Namen mit einer Form verbindet. (k) Die Tätigkeit des Verstandes (ratio) bei der Benennung; seine Abhängigkeit von den Sinnen. (l) Die Grundhaltung des Materialisten. (m) Die Grundhaltung des Idealisten und die Wirklichkeitsstufen der Welt. (n) Die Forschungsweisen des Idealisten. (o) Die Unaussprechlichkeit der einen, unendlichen Form. (p) Das unaussprechbare Wort als Möglichkeit aller Namen. (q) Gott als das unaussprechbare Urbild, das in seinen Abbildern benannt wird.

A (a) *Der Philosoph:* Sag also, Laie — so nennst du dich ja —, hast du eine *Mutmaßung* (coniectura) über den Geist?
Der Laie: Ich glaube, daß es keinen reifen Menschen gibt oder gegeben hat, der sich nicht wenigstens irgendeinen Begriff vom Geist gemacht hat. So habe freilich auch ich einen solchen, nämlich folgenden: Der Geist ist es, aus dem aller Dinge Grenze und Maß stammt. Und zwar vermute ich, daß das lateinische Wort mens — Geist — von mensurare — vom Messen — herzuleiten ist.
(b) *Der Philosoph:* Nimmst du einen Unterschied zwischen Geist (mens) und Seele (anima) an?
Der Laie: Gewiß tue ich das; denn der Geist, sofern er für sich selbstän-

dig besteht (mens in se subsistens), ist etwas anderes als der Geist, der im Leibe existiert. Der in sich selbständige Geist ist entweder unendlich oder ein Abbild des Unendlichen. Weiter nehme ich nun an, daß von jenen Geistern, die Abbild des Unendlichen sind, einige, da sie nicht von der höchsten und absoluten Natur sind, d. h. nicht als unendlich in sich selbständig bestehen, den menschlichen Körper beseelen, und dann bin ich bereit, sie nach ihrer Verrichtung Seelen zu nennen.

Der Philosoph: Du gibst also zu, Geist und Menschenseele seien dasselbe: Geist an sich (mens per se), Seele dank ihrer Verrichtung?

Der Laie: Das gebe ich zu, so wie das Empfindungs- und das Sehvermögen des Auges beim Lebewesen ein und dasselbe sind.

KAPITEL II

B (a) *Der Philosoph:* Du sagtest, das Wort Geist (mens) werde vom Messen (mensurare) hergeleitet. Ich habe nirgends gelesen, daß unter den verschiedenen Ableitungen des Wortes irgend jemand diesen Standpunkt eingenommen hat, daher bitte ich dich zunächst, deine Behauptung zu begründen.

Der Laie: Wenn man der Bedeutung der Benennung sorgfältiger nachgehen soll, so glaube ich, daß jenes Vermögen in uns, das aller Dinge Urbilder begrifflich in sich umfaßt und das ich Geist (mens) nenne, auf keine Art in eigentlicher Weise benannt wird. Wie der menschliche Verstand an die Washeit (quidditas) der Werke Gottes nicht herankommt, so kommt auch der Name nicht an den Begriff heran. Die Benennungen sind durch eine Betätigung des Verstandes (den Dingen) beigelegt. Wir bezeichnen aus einem bestimmten Grunde das eine Ding mit der einen Benennung und ein anderes Ding aus einem anderen Grunde mit einer anderen. Auch hat die eine Sprache angemessene, eine andere rohere und weiterabliegende Benennungen. Aus der Tatsache, daß eine angemessene Bezeichnung ein ‹Mehr und ein Minder› zuläßt, ersehe ich, daß man eine genaue Bezeichnung nicht kennt.

(b) *Der Philosoph:* Zu großen Höhen eilst du, Laie. Nach dem, was du offenbar meinst, sind Namenbezeichnungen deshalb weniger angemessen, weil sie, wie du glaubst, willkürlich festgesetzt sind, so wie es gerade dem, der die Benennung anbrachte, auf Grund der Tätigkeit seines Verstandes einfiel.

Der Laie: Ich möchte, daß du mich tiefer verstehst. Zwar glaube ich, daß jegliche Wortbezeichnung der ‹Form› so verbunden ist wie die Form mit der Materie und daß allerdings die Form die Bezeichnung bedingt, so daß die Bezeichnungen nicht dank eines Setzens bestehen, sondern von Ewigkeit her. Andrerseits meine ich, daß die Wortwahl freisteht, aber kein anderer als ein passender Terminus beigelegt wird, wenn er freilich auch nicht genau (praecisus) ist.

Der Philosoph: Sprich dich bitte etwas klarer aus, damit ich begreife, was du willst.

Der Laie: Mit Vergnügen! Und jetzt wende ich mich zu dieser meiner Löffelschnitzkunst. Zuvor sollst du dieses wissen: ich behaupte ohne Bedenken, daß alle menschlichen Künste gewisse Abbilder der unendlichen göttlichen Kunst sind. Ich weiß nicht, ob du derselben Meinung bist.

Der Philosoph: Du verlangst viel, und es wäre nicht recht, darauf eine ganz allgemeine Antwort zu geben.

(d) *Der Laie:* Mich sollte es wundern, wenn du je einen Philosophen gelesen hast, der das nicht wüßte; denn es ist doch aus sich heraus klar.

Offenkundig ist nämlich, daß keine menschliche Kunst die *Genauigkeit* (praecisio) der Vollkommenheit erreicht hat und daß jede endlich ist und begrenzt. Begrenzt ist die eine Kunst innerhalb ihrer eigenen Grenzen, eine andere in anderen Grenzen als ihren eigenen. Jede ist von der anderen verschieden und keine umfaßt alle.

Der Philosoph: Was willst du damit beweisen?

Der Laie: Daß alle menschliche Kunst endlich ist.

Der Philosoph: Wer zweifelt daran?

(e) *Der Laie:* Es ist auch unmöglich, daß es mehrere unendliche Wesen gibt, die real verschieden sind.

Der Philosoph: Auch das behaupte ich selbst; denn sonst wäre das eine im anderen begrenzt.

Der Laie: Wenn es damit folglich so steht, ist dann nicht der absolute Urgrund (absolutum principium) allein unendlich? Vor dem Urgrund gibt es keinen Urgrund, wie aus sich klar ist; denn sonst wäre der Urgrund etwas Gegründetes (principiatum). Darum ist die Ewigkeit die einzige Unendlichkeit selbst oder der absolute Urgrund.

Der Philosoph: Dem stimme ich zu.

Der Laie: Also ist einzig und allein die absolute Ewigkeit die Unendlichkeit selbst, die ohne Urgrund ist. Und alles Endliche ist vom unendlichen Urgrund her gegründet.

Der Philosoph: Ich kann es nicht bestreiten.

(f) *Der Laie:* Also stammt alle endliche Kunst von der unendlichen Kunst. Die unendliche Kunst muß aller Künste Urbild sein, Urgrund, Mitte und Ziel, Maß und Maßstab, Wahrheit, Genauigkeit und Vollkommenheit.

Der Philosoph: Verfolge weiter, worauf du hinaus willst. Niemand kann das Gesagte mißbilligen.

Der Laie: Ich will also *symbolische* Beispiele aus dieser meiner Löffelschnitzkunst anwenden, damit anschaulicher wird, was ich sagen will.

Der Philosoph: Mach es so! Ich sehe, daß du den Weg dahin eingeschlagen hast, wohin ich strebe.

(g) *Der Laie nahm einen Löffel in die Hand und sagte:* Der Löffel hat außer der Idee in unserem Geiste kein weiteres Urbild. Und wenn auch der Bildhauer oder der Maler seine Vorbilder den Dingen entnimmt, die er nachzugestalten sich müht, so tue ich das doch nicht, ich, der ich aus Holzstücken Löffel sowie Schalen und Töpfe aus Ton hervorbringe. Dabei ahme ich nämlich nicht die Gestalt irgendeines Naturdinges nach. Solche Formen von Löffeln, Schalen und Töpfen kommen nur durch menschliche Kunst zustande. Meine Kunst besteht deshalb mehr im Zustandebringen als im Nachahmen geschaffener Gestalten, und darin ist sie der unendlichen Kunst ähnlicher.

Der Philosoph: Das hat meine Zustimmung.

(h) *Der Laie:* Angenommen also, ich wollte meine Kunst entfalten und die Form des Löffelseins, die einen Löffel zum Löffel macht, anschaulich machen. Obwohl diese nun in ihrem Wesen mit keinem Sinn erreichbar ist, weil sie weder weiß noch schwarz noch von anderer Farbe ist, noch auch die Eigenschaften eines Tones oder eines Geruches, eines Geschmackes oder einer Berührung besitzt, so werde ich dennoch versuchen, sie, so gut es geht, sichtbar zu machen. Daher bearbeite ich den Stoff, d. h. das Holz, durch die vielfache Bewegung meiner Werkzeuge, die ich verwende, und höhle ihn aus, bis in ihm das erforderliche Verhältnis entsteht, in dem die ‹Form›, die den Löffel zu einem solchen macht, geziemend widerstrahlt. So siehst du die einfache und unsichtbare Form des Löffelseins in dem Gestaltverhältnis dieses Holzes wie in ihrem Abbild widerstrahlen. Daher kann die wahre Beschaffenheit (veritas) und die Genauigkeit des Löffelseins, die nicht vervielfacht und nicht übertragen werden kann, niemals durch Werkzeuge irgendwelcher Art und durch irgendeinen Menschen in vollkommener Weise sichtbar gemacht werden. In allen Löffeln strahlt eben nur jene einfachste Form wider, in dem einen mehr und in dem anderen weniger, in keinem ganz genau. (i) Obwohl das Holzstück seinen Namen erhält vom Hinzutritt der Form, so daß es, sobald das Formverhältnis entstanden ist, in dem das Löffelsein widerstrahlt, Löffel genannt wird — auf diese Weise ist der Name mit der Form verbunden —, geschieht dennoch die Beilegung des Namens nach Belieben, da auch ein anderer Name beigelegt werden könnte. Zwar ist der Name nach Belieben beigelegt, aber nicht gänzlich anders und völlig verschieden von dem natürlichen Namen, der sich mit der Form verbindet. Die natürliche Benennung strahlt nach Hinzutritt der Form in allen verschiedenen Namen, die durch beliebige Völker aufgebracht werden, auf verschiedene Weise wider. (k) Die Beilegung der Benennung geschieht also durch eine Betätigung des Verstandes (motus rationis). Die Tätigkeit des Verstandes bezieht sich auf Dinge, die unter die Sinne fallen, deren Gesondertheit, Übereinstimmung und Unterschiedlichkeit der Verstand feststellt, so daß nichts im Verstande ist, was nicht vorher im Sinn gewesen wäre. Auf diese Weise also legt der Verstand Benennungen bei und wird er dazu gebracht, diesen Namen dem einen und einen anderen einem zweiten Ding zu geben. Da sich die Form in ihrem wahren Sein nicht in jenen Gegenständen findet, mit denen der Verstand zu tun hat, verfällt er auf Mutmaßung (coniectura) und Meinung (opinio). Daher sind die Gattungen und Arten, so wie sie unter eine Benennung fallen, Verstandesdinge, die der Verstand sich auf Grund der Übereinstimmung und Unterschiedlichkeit der sinnlichen Dinge gebildet hat. Sie können — weil sie der Natur nach später sind als die sinnlichen Dinge, deren Nachbilder sie sind — nicht verharren, wenn die sinnlichen Dinge zerstört sind. (l) Wer also glaubt, daß nichts in der Vernunft (intellectus) auftreten könne, was nicht auch im Verstande (ratio) auftrete, der glaubt auch, daß nichts in der Vernunft sein könne, was nicht vorher im Sinn (sensus) gewesen sei; und deshalb muß er notwendig sagen, daß ein Ding nichts sei, außer soweit es unter die Benennung fällt, und sein Streben ist es, bei jeder Forschung herauszubringen, was am Namen dran sei.

Diese Forschung ist dem Menschen lieb, weil er dabei dank der Betätigung des Verstandes von Punkt zu Punkt weiterschreitet. Ein solcher Mensch würde bestreiten, daß die Formen in sich und in ihrem wahren Sein für sich getrennt bestehen, anders als sie als Verstandesdinge sind, und Urbilder (exemplaria) und Ideen würde er für nichts erachten. (m) Diejenigen aber, die zugeben, daß es in der reinen Einsicht des Geistes (mentis intelligentia) etwas gibt, das nicht im Sinn und nicht im Verstande gewesen ist, nämlich die urbildhafte und unübertragbare Wirklichkeit der Formen, die in den Sinnendingen widerstrahlen, die sagen, daß die Urbilder ihrer Natur nach den Sinnendingen vorausgehen wie die Wirklichkeit dem Abbilde. Und sie legen eine solche Ordnung fest, daß zuerst in der Ordnung der Natur das Menschentum in sich und aus sich steht, das will heißen: ohne vorausliegende Materie; dann kommt der Mensch auf Grund des Menschtums und was in dieser Hinsicht unter die Benennung fällt; schließlich der Artbegriff (Menschtum) im Verstand. Wenn alle Menschen vernichtet sind, kann das Menschtum als Art, die unter die Benennung fällt und ein Verstandesding ist, weil der Verstand sie aus der Gleichheit der Menschen herausgearbeitet hat, nicht selbständig existieren; denn sie hing vorher von den Menschen ab, die jetzt nicht mehr da sind. Allein, deshalb schwindet nicht das Menschtum, durch das sie Menschen waren. Dieses Menschtum fällt nicht unter die Artbenennung in dem Sinne, wie die Benennungen durch eine Verstandestätigkeit beigelegt worden sind. Es bildet vielmehr die Wirklichkeit für jenen Artbegriff, der unter die Benennung fällt. Wenn daher das Abbild vernichtet wird, bleibt doch die Wirklichkeit in sich. — (n) Diese Denker stellen alle in Abrede, daß das Ding nichts anderes sei als so, wie es unter die Benennung fällt; denn durch die Art, wie es unter sie fällt, vollzieht sich bezüglich der Dinge die logische und die verstandesmäßige Betrachtung. Sie erforschen aus diesem Anlaß das Ding in logischer Hinsicht, arbeiten es heraus und verbreiten sich darüber; aber damit geben sie keine Ruhe; denn der Verstand oder (anders gesagt) die Logik befaßt sich lediglich mit den Abbildern der Formen. So suchen sie über die Bedeutung der Benennung hinaus die Dinge theologisch zu verstehen und wenden sich den Urbildern und den Ideen zu. Mich dünkt, mehr Forschungsarten könne es nicht geben. Wenn du als Philosoph es anders gelesen hast, wirst du es wissen. Ich für meinen Teil mutmaße in der geschilderten Art.

Der Philosoph: Auf staunenswerte Weise berührst du alle Richtungen aller Philosophen, der Peripatetiker und der Akademiker.

(o) *Der Laie:* Alle diese Unterschiede von Betrachtungsweisen und soviele ihrer sonst noch gedacht werden können, sie lösen sich überaus leicht auf und kommen zum *Einklang,* wenn der Geist sich zur Unendlichkeit erhebt. Wie dir dieser Redner hier auf Grund dessen, was er von mir gehört hat, ausführlicher erörtern kann, ist dann die unendliche Form nur einmal da und als einfachste, die in allen Dingen widerstrahlt als aller einzelnen formbaren Dinge allerentsprechendstes Urbild. Daraus ergibt sich als wahr, daß es nicht viele getrennt seiende Urbilder und viele Ideen der Dinge gibt. Allerdings kann diese unendliche Form kein Verstand erreichen. Deshalb ist sie auch durch alle Benennungen, die durch Verstandesbetätigung beigelegt werden, nicht aussagbar und kann davon nicht erfaßt werden. Das Ding, das unter eine Benennung fällt, ist ein Abbild seines unsagbaren Urbildes, das ihm zugeordnet ist und ihm völlig entspricht. (p) Es gibt ein unaussprechbares Wort, das den genauen Namen aller Dinge darstellt, soweit sie dank einer Verstandestätigkeit unter eine Benennung fallen. Dieser unaussprechbare Name strahlt in allen Namen auf seine Art wider; denn er ist für alle Namen die unendliche Möglichkeit, Name zu sein, und für alles, was im Sprachwort ausdrückbar ist, die unendliche Möglichkeit, benannt zu werden, so daß auf diese Weise jeder Name ein Abbild des genau bezeichnenden Namens ist. Nichts anderes haben alle sagen wollen, hätte auch vielleicht das, was sie sagten, besser und deutlicher formuliert werden können. (q) Alle waren notwendig darin einig, daß es eine unendliche Macht (infinita virtus) gibt, die wir Gott nennen. In ihr ist notwendig alles einbeschlossen. Auch jener, der behauptete, das Menschtum, so wie es nicht unter die Benennung fällt, sei die Genauigkeit der Wirklichkeit, hat nichts anderes sagen wollen als dies, daß es die unaussagbare unendliche Form sei. Diese nennen wir, wenn wir auf die menschliche Form hinblicken, deren genaues Urbild, so daß sie, an sich derart unaussagbar, doch — wenn wir auf ihre Abbilder hinschauen — mit allen Namen genannt wird. So erscheint das eine allereinfachste Urbild infolge der von unserem Geist gebildeten spezifischen Unterschiede der nach dem Urbild gearteten Dinge wie eine Mehrzahl von Urbildern.

2. VOM VERBORGENEN GOTT

(Übers. v. E. BOHNENSTAEDT. Schriften des Nikolaus von Cues, im Auftrag der Heidelberger Akademie der Wissenschaften in deutscher Übersetzung herausgegeben von E. Hoffmann, Heft 3, Philosophische Bibliothek Bd. 218, Felix Meiner Verlag, 2. Aufl. Leipzig 1942, S. 45–51. Der Dialog ist vollständig abgedruckt)

Gliederung: (a) Der Christ betet einen Gott an, den er nicht kennt. (b) Der Mensch kann nichts wissen. (c) Das Wissen als Erfassen der Wahrheit kann nur in der Wahrheit selbst stattfinden. (d) Was wir zu wissen meinen, kennen wir nur auf Grund von Unterscheidungen des Verstandes. (e) Weil wir die eine Wahrheit, aus der alles ist, nicht erkennen, erkennen wir auch nicht die einzelnen Dinge. (f) Wissend ist nur, wer weiß, daß er nichts weiß. (g) Der Christ verehrt Gott als die Einheit der Wahrheit, der Heide verehrt seine Werke. (h) Gott ist nur zu fassen als der, der über allem steht. (i) Gott ist weder aussprechbar noch unaussprechbar, er liegt über allem Denken. (k) Gott ist vor allem Ursprung von Sein und Nichtsein. (l) Gott ist auch vor aller Wahrheit. (m) Gott als der Deus verhält sich zu allem Sein wie das Sehen zu den Farben. (n) Die Unerkennbarkeit und Unfaßlichkeit des verborgenen Gottes.

(a) *Heide:* Ich sehe dich hier in rückhaltloser Hingabe ausgestreckt und Tränen verlangender Liebe weinen, nicht sich selbst betrügende, sondern aus Herzensgrund. Sag bitte, wer bist du?
Christ: Ich bin ein Christ.
H: Was betest du an?
Chr: Gott. *H:* Wer ist der Gott, den du anbetest? *Chr:* Ich weiß es nicht. *H:* Wie kannst du so mit Einsatz deines Selbst anbeten, was du nicht kennst? *Chr:* Weil ich kein Wissen habe, bete ich an. *H:* Sonderbar, da sehe ich einen Menschen sich an etwas hingeben, das er nicht kennt. (b) *Chr:* Mehr zu verwundern ist, wenn der Mensch einer Sache anhängt, die er zu kennen meint. *H:* Warum? *Chr:* Weil er das, was er zu wissen vermeint, weniger weiß als das, von dem er weiß, daß er das Wissen nicht hat. *H:* Erkläre das bitte! *Chr:* Wer immer vermeint, etwas zu wissen, indes doch nichts gewußt werden kann, scheint mir nicht bei Sinnen zu sein. *H:* Mir scheint vielmehr, daß du ganz und gar nicht bei Verstand bist, der du sagst, es könne nichts gewußt werden. (c) *Chr:* Ich verstehe unter Wissen das Besitzergreifen von der Wahrheit; wer immer erklärt, er wisse, behauptet damit, die Wahrheit in Besitz genommen, erfaßt zu haben. *H:* Ebendies glaube auch ich. *Chr:* Wie aber anders als durch sich selbst kann die Wahrheit erfaßt werden? Nicht etwa wird sie dann zu eigen gewonnen, wenn es einen ‹Erfassenden› früher und ein ‹Erfaßtes› erst nach diesem gäbe. *H:* Das sehe ich nicht ein, daß die Wahrheit nicht anders denn allein durch sich selbst erfaßt werden könnte. *Chr:* Meinst du, daß sie auch anders und in etwas anderem erfaßbar wäre? *H:* So nehme ich an. *Chr:* Dann irrst du offenbar, denn außerhalb der Wahrheit selbst gibt es keine Wahrheit, außerhalb der Kreisheit keinen Kreis, außerhalb der Menschheit keinen Menschen. Es wird also keine Wahrheit außerhalb der Wahrheit selbst gefunden, weder anders noch in etwas anderem. (d) *H:* In welcher Weise ist dann mir bekannt, was ein Mensch, was ein Stein, und was jedes einzelne andere ist, das ich aus Erfahrung kenne? *Chr:* Nichts von all dem kennst du wirklich, du vermeinst nur zu kennen. Wollte ich dich über das eigenste Wesenswas dessen befragen, von dem du annimmst, du kenntest es, so erklärtest du, diese eigentliche Wahrheit des Menschen oder des Steines nicht ausdrücken zu können. Daß du weißt, der Mensch sei nicht Stein, das ergibt sich dir nicht etwa aus einem Wissen, in dem du den Menschen und den Stein und ihr Auseinandergeordnetsein wirklich verständest. Es ergibt sich dir vielmehr nur aus einem Zu-fälligen, aus der

Verschiedenheit des Verhaltens und der Gestaltung. Derartiges unterscheidest du, und auf Grund solcher Unterscheidung legst du verschiedene Namen bei. Eine Tätigkeit des unterscheidenden Verstandes ist es nämlich, welche die verschiedenen Namen zulegt.

(e) *H:* Gibt es nun eine oder gibt es mehrere Wahrheiten? *Chr:* Es gibt nur eine Wahrheit, denn es gibt nur eine Einheit. Und Wahrheit und Einheit fallen zusammen, da dies wahr ist, daß die Einheit eine ist. Wie also in jeder Zahl nur die eine Einheit angetroffen wird, so in all dem Vielen nur die eine Wahrheit. Wer daher nicht auf die Einheit kommt, wird nie die Zahl verstehen, und wer nicht in der Einheit die Wahrheit berührt, kann nichts wirklich und wahrhaft wissen. Und vermeinte auch jemand, er wisse wahrheitsgemäß, so vermag er doch leicht in Erfahrung zu bringen, daß das, was er zu wissen meint, der Wahrheit näherkommend gewußt zu werden vermag. Das dir Sichtbare kann nämlich wahrer gesehen werden als du es siehst, würde es doch durch schärfere Augen der Wirklichkeit gemäßer erblickt. Es wird also von dir nicht so erschaut, wie es in sich erschaubar ist, in der Wahrheit. Ähnliche Erfahrungen geben das Gehör und die anderen Sinne. Da aber all das, was wir wissen, nicht in jenem Wissen gewußt wird, in dem es gewußt werden könnte, wird es also nicht in der Wahrheit gewußt, sondern anders nach Beschaffenheit und Umständen, nach anderem Maße und anderer Umgrenzung. Anders aber und nach anderem Maße als nach jenem, in dem die Wahrheit selbst ist, wird sie nicht gewußt. Daher ist aberwitzig, wer vermeint, etwas in Wahrheit zu wissen, und die Wahrheit selbst doch nicht kennt. Würde nicht auch ein Blinder für wahnbefangen erklärt, der vermeinte, die Unterschiede der Farben zu erkennen, indes er doch Farbe überhaupt nicht kennt?

(f) *H:* Welcher Mensch ist dann wissend, wenn nichts gewußt werden kann? *Chr:* Der ist für wissend zu halten, der sich unwissend weiß; und der verehrt die Wahrheit, der weiß, daß er ohne sie nichts zu eigen gewinnen kann, weder Sein noch Leben noch Einsicht. (g) *H:* Das also ist es wohl, was dich zur Anbetung gedrängt und hingezogen hat, das Verlangen, mit deinem ganzen Sein in der Wahrheit zu stehen. *Chr:* Ja, das ist es. — Ich verehre nämlich Gott nicht, wie ihn dein Heidentum fälschlicherweise zu kennen glaubt und entsprechend benennt, sondern den einen Gott, der die eine unaussprechbare Wahrheit ist. *H:* Nun bitte ich dich, Bruder: wenn du den Gott verehrst, der die Wahrheit ist, und wir nicht etwa unser Streben darauf richten, einem Gott zu huldigen, der nicht in Wahrheit Gott ist: welches ist dann der Unterschied zwischen euch und uns? *Chr:* Deren gibt es viele; doch darin liegt der größte und eigentliche, daß wir die Wahrheit selbst, die freie und bedingungslose, die unvermischte, ewige, unaussprechliche verehren, ihr aber nicht sie selbst, wie sie frei und unbedingt in ihrem Eigensein besteht, vielmehr wie sie in ihren Werken gegenwärtig ist. Ihr huldigt nicht ihr, der freien, unumschränkten Einheit selbst, sondern der Einheit in Anzahl und Menge; und ihr irrt, weil die Wahrheit selbst, die Gott ist, nicht an etwas anderes mitgeteilt werden kann.

(h) *H:* Dann, Bruder, führe mich doch bitte dahin, daß ich einzusehen vermag, wie du deinen Gott auffassest! Sag, was weißt du von dem Gott, den du anbetest? *Chr:* Ich weiß, daß all das, was ich kenne, nicht Gott, und alles, was ich begrifflich fasse, ihm nicht ähnlich ist, daß er vielmehr über all dem steht. *H:* Also nichts ist Gott? *Chr:* Das Nichts ist er nicht, hat doch dies Nichts den Namen des Nichts. *H:* Wenn Gott nicht das Nichts ist, dann ist er also irgend etwas? *Chr:* Auch das nicht, denn ‹irgend etwas› ist abgehoben gegen ‹alles›; Gott aber ist nicht eher irgend etwas als alles. *H:* Seltsames behauptest du: der Gott, den du verehrst, sei nicht nichts und sei nicht irgend etwas; das fast kein Verstand. *Chr:* Gott steht über nichts und etwas, gehorcht ihm doch das Nichts, so daß etwas wird. Und es ist seine Allmacht, in der er alles, was ist und nicht ist, überragt, daß ihm sowohl gehorcht was nicht ist wie das was ist. In ihr nämlich heißt er das Nichtsein ins Sein treten und das Sein ins Nichtsein. Daher ist er selbst nichts von all dem, was ihm untersteht und dem seine Allmacht vorausgeht. Und weil von ihm her alles ist, kann er nicht eher das eine genannt werden als das andere.

(i) *H:* Kann man ihn überhaupt benennen? *Chr:* Was immer auch genannt wird, ist nur etwas Geringes; er, dessen Größe keiner zu begreifen vermag, bleibt unaussprechbar. *H:* Ist er demnach unsagbar? *Chr:* Nicht ist er dies, vielmehr über alles hinaus sagbar, da er ja der Urgrund alles Nennbaren ist. Und wie sollte selbst ohne Namen sein, der anderen den Namen verleiht? *H:* Dann also ist er sagbar und unsagbar. *Chr:* Auch dies nicht; denn Gott ist nicht Wurzel von sich Widersprechendem, vielmehr ist er die Einfachheit selbst vor allem Wurzelsein. Daher ist es auch nicht angebracht zu sagen, er sei sagbar und unsagbar. *H:* Wie willst du anders von ihm sprechen? *Chr:* Er wird weder genannt noch nicht genannt, noch sowohl genannt als auch nicht genannt; alles was gesagt werden kann, sei es verschiedenes einander entgegensetzend oder verknüpfend, sei es in Übereinstimmung oder in Widerspruch, entspricht nicht ihm in seiner erhabenen Unendlichkeit, in der er der eine Ursprung ist, der jedem über ihn möglichen Denken vorausliegt.

(k) *H:* So fiele Gott überhaupt nicht unter das was ‹ist›? *Chr:* Du redest recht. *H:* Dann ist er also überhaupt nichts? *Chr:* Er ist weder nichts noch ist er nicht, noch ist er und ist er zugleich nicht; sondern er ist Urquell und Quellgrund aller Ursprünge von Sein und Nichtsein. *H:* Ist Gott Urquell der Ursprünge des Seins und Nichtseins? *Chr:* Nein! *H:* Eben noch hast du dies gesagt. *Chr:* Ich habe wahr geredet, als ich so sprach, und ich rede nun wahr, da ich es verneine. Denn wenn es irgendwelche Ursprünge des Seins und Nichtseins gibt, Gott geht ihnen voraus. Doch hat nicht etwa das Nichtsein einen Ursprung des Nichtseins, sondern es hat den des Seins. Das Nichtsein bedarf nämlich eines Ursprungs, auf daß es sei. Es gibt also einen Ursprung auch für das Nichtsein, weil ohne den kein Nichtsein ist.

(l) *H:* Ist nicht Gott die Wahrheit? *Chr:* Nein, er ist vor aller Wahrheit. *H:* Ist er etwas anderes als die Wahrheit? *Chr:* Das nicht; Andersheit kann ihm ja nicht zukommen; sondern er ist unendlich weit erhaben über und vor all dem, was von uns als Wahrheit begriffen und benannt wird. —

(m) *H:* Nennt ihr Gott nicht Deus? *Chr:* So nennen wir ihn. *H:* Sagt ihr damit Wahres oder Unwahres? *Chr:* Weder eins von beiden noch beides. Nicht sagen wir das Wahre damit, daß eben dieser Name sein Name sei, noch reden wir Unwahres, weil das nicht unwahr ist, daß es ein Name für ihn ist. Und nicht reden wir wahr und unwahr, weil seine Einfachheit sowohl allem Nennbaren wie allem Nichtnennbaren vorausgeht. *H:* Warum aber nennt ihr ihn Deus, dessen Namen ihr doch nicht kennt? *Chr:* Weil der Name Deus eine Gott versinnbildlichende Vollkommenheit bezeichnet. *H:* Erkläre das bitte! *Chr:* Deus leitet sich ab von θεωρέω d. h. ich sehe. Und Gott, Deus, ist in unserem Lebensbereiche gleichsam das, was das Sehen im Bereiche der Farbe. Nur durch das Sehvermögen wird Farbe überhaupt angetroffen. Und auf daß das Sehen in frei beherrschender Weise jede Farbe berühre, ist sein Eigenwesen frei von Farbe. Weil es keine Farbe hat, ist es auch im ganzen Gebiete der Farbe nicht aufzufinden. Vom Farbenbereiche aus geurteilt ist deshalb das Sehen eher ein Nichts als ein Etwas, denn dieser Seinsbereich der Farbe berührt kein Sein, das außerhalb seiner Grenzen liegt; er versichert vielmehr, alles, was es überhaupt gibt, bestehe innerhalb seiner Grenzen; hier aber trifft er das Sehen nicht an. Daher ist das Sehen, das frei von Farbe ist, für den Farbbereich unbenennbar; keine Farbbezeichnung nämlich würde ihm entsprechen. Das Sehen aber gibt durch die Unterscheidung jeder Farbe ihren Namen. Von ihm also hängt jede Benennung im Gebiete der Farbe ab. Doch der Name dessen, von dem jeder Name stammt, wird im Bereiche der Farbe eher noch als nichts denn als überhaupt irgend etwas aufgefaßt. — Und wie das Sehen zum Sichtbaren, so verhält sich Gott gleichsam zu allem überhaupt.

(n) *H*: Was du dargetan hast, gefällt mir, und es ist mir klar und einsichtig, daß im ganzen geschöpflichen Bereiche weder Gott noch sein Name zu finden ist. Viel eher könnte man sagen, Gott entgehe jedem Begriffe, als daß man behaupten dürfte, irgend etwas bezeichne ihn. Denn er, der frei ist von jeder bedingten Zuständlichkeit der Geschöpfe, ist im ganzen Gebiete der Schöpfung nicht ausfindig zu machen. Im Bereiche der Zusammensetzungen wird nichts anderes als Zusammengesetztes angetroffen, und alle Namen, die wir nennen, beziehen sich auf Zusammengesetztes. Dies aber stammt nicht aus sich selbst, sondern von dem, der allen Zusammensetzungen vorausgeht. Und wenn auch die ganze Welt der Zusammensetzungen und alles einzelne Zusammengesetzte durch ihn nur sind, was sie sind, so bleibt doch er selbst, der ja nichts Zusammengesetztes ist, in diesem Bereiche unerkannt. Dieser vor den Augen aller Weltweisen verborgene Gott sei in Ewigkeit gepriesen. Amen!

ABKÜRZUNGSVERZEICHNIS

AHDL = Archives d'histoire doctrinale et littéraire du moyen-âge
Anz. f. Aw. = Anzeiger für die Altertumswissenschaft
BKV und BKV² = Bibliothek der Kirchenväter
Byz. Z. = Byzantinische Zeitschrift
CSEL = Corpus scriptorum ecclesiasticorum Latinorum
DAp = Dictionnaire d'apologétique
DHGE = Dictionnaire d'histoire et de géographie ecclésiastique
DSp = Dictionnaire de spiritualité ascétique et mystique
DThC = Dictionnaire de Théologie Catholique
NGG = Nachrichten der Göttinger Gelehrten Gesellschaft
PG = Migne, Patrologiae cursus completus, Series graeca
PL = Migne, Patrologiae cursus completus, Series latina
RAC = Reallexikon für Antike und Christentum
RE = Pauly-Wissowa, Realencyclopädie der classischen Altertumswissenschaft
Rev. Néosc. = Revue Néoscolastique
RGG = Die Religion in Geschichte und Gegenwart
RSPT = Revue des sciences philosophiques et théologiques
RSR = Recherches de science religieuse
RTAM = Recherches de théologie ancienne et médiévale
SC = Sources Chrétiennes
ThZ = Theologische Zeitschrift
VC = Vigiliae Christianae
ZKG = Zeitschrift für Kirchengeschichte
ZkTh = Zeitschrift für katholische Theologie

KARL VORLÄNDER (1860–1928), nach längerem Schuldienst 1919 als Oberschulrat und Professor an der dortigen Universität nach Münster berufen, stand als Neukantianer der ‹Marburger Schule› nahe, mit deren Begründern COHEN und NATORP er freundschaftlich verbunden war. Lehrend und schreibend setzte er sich für die Verbreitung und Vertiefung des Verständnisses der KANTschen Philosophie ein, mit der er sich bereits in seiner Dissertation (Marburg 1893) befaßt hatte. Neben dem Problem des Formalismus in KANTS Ethik interessierte ihn vor allem das soziale Element in KANTS Philosophie, in der er die geeignete Grundlage für einen Sozialismus marxistischer Prägung sah.

Wichtigste Veröffentlichungen (siehe Band I, rde Bd. 183/84)

ERNST HOFFMANN wurde als Sohn eines Architekten 1880 in Berlin geboren. 1899 begann er an der Universität Berlin das Studium der Philosophie und ging nach seiner Promotion (1905) 1906 in den Schuldienst. In seiner Freizeit setzte er seine philosophiegeschichtlichen Studien mit solchem Erfolg fort, daß ihm 1922 gleichzeitig zwei philosophische Lehrstühle angetragen wurden, Hamburg und Heidelberg. Er entschied sich für letztere Universität, wo er bis zu seinem Tode (1952) in ständigem engen Kontakt mit einem großen Schülerkreis wirkte.

ERNST HOFFMANN war nicht nur der ‹Geschichtsschreiber des Platonismus›, sondern auch ein profunder Kenner der Philosophie des Mittelalters. Daher übertrug die Heidelberger Akademie der Wissenschaften, zu deren Mitgliedern er zählte, ihm die Leitung der Neuausgabe der Werke des NIKOLAUS VON CUES, eine Aufgabe, die bis zu seinem Tode Mittelpunkt seines Forscherlebens blieb.

Wichtigste Veröffentlichungen zur mittelalterlichen Philosophie:
Platonismus und Mittelalter. Vorträge d. Bibl. Warburg, 3, 1926, S. 17–82 / Cusanus-Texte. I. Predigten, 1. Dies Sanctificatus vom Jahre 1439. Lat. u. deutsch, hg. v. E. Hoffmann und R. Klibansky (Sitzungsberichte d. Heidelberger Akademie d. Wiss. Phil.-hist. Kl., Jg. 1928/29, 3). Heidelberg 1929 / Das Universum des Nikolaus von Cues (Cusanus-Studien. Sitzungsberichte d. Heidelberger Akademie d. Wiss. Phil.-hist. Kl., Jg. 1929/30, 3). Heidelberg 1930 / Nicolai de Cusa Opera omnia. T. I: De docta ignorantia. Ed. E. Hoffmann et R. Klibansky. Leipzig 1932 / Nikolaus von Cues. In: Die großen Deutschen. Hg. v. W. Andreas u. W. v. Scholz. Berlin 1935, S. 246–266

Zins galt den mittelalterlichen Philosophen als Wucher...

... denn Thomas von Aquin hatte, fußend auf der Lehre des Aristoteles, das kanonische Zinsverbot begründet. Privateigentum und wirtschaftlicher Verkehr sollten auf dem Äquivalenzprinzip aufgebaut sein. Auch alle wirtschaftlichen Handlungen sollten dem Nutzen aller gleichzeitig dienen und deshalb durfte es zu keiner unterschiedlichen Belastung einzelner Wirtschaftspartner kommen.

Zins durfte daher nur in Fällen entgangenen Gewinns (lucrum cessans) und des entstandenen Schadens (damnum emergens) erhoben werden.

Diese Zinslehre entsprach der mittelalterlichen Wirtschaft, in der Darlehen fast ausschließlich für Konsumzwecke gegeben wurden.

Die moderne Wirtschaft dagegen wäre ohne den Zins als Regulator nicht denkbar, denn die Investitionen zum Wachstum der Wirtschaft sind nur durch zinsenbringende Sparvorgänge möglich geworden.

Auch der moderne Wohnungsbau konnte nur durch Hypothekendarlehen finanziert werden, die von den Sparern durch Anlage in hochverzinslichen Pfandbriefen aufgebracht wurden.

ERWIN METZKE wurde 1906 in Danzig geboren. Seit 1925 studierte er in Königsberg und Köln Philosophie, vor allem bei HEINZ HEIMSOETH, NICOLAI HARTMANN und MAX SCHELER, klassische Philologie und Theologie, letztere u. a. bei ERICH SEEBERG. Seine Doktordissertation (1929) ‹Karl Rosenkranz und Hegel› erhielt den Kant-Preis der Stadt Königsberg, seine Habilitationsschrift (1932) ‹J. G. Hamanns Stellung in der Philosophie des 18. Jahrhunderts› den Preis der Königsberger Gelehrten Gesellschaft. Nach längerer Assistenten- und Lehrtätigkeit an der Universität Köln wurde er 1940 dort zum Professor ernannt. 1944, nach vierjährigem Kriegsdienst, wurde er an die Universität Heidelberg berufen. Nach Kriegsende führte er verschiedene Forschungsaufträge, z. B. der Heidelberger und der Mainzer Akademie der Wissenschaften, durch. 1953 erhielt er einen Ruf an die Universität Tübingen. Den ihm erteilten Auftrag, die Leitung der neuen kritischen Hegel-Ausgabe zu übernehmen, konnte er infolge seines völlig unerwarteten Todes im Juli 1956 nicht mehr durchführen.

Wichtigste Veröffentlichungen:
(außer den bereits erwähnten Preisschriften)

a) Bücher
Geschichtliche Wirklichkeit. 1935 / Paracelsus' Anschauung von der Welt und vom menschlichen Leben. Berlin 1943 / Leibniz. Köln 1943 / Handlexikon der Philosophie. Heidelberg, 2. Aufl. 1949 / Sakrament und Metaphysik, eine Lutherstudie über das Verhältnis des christlichen Denkens zum Leiblich-Materiellen. Stuttgart 1949 / Hegels Vorreden mit Einleitung und Kommentar. Heidelberg 1949 / Neubearbeitung von Vorländers ‹Geschichte der Philosophie. Altertum und Mittelalter›. Hamburg 1949 / Marxismus-Studien Bd. I (Hrsg.), Tübingen 1953 / Coincidentia Oppositorum. Ges. Studien z. Philosophie-Gesch., Hrsg. v. K. Gründer, 1961

b) Aufsätze (Auswahl)
Die ‹Skepsis› des Agrippa von Nettesheim und der Ausgang des Mittelalters. In: Dt. Vjschr. f. Lit.wiss. u. Geistesgesch. 1935, 377 ff / Erfahrung und Natur in der Gedankenwelt des Paracelsus. In: Bl. f. dt. Philos. 1939, 74 ff / Mensch, Gestirn und Geschichte bei Paracelsus. Ebd. 1941, 241 ff / Paracelsus' Lehre von der Zeit. In: Eckart 1952, 318 ff / Johann Georg Hamann. In: Neue Furche, H. 11, 1952, 753 ff / Nicolaus von Cues und Hegel. In: Kantstudien 1956/57, H. 2 / Hegel. In: Die großen Deutschen, 1956. Mensch und Geschichte im ursprünglichen Ansatz des Marx'schen Denkens. In: Marxismus-Studien Bd. II, Tübingen 1957

PERSONENREGISTER

259

E. Sch.

rowohlts deutsche enzyklopädie
Philosophie

Louis Althusser, Lenin und die Philosophie / Über die Beziehung von Marx zu Hegel / Lenins Hegel-Lektüre [371]

Louis Althusser / Étienne Balibar. Das Kapital lesen I u. II [336 u. 337]

Albert Camus, Der Mythos von Sisyphos / Ein Versuch über das Absurde / Mit einem kommentierenden Essay von Liselotte Richter [90]
Christliche Metaphysik und Neoplatonismus / Diplome d'Etudes Superieures de Philosophie, 1936, aus dem Nachlaß herausgegeben.

Vilhelm Grønbech, Hellas / Griechische Geistesgeschichte I: Die Adelszeit [215]

Toshihiko Izutsu, Philosophie des Zen-Buddhismus [388]

Jean-Paul Sartre, Marxismus und Existentialismus / Versuch einer Methodik [196]

Adam Schaff, Marxismus und das menschliche Individuum [332]

Günther Schiwy, Der französische Strukturalismus. Mode – Methode – Ideologie [310]
Kulturrevolution und «Neue Philosophen» [381]

Karl Vorländer / Johann Eduard Erdmann, Geschichte der Philosophie / Mit Quellentexten
I: Philosophie des Altertums [183]
II: Philosophie des Mittelalters [193]
III: Philosophie der Renaissance [242]
IV: Philosophie der Neuzeit / Descartes – Hobbes – Spinoza – Leibniz [261]
V: Philosophie der Neuzeit / Die Aufklärung [281]
VI: Philosophie der Neuzeit / Der deutsche Idealismus [364]
VII: Philosophie der Neuzeit / Der deutsche Idealismus [365]

Dies ist nur eine Auswahl. Ein vollständiges Verzeichnis aller lieferbaren Bände erhalten Sie direkt vom Rowohlt Taschenbuch Verlag, 2057 Reinbek bei Hamburg